· 동양 고전을 통해 넓은 세계로 눈을 돌려라 ·

고전으로 배우는 인생

이강래 편역

도서출판 **YEGA**

차례

01 【 장자(莊子) 】

1 새롭게 생각하라 14 | 2 명예와 이익에 얽매이지 말라 21 |
3 자유 분방한 상상력 25 | 4 넓은 세계로 눈을 돌려라 28 |
5 쓸모 없어도 존재 가치는 있다 34 | 6 잡념을 버려라 39 |
7 마음은 거울과 같아야 한다 44 |

02 【 노자(老子) 】

1 강한 사람은 겸손하다 50 | 2 자기를 지나치게 내세우지 말라 53 |
3 때가 되면 깨끗이 물러나라 55 | 4 얻고 싶으면 먼저 베풀어라 59 |
5 지배하지 않는 정치 62 | 6 덕망 높은 지도자 66 |

03 【 채근담(菜根譚) 】

1 자유롭고 의미 깊은 인생 70 | 2 모나지 않는 인생 74 |
3 너그럽게 받아들여라 77 | 4 너무도 교훈적인 잠언들 80 |
5 지나치면 결국 잃는다 84 | 6 마음으로 역경을 극복하라 88 |
7 나를 쉬지 않고 돌봐라 91 |

04 【 한비자(韓非子) 】

1 인간은 믿을 수 없다 97 | 2 침묵은 금이다 101 |
3 부하 관리에 필요한 꾀 104 | 4 지도자가 몰락하는 원인 109 |
5 남의 힘을 믿지 말라 113 | 6 노여움을 사지 않는 건의 117 |
7 남들에게 휘둘리지 말라 120 | 8 단숨에 보석을 알아본다 121 |
9 늙은 말의 지혜 124 | 10 큰 것은 작은 것에서 비롯한다 126 |
11 불로초는 없다 127

05 【 손자(孫子) 】

1 승산이 없으면 싸우지 말라 131 | 2 싸우지 않고 이겨라 132 |
3 물처럼 움직여야 이긴다 135 | 4 상대를 알면 이긴다 138 |
5 반드시 본때를 보여라 140 | 6 싸움은 빨리 끝내라 143 |
7 급할수록 돌아가라 144 | 8 지도자는 이래야 한다 148

06 【 맹자(孟子) 】

1 맹자가 꿈꾸던 문화 국가 153 | 2 맹자 어머니의 정성 160 |
3 사람의 마음을 믿는다 165 | 4 호연지기를 길러라 170 |
5 부드러운 세상살이 173 | 6 남을 설득하는 요령 176

07 【제갈량집(諸葛亮集)】

1 이렇게 천하를 통일하라 182 | 2 지도자가 존경받는 이유 189 |
3 부하를 잘 다루는 법 195 | 4 지도자의 책임과 의무 198 |
5 조직을 이끄는 지혜 201 | 6 사람을 볼 줄 알아라 205 |
7 평범해 보이는 사람의 지혜 209

08 【삼국지(三國志)】

1 〈삼국지〉를 읽는 재미 214 | 2 어지러운 세상의 영웅 215 |
3 덕으로 다스린 유비 218 | 4 살아남은 영웅 222 |
5 탄탄한 기반을 마련한 제갈공명 224 | 6 선두에 나서야 하는 지도자 227 |
7 지도자의 숨겨진 능력 229

09 【십팔사략(十八史略)】

1 알기 쉽고 간소한 행정 233 | 2 유방과 항우의 싸움이 주는 교훈 235 |
3 배수진을 치다 240 | 4 책사(策士)는 이래야 한다 246 |
5 크게 볼 줄 아는 지도자 250 | 6 몰락을 자초하는 지도자 254

10 【좌전(左傳)】

1 춘추전국시대 260 | 2 조직 강화 요령 262 |
3 용서할 줄 아는 지도자 267 | 4 장작 위에 누워 쓸개를 씹는다 270 |
5 배워야 할 외교 전략 275 | 6 자기 무덤을 판 사람 279

11 【 전국책(戰國策) 】

1 엉뚱한 사람이 이익을 얻다 284 | 2 상대방의 허를 찔러라 287 |
3 절묘한 속임수 291 | 4 너그러움을 아는 인간 관계 295 |
5 의욕을 불러일으키는 요령 299 | 6 스스로 먼저 나서라 302

12 【 사기(史記) 】

1 역사책을 읽는 이유 310 | 2 배짱도 필요하다 313 |
3 미래를 내다보는 지혜 316 | 4 하늘에 대항한 사마 천 319 |
5 두견새가 된 임금 322 | 6 호탕한 대장부 325 |
7 인간미 넘치는 지도자 328

13 【 순자(荀子) 】

1 덕(德)과 법(法)의 결합 334 | 2 나를 꾸준히 다듬어라 336 |
3 균형을 유지하라 339 | 4 인간미로 다스려라 342 |
5 천하를 다스리는 요령 345 | 6 상황을 제대로 인식하라 348

14 【 근사록(近思錄) 】

1 수양을 먼저 쌓아라 353 | 2 평생 배워도 끝이 없다 355 |
3 일상 생활도 수양의 과정이다 358 | 4 윗사람의 마음가짐 361 |
5 바람직한 자기 관리 364 | 6 실의에 빠져도 침착해야 한다 366

15 【 논어(論語) 】

1 논어의 두 가지 명언 370 | 2 지도자의 기본 조건 371 |
3 밑바닥을 체험한 사람의 충고 373 | 4 적극적이고 당당한 태도 375 |
5 믿음이 가는 벗을 사귀어라 379 | 6 바람직한 인간의 모습 381 |
7 군자의 조건 384

16 【 삼십육계(三十六計) 】

제1계 – 뒤통수를 때린다 388 | 제2계 – 허점을 찔러라 390 |
제3계 – 남의 칼을 사용하라 391 | 제4계 – 지칠 때를 기다려라 393 |
제5계 – 적의 위기가 기회다 394 | 제6계 – 반대쪽을 공격하라 395 |
제7계 – 헷갈리게 하라 396 | 제8계 – 뜻을 감추고 기습하라 397 |
제9계 – 우선 구경부터 하라 399 | 제10계 – 비수를 감추고 웃어라 400 |
제11계 – 작은 희생을 각오하라 401 | 제12계 – 작은 승리도 챙겨라 402 |
제13계 – 움직임을 관찰하라 404 | 제14계 – 쓸모 없는 사람을 이용하라 405 |
제15계 – 위장 전술로 유인하라 406 | 제16계 – 느슨하게 풀어 줘라 407 |
제17계 – 비슷한 것을 내밀어라 408 | 제18계 – 우두머리를 먼저 잡아라 410 |
제19계 – 김빠지게 만들어라 411 | 제20계 – 시야를 흐리게 하라 412 |
제21계 – 감쪽같이 사라져라 413 | 제22계 – 문을 닫고 잡아라 414 |
제23계 – 가까운 곳을 먼저 쳐라 416 | 제24계 – 남의 길을 빌려라 417 |
제25계 – 허수아비로 만들어라 418 | 제26계 – 간접적으로 압박하라 419 |
제27계 – 어리석은 척하라 420 | 제28계 – 올려놓고 흔들어라 423 |
제29계 – 겁을 먹게 하라 424 | 제30계 – 주인의 자리를 차지하라 425 |
제31계 – 미인계를 써라 426 | 제32계 – 성을 비운 것처럼 보여라 427 |
제33계 – 이간시켜라 428 | 제34계 – 고통을 딛고 일어서라 429 |

제35계 - 움직이지 못하게 하라 432 | 제36계 - 도망치는 게 상책이다 434

17 【 육도 · 삼략(六韜 · 三略) 】

1 발탁된 낚시꾼 438 | 2 정치란 과연 무엇일까 440 |
3 사람을 고를 줄 아는 능력 443 | 4 밀면 당기고 당기면 밀어라 446 |
5 전투 없이 승리하는 요령 448 | 6 간부가 갖추어야 할 조건 451

18 【 정관정요(貞觀政要) 】

1 존경받는 지도자 456 | 2 아랫사람의 의견을 존중하라 458 |
3 먼저 자신을 다스려라 462 | 4 첫날의 긴장을 그대로 유지하라 465 |
5 자기 관리를 철저히 하라 467 | 6 겸손한 태도와 신중한 언어 469 |
7 나라를 다스리는 10가지 요령 471 | 8 윗사람과 아랫사람의 관계 473

CHAPTER 01
장자 莊子

〈장자〉는 중국 전국시대(戰國時代)의 사상가인 장자(莊子)가 집필한 책이다. 지은이 장자는 기원전 4세기경 송(宋)나라에서 태어나 구석진 산골에 묻혀 자유롭게 살다가 일생을 마친 것으로 알려져 있다. 잠시나마 벼슬을 맡기도 했으나 거의 평생 동안 벼슬길에 들지 않은 장자는 맹자(孟子)와 비슷한 시대에 활약한 인물이다.

장자가 평생 동안 노자(老子)의 학문을 깊이 연구했기 때문에, 노자와 장자의 사상 밑바탕에서 엇비슷한 흐름을 엿볼 수 있다. 하지만 노자가 이 세상을 살아가는 현실적인 처세(處世)를 강조한 반면, 장자는 현실로부터의 초월(超越)을 열정적으로 설파(說破)하고 있다.

특히, 〈장자〉를 읽을 때 주의할 점이 있다. 장자가 주장하는 '현실에서의 초월'을 '현실 외면' 또는 '현실 도피(逃避)'의 의미로 받아들이지 말아야 한다. 지극히 현실적인 눈앞의 이익에 눈이 어두워져 더 큰 판단을 그르치지 말라는 교훈이 숨어 있기 때문이다.

〈장자〉는 매우 개성이 강한 책이다. 곳곳에 우화(寓話)들이 삽입되어 있고 그 우화들을 소개할 때의 문학적 표현이 두드러진다. 장자가 직접 쓴 것은 〈내편〉뿐이고 〈외편〉과 〈잡편〉은 후세 사람들이 썼다는 주장이 정설(定說)로 통한다.

* 전국시대(戰國時代) : ① 중국 춘추 시대 이후, 진(晉) 나라가 한(韓)·위(魏)·조(趙) 나라로 나누어진 때부터 진(秦) 나라가 통일할 때까지의 시기. ② 영웅들이 땅을 나누어 차지하여 서로 싸우던 여러 나라의 시대.
– 뒤에서 〈좌전(左傳)〉〈춘추(春秋)〉〈전국책(戰國策)〉 등을 소개할 때 '춘추시대' '전국시대' '춘추전국시대' 등을 중심으로 더 자세히 소개할 예정임.
* 처세(處世) : 남들과 사귀면서 살아가는 일. 〈예〉 처세를 잘하다.
* 초월(超越) : ① 어떤 한계나 표준을 뛰어넘음. ② 능력이나 지혜 따위가 초인간적으로 탁월함. ③ 세상의 명리(名利, 명예와 이익)에서 초탈(超脫)함.
* 설파(說破) : 사물의 내용을 밝혀 말함.
* 도피(逃避) : 도망하여 피함.
* 우화(寓話) : 교훈적·풍자적인 내용을 동식물 등에 빗대어 엮은 이야기. 〈예〉 이솝우화.
* 정설(定說) : 이미 확정된 학설(學說) 또는 일반적으로 옳다고 인정되고 있는 설(說).

1 새롭게 생각하라

〈장자〉는 참으로 이색적이고 매력이 흘러 넘치는 책이다. 대부분의 다른 중국 고전들은 대체로 이론 중심이어서 읽기가 어렵지만, 〈장자〉는 문학적 형식을 빌어 풍자적(諷刺的)˙ 표현 기법으로 다듬어졌기 때문에 아주 재미있게 읽을 수 있다.

〈장자〉는 현실 세계를 초월하여 쓰여진 책이다. 다른 고전들은 이 고단한 세상을 어떻게 살 것인가 하는 문제를 논의하는 데 비하여, 〈장자〉는 이 세상의 상식과 세속적(世俗的)˙인 가치관(價値觀)˙을 뛰어넘는 생활 태도, 즉 '해탈(解脫)˙의 사상' 과 '자유로운 삶' 을 노래하고 있다.

* 풍자(諷刺) : 무엇에 빗대어 재치 있게 깨우치거나 비판함. 〈예〉 세태를 풍자한 소설.
* 세속적(世俗的) : 성(聖)스럽지 못한 (것). 세속의 범주를 벗어나지 못한 (것).
- 세속(世俗) : 이 세상. 범속한 세상. 속세(俗世).
* 가치관(價値觀) : 자기가 속한 세계나 만물에 대하여 가지는 평가의 근본적인 태도, 또는 견해.
* 해탈(解脫) : 굴레에서 벗어남. 속세의 번뇌와 속박을 벗어나 편안한 경지에 이르는 일(불교).
- 번뇌(煩惱) : 마음이 시달려서 괴로움. '마음이나 몸을 괴롭히는 모든 욕망·노여움·어리석음 따위를 이르는 말(불교).

왕이 국경 지대를 시찰하던 중이었다.
"폐하, 장수(長壽)˙를 기원합니다."
국경 지대를 지키던 병사가 왕 앞에서 머리를 조아렸다.
"나는 오래 사는 게 싫소."

말을 타고 있던 왕이 손사래를 쳤다.

"폐하, 부귀영화(富貴榮華)를 기원(祈願)합니다."

"그것도 싫소."

왕은 그 기원마저 단호히 거절했다.

"폐하, 왕자를 많이 낳으시기 바랍니다."

"그 기원 역시 사양하겠소."

"폐하, 예로부터 오래 살면서 부귀영화를 누리고 자식을 많이 두는 일은 누구나 원하던 행복입니다. 하지만 어떤 이유로 폐하만 유난히 이 세 가지 행운을 뿌리치십니까?"

병사가 안타까운 표정으로 물었다.

"많은 자식들을 두면 근심 걱정이 생기고, 부귀영화를 누릴 때 거추장스런 일이 날로 증가하고, 너무 오래 살 경우 욕된 사건이 많이 일어나는 법이라오. 이 세 가지 행복은 군자(君子)가 덕(德)을 키우는 데 방해가 되기 때문에 사양한 것이오."

왕이 자신만만하게 대꾸했다.

"폐하, 무척이나 실망스럽군요. 행복이 찾아왔을 때 많은 이웃들과 그 행복을 나눌 줄 아는 사람에겐 근심이 없습니다. 진실로 현명하고 훌륭한 사람은 새처럼 자유를 즐기며 날아다니다가 아무런 흔적도 남기지 않고 사라집니다. 오래도록 살다가 세상살이에 싫증이 날 때, 저 흰 구름을 타고 훌쩍 떠나듯 하늘나라로 가면 그만이지요. 그처럼 욕심 없이 사는 사람에겐 모든 근심이 숨어들 겨를이 없으니 진실로 행복해지게 마련이죠. 그토록 자유롭게 거짓 없이 살다 죽으면 그만인데, 행복이 찾아오기도 전에 근심 걱정부터 앞세우니 도저히 이해할 수 없군요."

그 병사는 매우 안쓰럽다는 투로 혀를 끌끌 찼다.

"그대를 스승으로 삼아 인생을 배워야겠소."

왕이 정중하게 말했다.

"저도 사양하겠습니다."

국경을 지키던 병사가 무기를 버리고 떠나며 말을 이었다.

"왕의 스승이 된다는 건 더더욱 싫습니다. 하늘을 날아다니는 저 새들처럼 자유롭게 살다가 죽겠습니다."

〈장자〉에 소개된 그 이야기는 지은이의 사상(思想)과 생활 태도를 단적으로 보여 준다. 장자도 그 병사처럼 속세의 명리(名利)*에 안달복달하지 않고 마음껏 자유를 즐기던 사람이었다.

* 장수(長壽) : 목숨이 긺. 오래 삶.
* 부귀영화(富貴榮華) : 재산이 많고 지위가 높아 마음껏 행복을 즐김.
* 기원(祈願) : 소원이 이루어지기를 빎. 〈예〉 성공을 기원합니다.
* 군자(君子) : 학문과 덕이 높고 행실이 바르며 품위를 갖춘 사람.
* 명리(名利) : 명예와 이익.

아득하게 먼 북쪽 바다에 곤(鯤)이라는 이름의 거대한 물고기가 살고 있었다. 그 녀석은 몸길이가 몇 천 리쯤 되는지 알 수 없을 정도로 엄청나게 큰 물고기였다. 이 물고기가 붕(鵬)이라는 이름의 새로 변신하여 날갯짓을 시작하면, 마치 온 하늘에 짙은 먹구름이 뒤덮이는 것만 같았다. 거센 바람이 불어 물결이 거칠어지는 계절이 올 때마다, 그 새는 힘차게 날갯짓하며 저 멀리 남쪽 바다로 날아가곤 했다.

"붕(鵬)이 날갯짓을 시작하는 순간 녀석의 두 날개가 검은 휘장처럼 3,000리 바다를 한꺼번에 덮어 버린다. 거센 바람을 타고 오를 때는 90,000리 드높은 상공까지 올라갈 수가 있다. 하지만, 저 멀리 남쪽 바다에 이르기 위해서는 6개월 동안 잠시도 쉬지 않고 날아가야 한다."

이 지구상에 아지랑이가 피어오르기 시작하는 봄날, 붕(鵬)이 대지를 박차고 날아오르는 순간부터 먼지가 흩날려 온갖 생물의 호흡을 턱턱 막는다. 하지만 하늘은 의연(毅然) 한 모습을 유지하며 늘 푸르기만 하다. 본디 하늘의 빛깔이 푸르러 그렇게 보이는 것은 아니다. 끝없는 거리가 하늘이 파란 것처럼 착각하게 만들고 있을 따름이다. 90,000리 드높은 상공을 나는 붕(鵬)의 두 눈에도 이 우주가 오직 푸르게만 보일 뿐이다.

커다란 배는 깊고 넓은 강이나 바다를 만나야 비로소 뜰 수 있다. 시냇물에 커다란 배를 띄워 보았자 아무 소용이 없다. 배 밑이 바닥에 닿아 움직일 수 없기 때문이다. 커다란 새가 하늘을 나는 경우도 마찬가지다. 드넓은 날개를 공중에 띄우고 저 높은 상공까지 날아오르기 위해서는 강한 바람의 도움을 받아야 한다.

거센 바람을 타고 남쪽 바다를 향해 유유히 날아가는 붕(鵬)의 앞길을 방해할 인간은 이 지구상에 아무도 없다. 그토록 여유 만만한 모습으로 거침없이 행동하는 데도 불구하고, 매미처럼 몸집이 작은 곤충과 새들은 붕(鵬)을 비웃는 일이 그저 즐겁기만 하다.

"우리 매미들은 참나무의 가지 끝에 날아오르는 것조차 힘들어. 가끔 미련하게 날아오르려다 땅바닥에 곤두박질치기도 하지. 그런데 90,000리 드높은 상공과 그토록 먼 남쪽 바다로 날아가기 위해, 그 긴 세월 동안 날갯짓을 연습하는 저 미련한 녀석의 속셈을 정말 모르겠어."

몸집이 작고 하찮은 동물들일수록 붕(鵬)의 생활 태도와 속내를 알 도리가 없다. 그 녀석들이 알고 있는 세계가 워낙 좁다 보니, 자기들보다 덩치가 엄청 큰 붕(鵬)의 웅대한 세상을 마음껏 비웃게 마련이다. 하지만 세상일은 그처럼 내키는 대로 웃어넘길 성격이 아니다.

잠시 마을 밖으로 여행을 떠나기 위해서는 하루치 식량 준비로 충분하지만, 100리 밖으로 나갈 때는 하루 전부터 준비해야 하고, 1,000리를 여행하려면 3개월 전부터 치밀(緻密)*하게 준비해야 한다. 심지어 하루에 90,000리를 여행하기 위해서는 더 긴 세월을 준비 기간으로 잡아야 한다.

사정이 그러함에도, 매미처럼 조그만 녀석들은 이 세상의 속 깊은 이치를 제대로 알기나 할까. 그들은 나름대로의 판단 기준으로 모든 사물을 저울질하기 때문에 진정한 의미의 안목(眼目)*을 갖출 기회가 없다.

아주 좁은 세상에 갇혀 사는 동물들일수록 자기들이 최고라고 생각하기 쉬울 뿐더러, 너무도 드넓은 바깥 세계와 끝없는 우주의 존재를 도저히 상상할 수 없는 것이다.

* 의연(毅然) : 의지가 굳세고 태도가 꿋꿋하며 단호하다. 〈예〉 의연하게 대처하다.
* 치밀(緻密) : (성격이나 계획 따위가) 자상하고 꼼꼼하다. 〈비슷한말〉 면밀(綿密)하다.
* 안목(眼目) : 사물을 보아서 분별할 수 있는 식견, 또는 사물의 가치를 판별할 수 있는 능력.

초(楚) 나라의 남쪽에 명령(冥靈)이라는 이름의 나무가 있었다. 이 나무는 1,000년에 한번씩 나이테가 생긴다. 아주 먼 옛날에는 대춘(大椿)이라는 이름의 나무도 있었다. 이 '대춘'이란 나무의 수명은 '명령'의 수명보다 16배나 더 길어, 16,000년에 한번씩 나이테가 생긴다고 한다.

이들 나무와 비교할 때 우리네 인간의 수명은 조족지혈(鳥足之血)*, 즉 '새 발의 피'에 불과하다. 형편이 그럼에도 천 년, 만 년 살거나 영원히 늙지 않기를 원하는 인간들이 불쌍할 따름이다. 마치 매미처럼 자그마한 곤충들이 거대한 새 대붕(大鵬)의 세계를 모르는 경우와 무엇이 다를까.

하루에 90,000리나 날아간다는 상상 속의 커다란 새 대붕(大鵬)*을 비웃는 '매미들'은 세속적인 가치관을 빗댄 것이다. 이와 반대로 90,000리 드높은 상공을 유유히 날아가는 '대붕의 모습'은 장자가 주장하는 이상적(理想的)*

인 생활 태도를 상징한다.

〈장자〉를 통해 우리들은 자신을 한번쯤 되돌아보게 된다. 우리들이 충분한 가치가 있다고 인정하던 사물들이 진실로 가치 있는 것인가 스스로 질문하게 된다.

'어쩌면 지금 이 순간에도 여전히 좁은 시야를 벗어나지 못하고 있는 것은 아닐까? 좀더 눈을 크게 뜨면 좀더 넓은 세상이나 참된 진실이 발견되지는 않을까?'

이와 같은 생각과 질문을 '발상의 전환'이라고 말한다. 발상(發想)'이란 새로운 생각을 내놓거나 사상과 감정 따위를 표현하는 일이다. '전환(轉換)'이란 이제까지의 방침이나 경향·상태 등을 다른 것으로 바꾸려는 노력이다. 사물을 바라볼 때 새롭게 생각하면서 생각의 방향을 바꾸려는 시도가 있어야 우리네 세상이 나날이 발전한다. 장자는 그 점을 강조하고 싶었던 것이다.

* **조족지혈(鳥足之血)** : 새 조(鳥), 발 족(足), 의 지(之), 피 혈(血)…. 새 발의 피라는 뜻으로 '아주 적은 분량'을 비유하여 이르는 말.
* **대붕(大鵬)** : 하루에 구만 리(里)를 날아간다는, 매우 큰 상상(想像)의 새. 북해(北海)에 살던 곤(鯤)이라는 물고기가 변해서 되었다고 한다.
* **이상(理想)** : ① (실제로는 실현할 수 없다 하더라도) 이성으로 생각할 수 있는, 사물의 가장 완전한 상태나 모습. ② 그렇게 되었으면 하고 마음에 그리며 추구하는 최상·최선의 목표. 〈예〉젊은이의 이상이 높다.

어느 날 밤, 장자는 아주 환상적인 꿈을 꾸었다. 꿈속에서 나비로 변신한 그는 향기롭고 아름다운 꽃밭 위를 팔랑팔랑 날아다녔다. 어찌나 자유롭고 즐거웠던지 자신이 한때 인간이었다는 사실조차 깜빡 잊어버릴 지경이었다. 그러던 어느 순간, 꿈속에서 화들짝 놀라며 깨어났다.

'아니, 그렇다면 나는 사실상 오래 전부터 인간이었단 말인가? 정말이지

나비가 아니었단 말인가?'

비몽사몽(非夢似夢)*을 헤매던 장자는 머리를 거칠게 저었다.

'이게 꿈인가, 생시인가?'

장자는 오랫동안 생각에 잠겼다.

'아까 꿈속에서 나비가 되어 팔랑팔랑 날아다닐 때, 〈나〉는 〈내〉가 인간인지 몰랐다. 지금 이 순간 꿈속을 벗어나 보니 〈나〉는 인간이다.

그렇다면 지금의 〈나〉는 정말 장자인가? 아니면 나비가 꿈을 꾸던 중에 갑자기 장자로 바뀐 것인가? 지금의 〈나〉는 과연 진정한 장자인가? 아니면, 그 나비가 장자로 변신하여 고민에 잠겨 있는 상황은 아닐까?'

이처럼 스스로 질문을 던져 가며 자신을 한번쯤 되돌아볼 기회를 가져야 한다. 그 동안 충분한 가치가 있다고 인정해 온 사물들이 진실로 가치 있는 것인지, 의문을 가짐으로써 생각의 방향을 바꿔 볼 필요가 있다. 그러한 '발상의 전환'이 되풀이 될 때, 나 자신은 물론이고 이 세상도 날로 발전하게 된다.

* 비몽사몽(非夢似夢) : 꿈속 같기도 하고 생시(生時) 같기도 한 어렴풋한 상태.

2 명예와 이익에 얽매이지 말라

장자는 전국시대가 가장 번성(繁盛)하던 시기에 태어난 것으로 알려져 있다. 그 당시는 여러 나라에서 널리 인재를 구하여 부국강병(富國强兵)을 외치던 시대였기 때문에, 약간의 재능이 인정된 사람에게는 출세할 기회가 얼마든지 있었다.

하지만 장자는 세속적인 출세를 등지고 초야(草野)에 묻힌 채 자연을 벗삼아 살았다. 농사꾼으로 만족하면서 틈틈이 글을 읽고 쓰거나 낚시를 즐기는 등 자유로운 일상을 만끽(滿喫)했다. 그런 의미에서 그는 자기 사상을 말로만 드러내지 않고 직접 몸과 마음으로 실천한 사람이었다.

* 번성(蕃盛·繁盛) : 한창 잘되어 성함. 번창. 초목이 무성함.
* 부국강병(富國强兵) : 나라의 경제력을 넉넉하게 하고, 군사력을 튼튼하게 하는 일. 〈준말〉 부강.
* 초야(草野) : 궁벽(窮僻)한 시골.
- 궁벽(窮僻)한 : 구석지고 으슥한.
* 만끽(滿喫) : 충분히 만족할 만큼 즐김.

장자가 평소처럼 강에서 낚시를 즐기고 있던 어느 날이었다. 초(楚) 나라의 신하가 왕의 명령을 받고 먼 길을 달려 찾아왔다.

"대왕님의 간절한 부탁이오니, 부디 초 나라의 재상(宰相)이 되셔야 합니다."

사자(使者)로 온 신하가 장자 앞에서 정중히 말했다.

"당신네 나라에는 죽은 지 3,000년이나 된 거북의 등딱지가 있다고 들었소."

장자는 말귀를 못 알아듣는 것처럼 엉뚱한 화제로 말문을 열었다.

"맞습니다."

"그 거북의 등딱지가 그토록 영험(靈驗)*이 있다면서요?"

"그렇답니다."

"대왕께서는 그 거북의 등딱지를 비단에 싸서 상자 속에 넣고 정성스럽게 제사까지 지내 준다면서요?"

"맞는 말씀이긴 합니다만…."

그 신하가 어리둥절한 표정으로 말꼬리를 흐렸다.

"사실이 그렇다면 한 마디만 물어 봅시다. 죽어서 3,000년 동안 극진히 대우를 받는 그 거북과 우리 마을 앞 강변의 진흙탕 속을 헤집으며 제멋대로 살고 있는 거북…. 둘 중에서 어느 거북이 더 행복하다고 생각하십니까?"

장자가 물었다.

"그야 물론! 이 마을에 사는 거북이 더 행복하겠지요."

그 신하는 자신 만만하게 대꾸했다.

"그 말이 진실이라면 지금 당장 돌아가세요. 나도 우리 마을 앞 강변의 진흙탕 속을 헤집는 거북처럼 살고 싶소."

장자는 뚝 잘라 말했다. 임금 앞에서 머리를 조아려 가며 못마땅하게 아부하기보다는, 한낱 시골 농부로서 자유를 만끽하며 느긋하게 살고 싶다는 뜻이었다. 세속적인 명예와 이익에 얽매여 살지 않겠다는 선비다운 생활 태도가 담긴 답변이었다.

* 재상(宰相) : 임금을 보필하며 모든 관원을 지휘·감독하는 자리에 있는 이품 이상의 벼슬을 통틀어 이르던 말.
* 사자(使者) : ① 심부름하는 사람. ② 죽은 사람의 혼을 저승으로 잡아간다는 저승의 차사.
- 차사(差使) : 죄인을 잡으려고 보내던 관원.
* 영험(靈驗) : 사람의 기원에 대해서 나타나는 효험(효력, 효용, 보람).

송(宋) 나라 때의 일이다. 조상(曹商)이란 신하가 송 나라 왕의 명령을 받고 진(秦) 나라에 사신(使臣)으로 가게 되었다. 그 일 때문에 조상은 어느 날 갑자기 많은 사람들의 주목을 받는 인물로 떠올랐다. 송 나라를 출발할 때는 몇 대의 수레에 불과했지만, 진 나라에서 돌아올 때는 무려 100대의 수레를 몰고 왔던 것이다.

"진 나라 왕의 호감을 얻는 바람에 의외로 푸짐한 선물을 받았다네."

조상은 일부러 장자를 찾아와 으스댔다.

"축하할 일이구먼."

말은 그렇게 하면서도, 장자는 결코 기쁜 표정을 짓지 않았다.

"너무도 가난한 집안에 태어나서 누렇게 뜬 얼굴로 짚신을 삼을 때는 무척 힘들었지. 하지만 나는 졸지에 출세했어. 큰 나라 왕의 점수를 따는 바람에 100대의 수레를 몰고 다니는 신분이 됐거든."

조상이 목에 힘을 주고 우쭐거렸다. 요즘의 경우로 따지자면 100대의 자가용을 확보한 셈이니, 사람들의 부러움을 한 몸에 받을 만한 일이었다. 하지만 장자는 부러워하는 기색을 내비치기는커녕 조금도 마음의 동요(動搖)를 일으키지 않았다.

"진 나라 왕은 지금 병을 고치려고 난리 법석을 떤다며?"

장자가 시큰둥하게 내뱉었다.

"그게 어째서?"

조상이 이맛살을 찌푸리고 물었다.

"이 사람아, 진 나라 왕이 병을 고치기 위해 여러 나라에서 이름난 의사를 모으고 있다는 거 잘 알아. 종기(腫氣)를 짜서 치료하는 사람에겐 수레 1대, 치질(痔疾)을 고쳐 주는 사람에게는 수레 5대, 배꼽 아래로 내려갈수록 수레의 숫자가 많아진다더군. 자네가 100대의 수레를 받을 걸 보니 치질보다 더 지저분한 병을 고쳐 준 모양이지?"

장자가 비아냥거렸다.

"아니? 도대체 나를 뭘로 보는 건가?"

조상이 모래 씹는 표정을 지은 것은 물론이었다.

"어서 돌아가게. 김을 매러 논에 가야 할 시간이 됐거든."

장자는 돌아서더니 농기구를 챙기기 시작했다. 세속적인 명예와 이익에 집착(執着)*하지 않는 농부이자 선비인 장자의 모습이 그랬다. 자기 형편에 비추어 과분한 욕심을 좇는 사람은 언젠가 반드시 큰 손해를 본다는 것이 장자의 생각이었다.

* 사신(使臣) : 나라의 명을 받아 외국에 파견되던 신하.
* 동요(動搖) : 움직이고 흔들림. 불안한 상태에 빠짐. 〈예〉 마음의 동요.
* 종기(腫氣) : 살갗의 한 부분이 곪아 고름이 잡히는 병. 부스럼.
* 치질(痔疾) : 항문의 안팎에 생기는 병을 통틀어 이르는 말.
* 집착(執着) : 어떤 일에만 마음이 쏠려 떠나지 아니함. 〈예〉 출세에 너무 집착하다.

장자의 임종을 앞두고 제자들이 장자의 장례식을 성대하게 치를 것을 의논하고 있을 때 이것을 안 장자는

"나는 천지(天地)*로 관(棺)을 삼고 일월(日月)로 연벽(連璧)*을, 성신(星辰)*으로 구슬을 삼으며 만물이 조상객(弔喪客)*이니 모든것이 다 구비되었다. 무엇이 더 필요하겠는가?" 라고 말하며 당장 의논을 중지하게 하였다. 이에 제자들이 놀라 매장을 소홀히 하면 까마귀와 솔개의 밥이 될 우려가 있다고 말하자 장자는 "땅 위에 있으면 까마귀와 솔개의 밥이 되고, 땅 속에 있으면 벌레와 개미의 밥이 된다. 까마귀와 솔개의 밥을 빼앗아 땅 속의 벌레와 개미에게 준다는 것은 공평하지 않다." 라고 말하였다.

위와 같이 장자는 자신의 명예와 사리사욕을 멀리 하였다.

* 천지(天地) : 하늘과 땅
* 연벽(連璧) : 서로 친밀하게 지내고 재주와 학문이 뛰어나며 하는 행동이 아름다운 두 사람
* 성신(星辰) : 별
* 조상객(弔喪客) : 조상(弔喪)을 하는 손님

3 자유 분방한 상상력

〈장자〉의 문학적인 발상은 우언과 우화로 엮어져 있다. 어떤 뜻을 직접 말하지 않고 다른 사물에 비유하여 의견이나 교훈을 나타내는 표현 방식이 '우언(寓言)'이요, 교훈적·풍자적인 내용을 동식물 등에 빗대어 엮은 이야기를 '우화(寓話)'라고 한다.

〈장자〉는 종횡무진(縱橫無盡)의 상상력과 절묘한 표현 기법으로 우주의 근원적인 문제를 고민하고 설명하면서, 현실 세계의 약삭빠른 지식인들을 대수롭지 않은 존재로 여기고 마음껏 비웃었다. 때로는 권력자들의 이중적인 잣대와 그들이 권력층에서 살아남기 위해 안간힘 쓰는 몰골을 점잖게 비판하기도 했다.

* 종횡무진(縱橫無盡) : 행동이 마음 내키는 대로 자유자재임. 〈예〉 야생마처럼 종횡무진으로 날뛰다.

장자의 심오(深奧)*한 철학적 사상 서적이자 독특한 문학 도서인 〈장자〉는 10여 만 자에 이르는 방대한 내용으로 이루어져 있다. 때문에 되새김질하듯 차근차근 음미하면서 읽지 않을 경우 자칫 오해하기 쉬운 부분도 없지 않다.

인간의 마음은 일정한 시대·지역·교육에 의하여 형성되고 환경에 따라 좌우된다. 이 마음이 외부 사물들과 접촉하는 순간 비로소 지식(知識·智識)이 생긴다. 이러한 지식은 시대·지역·사람들에 따라 각각 다르기 때문에 여러 측면에서 객관성(客觀性)*을 유지하기 어렵다. 장자는 이처럼 지식에 근거한 인간의 행위를 '인위(人爲)' 라고 불렀다.

사람의 힘으로 이루어지는 인공적인 일이 '인위' 라고 할 때, 장자는 인위적으로 자연을 건드리는 짓은 하지 말아야 한다고 주장한다. 물오리의 다리가 짧다는 이유로 다리를 길게 이어 주거나 학의 다리가 길다는 이유로 잘라 줄 경우 그들을 해치게 되듯이 '인위' 가 자연을 훼손(毀損)*할 수 있다고 본 것이다.

* 심오(深奧) : 사물의 뜻이 매우 깊고 오묘하다. 〈예〉 심오한 철학의 원리.
* 객관성(客觀性) : 주관의 작용이나 영향을 받지 않은 보편 타당성. 〈반대말〉 주관성.
− 주관(主觀) : 자기만의 생각, 또는 자기만의 치우친 생각. 〈반대말〉 객관(客觀).
* 훼손(毀損) : ① 체면이나 명예를 손상함. 〈예〉 명예를 훼손하다. ② 헐거나 깨뜨려 못 쓰게 함.

'도(道)' 란 마땅히 지켜야 할 도리, 종교상으로 근본이 되는 뜻이나 깊이 깨달은 경지 등을 말한다. 장자는 노자(老子)와 마찬가지로 도(道)를 천지 만물의 근본 원리라고 생각한다.

"도(道)는 오직 하나이고 완전히 갖추어 모자람이 없으므로 도의 대상은 있을 수 없다. 도는 어떤 대상을 요구하거나 소유하지 않으므로 무위하다."

'무위(無爲)' 란 '아무것도 하는 일이 없음' 을 말하기도 하지만, 현실적으로 사람의 지혜나 힘을 더하지 않은 자연의 상태를 의미한다.

"도(道)는 스스로 자기 존재를 완성시키며 저절로 움직인다. 때문에 도는 자연 그 자체이며, 도가 존재하지 않은 곳은 절대로 없다. 거미·기왓장·똥·오줌 속에도 도가 숨어 있다."

이와 같은 주장은 범신론(汎神論)의 일종으로서 신과 우주를 똑같은 성격이라고 보는 철학적 관점이다.

"도(道)가 개별적 사물에 포함되는 것을 덕(德)이라고 한다. 도가 천지 만물의 공통된 본성이라면 덕은 개별적인 사물의 본성이다. 인간의 본성 역시 덕이다. 이러한 덕을 회복하기 위해서는 습성에 의하여 더렵혀진 심성(心性)을 갈고 닦아야 한다."

장자는 '그렇게 덕(德)을 회복하면 도(道)와 허물없이 만날 수 있다'고 주장한다.

"도(道)와 한 몸이 될 경우, 도의 관점에서 사물을 관찰할 수 있다. 물(物)의 관점에서 사물을 볼 경우, 자기는 귀하고 상대방은 천하다고 할 수 있다. 그러나 도의 관점에서 사물을 볼 경우, 만물과 평등하게 어울릴 수 있다. 인간은 도와 하나가 됨으로써 자연에 따라 살아갈 수 있으며 무한한 자유를 누릴 수 있다."

이러한 자유는 천지 만물과 나(자아, 自我) 사이의 구별이 사라진 지인(至人), 즉 '덕(德)이 매우 높은 사람'이라야 누릴 수 있다. 덕이 매우 높은 사람은 다른 이웃들과 조화를 이루고 천지 만물과도 사이좋게 어울려 살아갈 수 있다.

장자의 사상은 대부분 우언(寓言)으로 풀이되었고, 그 근본은 노자의 '무위(無爲) 사상'을 계승하는 것이었다. 하지만 현실 세계와의 타협을 거부한다는 점에서는 더욱 철저하기 때문에, 바로 그와 같은 측면에서 장자의 자유분방(奔放)한 세계가 펼쳐진다.

장자의 사상은 외형적으로는 유학(儒學)을 위주로 하면서도 내면적으로는 노자의 철학을 수용하고 있다. 장자의 이러한 초탈(超脫)* 사상은 자연주의 경향이 있는 문학 예술에도 깊은 영향을 미쳤다. 한국에서는 조선 시대 전기에 이단(異端)*으로 배척(排斥)* 받았으나 일부 선비들과 문인들이 〈장자〉의 글들을 애독하기도 했다.

* 범신론(汎神論) : 신과 우주를 똑같은 것으로 보는 종교관 또는 철학관. 만유신론.
* 분방(奔放) : 체면이나 관습 같은 것에 얽매이지 아니하고 마음대로. 〈예〉 분방한 생활.
* 초탈(超脫) : 세속이나 어떤 한계 따위를 뛰어넘어 벗어남. 〈예〉 세속을 초탈하다.
* 이단(異端) : ① 정통 학파나 종파에 벗어나는 설(說)이나 파별을 주장하는 일. ② 정통적 교의(敎義)나 교파 이외의 교의나 교파를 이름.
* 배척(排斥) : 반대하여 물리침. 〈예〉 반대파에게 배척을 당하다.

4
넓은 세계로 눈을 돌려라

　장자가 주장하는 '현실에서의 초월'을 잘못 받아들이지 않아야 한다. 현실을 등지거나 현실에서 눈을 떼라는 의미가 아니다. 눈앞의 조그마한 이익에 마음을 빼앗겨 더 큰 판단을 그르치지 말라는 교훈이 숨어 있기 때문이다.
　장자는 말한다.
　"이 세상의 모든 것은 도(道)로 이루어져 있다. 도는 모든 존재의 뿌리이자 본바탕이다. 모든 존재를 지배하는 근본 원리가 바로 도이다. 도의 입장에서 보면 모든 사물에 차별이란 있을 수 없다. 옳음과 옳지 못함, 착함과 악함의 구별도 없다. 가치가 있는 것과 가치가 없는 것의 구별도 없다. 우주 만물에 차별과 구별이 있는 것처럼 느껴져도 그것은 일시적인 혼란이나 착각에 불과하다. 따라서 차별에 매달리는 일은 어리석은 짓이다."

비슷한 관점에서 고사 성어 '조삼모사(朝三暮四)'에 얽힌 우화를 떠올릴 필요가 있다. 아침 조(朝), 석 삼(三), 모을 모(暮), 넉 사(四)…. 눈앞에 보이는 차이만 알고 결과가 같은 사실을 모르는 것, 남을 농락하여 자기의 속임수에 빠뜨리는 행위 등을 비유하기 위해 장자는 유명한 우화를 탄생시켰다.

송(宋) 나라 때 저공(狙公)이란 사람이 많은 원숭이를 기르고 있었다. 어느 날 갑자기 원숭이들의 먹이가 바닥나자 저공은 고민에 빠졌다. 워낙 욕심 많은 녀석들이 경쟁하듯 마구잡이로 먹어 치웠음이 확인되자 울화가 치밀었다.

"앞으로 너희들에게 주는 도토리를 아침에 3개, 저녁에 4개로 제한하겠다."

저공이 원숭이들에게 아주 심각한 표정으로 선전포고(宣戰布告) 하듯 말했다.

"말도 안 돼요!"

그 말이 떨어지기 무섭게 원숭이들은 너나할것없이 화를 냈다.

"주인님, 아침에 3개를 먹는다면 배고픔을 참지 못할 거예요."

원숭이 대표가 울상을 지었다.

"그렇다면 이렇게 바꿔 보자."

한참 생각에 잠겨 있던 저공이 약간 달라 보이는 제의를 했다.

"아침에 4개를 주고 저녁에 3개를 주면 어떨까?"

"좋아요! 좋아!"

뜻밖에도 원숭이들이 몹시 즐겁다는 듯 펄쩍펄쩍 뛰는 게 아닌가. 저공은 머리 나쁜 원숭이들이 환호하는 광경을 지켜보며 혀를 끌끌 찼다.

*선전포고(宣戰布告) : 상대국에 대하여 전쟁 개시 의사를 선언하는 일.

　아침에 3개를 주고 저녁에 4개를 주든, 아침에 4개를 주고 저녁에 3개를 주든 사실상 아무런 차이가 없다. 하지만 그 진상을 모르고 당장 눈앞의 작은 꾐에 빠져 어리석은 판단을 하는 사례가 많다. 결국 조4 모3(朝四暮三)이 조3 모4(朝三暮四)로 바뀐 것에 불과하지만, 원숭이들의 반응은 하늘과 땅 사이처럼 엇갈렸다. 똑같은 숫자를 가지고 똑똑한 사람이 어리석은 원숭이들을 속임수로 넘긴 것이다. 그래서 '간사한 꾀로 남을 속이고 농락하는 것'을 비유하여 이르는 고사 성어 '조삼모사(朝三暮四)'가 탄생되었다.
　이와 비슷한 장자의 우화로 와우(蝸牛)*각상 또는 와우각상지쟁(蝸牛角上之爭)이란 것이 있다. '와우각상'이란 '달팽이의 뿔 위'란 뜻으로 '세상이 좁음'을 비유하여 이르는 말이다. '와우각상지쟁'이란 '달팽이의 더듬이 위에서 싸운다'는 것이며, 당사자들이 느끼기엔 거창한 전쟁 같지만 우주적인 관점에서 보면 아주 사소한 일에 불과하다는 의미로 쓰인다.

* 와우(蝸牛) : 달팽이.

　전국시대의 일이다. 위(魏) 나라의 혜왕(惠王)은 제(齊) 나라의 위왕(威王)과 우호 조약을 체결하고 동맹(同盟) 관계를 맺었다. 하지만 어느 날 갑자기 위왕이 우호 조약을 깨뜨렸다. '우호 조약(友好條約)'이란 나라와 나라 사이에 우의적(友誼的)* 관계를 유지하기 위하여 맺는 조약이다.
　"지난번에 맺은 우호 조약을 없던 걸로 하자."
　위왕의 선언은 일방적이었다.
　"말도 안 돼! 누구 맘대로!"
　그 선언을 전해들은 위 나라 혜왕이 흥분했다.

"당장 본때를 보여 줘야 해!"

위 나라 혜왕은 복수를 결심했고 즉각 회의를 소집하여 대책을 의논했다. 그렇다고 회의가 원만히 진행된 것은 아니었다. 즉각 전쟁을 하자는 신하들과 평화적인 해결을 주장하는 신하들이 두 갈래로 갈라져 쉽사리 결론이 나지 않았다.

"자객(刺客)*을 몰래 보내 위왕의 목을 베자."

혜왕이 이를 갈았다.

"천하(天下)*를 다스리는 황제께서 그런 식으로 원수를 갚는 것은 부끄러운 일입니다. 군사를 일으켜 응징(膺懲)*하는 게 옳다고 생각됩니다."

어떤 신하는 전쟁을 찬성했다.

"전쟁은 백성들에게 무거운 짐을 지우는 일입니다. 전쟁을 해선 안 됩니다."

어떤 신하는 전쟁을 반대했다.

* 동맹(同盟) : 둘 이상의 개인이나 단체가 동일한 목적을 이루거나 이해를 함께 하기 위하여 공동 행동을 취하기로 하는 맹세.
* 우의(友誼) : 친구 사이의 정분. 우정(友情). 〈예〉 우의가 두텁다.
* 자객(刺客) : (어떤 음모에 가담하거나 남의 사주를 받고) 사람을 몰래 찔러 죽이는 사람.
* 천하(天下) : 온 세상. 하늘 밑. 한 나라, 또는 정권. 〈예〉 천하를 얻다.
* 응징(膺懲) : 잘못을 뉘우치도록 징계함. 적국(敵國)을 정복함.

"두 사람의 의견 모두 잘못됐다고 생각합니다."

어떤 신하는 양쪽을 모두 비판했다.

이들 사이의 논쟁이 결말을 내지 못하자, 지혜 넘치는 신하로 알려진 대진인(戴晉人)이 발벗고 나섰다.

"황제께서는 와우(蝸牛), 즉 달팽이를 알고 계시지요?"

대진인이 달팽이에 관한 얘기로 말문을 열었다.

"알다마다."

혜왕이 턱수염을 쓰다듬으며 중얼거렸다.

"달팽이의 왼쪽 뿔 위에 촉(觸) 나라가 있고, 오른쪽 뿔 위에는 만(蠻) 나라가 있습니다. 이들 나라는 끊임없이 영토 싸움을 벌였습니다. 두 나라가 15일 동안 전쟁을 한 적도 있었는데, 죽은 병사들이 자그마치 수만 명에 이르렀습니다. 달아나는 상대편의 병사들을 추격하기 위해 보름이라는 기간을 소비하기도 했습니다. 마침내 수만 명의 병사들이 죽고 나서야, 지쳐 버린 두 나라 왕들이 경쟁하듯 전쟁을 포기했습니다."

"세상에 그처럼 허황한 이야기가 어디 있겠나?"

혜왕이 믿을 수 없다는 표정을 지었다.

"황제께서는 이 우주의 끝이 있다고 생각하십니까?"

"물론 끝이 없겠지."

"그렇다면 말씀드리죠. 우주 저 멀리에서 이 땅의 여러 나라를 내려다보십시오. 모든 나라들의 영토가 아무리 넓다고 한들 아주 작은 점 하나와 비슷한 존재에 지나지 않습니다."

"그래, 틀린 말은 아니야."

혜왕이 두 눈을 지그시 감고 고개를 끄덕였다.

"그처럼 수많은 나라들 안에 위 나라가 있고, 그 위 나라 안에 수도가 있고, 그 수도 안에 황제께서 살고 계십니다."

"……"

혜왕은 말을 잃었다.

"이 넓은 우주와 비교한다면, 제 나라와 위 나라는 달팽이 더듬이 위의 두 나라와 조금도 다르지 않습니다."

"……"

혜왕은 잠시 멍한 표정을 지었고 그저 속으로 탄복할 따름이었다.

달팽이 와(蝸), 소 우(牛), 뿔 각(角), 위 상(上), 갈 지(之), 다툴 쟁(爭)…. '와우각상(蝸牛角上)' 또는 '와우각상지쟁(蝸牛角上之爭)'이란 이처럼 인간이 고뇌하고 집착하면서 매달리는 일들이 자연계의 규모에 비하여 티끌처럼 부질없는 것임을 말할 때 쓰인다. 아주 보잘것없는 일로 아무 득도 없이 티격태격하는 사람들을 보고 '달팽이의 뿔 위에서 무슨 일을 다투느냐?'는 뜻으로 '와우각상쟁하사(蝸牛角上爭何事)'라는 말을 던지기도 한다.

끝없는 대우주 저 위에서 내려다보면, 이 지구상에 일어나는 모든 현상들은 아주 하찮은 수준에 불과하다. 그렇기 때문에 극히 사소한 이해 관계에 얽혀 들어 아등바등하는 사람들을 향해 장자는 '현실에서 초월하라'고 역설한다.

어떤 측면에서 그 말은 초월을 주장하는 성격이라기보다는 정확한 현실 인식에서 비롯된 훈계라고 할 수 있다. 다시 말해, 〈장자〉에 나오는 잠언(箴言)*들을 읽고 인간의 그릇을 가능한 한 크게 만들어야 한다는 생각이다. 작은 일에 얽매인 나머지 더 넓은 세계관을 갖추지 못하는 어리석은 사람들에게 경종(警鐘)*을 울리고 있는 것이다.

* 잠언(箴言) : 사람이 살아가는 데 교훈이 되고 경계(警戒)가 되는 짧은 말. 구약 성경 중의 한 편. 솔로몬 왕의 지혜로운 말을 모아 엮은 내용.
* 경종(警鐘) : ① 비상사태나 위험 등을 알리어 경계하기 위해 치는 종. ② 경계하기 위한 주의나 충고.

5
쓸모 없어도 존재 가치는 있다

 아주 먼 옛날, 석(石)이라는 이름의 목수가 제자들과 함께 제(齊) 나라를 여행하고 있었다. 때마침 어느 지방에 이르렀을 때, 수많은 사람들이 거대한 상수리나무 한 그루를 신(神)처럼 떠받드는 장면을 목격했다. 그 상수리나무는 평범한 인간들로서는 도저히 상상하기 어려울 정도의 웅장(雄壯)*함을 자랑하고 있었다.

 어찌나 크기가 대단했던지 굵은 밑둥치는 100아름이었고, 그 나무 그늘 밑에서 수천 마리의 소들이 되새김질을 하며 쉬고 있었다. 저 높은 곳에서 가지가 갈라지는 바람에, 그 상수리나무가 깊은 계곡과 높은 산들을 내려다보는 형국이었다. 어찌나 우람하고 으리으리했던지 나뭇가지 하나를 잘라도 커다란 배를 한 척 만들 수 있을 정도였다. 그토록 어마어마한 상수리나무를 구경하거나 숭배(崇拜)*하기 위해 방문하는 사람들이 줄을 잇고 있었다.

 대규모 장터처럼 북적거리는 나무 밑에서 석(石)의 제자들은 숨을 죽였다. 그 거목(巨木)*의 위용(威容)*에 압도당한 듯 나무를 올려다보며 한숨을 길게 내쉬는 사람들도 있었다. 하지만 석(石)은 눈길 한번 주지 않고 그 나무를 지나쳐 버렸다.

 "저토록 훌륭한 목재를 만난 건 난생 처음입니다. 그런데도 스승님께서는 아무렇지도 않다는 듯 지나치는 이유가 도대체 무엇입니까?"

 허겁지겁 쫓아온 제자들이 물었다.

 "뭘 모르는 소리야. 그 나무는 아무짝에도 쓸모가 없어."

"쓸모 없다니요?"

제자들이 따져 물었다.

"저 나무로 배를 만들면 곧장 침몰(沈沒) 해 버리고, 관(棺)을 짜면 곧바로 썩어 버리고, 가구를 만들면 금방 망가지고, 기둥으로 삼을 경우 밑동은 곧 벌레가 들끓게 될 걸세. 한 마디로 말해 저 나무는 무용지물이야."

'무용지물(無用之物)'이란 아무짝에도 쓸데없는 물건이나 사람을 이른다. 그처럼 훌륭해 보이는 목재가 무용지물이라니 놀라지 않는 제자가 없었다.

"그게 참말입니까?"

제자들이 다그치듯 물었다.

"저토록 엄청나게 성장할 수 있었던 이유도 원래 쓸모가 없었기 때문이지."

유명한 목수 석(石)은 확실히 사물을 보는 눈이 남달랐다. 스승의 날카로운 판단력에 놀란 제자들은 벌어진 입을 다물지 못했다.

하지만 더 놀라운 일은 며칠 뒤에 일어났다. 여행을 마치고 돌아온 그 날 밤, 석(石)은 너무도 생생한 꿈을 꾸었다. 그 거목이 나타나더니 준엄(峻嚴)하게 타이르기 시작했던 것이다.

"이 사람아! 자네는 도대체 나를 무엇에 비교하여 무용지물이라고 말했는가? 보나마나 인간에게 쓸모가 없는 나무라고 생각되어 그런 판단을 내렸을 거야. 그래 맞아. 열매가 열리는 배나무와 사과나무들이 그대에겐 쓸모가 있을 테지. 하지만, 자네는 하나는 알고 둘은 몰라! 열매를 맺기 때문에 가지가 꺾이거나 갈가리 쪼개져서 자기 목숨을 오래도록 이어가지 못한다는 사실을 왜 모르나? 열매를 맺는다는 이유로 타고난 자기 수명(壽命)을 누리지 못한다는 현실을 진짜 모르는가?"

"……."

석(石)은 대답하지 못했다.

"똑똑히 알아 둬! 자신의 장점이 스스로 생명을 단축하는 거야. 이를테면 잘났다는 점이 나쁜 일을 자초(自招)*하는 셈이지. 곰곰이 생각해 보라구. 이 세상 사람들은 모두 유용(有用)해지려고, 쓸모 있는 존재가 되기 위해 안달하고 있어. 그처럼 어리석은 행위를 반복하고 있단 말이네. 그렇지만 내 경우는 달라. 나는 오늘까지 초지일관(初志一貫)* 무용(無用)해지려고 노력해 왔어. 결국 타고난 목숨을 마치려는 지금에 와서야 겨우 무용지물의 나무로 완성될 수 있었다네. 만약 내가 유용한 나무였더라면 아주 먼 옛날에 베어져서 쓰러지고 말았을 것이네."

'유용(有用)'이란 '쓸모가 있고 이용할 데가 있다'는 뜻이고 '무용(無用)'이란 '쓸모가 없고 이용할 데가 없다'는 의미이다.

사실 그 거목은 목재로서 쓸모는 없었지만, 그 그늘 밑에서 수천 마리의 소가 쉴 수 있었으니 나름대로 존재 가치가 있었던 것이다.

* 웅장(雄壯) : 우람하고 으리으리하다.
* 숭배(崇拜) : ① 어떤 사람을 훌륭히 여겨 마음으로부터 우러러 공경함. ② 종교적 대상을 절대시하여 우러러 받듦. 〈예〉 우상 숭배.
* 거목(巨木) : 매우 큰 나무. '큰 인물'을 비유하여 이르는 말. 〈예〉 경제계의 거목.
* 위용(威容) : 위엄 있는 모양이나 모습.
* 침몰(沈沒) : 물에 빠져 가라앉음.
* 관(棺) : 시체를 넣는 궤짝.
* 준엄(峻嚴) : 매우 엄하다.
* 자초(自招) : 어떤 결과를 자기 스스로 불러들임. 〈예〉 화(禍)를 자초하다.
* 초지일관(初志一貫) : 처음에 세운 뜻을 이루려고 끝까지 밀고 나감.

소용이 없고 쓸데없으며 볼일이 없다는 말은 '무용(無用)'이다. 이와 반대로 쓸모가 있고 이용할 데가 있으며 볼일이 있다는 말은 '유용(有用)'이 된다. '무용지물(無用之物)'이란 아무짝에도 쓸데없는 물건이나 사람을 말한다. 그렇다면 '무용지용(無用之用)'은 어떤 뜻이 될까. 없을 무(無), 쓸 용(用), 갈 지(之), 쓸 용(用)…. 언뜻 보기에 무용(無用)하다고 여겨지는 것이 실은 유용(有用)하다는 뜻이 된다.

그래서 장자는 말한다.

"세상 사람들은 대부분 유용(有用)의 용(用)만을 알고 무용(無用)의 용(用)을 모른다. 오히려 무용(無用)을 깨달음으로써 비로소 유용(有用)을 함께 토론할 자격을 갖출 수 있는 것이다."

그 동안 쓸모 없다고 생각했지만 자기 역할을 다하는 사물들이 의외로 많다는 현실을 강조한 셈이다. 더 구체적인 사례를 들어 알기 쉽게 설명해 보자.

어떤 사람이 장자를 만나 시비를 걸었다.

"자네의 이론은 현실에 아무런 도움이 되지 않아!"

구태여 유용(有用)해지려고 노력하지 않으면서, 무용(無用)에 철저함으로써 오래 살 수 있다는 이론을 비판하고자 말을 꺼낸 것이었다.

"함부로 말하지 말게. 무용(無用)하다는 것이 어떤 의미인지 진정으로 깨달은 사람만이 유용(有用)에 대해 말할 자격이 있다네."

장자가 말을 이었다.

"예컨대, 우리 두 사람이 두 발을 딛고 서 있는 이 천지는 끝없이 넓기만 하단 말이네. 하지만, 지금 이 순간 우리들에게 필요한 것은 두 발을 딛고 설 수 있는 좁은 면적뿐이지. 이 좁은 면적만 있으면 무난히 서서 지탱할 수 있을 거야. 사정이 그렇다고 해서, 두 발이 차지하는 면적만 남기고 주변의 땅을 모두 파 버리거나 아예 없앤다면 어떻게 되겠나? 서 있기도 불가능할 뿐만 아니라, 남겨진 면적조차 우리들에게 아무 소용이 없는 것이 되고 말겠지. 내 말이 틀린가?"

"틀린 말은 아니지."

"결국 우리 두 사람은 무용(無用)한 것이야말로 정말 유용(有用)한 것이라는 사실을 알 수 있게 된 셈이지."

다시 한번 장자의 '무용지용(無用之用)'을 설명해 보자.

어떤 사람이 아주 넓은 땅 위를 유유히 걸어간다고 치자. 그 사람의 발길이 닿는 부분은 그 드넓은 땅의 극히 일부에 불과하다. 그 사람이 걷기 위해서는 그 넓은 땅이 사실상 필요가 없다. 두 발이 닿을 만한 면적만 있어도 충분히 걸을 수 있기 때문이다.

그래서 결단을 내렸다. 밟아야 할 자리만 남기고 나머지 드넓은 땅을 모두 없애 버리기로 결심했다. 곧바로 작업에 들어갔다. 밟지 않아도 되는 드넓은 지면을 모두 파헤친 뒤, 밟아야 할 자리만 수많은 낭떠러지 꼭대기에 남겨두었다. 결국 그 사람은 더 이상 앞으로 나아갈 수 없게 되었다.

이 경우를 두고 한번 따져 보자. 지면에서 발로 밟을 자리는 쓸모가 있으니 유용(有用)이다. 지면에서 발로 밟지 않을 부분은 쓸모가 없으니 무용(無用)이 될 것이다. 밟아야 할 부분인 '유용'만 남기고 그 밖의 부분인 '무용'을 모두 한없이 깊게 파서 내려갔다고 치면, 과연 사람이 걸어갈 수 있을까. 전혀 불가능한 일이다. 이와 같은 사례를 보아도 무용지용(無用之用)이 말하는 교훈을 만날 수 있을 것이다.

장자의 말대로 주위를 다시 한번 살펴보자. 그 동안 쓸모 없다고 생각했지만 자기 역할을 다하고 있는 것들이 의외로 많다.

그래서 장자는 한숨지으며 다음과 같이 말한다.

"세상 사람들은 모두 유용(有用)한 것의 용도는 알면서도 무용(無用)한 것의 진정한 용도에 대하여는 알지 못한다."

오로지 유용성(有用性)만을 추구하는 인간에게는 장래의 큰 성공을 기대하기 어렵다. 장자가 말하는 '무용(無用)의 쓰임새'를 발견할 수 있다면 언젠가 새로운 인생의 지평(地平)*이 열릴 수 있을 것이다.

* 지평(地平) : ① 대지의 평면. ② 지평선(地平線)의 준말. ③ '사물의 전망이나 가능성' 따위를 비유하여 이르는 말. 〈예〉아동 문학의 새 지평을 열다.

6
잡념을 버려라

〈장자〉에는 스승과 제자의 '좌망 문답(坐忘問答)'이 수록되어 있다. '좌망(坐忘)'이란 인간이 이 세상을 살기 위한 모든 조건들을 깨끗이 망각해 버리고 자연스럽게 존재의 근본 법칙과 한 덩어리가 되는 과정을 말한다.

'좌망'이란 두 다리를 포개 가부좌(跏趺坐)*를 튼 상태에서, 여러 가지로 신중하게 생각하여 이치에 맞게 판단하는 과정을 잊어버리고, 정신을 집중함으로써 무념무상의 경지에 들어가는 수행 방법이다. '무념무상(無念無想)'이란 마음속에 떠오르는 일체의 생각으로부터 벗어나 있는 상태이다.

* 가부좌(跏趺坐) : 결가부좌 (結跏趺坐)의 준말. 먼저 오른발의 발바닥을 위로 하여 왼편 넓적다리 위에 얹고, 왼발을 오른편 넓적다리 위에 얹는 앉음새. 〈준말〉결가(結跏).

어느 날, 제자인 안회(顔回)와 스승인 공자가 좌망(坐忘) 문답에 들어가기 위해 마주 앉았다.

"저의 수양도 이제 웬만큼 이루어진 거 같습니다만…."

제자가 넌지시 말을 걸었다. '수양(修養)'이란 '몸과 마음을 단련하여 품성·지혜·도덕을 닦는다'는 뜻이니, 제자의 입장에서 어느 정도 수양을 쌓았다는 자부심으로 그렇게 말한 것이다.

"그래? 어떤 측면에서 그런 생각을 했는가?"

"저는 인의를 잊어버리게 되었습니다."

'인의(仁義)'란 '어질고 의로움'을 뜻한다. 여러 가지로 생각하여 이치에 맞게 판단하는 과정을 잊어버리고, 정신을 집중함으로써 마음 속에 떠오르는 일체의 생각으로부터 벗어나 있다는 것을 강조하기 위해 그렇게 말한 것이다.

"그 말이 맞는 듯하나 아직 이르네."

공자는 머리를 저었다. 그리고 몇 개월 뒤, 제자가 다시 찾아왔다.

"스승님, 그 때보다 많이 진전됐습니다."

"그래? 어떤 이유로?"

"저는 예악을 잊어버렸습니다."

'예악(禮樂)'이란 예절과 음악을 뜻한다.

'예절(禮節)'은 말과 행동을 삼가게 하고, '음악(音樂)'은 사람의 마음을 감화시킨다는 이유로, 중국에서는 예로부터 사회의 질서 유지를 위해 예악이 매우 중요하다고 생각했다.

"아, 잘 됐네. 하지만 아직 이르네."

공자는 제자를 물러가게 했다. 그리고 몇 개월 뒤, 스승과 제자가 다시 만났다.

"저는 더더욱 발전되었습니다."

"어떻게 말인가?"

"저는 드디어 좌망이 가능해졌습니다."

"좌망? 그게 뭔데?"

공자가 두 눈을 크게 뜨고 물었다.

"온몸의 힘을 빼고, 일체의 감각을 없애고, 몸과 마음을 텅 비워 둠으로써 도(道)의 움직임을 받아들이는 것입니다."

"도(道)의 움직임을 받아들였을 때, 선악(善惡)과 옳고 그름을 따지는 감정에 끌려가는 일 없이 도와 함께 변화되어 무한한 자유를 만날 수 있다. 그렇다면 자네는 그 경지에 도달했단 말인가?"

"예, 스승님."

"명색이 스승인 나도 자네에게 뒤지지 않도록 노력해야겠구나."

공자는 제자의 깨달음을 인정하는 뜻으로 고개를 주억거렸다.

다시 한번 말하자. '좌망(坐忘)'이란 무심(無心)의 경지, 즉 잡념을 제거한 상태라고 이해하면 된다.

무슨 일이든 깨끗이 잊지 못하고 늘 마음에 걸리면 견디기 어렵다. 어떤 일이든 완전히 잊어버리고 마음 속이 맑아져 한 가지 일과 생각에만 얽매이지 않는 상황에 이르러야, 비로소 자유로운 판단을 내릴 수가 있다. 무심의 경지, 즉 어떤 생각에 지나치게 매달리거나 걱정함이 없는 처지에 이르러야만, 비로소 어떤 사태에도 유연(悠然·柔軟)하게 대응할 수 있는 판단력이 생긴다.

* 유연(悠然) : 침착하고 여유가 있다.
* 유연(柔軟) : 부드럽고 연하다.

어느 날, 공자의 제자인 안회가 나룻배로 연못을 건너고 있었다. 깊은 연못의 물결이 일렁거려 나룻배가 몹시 요동쳤으나, 사공은 조금도 불안하다는 표정을 짓지 않았다. 배를 다루는 사공의 손길은 너무 유연했으며, 노를 젓는 솜씨가 귀신을 뛰어넘는 수준이었다.

"어떻게 훈련해야 그토록 능숙하게 배를 몰 수 있나요?"

몹시 궁금하게 생각하던 안회가 그 비결을 물었다.

"비결은 없어요."

사공은 시큰둥하니 대답했다.

"비결이 없다니요? 말이나 됩니까?"

"수영에 능숙한 사람일수록 배를 부리는 기술이 금방 숙달됩니다."

"정말 수영을 잘 한다고 그 경지에 이를 수 있단 말이오?"

안회는 그 사공의 말이 믿어지지 않아 다시 물었다.

"그럼요. 특히 물 속에 들어가 돌아다니는 재주를 터득한 사람은 더 유리해요. 배를 본 적이 없어도 단숨에 유능한 사공이 될 수 있답니다."

"좀더 자세히 알려 주세요."

안회가 간절히 재촉했으나 사공은 더 이상 입을 열지 않았다. 결국 스승인 공자에게 물어 봐야 했다.

"스승님, 도대체 그 비결이란 무엇일까요?"

"수영을 너무도 잘 하는 사람은 쉽게 배를 다루게 되지. 물을 의식하거나 물을 두려워하는 경우가 없기 때문이야. 잠수(潛水)를 잘 하는 사람이 더 쉽게 배를 다루게 된다는 건 너무도 당연해. 그 사람에게는 연못 속도 육지의 한 부분에 불과하기 때문이야. 깊은 물을 의식하지 않은 상태에서 연못 바닥이 땅과 다름없다고 여기는 사람은, 어떤 사태가 벌어져도 마음이 동요하는 일은 결코 없어. 언제나 태연자약하게 대처할 수 있기 때문이라네."

'태연자약(泰然自若)'이란 마음에 어떤 충동을 받을 만한 일이 있어도 태연하고 천연스러운 경우를 말한다. 그처럼 태연자약한 경지에 이르기 위해서는 대상을 의식하지 않고, 대상에 결코 얽매이지 않는 상태를 만들어야 한다.

"스승님, 이제야 알겠습니다."

제자 안회가 고개를 주억거리자, 공자는 다시 말을 이었다.

"가령 내기 도박을 한다고 치자. 판돈 대신 돌멩이를 걸었을 때는 그 돌멩이를 쉽게 딸 수 있다. 하지만 약간 비싼 물건을 걸었을 때는 마음의 평정(平靜)*을 잃게 된다. 그뿐이 아니다. 아주 값진 황금을 걸 경우 마음이 극도로 동요하게 된다. 내기 도박 솜씨에는 별다른 차이가 없어도 내기 도박의 결과가 하늘과 땅처럼 갈라지는 이유가 뭔지 아는가? 괜히 아깝다는 마음이 강해지는 순간부터 정신적 혼란이 심해지기 때문이지"

아무것도 의식하지 않고 어떤 것에도 구애(拘礙)*받거나 구속되지 않은 상태…. 그런 경지에 도달할 수 있다면, 일체의 고정 관념에 휘둘리지 않고도 얼마든지 급변하는 상황에 유연하게 대처할 수 있을 것이다.

특히, 지도자들이 자신을 무심(無心)*의 경지와 무아(無我)*의 상태에 둘 경우 잘못된 결정을 내리는 일이 없어진다. 다시 말해, 걱정하는 게 없는 상태에서 사사로운 마음을 뿌리칠 때 상황 판단이 보다 정확해진다는 뜻이다.

* 평정(平靜) : 평안하고 고요함. 〈예〉 마음의 평정을 되찾다.
* 구애(拘礙) : 거리끼거나 얽매임. 〈예〉 여론에 구애하지 않고 소신껏 일하다.
* 무심(無心) : 걱정하는 게 없음.
* 무아(無我) : 사사로운 마음이 없음.

7 마음은 거울과 같아야 한다

이상적인 지도자란 과연 어떤 모습일까. 장자는 다음과 같이 말한다.

"일이 뜻대로 되지 않는 불운한 처지에 빠져도 불만을 품지 않고, 높은 지위에 올라도 크게 기뻐하지 않는다. 세상의 온갖 일을 자연에 맡기면서 '인위적'으로 덤비지 않는다. 성공을 거두어도 남 앞에서 뽐내거나 오만하게 행동하지 않을 뿐만 아니라 실패하더라도 결코 좌절하지 않는다."

'인위적(人爲的)'이란 사람이 일부러 꾸민 모양이나 성질이요, '오만(傲慢)'이란 잘난 체하며 남을 업신여기는 태도가 있는 경우로 '거만(倨慢)'과 비슷한 낱말이다.

장자는 이렇게 말한다.

"마음이 거울과 같아서 스스로 조금도 움직이지 않는다. 다가오는 것들을 있는 그대로 마음의 거울에 담아 내지만, 지나가 버리면 마음의 거울 속에 아무 흔적도 남기지 않는다. 따라서 어떠한 사태에 직면해도 유연하게 대응할 수 있을 뿐만 아니라 상처를 받는 일이 결코 없다."

위에서 소개한 말은 약간 추상적이어서 이해하기 어려울 것이다.

이해를 돕기 위해 두 사람의 대화를 들어 보자. 다음은 양자거(陽子居)와 노담(老聃)이란 두 인물이 나눈 대화의 일부이다.

"민첩하고 과감한 추진력과 투철(透徹)*한 통찰력(洞察力)*을 함께 갖추고 게으름을 피우지 않으면서 꾸준히 도(道)를 배우는 사람이 있다고 칩시다. 그 사람을 이상적인 지도자라고 할 수 있지 않겠습니까?"

양자거가 자신감 넘치는 어조로 노담에게 물었다.

"천만의 말씀!"

노담이 머리를 가로 저었다.

"그런 사람은 기껏해야 말단 벼슬아치에 지나지 않소. 약간의 재능에 코를 꿰임으로써 몸과 마음이 피곤해질 수 있는 불쌍한 사람이오. 그토록 하찮은 재능 때문에 육신을 망칠 가능성이 매우 높지요. 호랑이와 표범은 아름다운 털가죽 때문에 사람들에게 잡히고, 원숭이와 사냥개는 그 재빠른 동작 때문에 쇠사슬에 묶인다오. 그처럼 궁지(窮地)*에 몰릴 만한 사람이 어떻게 이상적인 지도자가 될 수 있겠는가."

"그렇다면 이상적인 정치란 어떤 겁니까?"

양자거는 조심스럽게 다시 물었다.

"그 사람의 공덕(功德)*이 천하를 뒤덮고 있어도, 일반 백성들의 눈에는 아무런 관계도 없는 것처럼 보인다. 그 사람의 가르침과 교훈이 세상 만물에 미쳐 있어도, 일반 백성들은 그 점을 전혀 깨닫지 못한다. 그 사람이 천하를 다스리고 있어도, 그 사람이 정책을 만들어 집행했다는 흔적도 남아 있지 않다…. 그런 경우가 이상적인 정치라고 말할 수 있소."

다양한 재능을 겸비(兼備)*하고 있으면서도 잘난 체하지 않는 사람, 말 없는 설득력으로 남들을 움직이는 사람, 정신적 영향으로 남들을 변화시키는 사람이 장자가 말하는 이상적인 지도자일 것이다.

* 투철(透徹)*: ① 속까지 환히 비춰 볼 수 있게 투명하다. ② 사리가 분명하고 뚜렷하거나 사리에 어긋남이 없이 철저하다. 〈예〉투철한 군인 정신.
* 통찰력(洞察力): 사물을 환히 꿰뚫어 보는 능력.
* 궁지(窮地): 살아갈 길이 막연하거나, 매우 어려운 일을 당한 처지.
* 공덕(功德): 공적과 덕행. 〈준말〉덕(德).
* 겸비(兼備): 두 가지 이상의 좋은 점을 함께 갖추어 가짐.

고대 중국에서 전설처럼 내려오는 이야기가 있다. 옛날 옛적에 싸움닭을 훈련시키는 전문 조련사(調練師)*인 기(紀) 씨가 살았다. 어느 날, 왕이 기 씨에게 닭 한 마리를 주며 훈련을 시키라고 명령한 뒤 초조하게 기다렸다.

"어떤가? 이제는 닭싸움을 시켜도 괜찮은가?"

열흘 가량 흘렀을 때, 왕이 조바심 치듯 물었다.

"전투를 시작하려면 아직 멀었습니다. 지금은 살벌한 기운이 올라서 싸움 상대를 부지런히 찾는 중이거든요."

기 씨가 대답했다.

"어떤가? 이제는 가능한가?"

"아직도 때가 이릅니다. 다른 닭의 울음소리를 듣거나 기척을 눈치채면, 즉시 싸우겠다는 굳센 의지가 넘칩니다."

다시 열흘이 지난 뒤, 왕이 물어도 비슷한 답변을 되풀이했다.

"아직도 기다려야 하는가?"

또 열흘이 지나자 왕이 물었다.

"여전히 전투를 하기엔 이릅니다. 다른 닭의 모습을 볼 때마다 매섭게 쏘아보거나 흥분하곤 하거든요."

다시 열흘 뒤에 왕이 묻자, 이번에는 다음과 같이 대답했다.

"이제는 됐습니다. 옆에서 다른 닭이 아무리 날뛰며 도전해도 전혀 움직이려 하지 않습니다. 마치 나무를 깎아 만든 닭처럼 보이거든요. 이는 덕(德)이 충만해 있다는 증거로서, 아무리 빈틈없이 조련(調練)*된 싸움닭이라도 이 녀석에게는 배겨 내지 못합니다. 장담하건대, 녀석의 모습만 봐도 싸움닭들은 모두 슬슬 도망칠 것입니다."

"그렇다면 완벽한 싸움닭으로 다듬어졌다는 말인가?"

"물론이죠."

기 씨는 자신 있게 대답했다. 그가 말하는 '덕(德)'이란 재능과 술수 등도 터득한 경우이다. '재능(才能)'이 재주와 능력이라면, '술수(術數)'란 남을 속이기 위한 꾀이다. 재능과 술수를 두루 갖추었다는 것은 아무도 넘볼 수 없는 경지에 이르렀다는 뜻이다. 그처럼 완벽한 투사(鬪士)의 조건을 갖춘 싸움닭이 마치 나무를 깎아 만든 닭처럼 보이니, 어느 닭이든 함부로 덤비지 못한다는 의미이다.

* 조련사(調鍊師) : 동물에게 곡예 따위의 재주를 훈련시키는 사람.
* 조련(調鍊·調練) : 병사를 훈련함. 또는 그 훈련.
* 투사(鬪士) : 싸움터에 나가 싸우는 사람. 주의·주장을 위해 투쟁하거나 활동하는 사람.

CHAPTER 02
노자 老子

〈노자〉는 약 5,000자, 81개의 짧은 문장으로 만들어진 책으로 여러 가지 잠언을 모은 '잠언집'이다. '잠언(箴言)'이란 사람이 살아가는 데 교훈이 되는 짧은 말이다. 냉정하고 엄격한 세상을 살아가는 데 필요한 지혜가 가득 담겨 있다는 이유로 〈노자〉를 〈도덕경(道德經)〉이라고 부르기도 한다. 〈노자〉가 쓰여진 연대에 관하여는 여러 주장이 있으나, 그 사상·문체·용어가 통일되지 않은 점으로 미루어 한 사람 또는 한 시대의 작품으로 보기는 어렵다. 그러한 관점에서 BC 4세기부터 한(漢) 나라 초기에 이르기까지의 도가 사상을 모은 것으로 보여진다.

'도가(道家)'란 고대 중국의 사상가인 노자와 장자의 무위자연 사상을 따르던 학자들을 통틀어 이르는 말이다.

'무위자연(無爲自然)'이란 '자연에 맡겨 부질없는 행위를 하지 않는 것'을 의미하며, 사람의 힘이 더해지지 않은 본디 그대로의 자연을 말하기도 한다.

'도덕(道德)'이란 '사람으로서 마땅히 지켜야 할 도리와 그것을 스스로 깨달아 실천하는 행위의 모든 것'을 말한다. 노자에 의하면 '만물의 근원인 보편적(普遍的) 원리'가 바로 '도(道)'라는 것이다. 이 도를 터득한 사람은 도가 지니고 있는 넓고 큰 '덕(德)'을 몸에 익힐 수 있다는 것이다.

〈노자〉의 주장에 따르면 도(道)는 무심(無心) · 무욕(無慾) · 유연(悠然) · 겸허(謙虛) · 유약(柔弱) · 질박(質朴) · 사양(辭讓) 등으로 이루어져 있다. 간단히 말해
● 감정(마음)을 앞세우지 않는 태도가 '무심' ● 욕심이 없는 태도가 '무욕' ● 침착하고 여유 있는 태도가 '유연' ● 아는 체하거나 잘난 체하지 않으면서 겸손하게 삼가는 태도가 '겸허' ● 부드러운 태도가 '유약' ● 꾸밈이 없이 수수한 태도가 '질박' ● 겸손하여 받지 않거나 응하지 않는 태도가 '사양'이다. 다시 말해 '거짓과 꾸밈이 없는 마음으로 자연 속에서 욕심 없이 겸손하게 사는 태도'를 도(道)라고 말하는 것이다.

＊ 부질없다 : 대수롭지 않거나 쓸모가 없다. 〈예〉 부질없는 일.
＊ 보편(普遍) : ① 모든 것에 두루 미침. ②모든 사물에 공통되는 성질. 〈반대말〉 특수.

1 강한 사람은 겸손하다

예로부터 중국에서는 유교(儒敎)와 도교(道敎) 두 가지 철학이 긴밀하게 서로 연결되면서 사람들의 의식과 행동을 윤리적으로 규제하여 왔다. 중국인들에게 두 종교는 사실상 전통의 하나였고 모범적인 행동 양식이었다.

'유교'는 공자를 시조(始祖)*로 하면서 어질고 의롭다는 의미의 '인의(仁義)'를 근본으로 삼는 정치·도덕의 실천을 주장한 유학의 가르침이다. '유학(儒學)'이란 유교의 학문으로서 '사서오경(四書五經)*'을 경전(經典)*으로 삼아 정치·도덕의 실천을 중심 과제로 정한다.

'도교'는 황제(黃帝)와 노자를 교조(敎祖)로 삼은 중국의 대표적 민족 종교이다. 도교는 요즘도 타이완과 홍콩 등지에서 중국인 사회의 신앙으로 자리잡고 있다. 도교가 일어난 초기에는 그 신도들이 대부분 어리석어 신앙이라기보다 일종의 사이비(似而非)* 종교에 지나지 않았다. 하지만 세월이 흐르면서 도교가 일반 민중뿐만 아니라 상류 지식층 사이에도 널리 파급되자, 체계적인 교리(敎理)*를 비롯해 합리적인 학설과 교양이 뒷받침되었다.

'유교'가 국가를 다스리는 엘리트(우수한 사람으로 인정되거나 사회적으로 지도적인 위치에 있는 소수의 사람)의 사상이라면, '도교'는 현실에 밀착되어 서민의 생활을 뒷받침하는 사상이었다. 그럼에도 불구하고 두 사상은 〈노자〉와 〈장자〉라는 두 종류의 책에서 출발했다.

〈노자〉와 〈장자〉는 근본 목적이 서로 다르다. 〈장자〉가 인간의 현실을 초월(超越)하고 해탈(解脫)하려는 사상인 데 비하여, 〈노자〉는 냉엄한 현실을 살아가는 지혜를 친절히 소개한다. 적지 않은 사람들이 '노자·장자 사상

(노장 사상)'을 현실에 등을 돌리고 살아가는 '은둔(隱遁) 사상'으로 이해하지만, 그것은 극히 일부 내용에 불과하다. 〈노자〉의 경우에는 현실에 등을 돌리기는커녕 더 강도 높게 처세에 관한 지혜를 조목조목 설명하고 있다.

〈노자〉의 처세 철학은 중국인들의 끈기 있는 생활 태도에 큰 영향을 미쳤다. 〈손자〉가 싸우는 방법을 물의 형태에서 찾았다면, 〈노자〉는 물의 모습을 통해 이상적인 생활 태도를 발견하고 있다.

노자는 말한다.

"가장 이상적인 생활 태도는 물과 같다. 물은 만물에 각종 혜택을 주면서 걸림돌을 피하지 않고 사람들이 싫어하는 낮은 곳으로 흘러간다. 낮은 곳에 머물면서 심연(深淵)처럼 깊은 마음을 유지한다. 몸을 내줄 때는 차별이 없고 말할 때도 거짓이 없다. 이것이 바로 물의 모습이다. 나라를 다스릴 때도 물처럼 일을 그르치지 않고 시기를 적절히 맞추어 행동해야 한다. 물처럼 거스름이 없는 생활 태도를 갖추어야 정치에 실패하지 않는다."

노자에게 물의 모습이 이상적으로 느껴진 것은 세 가지 이유가 있기 때문이다. 첫째, 물은 상대를 거스르지 않고 상대에 따라 유연하게 대응한다. 둘째, 물은 낮은 곳으로 흘러가면서 겸허한 모습을 보인다. 셋째, 물은 약해 보이지만 때에 따라서는 강력한 힘을 폭발시킨다.

노자는 말한다.

"이 세상에서 물보다 약한 것은 없다. 물은 언제나 부드러운 형태를 유지하고 있기 때문이다. 하지만 강한 상대를 이길 수 있는 힘이 물보다 폭발적인 것은 없다."

겉으로는 단순히 수동적인 자세를 보이지만, 더 자세히 관찰해 보면 폭발적인 적극성을 가슴 안에 간직하고 있는 사람일수록 겸손하게 처신한다는 뜻이다.

노자는 더 구체적으로 물에 비유하여 말한다.

"뛰어난 지휘관은 권한을 함부로 쓰지 않는다. 싸움을 잘 하는 사람은 감정에 휘말려 행동하지 않는다. 승리 가능성이 높은 사람일수록 힘으로 덤비지 않는다. 부하를 잘 부릴 줄 아는 사람일수록 부하 앞에서 겸손하다."

노자는 그토록 겸손한 자세를 '부쟁(不爭)의 덕(德)'이라고 부른다. 아니 불(不), 싸울 쟁(爭)…. 싸우지 않고 덕(德)을 쌓는다는 의미이니, 자연의 뜻이나 인간의 뜻을 거역하지 않고 상대방과 싸우지 않으면서도 어느 새 상대방 위에 우뚝 서 있는 생활 태도가 바로 '부쟁의 덕'일 것이다.

* 시조(始祖) : ① 한 가계(家系 : 대대로 이어 온 한 집안의 계통)나 왕계(王系 : 왕이나 왕실의 계통)의 초대(初代 : 주로 직위를 나타내는 명사 앞에 쓰여 어떤 계통의 첫 번째 사람, 또는 그 사람의 시대)가 되는 사람. 〈예〉 고려의 시조. ② 어떤 학문이나 기술 따위를 맨 처음 연 사람. 〈예〉 성리학의 시조.
* 사서오경(四書五經) : 사서(四書)란 〈논어(論語)〉 〈맹자(孟子)〉 〈대학(大學)〉 〈중용(中庸)〉을 말한다. 그 중 〈대학〉과 〈중용〉은 원래 〈예기(禮記)〉 중의 두 편을 각각 독립시켜 별책으로 만든 것이다. 오경(五經)이란 한대(漢代)에 중시된 〈시(詩)〉 〈서(書)〉 〈역(易)〉 〈예기(禮)〉 〈춘추(春秋)〉 5서에서 기원된 것이다. 그 뒤 〈시경〉 〈서경〉 〈역경〉 〈예기〉 〈춘추〉 등 오경으로 확정되었다.
* 경전(經典) : 성인(聖人)의 가르침이나 행실, 또는 종교의 교리들을 적은 책.
* 사이비(似而非) : 겉으로는 그것과 같아 보이지만 실제로는 전혀 다르거나 아닌 것을 이르는 말.
* 교리(敎理) : 종교상의 원리나 이치
* 은둔 사상(隱遁思想) : 속세와 인연을 끊고 숨어살려는 생각.
* 심연(深淵) : ① 깊은 못. ② 헤어나기 어려운 깊은 구렁을 비유하여 이르는 말. 〈예〉 절망의 심연 속에서 헤어나다.

2 자기를 지나치게 내세우지 말라

사마 천이 쓴 역사책 〈사기(史記)〉를 펼쳐 보면, 젊은 시절의 공자가 먼 길을 걸어 노자를 찾아간다. 그 때 노자가 공자를 훈계한다.

"아주 총명하면서 투철한 통찰력을 갖춘 사람이 죽을 위험에 빠지는 이유가 뭔지 아세요? 남을 지나치게 비판하기 때문이오. 웅변을 잘 하면서 박식(博識)한 사람이 위태로워지는 이유가 뭔지 아세요? 남의 결점을 폭로하기 때문이오. 그런 측면에서 그대도 자기 주장을 삼가는 것이 좋겠소."

남의 눈에 드러나지 않도록 조심스럽게 행동하고, 자기 분수를 넘어 건방지게 참견하는 짓을 하지 말라는 뜻이다.

노자는 다시 말한다.

"군자는 크고 높은 성덕이 있어도 용모는 어리석게 보인다."

'군자(君子)'란 학문과 덕이 높고 행실이 바르며 품위를 갖춘 사람이고, '성덕(盛德)'이란 크고 높은 덕을 말하며, '용모(容貌)'란 사람의 얼굴 모양이다. 결국 뛰어난 재능을 간직한 사람의 얼굴은 언뜻 관찰할 때 바보처럼 보인다는 뜻이다. 바꾸어 말해, 자기의 재능을 과시하듯 말하거나 행동하지 말라는 주문이다.

중국의 고대 학자인 양자(揚子)가 노자를 찾아가 가르침을 청했을 때도, 노자는 다음과 같이 훈계한다.

"그대는 좀 느긋하게 바보처럼 보일 수 없겠나? 그토록 아등바등 기를 쓰는 몰골을 보니, 과연 누가 그대와 어울리고 싶어할까 의심이 들 정도야. 나도 그대의 잘난 체하며 까부는 몰골이 몹시 비위에 거슬린다네."

노자의 그 충고에는 겸허하고 조심성 있게 행동하라는 주문이 담겨 있다. 아는 체하거나 잘난 체하지 않고 겸손한 태도를 유지해야, 많은 사람들의 칭찬과 존경을 한 몸에 받을 수 있다는 뜻이다. 바보처럼 보이면서도 남들의 존경을 받겠다는 만만찮은 계산이 그 훈계 안에 숨어 있는 것이다.

노자는 다시 말한다.

"나를 먼저 내세우지 않기 때문에 오히려 남들이 나를 치켜세운다. 자신을 감추기 때문에 오히려 남들의 존경을 받게 된다. 나를 내세우지 않기 때문에 오히려 사람들의 인정을 받는다. 나를 과시하지 않기 때문에 오히려 사람들이 나를 떠받든다.

자기의 공적을 내세우지 않기 때문에 오히려 사람들의 칭찬을 받는다. 자기의 재능을 드러내 놓고 자랑하지 않기 때문에 오히려 많은 사람들의 존경을 받는다."

노자의 처세 철학은 겸허함이 무기이면서도 사실은 치밀한 속셈이 그 밑바탕에 깔려 있다.

노자는 다시 한번 강조한다.

"발돋움하려고 힘을 주어 일어서는 순간부터 오히려 발 밑이 불안해진다. 자신을 내로라 하고 내세울 때는 오히려 무시를 당한다. 자기를 널리 과시할 경우 뜻밖에 배척(排斥)을 당한다. 자기의 공적을 자랑할 경우 갑자기 비난을 받기 시작한다. 자기의 재능을 함부로 내비쳐도 발목을 잡는 사람들이 나타난다."

겸손함과 조심성은 누구에게나 필요하다. 특히, 조직의 지도자에겐 필요 불가결(不可缺)한* 조건이 될 수 있다.

노자는 말한다.

"백성들을 통치(統治)*하려고 할 때, 훌륭한 지도자는 백성들 앞에서 자기 자신을 낮춘다. 백성들을 지도하려고 할 때, 자기는 뒤로 물러나 지도자인 사실을 강조하지 않는다. 따라서 위에 앉아 있어도 백성들은 부담스럽게 느끼지 않으며, 맨 앞에 서 있어도 백성들은 걸림돌이라고 여기지 않는다. 백성들의 지지를 받는 이유는 재능을 앞세우지 않거나 공적을 다투지 않기 때문이다. 결국 그와 같은 자세를 유지할 때, 강요하지 않아도 백성들 스스로 복종하게 된다."

요즘의 정치인들처럼 서로 공적을 다투는 지도자는 국민들에게 안정감보다 불안감과 불쾌감을 주기 쉽다. 맡겨진 일에 조용히 정력을 쏟는 사람만이 국민의 인정을 받게 된다. 자신의 업적을 굳이 따지거나 내세우지 않고 묵묵히 일하는 정치인만이 사실은 국민의 폭넓은 지지를 받을 수 있는 것이다.

* 박식(博識) : 널리 보고 들어서 아는 것이 많음, 또는 그런 사람. 〈예〉 불교에 박식한 사람.
* 불가결(不可缺) : 없어서는 안 됨. 꼭 있어야 함. 〈예〉 필요 불가결의 요소.
* 통치(統治) : 원수(元首) 또는 지배자가 주권을 행사하여 국토와 국민을 다스림.

3
때가 되면 깨끗이 물러나라

너무 도에 지나칠 경우 항상 문제가 발생한다. 자기 주량을 넘겨 술을 너무 많이 마시면 구토를 하거나 숙취(宿醉)에 시달린다. 분노를 가슴 안에서 적당히 삭이지 못하고 폭발시키기 때문에 늘 문제가 일어난다. 욕심이 지나쳐

도 남들과 충돌하여 사건 사고를 일으킨다.

노자는 '너무 지나친 것'을 경계하라는 뜻으로 이렇게 말한다.

"이 세상의 가장 큰 죄는 주체할 수 없는 욕망에서 비롯된다. 가장 큰 화(禍)는 부족함 없이 충분하다는 사실, 즉 만족을 깨닫지 못한 데서 비롯된다. 가장 큰 과오는 무리하게 이익을 탐내는 마음에서 비롯된다. 지위에 너무 집착해도 권력의 생명이 단축된다. 지나치게 재산을 모으는 사람도 결국은 모두 잃고 만다."

몰락의 원인을 알았으니 만족을 아는 데서 처세 요령을 찾아야 한다.

"만족함을 깨달아야 욕을 보지 않고, 멈출 줄 알아야 위태롭지 않다."

이처럼 노자가 만족을 알라고 주장하는 것을 '지족(知足)의 훈계(訓戒)'라고 부른다. 모든 중국인들은 이 훈계를 깊이 인식하고 살아왔다.

손자는 '지족자부(知足者富)'를 말하기도 한다. 알 지(知), 족할 족(足), 놈 자(者), 부자 부(富)…. 참다운 부(富)는 지족에서 얻을 수 있다. '지족(知足)'이란 자신에게 만족하는 것이다. '부(富)'란 '많다, 넉넉하다, 여유가 있다'는 뜻이지만, 노자가 말하고자 하는 핵심은 물질적인 부(富)가 아닌 정신적인 부(富)이다. 만족할 줄 아는 사람은 부자(富者)라는 뜻이 된다. 부(富)는 만족할 줄 아는 데 있으며, 만족할 줄 알면 항상 즐겁다는 의미가 된다.

〈한비자(韓非子)〉에도 '지족불욕(知足不辱)'이란 말이 나온다. 분수를 지켜 만족할 줄 알면 욕되지 않는다는 뜻으로 노자의 주장과 비슷한 관점이다.

"예로부터 '의복이란 추위를 막으면 되고 음식이란 배고픔을 채우기만 하면 족하다'고 생각하던 성인(聖人)들에게는 걱정이란 있을 수 없었다. 하지만 평범한 사람의 경우에는 그렇지 못하다. 높은 지위에 오르고 엄청난 재산을 쌓아도 그 이상의 것을 바란다. 욕심이 많으면 욕심을 만족시키려는 조바심 때문에 근심 걱정이 생긴다. 근심 걱정이 커지면 병이 되고, 병이 들면 지혜가 약해진다. 지혜가 무너지거나 약해지면 도량(度量)이 없어진다. 도량이 없어지면 경거망동(輕擧妄動) 하게 되고, 경거망동하면 재앙(災殃)이 찾아 든다. 재앙이 찾아 들면 더 큰 병이 찾아온다."

〈안씨가훈(顔氏家訓)〉이라는 책이 있다. 중국 남북조(南北朝) 시대 말기의 귀족 안지추(顔之推)가 자손을 위하여 저술한 가훈 서적이다. 중국 사람들은 '가훈(家訓)'을 화제로 삼을 때마다 이 책을 가장 먼저 떠올린다. 이 책에서 저자는 '지족(知足)'에 관하여 이렇게 말한다.

"관직(官職)에 있으면서 집안이 아무 탈 없이 평화롭기를 원한다면 중간 정도의 자리에 머무르는 것이 좋다. 윗자리에 50명과 뒷자리에 50명 가량이 있으면 창피하지 않고 신변에 대한 위협도 없다."

안지추는 지나친 욕심에 관하여 이렇게 말한다.

"욕심을 자제하고 욕망을 억제할 줄 알아야 한다. 관직에 있을 때는 너무 많은 식량을 쌓아 놓지 않아야 하고, 며느리를 맞아들일 경우에도 세력가의 딸을 피하는 게 바람직하다."

안지추가 제시한 가훈의 줄기도 노자의 '지족의 훈계'와 별로 다르지 않다. 현대의 시각으로 읽으면 너무 신중한 처세 같지만, 그 당시에는 지극히 당연한 것으로 받아들였다. 정치가 문란하고 질서가 흐트러져 전쟁 따위가 그치지 않는 세상인 '난세(亂世)'를 살면서 몸을 보전하려면 그처럼 조심스런 처신이 필요했다.

노자는 난세를 살아가는 데 필요한 마음가짐을 세 가지로 든다.

"첫째, 불우한 이웃 사람들을 불쌍히 여길 것. 둘째, 모든 일을 조심스럽게 추진할 것. 셋째, 사람들의 선두에 함부로 나서지 않을 것…. 그렇게 처신하면 좋은 일만 생긴다. 남들을 불쌍하게 생각하기 때문에 용기가 샘솟는다. 모든 일을 신중히 처리하기 때문에 막다른 구석에 몰리지 않는다. 사람들의 선두에 나서지 않음으로써 오히려 지도자의 자리에 떠받들어진다."

결국, 현재의 위치에 다소 불만이 있더라도 만족함을 느끼며 겸손하게 처신해야 한다는 뜻이다. 그러한 관점에서 노자는 더 유명한 말은 남기고 있다.

"공적을 이루면 물러나는 것이 세상의 도리이다."

물러설 때가 되었다고 판단되는 순간, 미련 없이 물러나라고 노자는 충고한다. 다시 말해, 공적을 이루었으니 만족함을 깨닫고 후배들에게 자리를 물려주는 등 처세를 잘 하라는 뜻이다.

노자는 말한다.

"그릇에 물을 무턱대고 부으면 넘친다. 너무 날카롭게 간 칼은 쉽게 부러진다. 금은 보화가 넘치게 많을수록 모두 지키기 어렵다. 출세하여 우쭐거리다가는 발목을 잡힌다. 중요한 일을 마치는 순간 서둘러 물러날 줄 알아야 한다."

노자가 물러나야 하는 때를 강조하는 이유가 무엇일까. 그렇게 해야만 그동안 쌓은 공적과 명예를 온전하게 지킬 수 있기 때문이다. 따라서, 어느 정도 지위까지 올라간 순간부터 물러나는 시기를 먼저 생각하라는 주문이다.

요즘 들어 판단할 때, 노자가 말하는 처세 방법이 모두 옳은 것은 아니다. 지나치게 조심하고 현재에 만족할 경우, 개척 정신과 적극적인 자세 등을 잃을 수도 있기 때문이다. 하지만 지나친 재물 욕심, 권력 욕심, 명예 욕심 때문에 물러설 때가 됐음에도 물러설 줄 모르는 요즘의 권력자들에게 크나큰 교훈이 되고 있다.

레바논 태생의 시인 칼릴 지브란은 '떠날 때를 알고 떠나는 이의 뒷모습은 아름답다'고 했다.

* **숙취(宿醉)** : 다음 날까지 깨지 않는 술기운.
* **화(禍)** : 재앙이나 위해. 〈예〉 화를 당하다. 화를 면하다.
* **성인(聖人)** : ① 지덕(智德 : 지식과 덕성·德性)이 뛰어나 세상 사람들의 모범으로서 숭상 받을 만한 사람. ② 신앙과 성덕(聖德)이 특히 뛰어난 사람에게 교회에서 시성식 통하여 내리는 칭호. 성자(聖者).
* **도량(度量)** : ① 너그러운 마음과 깊은 생각. 아량. 〈예〉 도량이 크신 분. ② 일을 잘 알아서 경영할 수 있는 품성. ③ 길이를 재는 것과 양을 재는 것. 자와 되.
* **경거망동(輕擧妄動)** : 깊이 생각해 보지도 않고 경솔하게 함부로 행동함, 또는 그런 행동.
* **가훈(家訓)** : ① 집안 어른이 그 자녀들에게 주는 교훈. 가정 교훈. ② 선대(先代 : 조상의 대, 또는 그 시대)부터 그 집안의 도덕적 실천 기준으로 삼은 가르침.
* **관직(官職)** : 국가로부터 위임받은 일정한 범위의 직무 또는 그 직위. 〈예〉 관직에서 물러나다.

4
얻고 싶으면 먼저 베풀어라

남보다 먼저 앞으로 전진하고 싶은 사람은 우선 뒤로 몇 걸음 물러나라. 아무 생각 없이 그저 앞만 보고 달리는 사람은 언젠가 절망의 벽에 부딪치게 된다. 그러한 관점에서 〈노자〉는 직선(直線)적인 생활 태도보다 부드럽게 굽은 곡선(曲線)처럼 살아가는 태도를 바람직하다고 보았다.

"굽어 있다는 사실만으로 생명을 지킬 수 있다. 구부리고 있어야 결정적일 때 쉽게 펼 수 있다. 움푹 들어가 있기 때문에 물을 담을 수 있다. 늙어 가고 있다는 이유로 새로운 생명을 잉태(孕胎) 할 수 있는 것이다."

노자가 말하는 '굽을 곡(曲)'은 구부린 상태여서 강한 힘의 비축이 가능하다는 뜻이 된다. 뻣뻣하게 서 있는 사람은 오래 지탱하기 어려워도, 자연스럽게 힘을 비축한 사람은 결정적인 순간에 힘을 발휘하여 위기를 극복할 수 있기 때문이다. 굽은 소나무는 오래오래 살아서 주변의 풍광을 아름답게 만드는 반면, 곧게 쭉 뻗은 소나무는 오래지 않아 톱으로 베어져 목재로 쓰여진다는 이치와 통한다.

노자는 말한다.

"몸을 오그리고 싶은 사람은 몸을 먼저 쭉 펴라. 약해지고 싶은 사람은 먼저 강해져라. 남을 내쫓고 싶은 사람은 남들을 먼저 자기편으로 만들어라. 간절히 얻고 싶은 사람은 이웃들에게 먼저 베풀어라."

노자의 그 같은 사고 방식은 차라리 치밀하게 계산된 처세술이라고 말해야 옳다. 나중에 몇 배를 되돌려 받기 위해 먼저 주려는 의도가 숨어 있기에 더더욱 그렇다.

고대 중국의 유명한 정치가 관중(管仲)은 부국강병(富國强兵)을 부르짖어가며 제(齊) 나라를 강대국으로 만들었다.

"얻고 싶다면 먼저 주어야 한다. 이것이 정치의 요점이다."

관중도 역시 노자의 인식과 다름없는 주장을 펼쳤다.

중국의 대표적인 역사가 사마 천도 다음과 같이 관중의 정치 철학에 찬사를 보낸다.

"물이 낮은 곳으로 흐르듯 백성의 뜻을 겸손한 자세로 살펴서 적절히 대처한다. 이것이 관중의 정치적 태도였다. 정책을 의논할 경우에도 실천 가능성에 초점을 맞추었고, 백성들이 간절히 원하는 바가 무엇인지 늘 생각하면서 정책을 수립했다. 혹시 실패한 정책이 있더라도 그 경험을 거울삼아 결국 성공할 수 있는 정책으로 이끌었다. 언제나 균형 감각을 잃지 않도록 끊임없이 노력함으로써, 관중은 나름대로의 정치 철학을 완성시켰다."

얻고자 한다면 먼저 베풀어야 한다는 현실 인식이, 마침내 관중을 성공적인 정치가로 만들었던 것이다. 그런 측면에서 우리는 값진 교훈을 얻게 된다. 무리 없이 유연하게 조직을 이끌고 싶은 지도자가 있다면, 부하들에게 강요하기보다 스스로 일할 수 있는 환경을 조성해 줘야 한다.

노자는 말한다.

"천하를 얻으려고 잔재주를 부린 사람이 천하를 통일한 사례는 역사상 일찍이 없었다. 간절히 얻고 싶다고 해서 쉽게 얻어지는 게 천하가 아니다. 천하는 이해할 수 없는 성질의 것이다. 주먹에 움켜쥐려고 안간힘을 쓰다 보면 어느덧 부서지고, 단숨에 잡으려고 몸부림치다 보면 어느 새 도망쳐 버린다."

'천하(天下)'란 온 세상·한 나라 또는 정권을 말한다. 천하를 얻기 위해서는 대범한 모습을 보여야 한다는 뜻이다. 뭔가 많이 얻기 위해 안달복달하며 술책(術策)*을 부리다 보면 잃는 게 더 많다. 먼저 베풀지 않는다는 이유로 사람들의 인심을 얻지 못할 경우, 손에 쥔 행운마저 멀리 달아나기 때문이다.

* 잉태(孕胎) : 아이를 뱀. 임신(姙娠).
* 술책(術策) : 꾀, 특히 남을 속이기 위한 꾀. 술수(術數). 〈예〉 남의 술책에 빠지다.

5 지배하지 않는 정치

〈노자〉는 처세를 위한 책이기도 하지만, 어떤 의미에서는 '정치학 개론(槪論)*'이라고 해도 어긋난 표현은 아니다. 이 책에는 정치에 대한 논설(論說)*이 많을 뿐만 아니라, 이상적(理想的)인 정치 형태가 무엇인지 끊임없이 모색하고 있기 때문이다.

노자는 유난히 '무위'를 강조한다.

'무위(無爲)'란 '아무것도 하는 일이 없다'는 뜻과 더불어 '사람의 지혜나 힘을 더하지 않는다'는 의미로 쓰이기도 한다. 중국 철학에서는 인간의 이상적인 행위를 말할 때 주로 쓴다. 자연 법칙에 따라 행동하고 일부러 모양이나 성질을 바꾸지 않는 경우를 '무위'라고 할 수 있다.

사람이 일부러 모양과 성질을 바꾼다는, 반대 개념의 '작위(作爲)'가 있다. 유교에서는 이 작위를 '위선' 또는 '미망'이라 했고 이를 거부하는 측면에서 무위를 내세웠다. 역설적으로 말해 '무위에서야말로 완성이 있다'고 주장했다. '위선(僞善)'이란 겉으로만 착한 체하거나 겉치레로 보이는 착한 행위를 말한다. '미망(迷妄)'이란 사리에 어두워 실제로는 없는 것을 있는 것처럼 생각한다는 뜻이다.

노자는 말한다.

"천하를 다스리기 위해서는 무위에 충실해야 한다. 그 이유는 무엇인가? 직접 두 눈으로 확인해 보라. 어떤 행위를 금지하는 법령이 증가할수록 백성은 가난해지고, 기술이 발전할수록 사회는 어지러워진다. 인간의 지혜가 발휘될수록 불행한 사건이 끊이지 않으며, 법령이 잘 정비될수록 범죄는 증가하고 있다."

 노자는 백성을 달달 볶지 말라는 뜻으로, 높은 지위에 있는 자들을 향해 그렇게 목청을 높인다. 정치가들이 맑고 깨끗한 자세로 자리만 지켜도, 백성들 스스로 착한 마음을 가지고 올바른 길을 걷게 된다는 것이 노자의 관점이었다.

 노자의 '무위론(無爲論)'을 다시 정리하면 세 가지로 압축할 수 있다.

 첫째, 백성들에게 지시하거나 금지하는 법령의 제정을 가능한 한 자제하라.

 둘째, 백성들에게 강요하거나 부담을 지우는 듯한 정책은 수립하지 말라.

 셋째, 정부의 개입을 억제하면서 백성들의 능동적이고 활기찬 힘을 믿고 스스로 국가를 위해 일할 동기를 마련해 주어라.

 이쯤 되면 무위를 '하는 일 없이 자리만 지키는 개념'으로 오해하는 사람은 아마 없을 것이다.

 "큰 나라를 다스리는 일은 작은 물고기를 끓이는 것과 다를 바 없다."

 노자의 정치 철학을 가장 잘 보여 주는 대목이다. 작은 생선을 끓일 때 함부로 다루면, 제멋대로 풀어지고 망가져 맛도 없어진다. 살살 구슬리듯 조심스럽게 끓여야 맛깔스러운 매운탕이 탄생된다. 국가 통치도 이와 같다. 정치가들이 위압적으로 명령하지 않고 자연스럽게 다스려야 국민들의 지지도가 높아지고 나라가 편안해진다.

 노자는 도(道)에 관하여 이렇게 말한다.

 "도(道)는 천지 만물뿐만 아니라 황제보다 앞서 존재한다. 도는 형상과 소리가 없어 경험할 수도 언어로 표현할 수도 없다. 따라서 도는 '없을 무(無)'라고 할 수 있다. 하지만 천지 만물은 도로 말미암아 존재하면서 생성하고 소멸한다. 그러한 측면에서 보면 도는 '없을 무(無)'가 아니라 '있을 유(有)'이다. 천지 만물과 달리 도는 어떤 것에도 의존하지 않고 독자적으로 존재할 수 있는 실체이다. 다른 것에 의존하지 않고 스스로 존재한다는 측면에서 보면 도는 '자연(自然)'이라고 말할 수 있다. 그러나 어떤 간섭도 없이 지배하지 않는다는 측면에서 보면 도는 '무위(無爲)하다'고 말할 수 있다. 통치자가 만약 이러한 '무위(無爲) 자연(自然)'을 본받아서 백성들을 간섭하거나 지배하지 않고 그들의 자발적인 판단과 행동에 맡긴다면 세상은 저절로 좋아진다."

노자에 따르면 일체의 사물과 사건들은 그들 자신과 상반되는 대립적 존재들을 지니고 있다.

"유(有, 있을 유)가 있으면 무(無, 없을 무)가 있고 앞이 있으면 뒤가 있다. 이 대립적 존재들은 서로 자리를 바꾸기도 한다. 화(禍, 재앙)는 복(福)이 되고 매우 왕성하게 일어난 것은 언젠가 멸망한다. 이러한 대립 법칙을 제대로 알고 부드러움을 지켜야 강한 상대를 이길 수 있다."

노자의 가르침을 존중한 사람들은 결국 백성을 편안하게 만드는 무위(無爲)의 정치를 할 수밖에 없었다. 백성들 앞에서 부드러운 태도를 유지함은 물론이고, 가능한 한 간섭하거나 지배하지 않는 통치 방법으로 사회 안정의 기틀을 마련했던 것이다.

* 개론(槪論) : 내용을 대강 간추려 논설함. 또는 그 논설. 〈예〉 문학 개론. 법학개론.
* 논설(論說) : 시사(時事, 그 때 그 때 일어난 일이나 세상의 정세)적인 문제 등을 설명하고, 그 시비에 대하여 자기의 의견을 말함. 또는 그 글. 신문의 사설을 가리키는 경우가 많음.

노자는 위와 같은 통치 방법을 '무위이화(無爲而化)'라고 말한다. 아무것도 하지 않으면서 교화(敎化)한다는 뜻으로, 억지로 꾸미지 않는 모습을 보여야 백성들이 진심으로 따르게 된다는 말이다. 없을 무(無), 할 위(爲), 어조사 이(而), 될 화(化)…. 바꾸어 말하면, 백성들을 교화할 때 잔꾀를 부려서는 안 된다는 의미가 된다.

노자는 말한다.

"바른 도리로 나라를 통치하고 기발한 전술로 병사들을 다스려야 한다. 하지만 천하(天下)만큼은 무위(無爲)로 다스려야 한다."

어떤 성인은 다음과 같이 말한다.

"내가 아무것도 하지 않으니 백성들이 스스로 감화되고, 내가 고요하게 지내니 백성들이 스스로 바르게 되며, 내가 일을 만들지 않으니 백성들이 스스로 부유해지고, 내가 욕심을 부리지 않으니 백성들이 스스로 소박해진다."

노자는 문화를 '인간의 욕심이 낳은 산물'로 단정한다. 문화가 인류의 생활을 편하게 만들었지만, 인간의 본심을 잃게 만들었다고 주장한다. 심지어 올바른 정치를 펼치기 위해서는 학문과 지식을 버려야 한다고 말했다.

한편 〈논어〉에서는 무위(無爲)를 덕에 의한 통치로 해석하여, '덕(德)으로 다스리면 백성들이 알아서 속마음으로 따른다'고 했다. 지도자가 공손한 태도를 유지하면서 똑바로 서 있기만 해도 정치가 가능하다는 관점이었다.

'무위이화'란 이와 같이 법과 제도로 다스리려는 사상과 대치되는 생각이지만, 유가(儒家)에서는 덕(德)을 중시하고, 도가(道家)에서는 인(仁)이나 예(禮)마저도 인위적인 것이라고 판단하여 배척한다. 자연 상태 그대로의 인간 심성과 자연의 큰 법칙에 따르는 통치가 바로 '무위이화'인 것이다.

'도(道)'란 자연의 법칙으로서 우주 만물을 지배하고 그것을 관철(貫徹)하는 원리이다. 노자의 무위(無爲)는 정치인의 무리한 정치적 행위가 없는 상태를 말하는 게 아니라 도(道)의 상태를 말한다. 따라서 노자가 말하는 성인(聖人)은 자연의 법칙을 체득(體得)하고 그것을 따를 수 있는 이상적인 인간형을 가리킨다.

* 무위이화(無爲而化) : ① 애써 공들이지 않아도 스스로 잘 이루어짐. ② 노자(老子)의 사상으로, 성인의 덕이 클수록 백성들이 스스로 잘 감화되는 일. ③ 한울님의 전지 전능으로 이룬 자존 자율(自存自律)의 우주 법칙을 이르는 말(천도교).
* 교화(敎化) : 주로 교양·도덕 따위를 가르치어 감화시킴.
* 관철(貫徹) : 자신의 주의 주장이나 방침 따위를 처음부터 끝까지 일관하여 밀고 나감.
* 체득(體得) : ① 체험하여 진리를 터득함. ② 몸소 경험하여 알아냄. ③ 뜻을 본떠 이어받음.

6 덕망 높은 지도자

〈노자〉에는 다음과 같은 말이 실려 있다.

"밝은 도(道)는 어두운 것 같고, 앞으로 나아가는 도는 뒤로 물러서는 것 같고, 평탄한 도는 험난한 것 같다. 최고로 높은 덕(德)은 골짜기처럼 깊고, 너무 하얀 덕은 더러운 것 같고, 폭넓은 덕은 부족한 것 같고, 진실로 커다란 사각형에는 구석이 없다. 큰그릇은 늦게 만들어지고, 큰소리는 소리가 없고, 큰 형상은 형상이 없다. 도(道)는 숨겨져 있어 이름이 없다. 도는 우리들의 인식을 초월한 존재여서 이름을 붙일 수 없다."

천체가 궤도를 따라 운동하는 것을 '운행(運行)'이라고 한다. 만물(萬物)을 온갖 물건, 우주에 존재하는 모든 사물이라고 할 때, 도(道)는 이 세상의 만물에게 힘을 불어넣어 만물의 운행을 돕는다.

덕망(德望)이 높다는 것은, 어질고 착한 행실 때문에 좋은 평가를 받음으로써 세상 사람들이 우러러 믿고 따르는 경우를 말한다. 그런 측면에서 〈노자〉는 '도(道)'와 '덕(德)'을 유난히 강조한다.

"세상 만물의 근원에는 만물을 이루게 하는 존재가 있는데 그것이 바로 도(道)이다. 도는 만물을 생성시키는 아주 큰 일을 하면서도 자기를 내세우지 않는다. 도는 겸허하면서도 조심성이 넘친다. 도를 터득함으로써 도의 뛰어난 작용을 몸에 익힐 경우 바로 덕(德)을 지닐 수 있게 된다."

노자는 이상적인 지도자의 모습을 설명하려고 다음과 같이 말한다.

"도(道)는 희미하고 어슴푸레한 존재에 지나지 않는다. 그럼에도 그 내부에 어떤 형태가 있고 실체가 있다. 아주 깊숙한 곳에 강력한 힘을 간직하고 있다. 그 힘은 의심할 여지없이 너무도 확실하게 존재한다. 덕(德)을 지니고 싶다면 도(道)와 덕(德)이 서로 만나서 한 몸이 되어야 한다."

이처럼 도(道)를 터득함과 동시에 덕(德)을 지니게 된 사람이 바로 노자가 말하는 이상적인 지도자의 모습이다. 노자는 이상적인 지도자를 '깊이를 알 수 없는 맛이 느껴지는 인물, 그 깊이를 헤아릴 수 없는 듯한 인물'이라고 정의하면서 다음과 같이 일곱 가지의 특징을 제시한다.

첫째, 얼어붙은 강 위를 건널 때처럼 조심스럽게 처신한다.

둘째, 사방의 적군에 대비하는 것처럼 주의가 깊게 행동한다.

셋째, 초대받은 손님처럼 늘 겸손하고 단정한 자세를 유지한다.

넷째, 얼음이 녹을 때처럼 거리낌없는 태도를 보인다.

다섯째, 손을 대지 않은 숲처럼 꾸밈없는 모습을 보인다.

여섯째, 흐르는 물처럼 포용(包容)하는 힘이 대단하다.

일곱째, 대자연의 모습처럼 대범하고 시원하게 대처한다.

위와 같이 노자가 예로 드는 인물을 마음 깊이 상상해 보자. 소박하고 느굿하여 따스한 인간미가 느껴지는 인물이기도 하지만, 깊이 관찰해 보면 빈틈이 거의 없는 사람이다. 어느 집단의 통일성을 유지하고 구성원들이 행동 방향을 제시하기 위해서는 그토록 멋진 인물이 지도자로 나서야 한다.

노자는 말한다.

"도(道)를 터득한 사람은 자기 지식을 남에게 자랑하지 않는다. 지식을 내세우는 사람은 도를 터득한 사람이 아니다. 도를 터득한 사람은 욕망에 휩쓸리지 않고, 지식에 현혹(眩惑)되지 않고, 자신의 재능을 감추면서, 세상 사람들과 허물없이 자연스럽게 어울린다."

훌륭한 지도자는 남모르게 일하고도 자신을 낮춘다. 재능이 많아도 드러내지 않으면서 커다란 업적을 이루고도 결코 자랑하지 않는다.

노자는 지도자의 등급을 4단계로 나눈다.

- 최고 수준의 지도자 : 부하들이 지도자의 존재를 안다. 부하들이 그 자리에 지도자가 앉아 있다는 사실을 분명히 깨닫고 있다. 하지만 특별히 훌륭하다거나 고맙게 여기지 않고 평범한 이웃 사람처럼 자연스럽게 인식한다.
- 중간 수준의 지도자 : 부하들이 친근감과 존경심을 느낀다.
- 낮은 수준의 지도자 : 부하들이 몹시 두려워한다.
- 자격이 없는 지도자 : 부하가 깔보면서 바보로 취급한다.

CHAPTER 03
채근담 菜根譚

〈채근담〉은 중국 명(明) 나라 말기의 선비 홍자성(洪自誠)이 지은 글을 모은 책이다. 전집(前集)과 후집(後集) 등 두 권으로 나누어져 있으며, 360개의 짧은 문장으로 엮어진 잠언집(箴言集)이다. 제1권(전집)은 주로 벼슬길에 오른 뒤 험난한 현실을 살아가는 처세의 지혜를 역설하고, 제2권(후집)은 공직에서 물러난 뒤 여유 있고 한가로운 삶을 즐기는 심정을 노래한 글이 많다.

〈채근담〉은 사상적으로는 유교가 중심이긴 해도, 불교와 도교도 곁들여지면서 동양적 인간학의 참모습을 드러낸다. 인생의 온갖 고난을 맛본 저자는 감투를 벗은 뒤에도 청렴(淸廉)한 생활을 고집하면서 인격 수련을 게을리 하지 않았다.

체험에서 우러난 주옥(珠玉)같은 글들이 인생을 슬기롭게 살 수 있는 실천적 지침서 구실을 하고 있다. 물질 문명이 발달하고 세상이 아무리 변해도 옛 현인(賢人)의 지혜는 오늘을 사는 우리들에게 깊은 교훈이 된다.

1 자유롭고 의미 깊은 인생

'채근(菜根)'을 '채소의 뿌리'라고 해석해도 무리가 없지만, 깊이 곱씹어 보면 '보잘것없는 식사'를 가리키는 말이다. 그처럼 채소 뿌리로 끼니를 해결해야 할 정도로 불행한 처지를 극복한 사람만이 큰 일을 이룰 수 있다는 의미를 담고 있다. '담(譚)'이란 한자어로 된 일부 명사 뒤에 붙어 '그것에 관한 이야기'를 뜻한다.

〈채근담(菜根譚)〉은 일상 생활의 지극히 평범한 사례들을 화제로 삼으면서도, 미처 깨닫지 못했던 인생의 참뜻과 지혜로운 삶의 방식을 제시하는 책이다. 〈채근담〉을 읽으면 여러 가지 일로 고통을 당하는 사람은 위안과 격려를 받고, 갖은 근심으로 괴로워하는 사람은 마음의 평화를 얻게 된다.

〈채근담〉의 말에 영혼의 귀를 기울여 보자.

"천지(天地)는 영원하지만 흘러간 인생은 두 번 다시 돌아오지 않는다. 인간의 수명은 길어 봐야 백 년, 그나마 눈 깜짝할 사이에 흘러간다. 험난한 이 세상에 태어났으니 즐겁게 살고 싶다는 욕망뿐이다. 하지만 인생을 허무하게 보낼지 모른다는 두려움도 함께 인식해야 한다."

물론 나름대로 인생을 열심히 즐기는 것도 중요하다. 그러나 〈채근담〉은 의미 깊은 인생을 보내는 일도 잊지 말라고 충고한다. 이와 같은 관점은 유교적(儒敎的)*인 생활 태도에서 비롯된 것이다.

> *유교(儒敎) : 공자(孔子)를 시조로 삼아 인의(仁義)를 근본으로 하는 정치·도덕의 실천을 주장한 유학의 가르침.
> －유학(儒學) : 유교의 학문. 공자의 사상을 근본으로 하고, 사서오경(四書五經)을 경전으로 삼아 정치·도덕의 실천을 중심 과제로 함.

〈채근담〉에서 말한다.

"모든 일을 할 때마다 '줄인다'는 사고 방식에 충실할수록 그만큼 속세에서 벗어나게 된다."

〈채근담〉에서는 친절하게 그 사례를 든다.

"예컨대, 사람 만나는 기회를 줄이면 다툼에서 벗어난다. 말수를 줄이는 사람은 비난으로부터 자유로워진다. 사리에 맞도록 앞뒤를 생각하는 신중함, 즉 분별(分別)을 줄일 경우 피로가 줄어든다."

〈채근담〉은 '지혜를 줄일 때 본성을 온전하게 할 수 있다'고 말한다.

'지혜(智慧, 知慧)'란 사물의 도리나 선악(善惡) 따위를 잘 분별하는 마음의 작용, 즉 슬기를 말한다. '본성(本性)'이란 타고난 성질, 즉 천성(天性)이다. 그렇다면, 거추장스러운 슬기를 줄일 경우 타고 난 성질을 다치지 않게 유지할 수 있다는 뜻이 된다. 너무 많은 지혜를 얻으려고 발버둥치는 사람은 태어나던 순간의 순수한 성질마저 잃게 된다고 경고하는 것이다.

"줄일 생각을 하지 않고 늘리는 데만 열중하면 마치 자기 인생을 동아줄로 꽁꽁 묶어 버린 것과 다름이 없다."

도교적(道敎的)인 관점에서 비롯된 한비자(韓非子)의 주장이다. 모든 것을 줄일 줄 알게 되는 순간부터 새로운 유유자적(悠悠自適)의 세계가 펼쳐진다.

"버릴 줄 아는 사람은 버리는 순간부터 자기 입장을 굳게 세울 수 있게 된다. 내면에 접촉하는 모든 객관적 대상과 외부에 존재하는 온갖 사물에 지배당하지 않는 사람에겐 새로운 인생이 열린다."

너무 지나친 욕심에 매달리는 사람은 얻고 싶다는 욕망의 감옥에 갇혀 버린다. 하지만 욕망을 줄이는 순간부터 전혀 새로운 세계를 만날 수 있다.

"버리는 순간부터 내가 놀랍게 바뀐다. 성공했다는 이유로 기뻐하며 날뛰지 않는다. 실패했다고 끙끙 앓는 일도 없다. 이 세상 어디에 가더라도 유유자적한 모습으로 대처할 수 있다."

하지만 '줄일 줄 모르는 사람'은 고통을 당한다.

"주체성(主體性)을 잃고 온갖 것에 의하여 휘둘리는 사람은 지나치게 감각이 예민해진다. 벽에 이마를 부딪쳐도 화를 벌컥 내고, 어떤 일이 잘 풀리면 그 일에만 매달리고, 사소한 것에도 정신을 묶여 버려 마침내 자유를 잃고 만다."

우리는 〈채근담〉을 읽으면서 진정한 자유가 무엇인지, 내 마음과 몸을 옥죄는 쇠사슬의 실체가 무엇인지 알게 된다. 나를 얽어매어 못 살게 구는 것이 무엇인지 알고 보면 바로 우리 자신이자 우리 마음이다.

* 도교(道敎) : 황제(黃帝)와 노자(老子)를 교조로 삼은 중국의 토착 종교.
* 유유자적(悠悠自適) : 속세를 떠나 아무것에도 매이지 않고 자유롭게 마음 편히 삶.
* 주체성(主體性) : 자기의 의지나 판단에 바탕을 둔 태도나 성질.

"성긴* 대숲에 바람이 불어온다. 하지만 바람이 스쳐 지나가면 그 바람소리는 아무 곳에도 머물지 않는다. 기러기가 차가운 연못 위를 지나간다. 하지만 기러기가 지나가면 기러기의 그림자도 머물지 않는다. 군자(君子)의 경우도 일이 생길 때마다 그 일이 연못의 그림자처럼 마음에 어린다. 그러나, 그 일이 사라지고 나면 마음도 덩달아 텅 비어 버린다."

바람이 조금만 불어도 대숲은 소리를 낸다. 그러나 바람이 지나가고 나면 이내 고요해진다. 연못은 어떤 사물의 그림자도 거리낌없이 받아들인다. 기러기가 지나가도 그림자가 어른거린다. 하지만 기러기가 지나가면 그림자는 곧장 사라져 버린다.

군자(君子), 즉 학문과 덕이 높고 행실이 바르며 품위를 갖춘 사람의 마음도 이와 마찬가지다. 일이 일어날 때마다 그것이 곧 마음에 비치지만, 그것이 지나가 버리면 이에 매달리거나 얽매이지 않고 곧 잊어버린다. 마음은 원래 모습의 빈 그릇처럼 자기 자리를 되찾는다.

　대자연과 더불어 서로 도와 가며 살아가는 꾸밈없는 마음, 아무런 아집도 사심도 없는 명경지수 같은 심정을 지닌 선비의 모습이 떠오른다. 서양의 물질 문명을 앞설 수 있는 동양인들의 사상이 실감나는 글이다.

　'아집(我執)'이 자기 중심의 좁은 생각에 사로잡힌 고집이라면, '사심(私心)'은 제 욕심을 채우려는 마음이자 자기만의 생각이다. '명경지수(明鏡止水)'란 '맑은 거울과 고요한 물'이라는 뜻으로 맑고 고요한 마음의 상태를 말한다. 결국 사심과 아집을 버릴 줄 아는 사람은 언제나 맑고 고요하게 거울 같은 마음을 유지할 수 있다.

　〈채근담〉은 칡뿌리, 무 뿌리, 채소 뿌리를 씹는 맛과 같은 소박한 매력을 간직하고 있다. 언제 어디서 읽어도 곱씹을수록 새로운 맛을 발견하게 된다. 현실 속에 살면서 현실을 초월하게 하고, 속세에 살면서 속세를 초탈(超脫)*하게 함으로써 잃었던 자기를 되찾게 된다. 몸은 비록 속세에 묻혀 있더라도, 차원 높은 정신적 자유 속에서 자연의 아름다움을 관조(觀照)*하게 된다. 마침내 자연과 인생이 완전히 합쳐지는 경지에까지 몰고 가는 지혜의 향기를 맡게 된다.

*성기다 : 공간적으로 사이가 뜨다. 〈예〉 성긴 머리카락을 빗어 넘기다.
*초탈(超脫) : 세속이나 어떤 한계 따위를 뛰어넘어 벗어남.
*관조(觀照) : ① 참된 지혜로 개개의 사물이나 이치를 비추어 봄(불교). ② 주관(主觀)을 떠나 대상의 본질을 냉정히 응시(凝視)함. 〈예〉 인생을 관조하다. ③ 미(美)를 직접적으로 지각함(미학).

2 모나지 않는 인생

세상을 살아가면서 인간 관계를 원만하게 유지하는 요령은 무엇일까. 남의 비난을 받지 않고 나를 바로 세울 수 있는 비법은 과연 없는 것일까. 그러기 위해서〈채근담〉은 먼저 양보할 줄 알아야 한다고 강조한다.

"인정은 변하기 쉽고 세상을 사는 길은 험난하다. 그럴수록 외나무다리 위에서는 한 걸음 물러서서 양보할 줄 알아야 한다. 아무런 부담 없이 편하게 지나갈 수 있는 길에서도 양보가 필요하다."

〈채근담〉에서는 다음과 같은 충고를 덧붙인다.

"비좁은 길을 걸어갈 때는 한 걸음 물러설 줄 알아야 한다. 맛난 음식을 먹을 때는 일부분을 떼어 이웃 사람에게 나눠 주라. 그런 마음을 가지는 순간, 인정을 받게 되고 가장 안전해진다."

흔히 말하는 '양보의 미덕(美德)*'이다. 하지만 그 양보하는 마음 속에 너무도 확실한 계산이 숨어 있다. 아무리 자주 양보해도 내게 돌아오는 게 너무 많다. 좋은 평가를 들어서 기분 좋고 언젠가는 그 이상의 양보를 얻어낼 수 있기 때문이다.

〈채근담〉의 경우도 예외는 아니다.

"다른 사람들에게 한 걸음 양보할 줄 알아야 한다. 일보 후퇴는 일보 전진을 위한 전제(前提)* 조건이다. 가능한 한 남들을 관대하게 상대해야 좋은 열매가 맺어진다."

다른 사람들을 위해 일하는 것이 결국은 내게 이익이 되어 돌아온다는 뜻이다.

"어떤 일을 하든 여유를 갖는 것도 중요하지만 조심스럽게 사양하는 것도 필요하다. 양보하거나 사양할 줄 아는 사람에게 세상의 신(神)들은 훼방을 놓지 않는다."

장사를 할 때 자기 이익만 쫓을 경우 어떻게 될까. 내부 종업원들에게 발목을 잡히거나 경쟁자들의 시기를 받게 된다. 어쨌든 실패를 벗어나기는 어려울 것이다.

"실패에 따른 고통은 다른 사람들과 나누어도 좋지만, 성공에 따른 이득은 이웃 사람들에게 가능한 한 양보하는 편이 바람직하다. 성공에 따른 기쁨마저 함께 나누려고 할 때 인간 관계는 반드시 악화된다. 괴로움을 함께 나누려는 것이야말로 좋은 일이지만, 즐거움까지 함께 나누려고 발버둥친다면 결국 이웃 사람들의 미움을 사게 마련이다."

겸손과 양보 속에 어떤 계산이 있더라도 내 속내를 드러내서는 안 된다. 어떤 속셈을 밖으로 드러내는 사람은 체면을 구길 수가 있다. 그런 측면에서 〈채근담〉은 해야 할 말을 다 하고 있다.

"여유가 생길 때마다 다른 사람들에게 베풀어라. 하지만 불행한 처지에 있는 사람을 딱하게 여겨 도와 주는 것처럼 생색을 내지 말라. 전혀 생색을 내지 않고 쌀 한 되를 줄 경우 쌀 백 되를 준 효과가 나타난다."

다른 사람에게 은혜를 베풀면서 그 효과를 계산하거나 보답을 요구하지 말라는 뜻이다. 공공연히 도와 주는 척 소문을 내며 쌀 백 되를 주었다면, 결국 단 한 되의 가치도 없다는 것이다.

"내게 불필요한 사람을 빼돌리고 싶을 때는 도망갈 길을 남겨 둬라. 도망칠 구멍마저 막아 버리지 말라. 쥐구멍을 막아 버릴 경우 막다른 골목에 몰린 쥐가 모든 것을 갉아먹을 수 있기 때문이다."

간사하고 악독한 사람을 없애고 아첨하는 무리를 막을 때도 도망갈 길을 열어 줘야 한다. 그 일당을 내쫓기에 앞서 그들이 스스로 뉘우칠 수 있는 여지를 남겨 두어야 한다. 함부로 쫓아내려고 들면 그들이 도리어 공격적인 자세를 취하게 된다.

도둑을 쫓더라도 한 쪽 길은 터 놓아야만 그들이 달아날 수 있지 않겠는가. 지나치게 밀어붙이기만 한다면 그들이 마침내 최후의 발악을 하게 되어 큰 화만 입게 될 것이다.

막다른 구석에 몰린 쥐는 고양이를 물고 만다. 궁지에 몰릴 경우 죽기 살기로 물어뜯게 마련이다. 자, 그렇다면 어떻게 처신해야 옳을까. 상대편이 잘못을 했든 미운 짓을 했든 정신 못 차리게 몰아 가지 말아야 한다. 무턱대고 흥분하기보다는 자근자근* 설득하는 편이 훨씬 바람직하다. 분노를 다독거리면서 타이르는 방법도 상대편의 양보와 이해를 얻는 지름길이기 때문이다.

* 미덕(美德) : 아름다운 덕성. 도덕적인 훌륭한 행동.
* 전제(前提) : ① 무슨 일이 이루어지기 위하여 선행(先行)되는 것. ② (논증에서) 그것으로부터 출발하여 결론을 얻을 수 있는 명제.
* 자근자근 : ① 조금 성가실 정도로 은근히 귀찮게 구는 모양. ② 가볍게 자꾸 누르거나 밟는 모양.

3
너그럽게 받아들여라

남을 호되게 비난하는 일은 인간 관계에 전혀 도움이 되지 않는다. 상대방을 너그럽게 용서하지 못하는 사람은 원만한 인간 관계를 유지하기 어렵다.

"다른 사람의 나쁜 점을 가능한 한 덮어 주어라. 단점을 지적하며 몰아붙일 경우 반드시 불쾌하게 생각하여 반발하거나 노여워하는 감정을 갖게 된다. 성질이 완강하고 생각이 고루한 상대방일수록 꾹 참고 설득해야 한다. 그렇지 못하고 나대는 사람은 다행스럽게 잘 해결될 일도 괜히 꼬이게 만든다."

〈채근담〉은 여러 측면에서 실용주의적인 시각을 보인다. '실용주의(實用主義)'란 실생활에 유용한 지식과 실용성이 있는 이론만이 진리로서의 가치가 있다고 하는 철학적 관점이다.

"다른 사람을 나무랄 때 너무 엄격한 태도를 보여선 곤란하다. 상대편이 스스로 잘못을 인정하고 비난을 받아들일 수 있는 여지를 남겨 두어야 한다."

〈채근담〉은 남의 상처를 건드리지 말라고 충고한다.

"작은 잘못을 저지른 상대방을 나무라지 말라. 특히, 옛 상처를 건드리지 말고 그 상처를 잊게 해 주어야 한다. 그런 식으로 처신하는 사람은 남의 원한을 사는 일도 없을 뿐더러 스스로 인격을 높일 수 있게 된다."

서로 실수도 하고 서로의 상처도 감싸 줄 때, 인간 관계는 더 아름다워지고 더더욱 깊어진다. 공자도 비슷한 관점에서 다음과 같이 말한다.

"부드럽게 꾸짖을 때 원한은 사라진다."

남을 질타할 때 가벼운 마음으로 상대해야 억하심정(抑何心情)*의 반감(反感)*을 사지 않는다. 인간 관계를 부드럽게 유지하는 사람은 가능한 한 갈등을 일으키지 않는다. 그렇게 조심하는 일조차 관용(寬容)*이라고 말할 수 있을 것이다.

* 억하심정(抑何心情) : 무슨 생각으로 그러는지 그 심정을 알 수 없음.
* 반감(反感) : ① 상대편의 말이나 태도 등을 불쾌하게 생각하여 반발하거나 반항하는 감정. 〈예〉 반감을 사다. ② 노여워하는 감정.
* 관용(寬容) : 너그럽게 받아들이거나 용서함. 〈예〉 관용을 베풀다.

〈채근담〉은 말한다.

"이 세상을 원만히 살아가려면 남달리 깨끗하거나 부정(不正)이나 악행(惡行) 따위를 극단적으로 미워해서는 곤란하다. 불결함이나 추악함을 모두 받아들일 수 있는 여유를 갖는 것도 나름대로 필요하다."

사람을 사귈 때 좋고 싫다는 감정을 지나치게 드러내는 것도 바람직하지 않다. 상대편이 싫든 좋든 받아들일 수 있는 아량이 있어야 한다.

"더러운 땅에는 작물이 무럭무럭 자랄지라도, 지나치게 맑은 물에는 물고기가 살지 않는다. 더러운 것도 기꺼이 받아들일 수 있어야 군주(君主, 임금) 자격이 있다. 독선적인 결벽을 피할 줄 알아야 널리 인정받는 군주가 될 수 있다."

자기 혼자만 옳다고 믿으며 행동하는 일이 '독선(獨善)'이라면, 남달리 깨끗함을 좋아하는 성격과 나쁜 점을 극단적으로 미워하는 성질이 '결벽(潔癖)'이다. 결벽이 심한 사람에겐 친구가 없을 뿐더러, 거느리는 사람들도 지시에 잘 따르지 않는다. 독선적 성격을 멀리 하고 관용을 베풀 줄 아는 사람이 되기 위해서는 조급하게 굴지 말고 마음의 여유를 유지해야 한다.

"지나치게 서두르며 돌아가는 속사정을 깊이 알려고 덤비는 사람은 혼란스러워 보인다. 언젠가 밝혀지겠지 하는 자세로 느긋하게 기다리는 것도 중요하다. 무리하게 속사정을 알려고 상대편을 다그치는 사람은 일을 그르치게 된다. 사람을 부릴 때도 마찬가지다. 일이 잘 풀리지 않는다고 성화를 부리기보다 상대편을 잠시 그대로 두어 스스로 깨닫도록 기회를 마련해 주는 편이 훨씬 좋다. 잔소리를 하거나 간섭을 할 경우 점점 더 인간 관계가 멀어진다."

남에게 관용을 베푸는 일은 인간 관계에서 무척 중요하다. 그러나 자신에 대하여는 냉정한 태도로 반성해야 바람직하다. 자기에 대하여 엄격하지 못할 때 인격의 성장은 기대하기 어렵다.

"상대편을 비판하거나 책임 소재를 따질 때 과실(過失)*을 지적하는 것도 중요하지만, 실수가 없던 부분도 더불어 평가해 주어야 한다. 상대편의 과오를 지적하면서 나 스스로 반성하는 태도를 보여 주는 것도 중요하다. 그래야 상대편도 불만을 갖지 않고 내 자신도 인간적으로 성장할 수 있을 것이다."

무엇보다 남의 실수를 과감히 용서할 줄 알아야 하고, 내 잘못도 엄격하게 지적하면서 스스로 반성해야 한다. 내 고통에 대하여는 이를 악물고 참는 대신, 남의 고통은 따스하게 감싸주어야 한다.

* 과실(過失) : 잘못이나 허물. 과오. 〈반대말〉 고의(故意).

4 너무도 교훈적인 잠언들

"고기를 잡기 위해 그물을 쳐 둔 곳에는 기러기가 걸려들고, 버마재비(사마귀)가 먹이를 탐내는 곳에는 참새가 그 뒤를 엿본다. 술책 안에는 또 다른 술책이 숨어 있고, 통상적인 수준을 벗어나는 일에는 또 다른 변화 요인이 숨어든다. 이처럼 변화무쌍(變化無雙)*한 상황에서 인간의 지혜와 기교를 어찌 믿을 수 있겠는가."

고기를 잡으려고 어망을 쳐 놓고 있노라면 뜻밖에 기러기가 걸려드는 수가 있다. 버마재비란 놈이 먹이를 노리고 있는 그 뒤에는 참새란 놈이 버마재비를 노리고 있다. 인간 세상도 이와 다르지 않다. 음모 속에 또 다른 음모가 똬리를 틀고 이변(異變)이 일어나는 뒷마당에서 또 다른 일이 일어난다. 이처럼 알 수 없는 것이 세상의 조화이니, 인간의 얄팍한 재주와 지혜쯤이야 대수로운 것에 불과하다.

* 변화무쌍(變化無雙) : 변화가 더할 수 없이 많거나 심함.
* 이변(異變) : 괴이한 변고(變故). 흔히 있는 사례에서 벗어나는 변화.

"아름다움이 존재할 때 반드시 추악(醜惡)함이 있어 대립을 이룬다. 스스로 아름다움을 자랑하지 않는 사람에게 어느 누가 추하다고 말하겠는가. 깨끗함이 있을 때 반드시 더러움이 존재하여 대립 각(角)을 이룬다. 스스로 깨끗함을 내세우지 않는 사람을 어느 누가 더럽다고 비난하랴."

스스로 아름답다고 생각하여 남에게 자신을 자랑하는 사람은 오히려 추한 사람이 되어 버린다. 내가 스스로 깨끗하다는 사실을 내세우게 될 경우,

나는 오히려 더러운 인간이 되어 버리고 만다. 선(善)과 악(惡), 미(美)와 추(醜) 등이 모두 상대적으로 대립되고 있으니, 항상 부족함을 느끼면서 극단적인 곳으로 치닫지 말아야 한다. 그래야만 원만한 인간성을 간직할 수 있으며, 스스로 찾고 싶은 착함(善)과 아름다움(美)을 만나게 될 것이다.

* 추악(醜惡) : 마음씨·용모·행실 따위가 보기 흉하고 추하다.

"선량한 사람과 빨리 친해질 수가 없거든 미리 칭찬하지 말라. 간사하고 악독한 사람이 그 착한 사람을 어려운 처지에 빠뜨릴지 모르기 때문이다. 악한 사람을 쉽게 물리칠 수가 없거든 미리 말을 앞세워 속내를 드러내지 말라. 뜻밖에 재앙을 부를까 두렵다."

착한 사람과 빠른 시일 안에 사귀지 못할 때는, 완전히 사귀기 전까지 미리 남에게 그를 칭찬하지 말아야 한다. 두 사람 사이를 이간(離間)*질하는 사람이 나타날 수 있기 때문이다. 뒤늦게 악한 사람인 줄 깨닫고 빨리 물리치고 싶을 때는 미리 그러한 뜻을 발설하지 말아야 한다. 그 사람이 나를 먼저 해칠 수 있기 때문이다.

* 이간(離間) : 두 사람 사이를 갈라놓는 짓.

"갑자기 뜨거워졌다가 어느 새 차가워지는 변덕은 부자나 귀한 사람의 경우에 더 심하다. 질투하고 시기하는 마음은 혈족 관계에 있는 사람의 경우가 남보다 더 심하다. 만약 이처럼 난감(難堪)*한 사례와 마주칠 때 냉정한 마음으로 대응하지 않는다면 거의 매일 번뇌 속을 헤매게 될 것이다."

아침저녁으로 변하는 것이 사람의 마음이다. 특히, 재물이 많은 부자이거나 지위가 높아 권세가 있는 사람일수록 교만하고 방자하여 마음 내키는 대로 상황에 따라 대처하기 때문에 변덕이 더욱 심한 편이다. 시샘을 부리는 마음은 남보다는 혈육간에 더욱 심하여 사촌이 논을 사면 배가 아픈 것이 세상 인심이다. 따라서 냉정한 마음으로 상황에 대처하고 평온한 심정으로 나를 관리하지 않는다면, 변덕과 시기하는 마음이 나날이 나를 괴롭힐 수 있다.

* 난감(難堪) : 견디어 내기 어렵다. 이러기도 어렵고 저러기도 어려워 처지가 매우 딱하다.
〈비슷한 말〉난처하다.

"내 몸은 하나의 작은 우주다. 절도 있게 기쁨과 노여움을 다스리고, 법칙에 맞게 좋아함과 싫어함을 조절한다면, 그것이 곧 내 몸의 조화를 다스리는 공부가 된다. 이 세상 천지는 커다란 부모나 마찬가지다. 자연이 나를 원망하지 않게 하고 만물이 나를 병들지 않게 한다면, 그것이 곧 천지를 화목하게 하는 지름길이다."

내 몸은 하나의 작은 우주와 같다. 희로애락(喜怒哀樂)*을 절도 있게 다스리고, 좋고 나쁨의 감정을 법도(法道)*에 맞게 유지한다면, 이것이 곧 내 한 몸의 조화를 유지하는 공부가 된다. 천지는 나의 부모이고 만물은 내 형제나 마찬가지다.

따라서 한 사람의 원한도 사지 않고 만물에게도 아무런 장애가 없게 한다면, 그야말로 천지는 태평스러운 모습을 유지할 수가 있을 것이다. 이성(理性)*에 따라 감정을 조절하고 행동을 도덕 법칙에 맞게 통제해 나갈 경우, 개인적으로는 정신적 조화를 이룰 수 있고 사회적으로는 평화를 유지할 수 있게 된다.

* 희로애락(喜怒哀樂) : 기쁨과 노여움과 슬픔과 즐거움. 사람의 온갖 감정을 이름.
* 법도(法道) : 법률 등을 지켜야 할 도리.
* 이성(理性) : 사물의 이치를 논리적으로 생각하고 판단하는 마음의 작용. 도리에 따라 판단하거나 행동하는 능력. 〈예〉이성을 잃는 행동.

"남을 해치려는 마음을 가져서는 안 된다. 다른 사람이 피해를 줄 때에 대비할 줄 알아야 한다. 하지만 남한테 속을 때 속더라도 앞질러 염려하지 말라. 지나치게 상대편을 두려워함으로써 오히려 피해를 당할지도 모른다. 이 두 가지 측면을 주의하는 사람은 생각이 밝아지고 덕(德)이 두터워질 것이다."

남을 돕는 데 인간 생활의 가치가 있다. 상대편이 강한 줄 모르고 아무 까닭 없이 남에게 피해를 주려는 사람이 있다. 결국 남을 망하게 할 뿐만 아니라 스스로 몰락하게 된다.

다른 사람을 해치려는 마음을 거부하는 것은 인간으로서 최소한의 도덕적 입장이다. 그렇다고 해서 부당한 피해를 입고도 참으라는 의미가 아니다. 남의 중상(中傷)* 모략(謀略)*을 미리 방지하기 위해 언제나 용의 주도(用意周到)*하게 처신해야 한다.

하지만 비록 사기를 당하는 일이 있더라도 지레 겁부터 집어먹고 선량한 사람을 의심하거나 기피해서는 안 된다. 상대편을 너무 경계할 경우 내 자신의 덕(德)을 손상시킬 수 있다. 이 두 가지 점에 유의하는 사람은 사려(思慮)* 깊고 원만한 인간 관계를 유지할 수 있을 것이다.

* 중상(中傷) : 터무니없는 말로 남을 헐뜯어 명예를 손상시킴
* 모략(謀略) : 남을 해치려고 속임수를 써서 일을 꾸밈.
* 용의 주도(用意周到) : 마음의 준비가 두루 미쳐 빈틈이 없음.
* 사려(思慮) : 여러 가지로 신중하게 생각함, 또는 그 생각. 사념. 〈예〉 사려가 부족하다.

"아주 맑고 푸르던 하늘에서도 별안간 천둥이 치고 번개가 떨어진다. 앙칼지게 사나운 바람과 성난 비가 몰아치다가도 갑자기 밝은 달과 해맑은 하늘이 그 얼굴을 드러낸다. 이처럼 천지의 움직임은 한결같지 않고 털끝만큼의 조화 때문에 재난을 겪는다. 전혀 변함이 없던 하늘도 아주 작은 영향으

로 그 얼굴이 바꾼다. 하지만 사람의 마음 밑바탕만큼은 결코 변하지 말아야 한다."

자연의 기상은 변화무쌍(變化無雙)하여 인간이 예측하기 어렵다. 천지의 자연 현상과 하늘의 모습이 이처럼 급변하는 까닭은 무엇일까. 한결 같지 않는 이유는 무엇 때문일까. 그것은 털끝처럼 아주 작은 소용돌이 때문이다. 사람의 마음도 한결같지 못하여 희로애락(喜怒哀樂)이 뒤바뀌어 일어난다. 그럼에도 불구하고 하늘의 근본적인 얼굴은 변하지 않는다. 이처럼 사람의 마음도 본바탕까지 흔들려서는 절대로 안 된다는 뜻이다.

5 지나치면 결국 잃는다

〈채근담〉은 말한다.

"너무 높은 지위에 오르는 것은 바람직하지 않다. 정상에 올랐을 때 곳곳에 함정이 기다리고 있다. 눈부신 재능도 나름대로 적당히 발휘해야 바람직하다. 재능을 지나치게 내보인 사람에게는 더 이상 발휘할 것이 없어진다. 훌륭한 일도 적당히 실행에 옮기는 편이 좋다. 지나치게 훌륭한 일을 많이 한 사람일수록 경쟁자들의 비난과 중상(中傷) 모략(謀略)을 받을 수 있기 때문이다."

너무 좋은 일을 많이 해도 터무니없는 말로 남을 헐뜯으려고 덤비는 사람들이 나타나게 마련이다. 시기하는 사람들이 파 놓은 구덩이, 벗어나기 어려운 곤경이 나를 기다릴 수도 있다.

"자신은 물론이고 다른 사람들의 입장을 깍듯이 존중하면서 빈틈 없이 행동하는 사람이 있다. 반면에 자신도 다른 사람도 돌보지 않고 모든 일에 욕심 없이 깔끔한 태도를 취하는 사람이 있다. 너무 빈틈이 없어도 곤란하지만 지나치게 현실을 무시하는 것도 옳지 않다. 그보다는 균형 잡힌 태도를 유지해야 한다."

공자는 '지나치면 일하지 않은 것보다 못하다'고 말했다. 어느 한쪽으로 기울거나 치우치지 않은 고른 상태가 '균형(均衡)'이다. 〈채근담〉은 균형 감각을 유지하는 것도 인생의 살아가는 지혜의 하나라고 강조한다. 지나침과 부족함이 없는 균형 잡힌 상태를 '중용의 미덕'이라고 부른다.

'중(中)'이란 어느 한쪽으로 치우치지 않는 것이고, '용(庸)'이란 평상(平常, 보통 때)을 뜻한다. 결국 어느 쪽으로나 치우침 없이 온당한 일, 또는 지나치거나 모자람 없이 알맞은 것을 '중용(中庸)'이라고 한다. '미덕(美德)'이란 아름답고 도덕적인 훌륭한 행동을 말한다. '중용의 미덕'이란 균형 감각을 유지하는 일조차 도덕적 행위로 간주한다는 사상에서 비롯된 말이다.

"이상(理想)은 높아야 한다. 하지만 그 이상은 현실에 바탕을 둔 것이어야 한다. 생각은 주의 깊고 빈틈이 없어야 한다. 그러나 하찮은 일에 매달려서도 안 된다. 취미 생활은 욕심 없이 깔끔하게 즐겨야 한다. 하지만 천박해서도 안 된다. 절개(節槪)와 지조(志操)도 엄격히 지켜야 하지만 한쪽으로 치우쳐서는 곤란하다."

극단적으로 치닫지 않는 균형 잡힌 처세가 이상적이라는 뜻이다.

"청렴하면서도 남을 아량 있고 너그럽게 감싸 받아들일 줄 안다, 남을 이해하는 마음이 깊으면서도 결단력이 있다, 통찰력을 잃지 않으면서도 남의 흠을 들추어내지 않는다, 순수하면서도 과격해지는 일이 없다…. 이런 인물이야말로 이상적인 인간상에 가깝다."

〈채근담〉은 이상적인 인물을 다음과 같이 비유한다.

"꿀을 넣어도 너무 달지 않고 소금을 쳐도 지나치게 짜지 않다."

그런 상태가 바로 중용이라는 것이니, 얼마나 그럴 듯한 은유법(隱喩法)*인가.

* 절개(節槪·節介) : 옳은 일을 지키어 뜻을 굽히지 않는 굳건한 마음이나 태도.
* 지조(志操) : 곧은 뜻과 절조(節操).
 ─준주(節操) : 절개와 지조.
* 은유법(隱喩法) : 수사법상 비유법의 한 가지. 본뜻은 숨기고 비유하는 형상만 드러내어, 표현하려는 대상을 설명하거나 그 특질을 묘사하는 표현 방법. 〈예〉 내 마음은 호수. 〈준말〉 은유(隱喩).

인생살이의 쾌락에 관하여도 〈채근담〉은 중용의 미덕을 강조한다. 즐거움이 극단적으로 치우쳐서도 안 되지만, 즐거움에 완전히 빠져드는 것도 경계해야 한다고 말한다.

"입을 즐겁게 하는 맛난 음식들은 모두 창자를 상하게 하고 뼈를 썩게 하는 독약이다. 적당히 먹어야 건강을 해치지 않는다. 쾌락(快樂)*은 몸을 망치고 덕(德)을 잃는 원인이 된다. 적당히 즐기지 않는 사람에게는 마침내 후회만 남는다."

아리스토텔레스 윤리학의 중심적 사상의 하나인 중용론(中庸論)에 따르면 덕(德)을 다음과 같이 규정한다.

"덕(德)은 너무 많거나 지나치게 적지 않은 '중간'에 존재한다. 예컨대, 쾌락에 관한 과잉(過剩, 너무 많음)과 과소(過小, 지나치게 적음)는 방탕과 무감각이지만 그 중간의 쾌락에는 절제의 미덕이 있다. 방종에 흐르지 않도록 감성적(感性的)* 욕구를 이성(理性)으로서 통제하는 일이 곧 '절제(節制)'이다."

지나치게 쾌락에 매달리는 사람은 술과 여자에 빠져 행실이 추저분해진다. '방종(放縱)'이란 도덕적 기준 없이 아무 거리낌 없이 함부로 행동하는 것을 말한다. 따라서 방종에 흐르지 않도록 감성적 욕구를 이성으로 알맞게 조절해야 한다.

〈한비자〉는 구체적인 사례를 들어 중용의 미덕을 강조한다.

"친구들과 마시고 노래하면서 왁자지껄하게 즐긴다. 어느 새 밤이 깊어져 등불이 꺼지고 차(茶)도 식어 버린다. 창피한 줄 모르고 술에 취해 울기 시작하는 친구도 나타난다. 이렇게 사는 인생이 부질없다는 생각마저 들기 시작한다."

적당한 선을 지키지 못한 걸 후회하고 있는 것이다.

"꽃은 반쯤 피어 있을 때, 술은 적당히 취해 있을 때 최고의 정취가 있다. 활짝 피어 버린 꽃을 감상하거나 곤드레만드레 취할 때까지 술을 마실 경우 흥이 깨지게 마련이다."

균형 감각과 중용을 중요시하는 생활 태도에는 멋이 담겨 있다. 인생을 달관(達觀)*한 사람의 체취(體臭)*가 맡아지기 때문이다.

"전진할 때는 반드시 뒤로 물러날 때를 생각하라. 그런 생각을 갖는 순간, 울타리 속에 뿔을 처박은 양(羊)처럼 움직이기 어렵게 될 우려가 없다. 손을 댈 때는 먼저 손을 뗄 시기를 염두에 두어라. 그처럼 조심스럽게 처신하는 순간, 호랑이의 등에 탄 것처럼 마구 달리게 되는 위험을 미리 예방할 수 있다."

* 쾌락(快樂) : 기분이 좋고 즐거움. 욕망을 만족시키는 즐거움. 〈예〉 육체의 쾌락만을 추구한다.
* 감성(感性) : ① 느낌을 받아들이는 성질. 감수성. ② 이성(理性)과 대립되는 말. 대상으로부터 감각되고 지각(知覺)되어 표상(表象)을 형성하게 되는, 인간의 인식 능력.

* **달관(達觀)** : ① 세속을 벗어난 높은 견식. ② 사물을 널리 통달하는 관찰. ③ 사소한 일에 얽매이거나 흔들리지 않는 경지에 이르는 일.
* **체취(體臭)** : ① 몸에서 나는 냄새. 살내. ② 그 사람의 독특한 기분이나 버릇. '가장 개성적인 것'을 비유하여 이르는 말. 〈예〉 작가의 체취가 물씬 풍기는 소설.

〈채근담〉은 앞으로 나아가기 위해서는 물러날 때를 먼저 염두에 두라고 권한다. 이런 주장 역시 중용(中庸)의 미덕(美德)에서 비롯된 것이다.

"기쁨에 들뜬 나머지 경솔하게 일을 떠맡지 말라. 술 취한 김에 화를 폭발시켜서도 안 된다. 일이 순조롭게 추진된다고 해서 지나치게 확장해서는 곤란하다. 피로하다는 이유로 끝까지 일손을 놓아서도 더더욱 곤란하다."

신중하고 안전한 삶을 지향하려면 균형 감각을 잃지 말라는 뜻이다.

6 마음으로 역경을 극복하라

중국 진(晉) 나라의 어떤 장군이 실의에 빠질 때마다 한탄했다.

"인생을 살아 보니 생각대로 안 되는 일이 7, 8할(割)이나 되더라!"

평범한 백성들의 경우에도 제대로 풀리는 일이 없던 시기여서 그 말에 저마다 고개를 끄덕였다. '할'은 사물이나 수량을 '10으로 등분하여 그 중 몇'을 나타내는 말이다. 결국 '7, 8할'은 70, 80%라는 뜻이 된다. 100가지 일

중에서 70, 80가지가 마음먹은 대로 되지 않는다는 뜻이다.

이처럼 마음대로 되지 않는 일이 대부분이라면, 본디 고달픈 인생이려니 생각하고 참을 도리밖에 없다. 〈채근담〉에서도 '참을 인(忍)'을 앞세워 참을성을 강조하는 이유도 그 때문이다.

"인정(人情)은 사납고 인생은 냉엄(冷嚴)하다. 견디어 내는 자세를 버팀목으로 삼아 살아가지 않는 사람은 금세 숲 속에서 길을 잃어 헤매다가 낭떠러지로 굴러 떨어질 것이다."

어쨌든 참고 견뎌야 한다고 스스로 다독거리며 살아야 한다. 하지만 참는 일만이 인생의 전부라면 정말이지 사는 재미가 없다. 도대체 무엇을 위해 무엇 때문에 참아야 하는가 곱씹어 봐야 한다.

* 냉엄(冷嚴) : ① 냉정하고 엄숙하다. ② (적당히 하거나 무시하거나 할 수 없게) 냉정하고 엄격하다. 〈예〉 냉엄한 현실.

예로부터 중국에서는 행복과 불행은 돌고 돌며 되풀이된다는 사상이 있다. 지금은 불행하더라도 언젠가는 행복한 시기가 다시 돌아온다는 뜻이다. 따라서 자신을 수없이 타이르면서 현재의 고통을 극복해야 한다. 그렇게 미래에 대한 희망을 잃지 않고 살기 때문에 참는 보람도 있다.

하지만 지금은 행복할지라도 언제 어디서 불행한 일이 찾아올지 모른다. 때문에 모든 일이 순조롭게 풀릴 때일수록 긴장을 늦추지 않고 더욱 신중하게 나를 관리해야 한다.

"내리막길로 접어드는 조짐은 최고의 번영을 자랑하던 순간에 나타난다. 새로운 희망의 조짐은 가장 어려울 때 드러나기 시작한다. 사정이 그러하니 일이 순조로울 시기일수록 한층 긴장하여 난관에 대비해야 한다. 어려움에 맞닥뜨렸을 때는 참고 견디면서 초지를 관철시켜야 한다."

처음에 품은 뜻이나 의지가 '초지(初志)'이고, 자신의 주의(主義) 주장이나 방침 따위를 처음부터 끝까지 일관하여 밀고 나가는 것이 '관철(貫徹)'이다.

"하늘의 뜻은 예측하기 어렵다. 인간에게 시련을 주는가 하면 영광을 주기도 한다. 또 어느 때는 영광을 내리는가 하면 곧바로 시련을 내리기도 한다. 이와 같은 시련과 영광 때문에 역대의 영웅 호걸들도 당황하거나 좌절했다. 하지만 역사적으로 훌륭한 일을 이룩한 사람들은 역경을 감수했으며, 일이 순조롭게 진행되어 행복할 때는 만일의 시련에 철저히 대비했다."

그처럼 내일을 대비했기 때문에 운명도 제멋대로 장난을 치지 못했던 것이다.

"역경과 곤궁은 영웅을 단련하는 용광로이자 망치다. 자기를 단련하는 사람은 몸과 마음이 함께 이롭고, 단련하지 않는 사람은 몸과 마음이 더불어 해롭다."

일이 뜻대로 되지 않아서 고생이 많은 불행한 처지가 '역경(逆境)'이라면, 가난하고 구차한 것은 '곤궁(困窮)'이다. 역경과 곤궁을 겪는 과정에서 인격이 다듬어지고 능력이 더욱 발전한다. 영웅이 되기 위해서는 갖가지 고생을 많이 겪을 필요가 있다. 숱한 시련을 거쳐야만 몸과 마음이 수련할 수 있는 기회를 얻게 된다.

선택의 여지가 없는 역경과 곤궁이라면 큰그릇이 되는 과정이라고 생각하라. 시련이 없는 인생은 온실의 화초와 같기 때문이다.

7
나를 쉬지 않고 돌봐라

짧은 시간 안에 나를 향상시킬 수 있다면 얼마나 다행일까. 내 지위와 명예를 단숨에 드높일 수 있는 방법은 정말이지 없는 것일까. 스스로 발전할 수 있는 방법은 얼마든지 있으나 단숨에 나를 향상시킬 수 있는 묘책(妙策)*은 없다. 평소에 꾸준히 자신을 수련해 두지 않는 사람은 아무것도 이룩하기 어렵다.

〈채근담〉은 말한다.

"한가할 때 세월을 허송하지 않는 사람은 결정적일 때 반드시 쓸모가 있게 된다. 고요할 때 공적을 쌓기 시작한 사람은 본격적으로 활동할 때 반드시 쓸모가 있게 마련이다. 어둠 속에서 속이거나 숨기는 일이 없는 사람은 밝은 곳에서 반드시 쓸모가 있게 된다."

한가롭다는 이유로 그냥 놀고 먹으며 지내던 사람은 자신이 진실로 필요할 때 속수무책(束手無策)*의 상황에 빠진다. 따라서, 한가한 때일수록 게으름을 피우지 않고 바빠질 내일에 대비해야 한다. 고요할 때일수록 열심히 움직이고 있어야 결정적일 때 활동하기 쉬워진다. 남들이 보지 않는 은밀한 곳에서도 자기 양심을 속이지 않아야 한다. 그래야 나중에 남들의 신임을 얻어 성취감을 누릴 수 있게 될 것이다.

"오랫동안 웅크리고 앉아 힘을 모으고 있던 새는 한번 날기 시작하면 반드시 하늘 높이 날아오른다. 경쟁하듯이 앞다투어 핀 꽃 중에서 가장 먼저 핀 꽃은 가장 먼저 지게 마련이다. 이와 같은 세상의 이치를 터득하고 있을 경우, 도중에 지쳐서 절망할 우려가 없으며 빨리 출세하려고 안달복달하는 일도 없어진다."

 어차피 우리 인생은 마라톤처럼 꾸준히 쉬지 않고 달려야 하는 경주와 마찬가지다. 역경에 빠진 사람일수록 침착하게 힘을 모으면서 때를 기다려야 하는 것도 그 때문이다.

 "정작 바빠졌을 때 당황하거나 부산을 떨지 않으려면, 한가로울 때 정신을 굳건하게 단련해 두어야 한다."

 이른바 수신과 수양을 해 두라는 뜻이다. 마음과 행실을 바르게 하도록 심신을 닦는 것이 '수신(修身)'이요, 몸과 마음을 단련하여 품성·지혜·도덕을 닦는 것이 '수양(修養)'이다. 수신과 수양은 하루아침에 완성되는 것이 아니고 매일매일 꾸준히 노력할 때 가능해진다.

 "일이 뜻대로 풀리지 않는 경우를 당할수록 다른 사람들의 달갑지 않은 충고를 귀담아 들어야 내가 발전한다. 생각대로 일이 잘 풀리고 듣기 좋은 말만 귀에 들어올 때는 독약을 앞에 놓은 것과 다름이 없다."

* 묘책(妙策) : 매우 교묘한 꾀. 절묘한 계책. 〈예〉묘책을 짜내다.
* 속수무책(束手無策) : (손이 묶인 듯이) 어찌할 도리가 없어 꼼짝 못함. 〈예〉속수무책으로 당하다.

 공자도 비슷한 말을 했다.

 "좋은 약은 입에 쓰지만 반드시 질병 치료에 이롭다. 진정한 충고가 귀에 거슬려도 올바르게 처신해야 반드시 사람에게 이롭다."

 〈채근담〉은 '곤경에 처했더라도 초조하게 굴지 말고 차근차근 생각하는 마음의 여유를 가지라'고 충고한다. 시간이 걸리더라도 한 발 한 발 옮기듯이 자신을 향상시켜 가라는 뜻이다.

 "자신을 단련하고 싶다면 금(金)을 정련할 때보다 더 시간이 필요하다는 사실을 알아라. 급히 서둘러 성공한 사람에겐 생각의 깊이가 없고 인생 철학이 없다. 사업을 시작할 때는 무거운 돌화살을 쏠 때처럼 신중을 기해야 한다. 경솔한 마음으로 서둘러 시작하는 사업에 큰 성과를 기대하긴 어렵기 때문이다."

광석이나 그 밖의 원료에서 함유 금속을 뽑아 내어 정제(精製) 하는 일을 '정련(精鍊)'이라고 한다. 돌덩이에서 순도 높은 금을 얻기 위해 얼마나 많은 정제 과정을 거쳐야 하는지 알 수 있다면 〈채근담〉의 충고를 보다 깊이 이해하게 될 것이다.

"복숭아나무와 자두나무는 아름다운 꽃을 피운다. 하지만 소나무의 품격 높은 녹색을 따라가지 못한다. 배나무와 살구나무는 달콤한 열매를 맺는다. 그러나 귤의 향기를 따라가지 못한다. 이처럼 눈부시게 화려하면서 수명이 짧은 과일 나무는 소박한 모습으로 오래 사는 나무의 품격에 미치지 못한다. 한 마디로 말해, 조숙은 만성을 따라가지 못한다."

일찍 익거나 나이에 비하여 정신적·육체적으로 발달이 빠른 것이 '조숙(早熟)'이요, 늘그막에 성공하거나 뒤늦게 이루어지는 것이 '만성(晚成)'이다. 우리 속담에 '이른 새끼가 살 안 찐다'는 말이 있듯이 '조숙한 사람은 대체로 큰 인물이 되기가 어렵다' '무엇이나 처음에 너무 쉽게 잘 되는 일은 나중이 시원치 않다'는 뜻을 역설적으로 강조하기 위해 쓰여진 고사 성어가 '대기만성'이다.

〈손자〉에서도 대기만성(大器晚成)이란 말이 나온다. 큰 대(大), 그릇 기(器), 늦을 만(晚), 이룰 성(成)…. 큼지막한 그릇을 빚기 위해서는 시간이 걸린다는 것으로, 큰 사람이 되기 위해서는 많은 노력과 시간이 필요하다는 뜻이다.

* 정제(精製) : ① 정성껏 잘 만듦. 〈반대말〉 조제(粗製). ② 조제품(粗製品)을 다시 가공하여 더 좋고 순도 높은 것으로 만듦.
-조제(粗製) : 물건을 조잡하게 만드는 일, 또는 그렇게 만든 물건.

중국 삼국시대의 위(魏) 나라에 이름난 장군 최염(崔琰)이 살고 있었다. 그에게는 사촌 동생 최림(崔林)이 있었는데, 체격도 왜소하고 출세마저 늦어 친척들의 멸시를 받았다. 하지만 최염만큼은 사촌 동생의 재능을 꿰뚫어 보고 이렇게 말했다.

"큰 종(鐘)이나 커다란 솥은 쉽게 만들어지지 않는다. 이와 마찬가지로 큰 인물도 성공하기까지는 오랜 시간이 걸리는 법이다. 내가 보기에 너도 대기만성형이다. 좌절하지 말고 열심히 노력할 때, 너는 틀림없이 큰 인물이 될 것이다."

과연 최염의 말대로 최림은 뒷날 임금을 보좌하는 벼슬에 이르게 되었다. '대기만성(大器晚成)'의 '만성(晚成)'이란 아직 이루어지지 않았다는 것이므로 '큰 인물은 쉽게 이루어지지 않는다'는 뜻이 된다. 따라서 '대기만성'이란 '큰 인물은 늦게 이루어진다'는 의미로 쓰여진다.

〈채근담〉에서도 '착실히 노력하여 만성(晚成)하는 큰 그릇(대기, 大器)을 본보기로 삼아라'고 충고한다. 남달리 뛰어난 큰 인물은 보통 사람보다 늦게 대성(大成)* 한다는 뜻이니, 초조하게 나대기보다는 차근차근 자신을 수련해야 한다.

그러한 관점에서 〈채근담〉은 마음 다스리는 법을 이렇게 소개한다.

"마음이 어둡고 산란할 때는 각성할 줄 알아야 한다. 마음이 긴장될 때는 긴장감을 풀어 버릴 줄 알아야 한다. 그렇지 못할 경우 어두운 마음의 병은 고칠지라도 조바심 어린 고통이 다시 찾아온다."

어지럽고 어수선한 것이 '산란(散亂)'이요, 정신적 방황에서 자기의 갈 바를 깨닫거나 잘못을 깨달아 정신을 차리는 것이 '각성(覺醒)'이다. 마음이 산란할 때는 각성하여 본심을 일깨울 필요가 있다. 마음이 긴장되었을 때는 이를 해소시킬 줄 알아야 한다. 그렇지 못한 사람에게는 반드시 문제가 생긴다. 혼미한 상태에서 각성하더라도 다시 긴장되어 마음이 불안정해진다. 따라서 마음을 늘 각성된 상태에 두고 관리하되, 마음의 긴장을 해소할 줄도 알아야 한다.

* 대성(大成) : 크게 이루어지거나 크게 이룸. 또는 그런 성과

CHAPTER 04
한비자 韓非子

〈한비자〉는, 도덕(道德)보다 법(法)으로 나라를 통치해야 한다고 주장한 학자들의 이론을 모은 책이다. 모두 55편 10만여 자로 구성되어 있다. 이 책의 저자는 한비자(韓非子)이지만 그의 손에 모두 쓰여진 것은 아니라고 한다. 한비자의 글은 진(秦) 나라 시황제(始皇帝)에게 큰 영향을 주었고 천하 통치의 이론적 바탕이 되기도 했다.

중국 전국시대 말기의 사상가 한비자(BC 280~233)의 법치(法治) 사상을 다시 해석함으로써, 우리는 오늘날 진정한 지도자의 모습과 올바른 정치 사상을 살펴볼 필요가 있다. 실용주의자(實用主義者)인 한비자는 인간 사회를 발전의 관점에서 바라보며, 임금이 변화된 환경에 맞는 개혁과 법으로 천하를 다스리라고 주장했다.

한비자는 심한 말더듬이인 반면 두뇌가 명석(明晳)하여 다른 신하들이 도저히 따라갈 수 없었다. 그러자 한비자의 법가(法家) 사상은 '인정을 무시하는 냉혹하고 잔인한 술책' 이라는 비난이 쏟아졌다. 시황제의 총애(寵愛)를 받는 현실을 못마땅하게 여긴 경쟁자들이 중상(中傷) 모략(謀略)하는 바람에 투옥(投獄)된 한비자는 나중에 자살하고 만다.

1 인간은 믿을 수 없다

서양에 마키아벨리가 집필한 〈군주론(君主論)〉이 있다면, 동양에는 한비자가 저술한 〈한비자〉가 존재한다. 두 고전 모두 인간을 철저히 불신(不信)*하는 입장에서 정치 지도자의 현실적인 처세술을 추구한다. 그 내용의 옳고 그름을 떠나서 한번쯤 읽어 볼 만한 가치가 있는 고전들이다.

〈군주론〉은 르네상스 시대 때 이탈리아의 정치 이론가 마키아벨리의 저서로 군주의 통치 기술을 다룬 책이다. 마키아벨리는 군주가 국가를 다스리기 위해서는 무엇보다도 권력에 대한 의지·야심·용기가 있어야 하고, 국가 통치를 위한 일이라면 불성실·몰인정·잔인해도 좋을 뿐만 아니라 종교마저도 정치에 이용해야 한다고 주장했다. 주의

〈군주론〉은 후세에 '마키아벨리즘'이라 불리게 된 '권모술수(權謀術數)*주의'를 주장했다는 이유로 비난의 대상이 되었다. 그러나 당시 외국의 간섭과 내부의 분열로 정치적 혼란에 빠진 이탈리아를 강력한 군주에 의하여 구출하고자 한 저자의 애국심이 드러난 것이라고 보는 견해가 유력하다. 그런 측면에서 이 책은 근대 정치학을 개척한 획기적 문헌이자 정치학의 고전으로 높이 평가된다.

* 불신(不信) : 믿지 아니함. 〈예〉 남을 불신하면 남도 너를 불신한다.
* 권모술수(權謀術數) : 남을 교묘하게 속이는 술책.

〈한비자〉는 ① 조직의 우두머리란 어떤 모습이어야 하는가 ② 어떤 몸가짐으로 어떻게 행동해야 하는가 ③ 자신의 지위를 안정적으로 유지하기 위

해 어떤 점에 주의해야 하는가를 밝히기 위해 연구한 책이다.

중국의 다른 고전들이 인간을 긍정적인 시선으로 바라보았지만, 〈한비자〉만큼은 냉정하고 독특한 취향의 시각으로 인간을 너무도 차갑게 관찰했다. 한 마디로 말해, 인간을 철저히 불신(不信)함으로써 새로운 지도자의 모습을 모색하려고 노력한 책이 바로 〈한비자〉일 것이다.

한비자는 말한다.

"뱀장어는 뱀을 닮았고 누에는 애벌레를 닮았다. 뱀을 볼 때마다 모두 깜짝 놀라고 애벌레를 볼 때마다 하나같이 징그러워한다. 하지만 어부들은 맨손으로 뱀장어를 잡고 여자들은 맨손으로 누에를 만진다. 다시 말해, 개인적인 이익 앞에서는 어느 누구나 본능을 버리고 용기를 얻는다."

그 말을 던진 끝에 한비자는 묻고 있다.

"인간의 마음을 움직이게 만드는 요인은 과연 무엇일까?"

한비자는 다음과 같이 자신 있게 대답한다.

"인간의 마음을 움직이게 하는 것은 애정도 아니고 동정심도 아니고 의리도 아니고 인정도 아니고 오직 사사로운 이익 한 가지뿐이다. 인간은 개인의 이익에 따라 움직이는 동물이기 때문이다."

이와 같은 논리가 〈한비자〉를 꿰뚫고 있는 냉철한 인식의 줄기라고 할 수 있다.

한비자는 다시 말한다.

"수레를 만들어 팔아 먹고사는 사람은 세상 사람들이 모두 부자가 되기를 바란다."

모든 사람들이 부자가 돼야 요즘의 자동차 같은 수레를 마련할 수 있기 때문이다.

"관(棺)을 만들어 파는 사람은 사람들이 빨리 죽기를 원한다."

요즘의 장의사(葬儀社)처럼 죽는 사람이 있어야 장사가 되기 때문이다. '장의사' 란 장례(葬禮)에 필요한 물건을 팔거나, 남의 장사 지내는 일을 맡아 하는 영업집을 말한다.

"그렇다면 세상 사람들이 모두 부자가 되기를 바라는 사람은 착한 사람이고, 모두 죽기를 바라는 사람은 나쁜 사람인가? 그건 결코 아니다. 사람들이 부자가 되지 않는다면 수레를 만들어 팔 수 없고, 사람들이 죽지 않을 경우 관(棺)을 만들어 팔 수 없는 현실이 인간의 속마음을 그렇게 만들었을 뿐이다. 이웃 사람들이 미워서 그러는 것이 아니고, 가능한 한 많은 사람들이 죽어야 그만큼 이익을 챙길 수 있기 때문이다."

이와 같은 시각이 한비자의 기본 인식으로 이어진다. 대부분의 사람들은 한비자의 노골적이고 지나친 현실 인식에 저항감을 느낄지도 모른다. 하지만 깊이 생각해 보자. 우리 인간의 마음 한 구석에 도사린 진실과 음모를 한비자가 날카롭게 지적하고 있음을 알게 될 것이다.

"인간 관계는 이익에 따라 움직이고 변화한다."

그 말이 진실일까? 한비자는 그렇다고 대답한다. 임금과 신하의 관계, 윗사람과 아랫사람의 관계도 결코 예외가 아니라고 한비자는 생각한다.

"아랫사람들은 언제나 자신의 이익을 먼저 생각한다. 눈치를 보다가 기회가 오면 윗사람에게 아첨하여 이익을 챙긴다. 허점과 틈새가 보일 때마다 아랫사람들은 윗사람을 밀어낸 뒤 그 자리를 차지하려고 덤빈다."

그래서 한비자는 주장한다. 윗자리를 지키려면 마음을 다잡지 않고 놓아 버리거나 허점을 보여서는 안 된다는 것이다. 너무 심하다 싶은 주장이긴 하지만, 결코 호락호락하지 않은 현실에 비추어 고개가 끄덕거려질 때도 없지 않다.

그렇다면, 윗사람이 부하를 원만하게 부리고 조직을 완벽하게 정비하고 자기의 지위를 안정적으로 유지하려면 어떻게 해야 할까? 한비자는 법(法), 술(術), 세(勢) 등 세 가지를 각별히 배려해야 한다고 주장한다. '배려(配慮)'란 여러모로 자상하게 마음을 쓰는 것이다.

첫째, 법(法)을 배려해야 한다. '법(法)'이란 국가의 강제력이 따르는 온갖 규범이다. 법대로 처리하라는 말도 있지 않은가. 공적을 세웠을 때 그에 어울리는 상을 주고, 과오를 저질렀을 때는 반드시 그에 상응하는 벌을 준다. 그 원칙을 확실히 제시한 뒤 그대로 적용한다.

둘째, 술(術)을 배려해야 한다. '술(術)'이란 재주나 기술을 뜻한다. 법(法)을 행동의 기준으로 제시한 뒤 부하를 관리하기 위한 요령이자 비법이 '술(術)'이다. 그런 뜻에서 한비자는 말한다.

"술(術)이란 남에게 보여 주는 성격이 아니다. 윗사람이 마음 속에 깊이 간직해 두고 요리조리 비교 분석한 뒤 은밀하게 신하를 조종(操縱)하는 것이 술(術)이다."

셋째, 세(勢)를 배려해야 한다. '세(勢)'란 힘·기운·권세·권한이라는 뜻이다. 부하가 윗사람의 명령에 복종하는 것은 부하의 생살여탈권을 쥐고 있기 때문이다. 따라서, 윗자리에 앉아 있는 사람은 권력을 손아귀에서 놓아서는 안 된다. 권력을 놓는 순간부터 부하에 대한 지배력의 효과가 없어진다. 한비자의 논리에 따르면 '권한의 위임'은 상상할 수 없는 일이다.

생살여탈(生殺與奪). 살 생(生), 죽일 살(殺), 줄 여(與), 빼앗을 탈(奪)…. 살리기도 하고, 죽이기도 하고, 주기도 하고, 빼앗기도 한다는 뜻이다. 남의 목숨이나 재물을 마음대로 한다는 말이다. 특히, '생살여탈권(生殺與奪權)'이란 신하를 감독하는 수고를 줄이기 위해 활용하는 권리로서, 신하를 죽이거나 살리거나 하는 권리, 관직을 주거나 빼앗거나 하는 권리를 말한다.

한비자는 말한다.

"생살여탈권을 신하에게 위임하는 군주는 머잖아 지배자의 지위를 빼앗기게 된다."

한비자는 결국 '독재적인 군주제를 유지하려면 군주가 전횡(專橫)의 권리를 휘둘러야 한다'고 주장한 것이다. 다소 극단적인 주장이지만 나름대로 이해할 수 있는 측면도 없지 않다. 그 당시는 군웅할거(群雄割據) 시대로서 언제 누구에게 황제의 지위를 빼앗길지 모르는 위급한 상황이었기 때문이다.

* 조종(操縱) : ① (기계류 따위, 특히 항공기를) 마음대로 다루어 부림. ② 사람을 자기의 뜻대로 부림.
* 전횡(專橫) : 권세를 오로지 제 마음대로 휘두름. 〈비슷한말〉 전권(專權).
* 군웅할거(群雄割據) : 많은 영웅들이 각지에 자리 잡고 세력을 떨치며 서로 맞서는 일.

2
침묵은 금이다

마을일을 두루 맡아보는 촌장(村長)에 어떤 사내를 임명했다. 그 사내는 자기 마을을 잘 다스리기 위해 노력하던 중에 갑자기 체중이 줄고 눈에 띄게 홀쭉해졌다.

"그렇게 힘든가? 몰골이 엉망이군."

촌장의 친구가 염려스럽다는 듯 물었다.

"무능한 놈이 책임자가 됐으니 죽을 맛이네."

촌장이 우거지상을 지었다.

"옛날 순(舜) 나라 임금은 거문고를 타면서 콧노래를 부르듯 천하를 다스렸다네. 그래도 전혀 문제가 없었어. 하지만 자네는 코딱지처럼 작은 마을을 감당하지 못해 몸을 망쳤으니, 만일 천하를 다스려야 할 기회가 온다면 그때는 어떻게 되겠나?"

촌장의 친구가 혀를 끌끌끌 찼다.

한비자는 그 일화를 소개한 뒤 다음과 같이 말한다.

"내가 주장하는 술(術)을 바탕으로 다스릴 경우, 단지 관청에 앉아 있기만 해도 부드럽게 일이 풀린다. 하지만 술(術)을 배려하지 않을 때 아무리 발버둥쳐도 효과가 나타나지 않는다. 술(術)은 남에게 보여 주는 성격이 아니다. 책임자가 마음 속에 깊이 간직해 두고 요리조리 비교한 뒤 은밀하게 사람들을 조종(操縱)하는 것이다."

한비자만이 그런 용병술을 강조하는 것은 아니다. 요즘의 최고 경영자나 책임자들도 한비자가 말하는 관리 요령을 나름대로 응용(應用)*하고 있다.

* 응용(應用) : 원리나 지식·기술 따위를 실제로 다른 일에 활용함.

위(魏) 나라 소왕(昭王)이 어느 날 신하를 불렀다. 갑자기 직접 재판을 관할하고 싶다는 생각이 들었기 때문이다.

"내가 직접 재판을 해 보면 어떨까?"

소왕이 신하의 심중을 떠보았다.

"정 그러고 싶다면 먼저 법률 공부를 하셔야 합니다."

소왕은 신하의 건의에 따라 법률 책을 읽기로 했다. 하지만 하루도 지나지 않아 연신 하품을 뽑기 시작했다.

"이제 알고 보니, 법률 공부 따위는 아무나 하는 게 아니구나."

결국 소왕은 법률 책 읽기를 그만두더니 재판마저 포기해 버렸다. 한비자는 소왕의 경우를 두고 몇 마디 덧붙인다.

"임금 입장에서는 권력의 중심을 잡고 있으면 그것으로 족하다. 신하들에게 맡겨도 좋은 일까지 일일이 챙길 경우 하품이 나오는 것은 당연하다."

조직을 관리할 때 중요한 알맹이만 쥐고 있어야 두루 잘 풀린다는 것이 한비자의 생각이다. 그는 조직의 책임자를 상·중·하 세 등급으로 분류한다.

"일류 지도자는 남들의 능력을 최대한 사용한다. 한 사람 한 사람의 부하에게 그들이 가지고 있는 능력을 발휘시킨다는 뜻이다. 이류 지도자는 부하의 능력이 아니라 부하들의 힘을 사용한다. 삼류 지도자는 자신의 능력을 사용한다."

한비자는 더 자세히 설명한다.

"한 사람의 힘으로는 많은 사람의 힘을 이길 수 없다. 한 사람의 지혜로는 모든 일에 골고루 영향을 미칠 수 없다. 따라서 한 사람의 지혜와 힘을 쓰기보다는 온 나라 백성들의 지혜와 힘을 발휘하는 편이 훨씬 낫다. 한 사람의 의견만으로 대처할 경우 가끔 성공할 수 있겠지만, 그 과정에서 쏟아 붓는 힘이 엄청나기 때문에 쉽게 지쳐 버린다. 특히, 한 사람의 힘만으로 무리하게 일을 처리하여 잘못될 경우 수습(收拾)은 영원히 불가능해진다."

한비자는 확실한 조직 장악(掌握) 요령을 빗대어 다음과 같이 말한다.

"닭은 아침을 알리고 고양이는 쥐를 잡는다."

부하 한 사람 한 사람에게 능력을 발휘하도록 여건을 만들어 주면 되지, 윗사람이 일일이 직접 챙길 필요가 없다는 뜻이다. 지도자가 직접 개입해야 할 중대사에만 개인의 능력을 발휘해야 그 조직이 너무도 부드럽게 돌아가는 것이다.

* 수습(收拾) : ①어수선하게 흩어진 물건들을 거두어들임. ②어지러운 마음이나 사태를 거두어 바로잡음. 〈예〉민심을 수습하다. 사태 수습에 나서다.
* 장악(掌握) : (손에 잡아 쥔다는 뜻으로) 판세나 권력 따위를 휘어잡음. 〈예〉고지를 장악하다.

3 부하 관리에 필요한 끼

철저히 믿었던 부하가 배반하여 어려움을 겪는 지도자들이 많다. 중국의 고대 역사를 훑어봐도 여러 나라에서 우두머리들이 부하들에게 살해되었다. 요즘 들어서도 아랫사람들의 배신으로 휘청거리는 윗사람들이 의외로 적지 않다. 부하들을 잘못 관리했다는 죄로 지도자의 자리가 흔들리다 못해 회사마저 위기를 맞아 사회적으로 커다란 물의(物議)를 빚곤 한다.

한비자는 조직을 야무지게 관리하지 못한 데서 배신(背信)의 원인을 찾는다. 부하를 통솔하고 조종하는 데 허술함이 있었기 때문에 배신을 당했다고 주장한다. 조직을 완벽하게 통제하고 관리하기 위해서는 다섯 가지 측면에서 용병술을 적용해야 한다는 것이다.

* 물의(物議) : (이러쿵저러쿵하는) 여러 사람의 논의나 세상의 평판. 〈예〉하찮은 일로 물의를 빚다.

첫째, 공(功)을 세운 부하에게는 상(賞)을 내리고 실책(失策)*을 범한 부하에게는 벌(罰)을 주어야 한다. 그 같은 상벌(賞罰)*에 권한을 적절히 사용해야 조직을 확실히 장악(掌握) 할 수 있다. 이를테면 '사랑'과 '채찍'으로 부하를 마음대로 조종(操縱)하라는 뜻이다.

한비자는 말한다.

"호랑이가 개를 단숨에 복종시킬 수 있는 이유가 무엇인가. 호랑이에게는 발톱과 이빨이 있기 때문이다. 반대로 개에게 호랑이의 발톱과 이빨을 빼앗아 주면 어떻게 될까. 결국은 개 앞에서 호랑이가 무릎을 꿇게 될 것이다."

그뿐이 아니다. 군주가 상벌에 관한 권한을 자신이 직접 사용하지 않고 신하에게 그 권한을 맡겨 버린다면 어떻게 될까. 온 나라 백성들이 그 신하만을 두려워하고 임금 정도는 우습게 여길 것이다. 결국 세상의 인심은 군주를 떠나서 신하에게로 몰리게 된다.

우두머리가 행사하는 상벌에 관한 권한은 호랑이의 발톱과 이빨에 다름 아니다. 상벌에 관한 권한을 포기한 윗사람은 발톱과 이빨을 잃어버린 호랑이 같아서, 부하들을 마음대로 지휘할 수 없게 된다. 자신의 손아귀에 권한을 확실히 잡는 우두머리가 오래도록 집권(執權)* 할 수 있다고 한비자가 충고하는 것도 그 때문이다.

* 실책(失策) : 잘못된 계획이나 잘못된 처리. 잘못. 〈예〉 실책을 저지르다.
* 상벌(賞罰) : 상과 벌. 잘한 것에는 포상하고 잘못한 것에는 벌을 주는 일.
* 집권(執權) : 정권을 잡음. 권세를 가짐.

둘째, 일하는 과정이나 그 결과에 대한 평가를 엄격히 하라.

한비자는 부하에 대하여 평가 심의하는 독특한 방식을 내세운다. 부하들이 윗사람에게 어떤 계획을 미리 신고한 뒤 그 계획에 기초하여 일을 할당받는다. 일을 마치고 나서 계획과 실적이 일치한 부하에게는 상을 주고, 일치하지 않은 부하에게는 벌을 주는 방식이다.

계획과 실적이 서로 일치하지 않는 경우를 두 가지로 예상할 수 있다. 첫째, 계획에 미치지 못하는 실적을 올린 경우인데 당연히 벌을 받아야 한다. 둘째, 계획을 능력보다 적게 잡아 놓고 초과하여 실적을 올린 것처럼 시치미를 떼는 경우인데 이 때도 벌이 내려져야 한다.

한비자에 따르면, 계획과 실적이 일치하지 않는 점은 부정적인 측면이 개입해 있기 때문이라고 주장한다. 일부러 계획을 줄여 잡고 약간의 초과 실적을 올렸다는 이유로 상을 줄 경우 조직 관리에 문제가 생긴다는 것이다. 매우 엄격한 방식이긴 하지만, 어설프게 채택했다가는 공연한 반발(反撥)*을 일으킬 수도 있다.

그러나 한비자의 생각은 전혀 그렇지 않다. 부하들에게 자기 직분을 철저히 지키게 하고, 부하들의 부화뇌동(附和雷同)*을 막기 위해서는 그 이상으로 엄한 태도를 유지해야 한다는 것이다.

* 반발(反撥) : 되받아 튕겨짐. 상대에 대하여 언짢게 여겨 그에 반항하는 태도를 나타내는 일.
* 부화뇌동(附和雷同) : 아무런 자주적 의견이 없이 남의 의견이나 행동에 덩달아 따름.

셋째, 부하에게 좋고 나쁜 감정을 절대 나타내지 말라.

부하를 조종(操縱)하고 싶은 우두머리는 자기 속내를 쉽게 보여 주지 말아야 한다. 예컨대, 군주가 신하에게 감정을 쉽게 드러낼 경우 신하들은 그 표정에 맞추어 아부하게 마련이다. 그처럼 속내를 들키는 순간부터 군주가 신하들을 부리기는커녕 신하들이 군주를 부리기 시작한다.

속이 검은 신하가 군주의 감정을 알게 되면 사태가 더 위험해진다. 눈치를 보며 꾀를 부림으로써 군주의 자리를 위태롭게 할 가능성이 높다. 따라서 그러한 감정의 빈틈을 신하나 부하들에게 보이지 말아야 한다.

넷째, 가끔 부하에게 엉뚱한 질문을 하라.

참으로 기발(奇拔)*한 수법 중의 하나이다. 부하에게 가끔 예상치 못한 질문을 던짐으로써 자극을 주고 긴장감을 유지하게 만들 수 있기 때문이다. 한비자는 이 수법이 부하를 통솔하는 데 가장 효과적이라고 말한다.

*기발(奇拔—) : 유달리 재치 있고 뛰어나다. 엉뚱하고 이상할 정도로 빼어나다.

송(宋) 나라 때의 일이다.

"시장을 한 바퀴 돌아보고 오렴."

우두머리가 부하에게 명령했다.

"어때, 이상 없나?"

부하가 돌아오기 무섭게 물었다.

"예, 아무 일도 없습니다."

"내가 알기로는 그게 아닌데? 정말 아무 일도 없었어?"

우두머리가 끈질기게 캐물었다.

"그러고 보니 약간 문제는 있었네요."

"그게 뭔데?"

"시장 변두리에 소달구지가 잔뜩 늘어서 있는 바람에, 그 곳을 빠져나오기가 무척 힘들었습니다."

"아, 그랬구나."

그제야 우두머리는 고개를 끄덕였다.

"지금 우리가 나눈 대화는 절대 비밀로 하게."

우두머리는 그 부하게 신신당부(申申當付)*한 뒤 돌려보냈다. 그리고는 시장 관리 담당자를 불러 호되게 꾸짖었다.

"이 사람아! 시장 변두리가 소똥으로 오염된 거 알고 있어?"

"예? 뭐라고요?"

시장 관리 담당자가 화들짝 놀란 것은 물론이었다.

"당장 청소해!"

그 말이 떨어지기 무섭게 시장 주변은 말끔해졌다.

"정말이지 그 양반은 모르는 게 없어!"

너무 당황한 시장 관리 담당자는 놀란 가슴을 연신 쓸어 내렸다. 그 뒤부터 그는 게으름을 피우거나 자기 직무를 게을리 하지 않았다고 한다.

* 신신당부(申申當付) : 여러 번 되풀이하여 간곡히 하는 부탁. 신신부탁(申申付託).

다섯째, 알고 있어도 물어 보라.

윗사람의 입장에서 충분히 알 수 있거나 이미 알고 있더라도 시치미를 떼라. 그리고는 전혀 모르는 척하며 갑자기 물어 보라.

"난 도대체 알 수 없단 말야. 자넨 알고 있나?"

슬쩍 거짓말을 하거나 능청을 떨며 부하를 테스트하는 방법도 효과가 있다는 게 한비자의 주장이다. 물론 이러한 수법이 대체적으로 긍정적인 평가를 받기는 어렵다.

그렇다고 한비자의 체험적 주장을 무조건 배척(排斥)할 이유도 없다. 각자의 상황에 맞추어 적절히 활용하면 도움이 될 것이다.

4 지도자가 몰락하는 원인

어느 부부가 기도를 올리고 있었다.

"신이시여, 제발 비단 100필을 내려 주십시오."

아내가 그렇게 빌었다.

"그건 너무 적어."

남편이 불만 어린 표정을 지었다.

"그보다 많은 비단이 생기면 당신이 바람을 피우겠지요."

아내가 그렇게 대꾸했다.

아주 가까운 부부 사이가 분명함에도 그처럼 이해 관계가 크게 엇갈린다. 더구나 군주와 신하, 부리는 사람과 부려지는 사람 사이의 이해 관계는 하늘과 땅처럼 엇갈릴 수 있다. 그처럼 각박한 세상의 형편을 모르고 너무 안이한 생각으로 자기 권한을 남에게 넘기는 사람이 있다. 그런 사람은 필시 실권(實權)* 없는 우두머리가 되어 영향력을 잃게 된다고 한비자는 경고한다.

"권한과 권세를 신하에게 양도하면 신하의 세력이 증대된다. 결국 나라 안팎의 사람들이 신하에게 충성하기 위해 일하는 꼴이 되어 군주는 외로워지고 격리(隔離)* 상태에 놓인다. 따라서 권력을 손에 잡고 놓지 말아야 한다."

* 실권(實權) : 실제로 행사할 수 있는 권리나 권세. 〈예〉 실권을 잡다. 실권을 장악하다.
* 격리(隔離) : 서로 통하지 못하게 사이를 막거나 떼어놓음.

땀을 흘리며 출세의 계단을 힘겹게 올라가더니 드디어 지도자의 자리에 이르게 되었다. 그처럼 어렵게 우두머리의 자리에 오른 사람이 이상하게 스스로 묘혈(墓穴)을 파고 무너지기 시작하는 사례들이 많다. 윗사람이 스스로 파멸하는 것은 아주 작은 이익에 사로잡히기 때문이다.

*묘혈(墓穴) : 무덤 구멍, 곧 시체를 묻는 구덩이.
- 묘혈을 파다 : '스스로 자기가 들어갈 무덤을 판다'는 뜻에서 스스로 파멸할 짓을 하다.

한비자는 구체적인 예를 들어 설명한다.

큰 나라가 작은 나라를 공격하고 있었다. 작은 나라를 치기 위해서는 중간 나라를 거쳐야 했다. 어쩔 수 없이 큰 나라에서는 중간 나라의 왕에게 보석과 준마(駿馬)를 선물하고 나서 무사히 지나가게 해 달라고 사정했다.

"폐하, 부디 헤아려 주십시오. 우리 중간 나라는 작은 나라와 서로 의지하며 생존해야 하는 처지입니다."

중간 나라 신하가 자기 나라의 왕을 극구 말렸다.

"그래서?"

중간 나라의 왕이 아니꼬운 표정으로 물었다.

"만약 우리가 큰 나라에게 길을 내준다고 합시다. 작은 나라가 쓰러지는 날, 우리 중간 나라도 곧장 쓰러져 버릴 것입니다. 안 됩니다. 절대 받아들이지 마십시오."

충성스런 신하가 아무리 매달려도 소용이 없었다. 보석과 준마에 눈이 어두워진 중간 나라의 왕은 신하들의 반대를 무릅쓰고 큰 나라에게 길을 내주고 말았다.

아니나다를까. 큰 나라의 군대는 작은 나라를 무너뜨리던 그 날, 중간 나라까지 공격하여 보석과 준마를 빼앗아 갔다.

한비자는 경고한다.

"욕망과 욕심에 눈이 어두워져 이익만을 쫓는 왕은 자신의 지위를 잃어버리는 것은 물론이고 나라까지 망하게 만든다."

중간 나라의 왕은 눈앞의 이익에 사로잡힌 나머지 후환(後患)을 내다보지 못했다. 작은 이익에 휘둘리다 보니 자신의 지위는 물론 나라까지 잃고 말았다. 하지만 그 중간 나라 왕의 어리석음을 마음껏 비웃을 수 있는 사람은 많지 않다. 그와 같은 실패와 실수는 누구라도 한번쯤은 경험했을 것이기 때문이다.

* 준마(駿馬) : 썩 잘 달리는 좋은 말. 준족(駿足).
* 후환(後患) : (어떤 일로 말미암아) 뒷날에 생기는 걱정이나 근심. 〈예〉 후환을 미리 막다.

공자가 노(魯) 나라 왕의 신하가 된 이후, 사방 고을의 우두머리들이 모두 공자를 본받아 나랏일을 잘 돌보았다. 나라가 잘 다스려져 태평성대(太平聖代)가 돌아왔을 때, 이웃 제(齊) 나라 왕이 괜히 걱정하기 시작했다. 보다 못한 신하가 말했다.

"공자를 노 나라에서 제거하는 일은 터럭을 불어 버리는 것처럼 쉬운 일입니다. 임금께서 후한 봉급과 높은 지위를 제시하여 공자를 꼬드기십시오. 다른 한편으로는 노 나라의 왕에게 여악(女樂)을 보내어 마음을 혼란시키세요. 그러면 금방 효과가 나타날 것입니다."

제 나라의 왕은 신하가 건의한 대로 28명의 기생을 노 나라의 왕에게 보냈다. 과연 예상은 적중했다. 노 나라의 왕이 여악을 즐기면서 나라 일을 돌보지 않았고, 공자의 충고에도 전혀 귀를 기울이지 않게 되었다. 마침내 실망한 공자는 노 나라를 떠나서 초(楚) 나라로 가고 말았다.

'여악(女樂)'이란 궁중에서 연회(宴會)를 마련할 때 기생들이 악기를 타고 노래 부르며 춤을 추는 것을 말한다.

그 고사(故事) 때문에 '탐어여악' 이라는 말이 등장했다. 탐어여악(耽於女樂). 즐길 탐(耽), 어조사 어(於), 계집 여(女), 풍류 악(樂)…. 여자와 음악에 빠진다는 뜻으로, 여악에 휘말려 나라 일을 소홀히 하는 것을 비유하여 이르는 말이다.

한비자는 임금이 저지르기 쉬운 10가지 과실(過失)*을 설명하고, 그것을 역사적인 사례를 들어 증명한다. '탐어여악' 은 그 중 여섯 번째 과실로서 '여자의 교태(嬌態)*에 빠지는 것' 을 뜻한다.

* 태평성대(太平聖代) : 어진 임금이 다스리는 태평한 세상, 또는 그 시대.
– 태평(太平) : 세상이 안정되고 풍년이 들어 아무 걱정이 없고 평안함.
* 여악(女樂) : 궁중에서 연회를 베풀 때에 여기(女妓)가 악기를 타고 노래를 부르며 춤을 추던 일. 또는 그 음악과 춤.
* 연회(宴會) : 여러 사람이 모여 술을 마시거나 음식을 먹으면서 즐기는 모임.
* 과실(過失) : ① 잘못이나 허물. 과오. 허물. ② 어떤 사실을 인식할 수 있었음에도 부주의로 말미암아 인식하지 못한 일을 이르는 말(법률). 〈반대말〉 고의(故意).
* 교태(嬌態) : 여자의 요염한 자태. 〈예〉 교태를 부리다.
–요염(妖艷) : 사람을 호릴 만큼 아리따움.
–자태(姿態) : 몸가짐과 맵시. 모양이나 모습.

5 남의 힘을 믿지 말라

한비자는 말한다.

"지도자가 스스로 무너지는 것은 본거지를 비워 두기 때문이다."

생활이나 활동의 중심이 되는 곳을 '본거지(本據地)'라고 말할 수 있다. 왕에게는 본거지가 본국이고 최고 경영자에게는 본거지가 본사일 것이다.

윗사람이 자기 자리를 오랫동안 비워 두고 있을 경우, 아무래도 지배력을 행사하는 방식이 달라진다. 본국을 비워 둔 사이에 반란이 일어나서 자기 지위를 잃은 정치 지도자들이 얼마든지 있다는 사실이 이를 증명한다.

회사의 경우도 마찬가지다. 윗사람이 자리를 지킨다는 사실만으로 팽팽한 긴장감이 감돈다. 하지만 윗사람이 자리를 비우기 쉬운 회사에서는 왠지 긴장감이 떨어지고 일의 능률도 오르지 않는다.

한비자가 말하는 본거지를 본업(本業), 이를테면 본래의 직업이나 사업으로 이해하여도 무리가 없다. 더 좋은 내일을 위해 여러 가지 일을 해도 좋다. 하지만 본말(本末)*을 전도(顚倒)*하여 중요한 본업을 소홀히 해서는 안 된다.

모든 사물에는 주된 것과 대수롭지 않은 것이 있고, 모든 일에는 그 시작과 마무리가 있다. 따라서 먼저 처리해야 할 일과 나중에 할 일을 구분할 줄 알아야 올바르고 참된 길을 걷게 된다. 지엽적(枝葉的)인 문제가 본질적 요소를 가리는 현상을 '본말 전도(本末顚倒)' 또는 '주객 전도(主客顚倒)'라고 한다.

* 본말(本末) : ① 일의 처음과 끝. 〈예〉 일의 본말이 뒤바뀌다. ② 일의 주가 되는 중요한 것과 그것에 딸린 대수롭지 않은 것. 〈예〉 본말을 분별하지 못하다.

* 전도(顚倒) : ① 엎어지고 넘어짐, 엎어지게 넘어뜨림. ② 위치나 차례가 거꾸로 뒤바뀜.
* 지엽(枝葉) : 가지와 잎. 본체에서 갈라져 나간 중요하지 않은 부분.
* 주객전도(主客顚倒) : 사물의 경중이나 완급, 또는 중요성에 비춘 앞뒤의 차례가 서로 뒤바뀜.
- 경중(輕重) : ① 가벼움과 무거움, 또는 그 정도. ② 중요한 것과 중요하지 않은 것.
- 완급(緩急) : 일의 급함과 급하지 않음.

한비자는 지도자가 스스로 무너지는 원인의 하나로 '충신의 의견을 듣지 않는 것'을 뽑는다. 독재 군주 정치를 적극 지지하던 한비자가 독재(獨裁)와 전횡(專橫)의 위험성을 경고했다는 점이 놀랍기만 하다.

"스스로 잘못된 줄 알면서도 충신(忠臣)*의 의견을 듣지 않고 자기 고집대로 나갈 경우, 모처럼 얻은 권세도 잃고 세상의 웃음거리가 된다."

물론 아랫사람들의 사소한 의견을 낱낱이 들으라는 말은 아니다. 모든 의견을 빼놓지 않고 듣다가는 아까운 시간만 낭비할 수도 있다. 진실로 가치 있는 의견을 말하는 유능한 부하를 얻는 일이 무엇보다 중요하기 때문이다.

고대 중국인들은 지도자로서 큰 공적을 세우기 위한 조건을 제시한다. 우수한 인재를 확보한 뒤 그들의 의견에 귀를 기울이라는 것이다. 하지만 뛰어난 인재를 구했더라도 그들의 의견을 수용(受容)*할 수 있는 도량(度量)*이 없다면 아무런 의미가 없다. 그런 관점에서 항우와 유방은 지극히 대조적(對照的)*인 인물이었다.

* 충신(忠臣) : 충성을 다하는 신하. 충성스러운 신하. 〈반대말〉 역신(逆臣).
* 수용(受容) : 받아들임. 〈예〉 젊은이들의 의견을 수용하다.
* 도량(度量) : ① 너그러운 마음과 깊은 생각. 아량. ② 일을 잘 알아서 경영할 수 있는 품성.
* 대조적(對照的) : 서로 반대되거나 상대적으로 대비되는 (것). 〈예〉 대조적인 성격.

한비자는 말한다.

"항우(項羽)*처럼 실패를 반복하지 말고 유방(劉邦)*의 사례를 본받아라."

항우는 수많은 인재를 부하로 삼고도 그들의 의견을 무시함으로써 결국 몰락의 구렁텅이에 빠졌다. 반면에 유방은 자신보다 유능한 인재를 부하로 끌어 모아 그들의 의견에 귀를 기울임으로써 천하를 얻을 수 있었다.

한비자는 지도자가 스스로 무너지는 이유 중의 하나로 '다른 사람의 힘을 이용하는 경우'를 꼽는다.

"자기 나라와 자신의 힘을 바르게 인정하지 않고 외세(外勢)에 의존하는 것은 나라를 망치는 지름길이다."

작은 나라가 살아남기 위해 큰 나라의 협조를 구하는 게 일반적이던 시기에 한비자는 그렇게 말했다. 이른바 굴욕적인 외교로 다른 나라에 의존하는 지도자는 멸시를 당하다가 결국 멸망할 수 있다는 경고이다.

한비자가 말하는 외세(外勢)란 '외국 세력'을 뜻하지만, 요즘 들어서는 다른 의미로 받아들여진다. 예컨대, 외부의 기술이나 자본을 의미하기도 한다. 다른 나라와 외부인의 기술이나 돈을 끌어들이는 대신, 가능한 한 자기 자금으로 독자적인 상품을 개발해야 한다는 논리와 통한다.

한비자는 지도자가 스스로 무너지는 이유 중의 하나로 '힘도 없으면서 예의를 차리는 경우'를 꼽는다. 자기 분수도 모르면서 겉멋을 부리는 지도자에게 경고의 메시지를 던지고 있는 셈이다. 자기 힘을 기르지 않은 상황에서 으스대는 사람은 지도자로서의 자질이 없다는 뜻이다.

'분수(分數)'란 자기의 처지에 마땅한 한도, 또는 사물을 분별하는 슬기를 말한다. 자기 분수에 맞지 않는 생활을 하면서 겉치레에 치중하는 사람을 '분수가 없는 사람'이라고 한다. 그런 사람에게는 자기 과시가 멋진 처세로 착각되겠지만, 다른 사람이나 부하들이 보기에는 '우물 안의 개구리'일 수밖에 없다. 그런 지도자들이 들끓는 기업과 국가는 결국 쇠퇴(衰退)의 길을 걷고 말 것이다.

지위와 돈을 거저 물려받은 지도자나 경영자들에게 나타나기 쉬운 현상이 '힘도 없으면서 예의를 차리는 것' 이다. 스스로 노력하여 지위와 돈을 차지한 경영자들은 결코 자기 분수를 잊지 않는다. 쓸데없이 거들먹거리거나 겉치레와 다름없는 예의를 앞세우지 않는다.

* 항우(項羽) : 중국 진(秦) 나라 말기의 장군. 유방과 합세하여 진 나라를 멸망시켰다. 나중에 불만을 품고 반기를 든 유방과 패권을 다투었는데, 이것이 5년에 걸쳐 전개된 이른바 '초한(楚漢)의 싸움' 이다. 처음에는 항우가 우세했으나 도량과 지략이 부족하여 유능한 부하를 잃는 바람에 날로 궁지에 몰렸다. 결국 유방과 함께 중국 대륙을 둘로 쪼개는 데 합의했다. 하지만 유방의 기습 공격을 받아 포위되었고 사면초가(四面楚歌) 위기에 몰리자 자살했다. 힘은 세지만 꾀가 없는 사람을 가리켜 항우라고 부르기도 한다. 이 고사 때문에 탄생된 고사성어 '사면초가' 는 뒤에서 더 자세히 소개하기로 한다.
* 유방(劉邦) : 중국 진(秦) 나라 말기의 장군. 전한(前漢)의 창시자이자 초대 황제. 항우가 북동쪽에서 진 나라 주력 부대와 결전을 벌이는 사이에 진 나라 수도를 함락하고 진 나라 왕의 항복을 받았다. 그 뒤 공동 군주로 추대하고 있던 의제(義帝)를 항우가 살해하자, 유방은 항우를 상대로 선전 포고를 했다. 5년 간에 걸친 초 나라와 한 나라의 항쟁이 시작되었고, 마침내 항우가 자살함으로써 유방의 천하 통일이 실현되었다.
* 쇠퇴(衰退 · 衰頹) : 기세나 상태가 쇠하여 무너짐. 〈예〉 국력이 쇠퇴하다.

6
노여움을 사지 않는 건의

윗사람에게 자기 의견을 말하는 것을 진언 '(進言)'이라고 한다. 진언할 때 역린(逆鱗)을 건드리지 말라는 충고가 있다. 〈한비자〉에도 '역린'이란 말이 나온다. '용의 가슴에 거꾸로 난 비늘을 건드리면 반드시 죽는다'는 전설에서 비롯된 것으로 '왕의 노여움'을 이르는 말이다.

역린(逆鱗). 거스를 역(逆), 비늘 린(鱗)···. 용(龍)이라는 짐승은 잘 길들이면 올라탈 수도 있지만, 용의 목 아래에 있는 직경 한 자쯤 되는 역린, 즉 다른 비늘과 달리 반대 방향으로 나 있는 비늘을 건드릴 경우 반드시 사람을 물어 죽인다고 한다. 임금에게도 역린이 있기 때문에, 진언하는 사람이 이 역린만 건드리지 않으면 목적을 달성할 수 있다고 한비자는 주장한다. 한 마디로 말해, 임금을 용(龍)에 비유하면서 윗사람에게 자신의 의견을 설득하는 일이 얼마나 어려운지 강조한 것이다.

한비자는 윗사람에게 의견을 제시할 때마다 조심스러워야 한다고 말한다. 함부로 나대지 말고 신중하게 접근함으로써 자존심을 건드리지 않아야 한다는 뜻이다.

한비자는 말한다.

"진언은 어렵다. 진언하는 사람이 충분한 지식을 익힌다는 게 쉽지 않다. 자신의 의사를 말로 표현하는 것도 어렵다. 과감하고 거침없이 말하는 용기를 갖는 것도 어렵다. 하지만 윗사람의 마음을 읽은 뒤 자신의 의견을 그 마음에 맞출 수 있다면 진언은 그처럼 어려운 일은 아니다."

한비자는 더 쉽게 예를 들어 설명한다.

"윗사람이 명성을 간절히 원하는 인물이라고 하자. 그런 사람에게 큰 이익을 얻을 수 있는 방법을 건의할 경우, 부하에게 멸시를 당했다고 단정하여 다시는 상대하지 않는다."

명예를 존중하는 윗사람에게 돈 버는 요령을 건의하지 말라는 뜻이다. 윗사람의 마음을 읽지 못하는 아랫사람의 진언은 받아들여지기 어렵다는 말이 된다.

"이익만 추구하는 윗사람에게 명성 얻는 요령을 건의한 부하는 융통성(融通性)* 없고 고지식한 사람으로 낙인(烙印)* 찍힐 것이다."

윗사람에게 진언하고 싶다면 윗사람의 마음을 읽는 노력만큼은 철저히 시도해야 한다. 한비자는 그처럼 면밀(綿密)*한 노력을 기울인 뒤에 다음과 같은 진언 요령을 터득하라고 충고한다.

"상대가 자만하고 있는 점을 칭찬하라."

'자만(自慢)'이란 자기에게 관계되는 일을 남 앞에서 뽐내고 자랑하며 오만하게 행동하는 것이다. 일단 윗사람의 단점을 인정하고 유혹하라는 말이다. 그 정도로 윗사람의 마음을 사야 아랫사람의 건의를 받아들일 준비가 되었다는 뜻이다.

"부끄럽게 여기는 일은 쉽게 잊도록 만들어라."

그 정도의 요령은 알고 있어야 진언할 자격이 있다는 것이다.

"상대방이 이기적이지 않을까 하고 망설여질 때는 상대방에게 대의 명분을 만들어 줌으로써 자신감을 갖게 하라."

'대의 명분(名分)*'이란 사람으로서 응당 지켜야 할 본분(本分)*이나 떳떳한 명목(名目)을 말한다. 결국, 자기의 이익만 꾀하는 윗사람에게 떳떳하다는 논리를 내세워 자신감을 심어 주라는 뜻이다.

"시시하다고 생각하지만 포기하지 못하는 윗사람에게는 결코 나쁜 일은 아니기 때문에 포기하지 않아도 좋다고 안심시켜라. 높은 이상(理想)*을 심리적 부담으로 여기는 윗사람에게는 그 이상(理想)이 상대방에게 맞지 않음을 지적한 뒤 실행하지 않는 편이 좋다고 말하라. 위험천만한 사업을 포기하라고 건의할 경우에는 상대방의 명예가 더렵혀질 우려가 있음을 강조하라. 특히, 개인의 이익에 도움이 되지 않는다는 사실을 암시(暗示)*하는 것이 바람직하다."

한비자의 이러한 진언 요령을 맹목적인 아부와 추종 따위로 오해하여서는 곤란하다. 윗사람에게 중요한 사항을 건의할 때, 가장 먼저 상대방의 심리와 욕망을 깊이 분석한 뒤 설득하라는 주문이다. 이처럼 윗사람을 대할 때 필요한 배려 사항들은 모든 인간 관계에서도 절실히 필요한 것들이다.

* 융통성(融通性) : [융통이 잘되는 성질이란 뜻으로] 때나 경우에 따라 임기응변으로 변통할 수 있는 성질이나 재주. 〈예〉 고지식하기만 하고 융통성 없는 사람.
* 낙인(烙印) : ① 불에 달구어 찍는 쇠 도장, 또는 그것으로 찍은 표시(표지). ② (한번 붙여지면 좀처럼 씻기 어려운) '불명예스러운 평가나 판정'을 비유하여 이르는 말. 〈예〉 전과자라는 낙인이 찍히다.
* 면밀(綿密) : 자세하여 빈틈이 없다. 〈비슷한말〉 치밀(緻密)하다.
* 명분(名分) : ① 사람이 도덕적으로 지켜야 할 도리. ② 표면상의 이유나 구실. 명목(名目).
* 본분(本分) : ① 그 사람이 마땅히 하여야 할 본디의 의무. ② 자기에게 알맞은 분수.
* 이상(理想) : ① 생각할 수 있는 범위 안에서 가장 완전하다고 여겨지는 상태. ② 생각할 수 있는 가장 완전한 상태.
* 암시(暗示) : ① 넌지시 알림. 또는 그 내용. ② 뜻하는 바를 간접적으로 나타내는 표현법.

7
남들에게 휘둘리지 말라

한비자는 목청을 높인다.

"고대의 법률과 제도, 기존의 관습을 반드시 고쳐야 한다. 군주가 현명하여 통치의 원리를 깊이 깨닫고 단호히 실행해 나간다면, 비록 백성의 마음을 거스를지라도 나라가 잘 다스려질 것이다."

법(法)은 통치의 수단일 뿐이다. 법이 목적으로 변질되어서는 안 된다. 사회를 다스리기 위해선 법이 필요하지만, 무엇보다 법이 사람들의 마음속 깊이 침투하는 것이 중요하다.

"현명한 군주는 인재의 출신 성분이 낮다는 걸 부끄럽게 여기지 않는다. 그들의 재능이 나라에 이롭다고 판단한 끝에 그들을 뽑아 썼으며, 그들은 재능을 충분히 발휘함으로써 개인과 나라의 명예를 드높였기 때문이다."

적절한 인재를 뽑아 쓰는 일은 지도력의 기본이다. 한비자는 먼 곳에서 인재를 찾기보다 주변 사람들을 잘 관리하여 각자의 능력을 극대화시키는 것이 바람직하다고 생각했다.

"인간의 일반적 성질은 타산적(打算的)이고 나쁜 방향으로 기운다. 설혹 친한 사이가 애정(愛情)으로 연결되어 있다고 해도, 그 인간 관계는 결정적일 때 아무 소용이 없다. 따라서 인간들은 정치를 의논할 대상이나 기초가 될 수 없다."

한비자는 인간을 철저히 불신함으로써 이상적인 지도력을 모색한다.

"이 세상은 경제적 원인과 필요에 따라 끊임없이 변화하고 진전하기 때문에, 과거에 수립된 정책이 반드시 현재 세상에 어울리지는 않는다. 이러한 관점에서 볼 때, 유가(儒家)의 주장은 인간 사회를 너무 긍정적인 시각으로 보고 있다. 우연성(偶然性)*에만 의존하기 때문에 현실과 너무 동떨어진 쓸데없는 의논에 불과하다. 따라서 군주는 그 공론(空論)*에 귀를 기울이지 말고, 끊임없이 현실에 즉시즉시 적용 가능한 법률을 만들어야 한다. 관리들의 평소 근무 태도를 감독하여 상과 벌을 시행하는 것은 물론, 농민과 병사를 아끼고 상공업(商工業)* 분야를 장악해야 한다. 이 때마다 군주는 측근 · 신하 · 웅변가 · 학자 · 민중들에게 휘말려서는 결코 안 된다."

* 타산적(打算的) : 이해 관계를 따져 셈쳐 보는 (것).
* 우연성(偶然性) : 우연으로 되는 성질. 〈반대말〉 필연성(必然性).
* 공론(空論) : 실제와는 동떨어진 쓸데없는 의논.
* 상공업(商工業) : 상업과 공업. 〈준말〉 상공.

8
단숨에 보석을 알아본다

중국 초(楚) 나라에 살던 화(和) 씨는 옥(玉)* 돌을 전문적으로 감정하는 선비였다. 그는 고향에서 발견한 옥돌을 여왕에게 바쳤고, 여왕은 옥돌을 다듬는 전문가에게 그 옥돌의 감정을 지시했다.

"이건 흔해빠진 보통 돌에 불과합니다."

뜻밖의 감정 결과가 나오자 모든 사람들이 놀랐다. 화가 난 여왕은 화(和)

씨의 왼쪽 발목을 잘라 버렸다.

여왕이 죽고 무왕(武王)이 왕위에 올랐을 때, 화(和) 씨는 다시 한번 그 옥돌을 무왕에게 바쳤다. 무왕 역시 그 옥돌을 전문가에게 보내 감정하도록 명령했다.

"이것도 역시 세상에 널려 있는 돌에 지나지 않습니다."

감정의 결과는 예전과 다름이 없었다. 시골 선비에게 속은 사실을 알고 흥분한 무왕 역시 화(和) 씨를 처형하도록 지시했다. 이번에는 오른쪽 발목을 잘랐다.

무왕이 죽고 문왕(文王)이 왕위에 올랐을 때, 화(和) 씨는 그 옥돌을 끌어안은 채 사흘 동안 밤낮을 가리지 않고 통곡했다. 나중에는 눈물이 말라서 두 눈에서 피가 흐를 지경이었다.

"발목 잘리는 형벌을 받은 자는 그대만이 아니다. 그럼에도 불구하고 어떤 이유로 그토록 슬피 우는가?"

소문을 들은 문왕이 화(和) 씨를 불러 물었다.

"저는 두 발목을 잘린 현실이 슬퍼서 울지 않았습니다. 보석을 돌이라고 감정하여 선량한 선비를 거짓말쟁이로 만들었으니 그 점이 억울해 운 것뿐입니다."

화(和) 씨는 죽을 각오를 하고 거침없이 대답했다.

"저 옥돌을 그냥 감정하면 안 된다. 전문가의 손으로 다듬어 보거라."

문왕은 화(和) 씨가 내미는 돌멩이를 들고 준엄하게 명령했다. 옥돌을 가공하는 현장에 신하들을 배치함으로써 부정 행위가 개입되지 않도록 조치했다. 그랬더니 이번에는 놀라운 결과가 나타났다.

"폐하, 이처럼 값지고 눈부신 보석은 난생 처음 봅니다."

며칠 뒤 신하가 문왕에게 감정 결과를 보고했다. 보잘것없는 돌을 다듬었더니 천하에 둘도 없는 아름다운 보석이 그 모습을 드러냈던 것이다.

"그게 정말인가?"

문왕은 한숨을 길게 내쉬었다. 곧은 선비이자 옥돌 전문가인 화(和) 씨를 앉은뱅이로 만든 세상이 한없이 원망스러웠다. 사람들은 그 뒤로 우여곡절(迂餘曲折)* 끝에 탄생한 그 값진 옥(玉)을 '화씨지벽(和氏之璧)'이라고 부르기 시작했다.

화씨지벽(和氏之璧). 화할 화(和), 성 씨(氏), 의 지(之), 둥근 옥 벽(璧)···. 화(和) 씨의 구슬이라는 뜻으로, 천하의 이름난 옥(玉)을 이르는 말이다. 어떤 난관도 참고 견디면서 자신의 의지를 관철시키는 일을 비유하는 말이기도 하다.

한비자는 이 고사를 인용하면서 '전국시대의 어리석은 군주들을 깨우치기 위해 유능한 학자와 신하들이 얼마나 고생하는지' 비유하여 밝히고 있다.

사실상, 옥구슬은 단숨에 알아보아야 한다. 어리석은 사람일수록 옥구슬을 알아보지 못한다. 그 보석이 빛을 발하기 시작하는 순간 이미 손에 넣는 일은 어려워진다.

이 고사는 '우매한 군주들이 인재를 알아보지 못하기 때문에, 지조(志操)* 있는 선비들의 처신이 그만큼 어렵다'는 사실을 빗대어 이야기한 것이다.

* 옥(玉) : ① 보석의 한 가지. 경옥(硬玉)과 연옥(軟玉)을 통틀어 이르는 말. ② 옥돌을 갈아서 동글게 만든 것. 구슬. 〈예〉 은반에 옥을 굴리는 듯한 고운 목소리.
* 우여곡절(迂餘曲折) : 여러 가지로 뒤얽힌 복잡한 사정이나 변화. 〈예〉 숱한 우여곡절.
* 지조(志操) : 곧은 뜻과 절개. 〈예〉 지조 높은 선비.
− 절개(節槪 · 節介) : 옳은 일을 지키어 뜻을 굽히지 않는 굳건한 마음이나 태도.

9 늙은 말(老馬)의 지혜

춘추시대 제(齊) 나라 때, 환공(桓公)*이 집권하고 있던 어느 해 봄이었다. 환공은 신하 관중과 습붕 등을 데리고 출정한 결과 고죽국(孤竹國)을 정벌(征伐)*했다. 행군(行軍)과 전투가 의외로 길어지는 바람에 그 해 겨울에야 전쟁을 끝마칠 수 있었다. 하지만 혹독한 추위 속에서 지름길을 찾아 귀국하다가 길을 잃고 말았다. 모든 병사들이 진퇴양난(進退兩難)*에 빠져 달달 떨고 있을 때 관중이 나섰다.

"이럴 때는 늙은 말의 지혜가 필요합니다."

그 말이 떨어지기 무섭게 늙은 말 한 마리를 풀어놓았고, 모든 병사들이 그 늙은 말의 뒤를 따라가기 시작했다. 그렇게 행군한 지 얼마 안 되어 큰길이 나타났다.

한 번은 산길을 걷다가 먹을 물이 떨어지는 바람에 하나같이 목이 말랐다. 그러자 이번에는 습붕이 말했다.

"개미란 원래 여름에는 산 북쪽에 집을 짓지만, 겨울에는 산비탈의 남쪽 양지바른 곳에 집을 짓고 지냅니다. 흙이 한 치쯤 쌓인 개미집이 발견될 경우, 그 땅속 일곱 자쯤 되는 곳에 물이 있는 법이지요."

습붕이 말하는 대로 개미집을 찾기 위해 군사들을 풀었다. 이 산 저 산을 이 잡듯 뒤져 개미집을 찾은 뒤 그 곳을 파 내려가자 놀랍게도 샘물이 솟아났다.

한비자는 그 고사들을 소개하고 나서 다음과 같이 말한다.

"관중의 총명함과 습붕의 지혜로도 알 수 없는 진리들이 많다. 하지만 그들은 늙은 말과 개미를 스승으로 삼아서 세상의 진리를 배웠다. 그럼에도 불구하고 그것을 부끄러움으로 여기지 않았다. 그런데 요즘 사람들은 어리석어서 그런지 성현(聖賢)*의 지혜를 배우려고 하지 않는다. 얼마나 잘못된 일인가."

그 고사를 통해 '노마지지(老馬之智)'란 말이 탄생되었다. '노마지지'란 늙은 말의 지혜라는 뜻이다. 늙을 노(老), 말 마(馬), 의 지(之), 슬기 지(智)…. 아무리 하찮은 동물일지라도 저마다 장기나 장점을 지니고 있음을 이르는 말이다.

요즘 들어서는 '노마지지'를 '노마식도(老馬識道)' '노마지도(老馬知道)'라고 부르기도 하며, '경험을 쌓은 사람이 갖춘 지혜'라는 뜻으로 사용한다.

* 환공(桓公) : 중국 춘추 시대 제(齊) 나라의 왕. 성은 강(姜). 이름은 소백(小白). 춘추 오패의 한 사람으로 관중(管仲)을 등용하여 부국강병에 힘썼으며, 제후를 규합하여 맹주가 되고 패업을 완성하였다.
* 정벌(征伐) : 무력을 써서 적이나 죄 있는 무리를 치는 일. 정토(征討).
* 행군(行軍) : ① 여러 사람이 줄을 지어 먼 거리를 이동하는 일. ② 군대가 대열을 지어 먼 거리를 이동하는 일.
* 진퇴양난(進退兩難) : '이러기도 어렵고 저러기도 어려운 매우 난처한 처지에 놓여 있음'을 이르는 말. 진퇴유곡(進退維谷).
* 성현(聖賢) : 성인과 현인.
– 성인(聖人) : 지덕(智德)이 뛰어나 세인의 모범으로서 숭상 받을 만한 사람.
– 현인(賢人) : 어진 사람. 덕행의 뛰어남이 성인(聖人) 다음가는 사람. 현자(賢者).

10
큰 것은 작은 것에서 비롯한다

〈한비자〉에는 이런 말이 나온다.

"형체가 있는 사물 중에 큰 것은 작은 것에서 비롯되고, 오래 살아남는 사물 중에 많은 것은 적은 것에서 비롯된다."

노자도 다음과 같이 말한다.

"천하의 어려운 일은 쉬운 일에서 비롯되고, 천하의 큰일은 사소한 일에서 비롯되게 마련이다."

그래서 온갖 사물을 제어(制御)고 자신을 통제하려는 사람은 사소한 일을 염두에 두고 침착하게 대응한다. 한비자도 노자의 뜻을 존중하여 다음과 같이 말한다.

"어려운 일은 쉬운 것에서부터 출발하고 큰 일은 사소한 것에서부터 출발한다."

한비자는 그 말을 증명하기 위해 다음과 같은 고사를 소개한다.

"엄청난 높이의 둑도 개미구멍 때문에 무너지고, 대궐처럼 커다란 집도 굴뚝 틈새에서 튀는 불똥 때문에 훨훨 타 버린다. 치수(治水) 전문가 백규(白圭)는 저수지 둑을 순찰하다가 발견한 구멍을 틀어막았고, 집안의 노인들은 화재를 예방하기 위해 굴뚝의 틈을 진흙으로 발랐다. 따라서 백규가 근무 중일 때는 홍수 피해가 없었고, 집안에 노인이 있을 때는 불이 날 가능성이 거의 없었다. 이처럼 몸가짐을 조심함으로써 어려운 일을 피하고, 사소한 일에 신경을 씀으로써 큰일이 생기지 않게 대비해야 한다."

위에 소개한 고사는 노자의 이론을 해설하기 위한 비유여서 노자의 사상에 심취(心醉)[*] 했던 한비자의 일면을 엿볼 수 있다. 아주 하찮은 실수로 인해 모든 일이 허사가 될 수 있음을 지적한 말이다. '호미로 막을 걸 가래로 막는다' 는 우리 속담처럼 '유비무환(有備無患)[*]' 의 의미를 깨우쳐 주고 있다.

* 제어(制御) : 억눌러 따르게 함. 기계·설비 따위가 알맞게 움직이도록 조절함.
* 치수(治水) : (홍수나 가뭄의 피해를 막기 위해) 수리 시설을 하여 물길을 바로잡음.
* 심취(心醉) : 어떤 사물에 깊이 빠져 마음을 빼앗김. 〈예〉동양 철학에 심취하다.
* 유비무환(有備無患) : '준비가 있으면 근심할 것이 없음' 을 이르는 말.

11
불로초는 없다

초(楚) 나라 때 일이다.

어떤 백성이 내시(內侍)[*]에게 불사약을 주면서 왕에게 바치라고 부탁했다. '불사약(不死藥)' 이란 영원히 죽지 않는 약이다. 내시가 그 불로초(不老草)[*] 받아 들고 궁궐 입구에 들어서던 순간이었다.

"너, 그 손에 든 게 뭐냐?"

"이건 말야 …."

궁궐의 수비병이 이맛살을 찌푸리며 묻자, 불사약을 손에 쥔 내시가 불안한 표정을 지었다.

"이거 먹는 거니?"

수비병이 불사약을 빼앗아 들었다.

"그래 맞아."

내시의 대답이 떨어지자마자, 수비병이 그 불사약을 빼앗아 단숨에 삼켜 버렸다. 왕에게 바칠 불사약이 사라지던 순간, 내시는 눈앞이 캄캄해졌다.

"불사약을 가져왔느냐?"

왕이 물었다.

"폐하, 궁궐을 들어서던 중에 수비병이 가로챘습니다."

어쩔 수 없이 왕에게 사실대로 보고했다.

"저놈을 당장 처형하라!"

진상을 확인한 왕은 수비병을 부르더니 당장 죽이라고 명령했다.

"폐하, 불사약이 진짜인지 가짜인지 확인하려고 먹어 봤을 뿐입니다."

수비병이 두 손을 싹싹 빌며 말을 이었다.

"존경하는 폐하가 저를 죽이는 순간, 그 약은 불사약이 아니라 죽는 약이 됩니다. 제가 죽는다면 불사약을 바친 그 백성이 폐하를 속인 경우가 되고 저는 결국 아무 잘못도 없게 됩니다."

"……"

왕은 할 말을 잃었다.

"폐하, 제발 은혜를 베푸시기 바랍니다."

수비병이 울먹이며 하소연했다. 고민하던 왕은 그 수비병을 살려 주고 말았다.

* 내시(內侍) : ① 고려·조선 시대에, 내시부(內侍府)의 벼슬아치를 통틀어 이르던 말. 내관(內官). 환관(宦官). ② 불알이 없는 사내를 빗대어 이르는 말. 내시부의 벼슬아치는 불알 없는 사람을 임명했던 데서 온 말.
* 불로초(不老草) : 먹으면 늙지 않는다는 약초.

〈십팔사략〉에도 불사약에 관한 이야기가 나온다. 진(秦) 나라 시황제 28년, 제인(齊人)과 서시(徐市) 등은 시황제의 명령대로 불사약인 불로초를 구하기 위해 바다를 건너서 봉래·방장·영주·삼신산 등지를 돌아다녔다. 하지만 그들은 불사약을 구하지 못했을 뿐만 아니라 영원히 돌아오지 못했다고 한다.

영생(永生)과 불사(不死)…. 영원히 살면서 죽지 않는 것은 모든 인류의 소원이다. 불사약을 구하려던 사람은 역사적으로 살펴봐도 비단 시황제뿐만이 아니었다. 돈과 권력을 가진 사람일수록 불사약을 구하거나 만들기 위해 혈안(血眼)이 되었다.

위에서 소개한 〈한비자〉의 고사는 '이 세상에 불사약은 절대 없다'는 사실을 비유법으로 강조한다. 한 마디로 말해, 타고난 수명과 주어진 현실에 만족하면서 나름대로 뜻깊은 인생을 즐기라고 주문하는 것이다.

* 혈안(血眼) : ① 기를 쓰고 덤벼서 핏발이 선 눈. ② 열중하여 바쁘게 몰아치는 일. 〈예〉 노름에 혈안이 되다.

CHAPTER 05
손자 孫子

〈손자〉는 중국만의 고전이 아니라 세계적인 고전의 하나로 꼽힌다. 〈손자〉는 약 6,000여 글자로 쓰여져 있어 중국 고전 중에서는 비교적 부피가 얇은 책에 속한다. 전국시대의 병법 전문가로 알려진 손자는 이름이 무(武)로 제(齊) 나라 사람이었다. 사마 천이 지은 역사책 〈사기(史記)〉를 훑어보아도 저자 손무(孫武)에 대한 궁금증을 풀기가 좀처럼 쉽지 않다. 약 2,500년 전(BC 6세기경)에 장군 손무가 〈손자〉 13편을 저술하고 나서 오왕(吳王)의 인정을 받아 그 나라의 군사력에 이바지했다는 것 이외에 밝혀진 사실이 별로 없기 때문이다.

13편으로 구성된 〈손자〉는 각 편 모두 '손자 왈(曰)' 로 시작한다. '손자가 말하되' '손자 가로되' '손자가 말하건대' '손자가 말하기를' '손자가 이르건대' '손자 가라사대' 등으로 이해하면 된다.

그 이후 수많은 병법서(兵法書)들이 나왔지만 〈손자〉처럼 폭넓게 읽힌 병법서는 아직 없다. 인간에 대한 깊은 통찰력을 바탕에 깔고 승부에 관한 행동 지침을 꾸준히 살펴본다는 점에서 〈손자〉는 읽을 가치가 높은 고전이다. 이 책에는 싸움에서 이기기 위한 전략 전술과 지지 않기 위한 전략 전술이 풍부하게 담겨 있다. 때문에 지구촌의 수많은 사람들은 유연(柔軟)한 사고 방식으로 쓰여진 이 책을 읽으면서, 인간 관계를 원만히 유지하는 지혜와 세상을 살아가는 데 필요한 인간 경영 전략을 배운다.

1 승산이 없으면 싸우지 말라

〈손자〉를 읽다 보면 배울 점이 의외로 많다는 사실을 깨닫게 된다. 무엇보다 승산(勝算)*이 없는 싸움을 시작하지 않는 것도 중요하지만, 적과 싸우지 않고 적에게 승리하는 방법이 〈손자〉 안에 담겨 있기 때문이다.

손자는 말한다.

"계산을 잘하면 승리하고 계산을 잘하지 않으면 승리하지 못한다."

더구나 계산이 아예 없는 사람은 싸울 생각조차 하지 말아야 한다는 것이 〈손자〉가 던지는 교훈이다. 다시 말해, 승산이 많은 쪽은 이기고 승산이 적은 쪽은 지게 마련이라는 것이다. 형편이 그러하니, 미리 계산해 보지 않은 승산 없는 싸움은 이길 리가 없다는 뜻이 된다.

상대편의 군사력과 비교하여 어딘가 부족한 점이 발견되면 스스로 물러나는 게 옳다. 승산이 없으니 싸우지 않아야 한다. 아군의 힘을 고려하지 않고 막강한 적군에게 싸움을 거는 것은 어리석은 일이다. 결국 무리한 공격 때문에 아군 병사들은 상대편의 희생물이 되고 만다.

승산이 있든 없든 일단 싸우고 보자는 생각은 지극히 위험하다. 승산이 없는 싸움을 시작한 사람들은 대부분 막다른 골목에 몰려 상처를 입고 만다. 무모(無謀)*한 도전이 실패를 경험하는 경우와 비슷한 상황이 된다. 새로운 목표를 세우거나 색다른 일을 시작할 때도 과학적인 예측과 합리적인 계획을 세운 뒤 출발해야 하는 것도 그 때문이다.

〈삼국지〉에 등장하는 유명한 장군 조조(曹操) 역시 무리한 전쟁이나 승산 없는 싸움은 절대로 하지 않았다. 따라서 조조는 행운만을 믿은 끝에 우연찮게 승리하는 법이 없었고, 상대편이 저지른 실수로 엉겁결에 이기는 경우도 없었다. 확실한 승리 가능성을 검토 분석하고 작전을 세움으로써 마침내 이길 수 있었던 것이다.

* 승산(勝算) : 이길 가망.
* 무모(無謀) : 계략이나 분별이 없음.

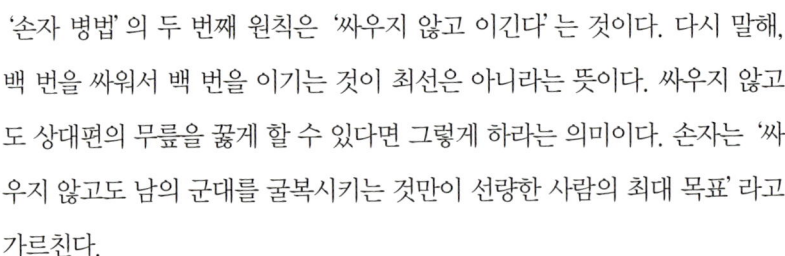

2 싸우지 않고 이겨라

'손자 병법'의 두 번째 원칙은 '싸우지 않고 이긴다'는 것이다. 다시 말해, 백 번을 싸워서 백 번을 이기는 것이 최선은 아니라는 뜻이다. 싸우지 않고도 상대편의 무릎을 꿇게 할 수 있다면 그렇게 하라는 의미이다. 손자는 '싸우지 않고도 남의 군대를 굴복시키는 것만이 선량한 사람의 최대 목표'라고 가르친다.

손자는 말한다.

"가장 훌륭한 전법은 미리 적의 의도를 파악하여 대비하는 것이다. 둘째는 적(敵)의 동맹(同盟)* 관계를 무너뜨려 적을 고립시키는 전법(戰法)*, 셋째는 어쩔 수 없이 교전(交戰)하는 전법, 넷째는 적의 성(城)을 공격하는 전법이다. 하지만 적의 성에 대한 공격은 사실상 마지막 수단일 뿐이다."

'으뜸 가는 군대는 계략(計略)*으로 적을 친다'고 손자는 주장한다. 싸우지 않고 책략(策略)*으로 적을 굴복시키는 병법(兵法)*이며, 상대편의 동맹국이 중립적인 입장을 취하게 만드는 것이다. 즉, 상대편을 고립시켜 원조가 없는 상황으로 몰아가는 방법이다.

힘만으로 밀어붙여 상대편을 굴복시키는 것은 가장 졸렬(拙劣)*한 전법이다. 힘만 믿고 벌인 전투는 아무리 잘 싸워도 내 편의 손실이 따르게 마련이다.

싸움터에서 피로 물든 전투를 치른 뒤에 적을 이기는 것은 전술가로서 가장 수준 낮은 전법이라고 손자는 말한다. 전쟁이 국가와 백성들에게 주는 막대한 손실과 함께 부득이하게 전쟁을 치러야 할 경우, 되도록 빨리 끝내야 할 필요성에 대해 설명하는 것도 그 때문이다.

비록 지금은 적(敵)일지 몰라도 언젠가는 내 편이 될 상대방을 힘으로 꺾었으니 그보다 불행한 일은 없다. 상대편을 다치지 않게 하면서 내 편으로 만들었다면 아마도 최고의 전법이 되었을 것이다.

* 동맹(同盟) : 일정한 조건 안에서 서로 원조하기로 약속하는 일시적 결합.
* 전법(戰法) : 싸우는 법.
* 교전(交戰) : 서로 싸움. 서로 병력을 동원하여 전투를 함.
* 계략(計略) : 계획과 책략.
* 책략(策略) : 일을 처리하는 꾀와 방법.
* 병법(兵法) : 군사 작전의 방법. 군법(軍法).
* 졸렬(拙劣) : 서투르고 보잘것없음. 정도가 낮고 나쁨.

주먹질을 잘 하기로 유명한 권투 선수 출신 김철수가 있었는데, 지방을 여행하던 중에 기차를 타게 되었다. 기차 안에서 김철수는 역시 싸움을 아주 잘 한다는 박영수와 말다툼을 벌였다.

"어이! 주먹 좀 쓸 거 같은데 어디 한판 붙어 볼까?"

박영수가 주먹을 불끈 쥐고 먼저 시비를 걸었다.

"전 주먹을 쓸 줄 몰라요. 하지만 아무에게나 함부로 시비를 거는 걸 보니 당신은 풋내기 같군요."

김철수가 점잖게 응수했다.

"풋내기가 아니라는 걸 보여 줄까?"

몹시 흥분한 박영수가 주먹으로 허공을 갈랐다.

"기차 안에서 싸우면 다른 승객들에게 폐가 될지 모르니, 우리 내려가서 붙어 봅시다. 먼저 내려가 있어요. 나도 금방 내려갈 테니."

그 말이 떨어지기 무섭게 박영수가 잠시 멈추어 있던 열차에서 뛰어내렸다. 그 순간을 기다렸다는 듯이 기차가 출발했다. 김철수는 박영수가 도로 탈 것만 같아서 덩달아 뛰어내렸고 대결 자세를 취했다. 하지만 달리는 기차에 가속도(加速度)*가 붙었을 때, 김철수가 마지막 칸의 손잡이를 잽싸게 잡고 올라타며 소리쳤다.

"거기서 하루만 기다려! 곧 올 테니."

* 가속도(加速度) : 시간이 갈수록 속도가 더해지는 일, 또는 더해지는 그 속도.

결국 김철수는 싸우지 않고 이길 수 있었다. 그처럼 싸우지 않고 승리하거나 상대의 의도를 미리 막아 두뇌로 이기는 것이 가장 똑똑한 방법이며, 적이 판단을 그르치도록 기만하는 것도 중요한 전략이다.

복싱 경기를 벌일 때도 힘과 주먹으로만 밀어붙이면 승리하기 어렵다. 고도의 기술을 갖고 있는 상대방을 꺾기 위해서는, 온힘을 다하기에 앞서 상대방의 허점을 깊이 파악하여 이용할 줄 알아야 한다.

〈손자〉에 나오는 말 중에 '병(兵)은 궤도(詭道)이다'가 있다. '궤도'란 속인다는 뜻으로 적이 판단을 그르치도록 기만(欺瞞)*하는 것이다. 비슷한 말로 궤계(詭計)와 궤모(詭謀)가 있는데, 이 방법도 역시 간사스러운 속임수를 뜻한다. 궤도를 모략(謀略)*이나 지략(智略)*으로 해석해도 무리가 없다.

손자는 '궤도'를 이렇게 말한다.

"얼마든지 잘 할 수 있지만 전혀 못 하는 척하고, 간절히 필요하나 전혀 필요 없는 것처럼 가장한다. 멀리 떨어지는 척하면서 슬며시 다가서고, 가까이 다가가는 척하면서 사실은 멀리 떨어진다. 그러던 중에 마음놓고 휴식을 취한 뒤 적을 이간(離間)* 하다가 허점을 노려 의표(意表)*를 찌른다."

* 기만(欺瞞) : 남을 그럴듯하게 속임.
* 모략(謀略) : 남을 해치려고 속임수를 써서 일을 꾸밈.
* 지략(智略) : 슬기로운 계략. 지모(智謀).
* 이간(離間) : 두 사람 사이를 갈라놓다.
* 의표(意表) : 상대편이 전혀 예상하고 있지 않았던 것.

3
물처럼 움직여야 이긴다

물의 특성은 유연성에 있다.

물은 담겨지는 그릇에 따라 변화무쌍하게 그 형태를 바꾼다. 물은 흐를 때도 역시 부드럽게 움직인다. 걸림돌이 나타날 때마다 무리하게 대항하지 않고 슬쩍 피해 간다. 그리고는 늘 겸손하게 낮은 쪽으로만 흘러간다.

그렇다고 해서 물이 약하기만 한 것은 아니다. 물은 사용하기에 따라서 엄청난 힘을 쏟아붓는다. 격정적으로 소용돌이칠 때는 아무리 커다란 나무나 우람한 바위일지라도 거칠게 밀어붙여 쓸어버린다. 한없이 부드럽고 약해 보이지만 그 안에는 무서운 힘이 도사리고 있기 때문이다.

손자는 부드러운 특징의 뒷면에 숨은 물의 위력을 눈여겨보고 있다. 언뜻 보기에 한없이 약한 듯 느껴지는 물이지만, 결정적일 때 상대방을 단숨에 몰아붙이는 저력을 발휘한다. 이처럼 연약하고 순진해 보이는 물을 우습게 알고 날뛰다가 결국 인간은 망하고 만다.

손자는 물의 형태에서 용병술(用兵術)을 배워야 한다고 주장한다. 이른바 '실(實)을 피하고 허(虛)를 찔러야 한다'며 효과적인 전법을 소개한다. '실(實)'이란 전력이 충실한 상태이고 '허(虛)'는 전력이 허술한 상태를 말한다. 따라서 상대방의 전력이 충실한 곳은 피하고 허술한 곳을 공격하라는 뜻이 된다. 정말이지, 이처럼 지혜를 앞세우는 전투가 가능할 경우 승리할 확률은 점점 높아진다.

손자는 말한다.

"물이 높은 곳에서 낮은 지역으로 흘러가듯이, 적군의 대비가 완벽한 지역을 피하여 허점이 많은 구석을 먼저 공격해야 한다."

내 편의 병력을 무시한 정면 돌파 공격, 죽기 아니면 살기 식의 무리한 공격은 어리석다는 말이다. 정면 대결에 승산이 없더라도 어쩔 수 없이 싸워야 한다면, 온갖 방법을 강구하여 상대가 마음을 놓게 만든 다음, 상대가 전혀 예상하지 못한 허점을 발견하여 집중 공격하라는 뜻이다.

손자는 말한다.

"적의 병력을 분산시켜 놓고 한 곳에서 집중적으로 싸워라."

예컨대, 아군의 병력은 100명이고 적군의 병력이 500명이라고 하자. 현실적으로 대결 상대가 되지 않는 전력이지만 얼마든지 유리한 전투를 벌일 수 있다. 적군의 병력을 열 군데로 분산시켜 놓고 그 한 곳에 공격을 집중하면 가능한 일이다.

손자는 또 말한다.

"상대를 이쪽의 페이스(pace)*에 말려들도록 머리를 굴려라."

누구에게나 잘 하는 분야와 잘 하지 못하는 분야가 있고 장점과 단점도 있다. 따라서 적군이 장점을 발휘하지 못하도록 유도하고, 아군은 장점을 최대한 살릴 수 있는 상황으로 이끌어 가라는 뜻이다.

손자는 말한다.

"물의 형태가 일정하지 않는 것처럼 전투 상황도 수시로 변화된다. 따라서 적군의 대결 태세와 전투 상황에 어울리도록 다양하게 대처하면서 승리해야 절묘한 용병술로 인정받을 수 있다."

물의 특징에서 전법을 터득한 손자는 상황 변화에 맞게 임기응변(臨機應變)으로 싸우라고 주문한다. 병법서의 원리 원칙을 머리에 새겨 둔다고 해서 싸울 때마다 반드시 이길 수는 없다. 물론 원리 원칙을 정확하게 이해하는 것도 중요하지만, 승리의 열쇠는 원리 원칙을 얼마나 상황에 어울리게 적절히 운용하느냐에 달려 있다.

이처럼 물의 형태와 특징을 통해 우리는 유연한 전법을 배워야 한다. 이 전법은 전쟁을 치를 때만 필요한 것이 아니기 때문에, 나름대로 적절히 소화시켜 인생을 사는 지혜로 발전시켜 나가야 한다.

* 용병술(用兵術) : 전투에서, 군사를 쓰거나 부리는 기술.
* 페이스(pace) : ① 야구에서, 투수가 던진 공의 속도. ② 운동 경기나 경주 따위에서 하는 힘의 배분. 〈예〉: 제 페이스대로 나가다. 상대편의 페이스에 말려들다. ③ '일의 진행 정도나 일상 생활의 리듬'을 비유하여 이르는 말.

4 상대를 알면 이긴다

손자는 '상대방을 알면 얼마든지 승리할 수 있다'고 말한다.

"상대편과 내 편의 실정을 비교 검토한 뒤 승산이 있을 때 싸울 경우 백 번을 대결해도 결코 위험하지 않다. 하지만 적군의 사정을 전혀 알지 못한 채 아군의 전력만 알고 덤빈다면 이길 가능성은 절반에 불과하다. 적군의 실정은 물론 아군의 전력도 모르고 싸우는 군대는 대결할 때마다 패배할 수밖에 없다."

지피지기백전불태(知彼知己百戰不殆)*. 상대를 알고 나를 알면 백 번 싸워도 위태롭지 않다는 뜻이다. 상대편과 나의 약점이나 강점을 충분히 알고 승산이 있을 때 싸워야 이길 수 있다는 말이다.

하지만 상대편에게도 내 편 못지않게 전략과 계략이 있을 것이니 항상 원칙적인 방법만을 쓸 수는 없다. 인간에게는 언제나 실수할 가능성이 있는 만큼 백전백승(百戰百勝)*의 길만을 생각하기는 어렵다. 따라서 손자는 피아(彼我)*, 즉 저쪽 편과 이쪽 편을 잘 비교 검토한 다음에 전투에 돌입할 것을 권하고 있다. 지피지기(知彼知己)*를 위한 구체적인 방법 중의 하나는 간첩을 활용하는 것이다. 중국 역사상 가장 먼저 간첩의 중요성을 역설한 사람이 바로 손자였다.

손자가 말한 대로 싸우지 않고 이기기 위해서는 먼저 상대방을 알아야 하고 적에 대한 정보도 철저히 입수해야 한다. 이 때 상대편에 대한 정보를 입수하기 위해서는 간첩을 활용하는 방법이 최우선이다.

손자가 말하는 간첩에는 향간, 내간, 반간, 사간, 생간 등 다섯 종류가 있다. 향간(鄕間)이란 상대 나라의 주민을 간첩으로 고용하는 것이고, 내간(內間)이란 상대 나라의 관리를 간첩으로 고용하는 것이다. 요즘의 경우를 예로 든다면 고정 간첩과 같은 개념이 내간(內間)이다.

반간(反間)이란 일종의 이중 간첩과 같은 개념인데, 상대편에게 거짓 정보를 흘리기 위해 이용한다. 사간(死間)이란 반간보다 조금 더 복잡한 성격으로 배반할 가능성이 높은 간첩이다. 사간(死間)에게 엉뚱한 거짓 정보를 주고 상대 나라에 보고하도록 하여 그 간첩이 적의 손에 처형되게 만든다.

생간(生間)이란 상대 나라의 정보를 탐지한 뒤 무사히 살아 돌아와 상세하게 보고할 수 있는 간첩을 말한다. 다섯 종류의 간첩 중에서 가장 이용 가치가 높은 간첩이 생간(生間)이다.

* 지피지기백전불태(知彼知己百戰不殆) : 상대를 알고 나를 알면 백 번 싸워도 위태롭지 않다. 知 : 알 지, 彼 : 저 피, 知 : 알 지, 己 : 자기 기, 百 : 일백 백, 戰 : 싸울 전, 不 : 아닐 불, 殆 : 위태할 태.
* 백전백승(百戰百勝) : 싸울 때마다 번번이 다 이김. 〈예〉 백전백승의 무적 군대.
* 피아(彼我) : 저와 나. 저편과 이편.
* 지피지기(知彼知己) : 적의 형편과 나의 힘을 자세히 아는 것.

5
반드시 본때를 보여라

손자가 오왕을 만났다.

"그대가 지은 병법서를 모두 읽었노라. 실제로 그대가 군을 지휘하는 모습을 내게 보여줄 수 있겠는가?"

오왕이 물었다.

"좋습니다."

손자가 자신 있게 대답했다.

"군대를 여성으로 편성해도 괜찮은가?"

"물론입니다."

손자가 대답하자 오왕이 궁녀(宮女)* 180명을 모았다. 손자는 궁녀 180명을 두 부대로 나눈 뒤, 오왕이 가장 좋아하는 궁녀 두 명을 각각 대장으로 임명했다. 그리고는 손자가 직접 두 부대의 대열 앞에 섰다.

"앞으로! 하면 가슴을 보고, 좌로! 하면 왼손을 보고, 우로! 하면 오른손을 보고, 뒤로! 하면 등뒤를 봐야 한다."

손자가 나머지 궁녀들에게 갈라진 창을 들게 하고 큰소리로 지시했다. 하지만 아무런 반응이 없었다. 참다못해 북을 치며 명령해도 궁녀들은 박장대소(拍掌大笑)* 할 뿐이었다.

"명령이 제대로 전달되지 못한 것은 주장(主將)*의 책임이다."

잠시 지켜보던 손자가 말했다.

"앞으로! 하면 가슴을 보고, 좌로! 하면 왼손을 보고, 우로! 하면 오른손을 보고, 뒤로! 하면 등뒤를 보라!"

다시 큰소리로 세 번 되풀이한 뒤 다섯 차례 설명하고 나서 북을 치며 호령했다.

그러나 이번에도 궁녀들은 웃고 떠들 뿐 말을 듣지 않았다.

"군령(軍令)이 분명히 서지 않아 명령이 전달되지 못한 것은 주장의 책임이다. 그러나 이미 군령이 분명해졌음에도 병사가 따르지 않는 것은 대장의 책임이다."

손자가 칼을 뽑아서 두 궁녀 대장의 목을 베려고 했다. 이 장면을 지켜보던 오왕이 전령(傳令)을 보내 왔다.

"장군의 용병술을 잘 알았노라. 그러니 그들을 용서해 줄 수는 없을까?"

"저는 임금의 명령을 받아 이미 장군이 되었습니다. 따라서 진중(陣中)에 있는 한 임금의 명령이라도 무시해야 할 경우가 있습니다."

마침내 손자는 두 궁녀 대장의 목을 베었고, 그 죽은 궁녀 밑의 시녀(侍女)들을 대장으로 임명했다. 다시 북을 울리자 궁녀들은 기계처럼 움직이기 시작했다. 모든 동작이 규칙에 들어맞았으며 감히 반항하는 궁녀가 한 명도 없었다.

"군사는 이미 정돈되었으니 몸소 열병(閱兵) 하십시오. 그들은 왕의 명령이라면 물불 가리지 않고 뛰어들 것입니다."

손자가 오왕에게 보고했다.

"장군은 피로할 테니 숙소로 가 쉬도록 하라."

"왕께서는 병사를 관리하는 이론만 존중하실 뿐, 실제로 응용하지 못하시는 것 같군요. 다시 한번 말씀드리지만 일벌백계(一罰百戒)가 반드시 필요합니다."

손자의 그 말에 오왕은 침묵을 지켰다. 손자를 장군에 기용하는 일만 남았다고 결심할 따름이었다.

얼마 지나지 않아 오 나라는 번영을 누렸다. 서쪽으로는 초(楚) 나라를 꺾고 북으로는 제나라와 진(晉) 나라를 위협하면서 명성을 드높였다. 병법 전문가 손자의 덕분이었다.

'일벌백계(一罰百戒)'는 '한 명에게 본때를 보임으로써 전체에게 경종을 울리는 방법'으로 쓰였다. 이와 같은 방법은 예전부터 무리를 통솔할 때 자주 이용되어 왔지만, 요즘의 젊은이들은 긍정적인 뜻으로 해석하지 않는다. 폭군처럼 능력 없는 지도자에겐 '일벌백계'가 결정적으로 악용될 수도 있기 때문이다.

* 궁녀(宮女) : 궁중에서 왕이나 왕비를 가까이 모시던 여자 나인(內人).
* 박장대소(拍掌大笑) : 손뼉을 치며 한바탕 크게 웃음.
* 주장(主將) : ① 한 군대의 으뜸가는 장수. ② 운동 경기에서 한 팀을 대표하는 선수.
* 군령(軍令) : ① 군중(軍中)의 명령. 진중(陣中)의 명령. ② 군의 통수권을 가진 원수(元首)가 군대에 내리는 군사상의 명령.
* 전령(傳令) : ① 명령을 전함, 또는 그 명령을 전하는 사람. ② 부대와 부대 사이에 오가는 명령을 전달하는 일, 또는 그 일을 맡아 하는 병사.
* 진중(陣中) : 군대나 부대의 안.
* 시녀(侍女) : 지난날 지체 높은 사람의 가까이에 있으면서 시중을 들던 여자.
* 열병(閱兵) : 국가 원수나 지휘관 등이 군대를 정렬시켜 놓고 사열함.
* 일벌백계(一罰百戒) : 한 사람을 벌줌으로써 만인에게 경계가 되도록 한다는 뜻이다. 한 일(一), 벌줄 벌(罰), 일백 백(百), 경계할 계(戒).

6
싸움은 빨리 끝내라

손자는 말한다.

"전쟁은 지구전이 아닌 속전속결로 결판을 내야 한다."

'지구전(持久戰)'이란 빨리 결판을 내지 않고 오래 끌고 가는 싸움이요, '속전속결(速戰速決)'이란 싸움을 오래 끌지 않고 빨리 끝장을 내는 것이다. 손자가 속전속결을 주장한 이유는 지구전을 치를 때의 폐단(弊端)을 명확히 깨달았기 때문이다. 손자는 지구전의 치명적인 취약점에 관하여 다음과 같이 역설한다.

"천 대의 수레, 수십만 명의 병사, 엄청난 식량과 물자가 필요한 대규모 전쟁을 치르기 위해서는 막대한 비용이 투입된다. 이러한 전쟁에서 비록 승리하더라도 장기전은 병사들을 피폐(疲弊·疲斃)하게 할 뿐만 아니라 사기도 떨어뜨린다. 병사들을 계속 전쟁터에 머물게 하면 국가의 재정 상태는 걷잡을 수 없을 정도로 악화될 것이다. 병사들이 곤궁에 빠져 있고 사기도 저하된 상황에서 무리하게 공격할 경우 작전이 실패하기 쉽다. 공격 실패는 곧장 국력 소모로 이어진다. 이 때를 호시탐탐(虎視耽耽) 노리던 주변 국가들의 공격을 받고 돌이킬 수 없는 치명타(致命打)를 입게 되며, 결국 아무리 지혜로운 군사 전략가나 정치가가 나서도 사태를 수습하지 못한다."

손자는 '짧은 기간에 모든 전력을 한데 모아 싸우는 전략이 가장 효율적'이라고 주장한다.

'병문졸속'이란 장기전(長期戰)으로 접어들 경우 적군뿐만 아니라 아군의 인적·물적 피해도 만만치 않기 때문에 빨리 끝낼수록 좋다는 뜻이다. 병문

졸속(兵聞拙速). 병사 병(兵), 들을 문(聞), 못날 졸(拙), 빠를 속(速)…. 아무리 졸렬할지라도 전쟁은 빨리 끝내야 한다는 말이다.

　세계 현대사를 살펴볼 때 장기전의 후유증을 가장 단적으로 증명한 전쟁은 베트남전이었다. 베트남전은 약 20년 동안 지속되었고 인적 피해는 사망자 약 120만 명, 부상자 400만 명이었다. 대표적인 속전속결식의 전쟁은 중동 지역의 걸프 전쟁이었다.

> * 지구전(持久戰) : ① 군에서 적을 지치게 하거나 아군의 구원병이 도착하기를 기다리기 위하여 빨리 결판을 내지 않고 오래 끌고 가는 싸움. ② 오래도록 상대편의 동향을 살펴 가며 기다리는 일을 비유하여 이르는 말. 장기전(長期戰).
> * 폐단(弊端) : 어떤 일이나 행동에서 나타나는 옳지 못한 경향이나 해로운 현상. 〈준말〉 폐(弊).
> * 피폐(疲弊) : 지치고 쇠약해짐.
> * 피폐(疲斃) : 기운이 지쳐 죽음.
> * 호시탐탐(虎視眈眈) : 범이 날카로운 눈초리로 먹이를 노린다는 뜻으로, 틈만 있으면 덮치려고 '기회를 노리며 형세를 살핌'을 비유하여 이르는 말.
> * 치명타(致命打) : 생사나 흥망에 관계될 만큼 치명(죽을 지경에 이름)적인 타격.

7 급할수록 돌아가라

손자는 '우(迂)로서 직(直)을 만들어라'고 말한다.

　손자 병법에 나오는 이 계략을 '우직지계(迂直之計)' 또는 '우직(迂直)의 계(計)'라고 부른다. 우(迂)란 우회(돌아가는 것)를 의미하고 직(直)이란 직선을 뜻한다.

따라서 전투를 벌일 때 성급하게 공격하지 말고 우회 전술을 펼치면 결과적으로 빨리 이길 수 있다는 말이다. 달리 말해 '급할수록 돌아간다'는 사고방식과 통한다.

이를테면 '우직지계'는 곧게만 가지 않고 돌아갈 줄도 아는 계략이다. 적군보다 먼저 먼 길을 가까운 길로 바꾸는 방법을 아는 장수만이 승리를 거두게 되고, 이것이 곧 승리의 기선(機先)*을 잡는 원칙이 된다. 우회 전술을 선택하면서 오히려 빨리 확실하게 목적을 달성할 수 있다면 그렇게 못 할 이유가 없다.

*기선(機先) : 어떤 일이 일어나려는 그 직전(直前). 어떤 일을 일으키려는 그 직전.

중국 진(秦) 나라 말기에 유방과 항우가 천하를 놓고 싸울 때였다. 군사의 규모는 단연코 항우가 우세했으나 항우는 우직하고 미련했다. '적당히 물러섰다가 다시 전진하는 전법(迂)'을 쓰지 못하고 '오직 돌격(直)'만을 앞세운 결과, 유방에게 무릎을 끓어야 했다.

"일 대 일로 결판을 내자."

항우가 먼저 결투를 신청했지만 유방은 침착하게 대처했다.

"나는 지혜로 싸우지 힘으로 덤비지 않는다. 당신처럼 극악무도(極惡無道)한 사람을 상대하려면 일 대 일로 싸울 이유가 조금도 없어. 당신을 죽이는 일은 간수(看守)에게 시켜도 족하다네."

유방의 그 비아냥거림에 항우는 심장이 터질 정도로 화가 났다. 하지만 성(城)에서 내려오지 않는 유방을 멀거니 쳐다보고 있을 수밖에 없었다. 무력으로 밀어붙이기 위해 서둘던 항우는 결국 몰락하고 만다.

손자는 유방과 항우의 싸움에서 얻은 교훈을 병법으로 연결시켰다. 직선

(直線)적인 사고 방식을 버리고 곡선(曲線)적인 사고 방식으로 대처해야 승리할 수 있다는 점을 강조한 것이다. 부드럽게 굽은 선이 바로 '곡선'이니, 상대방과 싸울 때 '직선'보다는 유연하게 대처할 수 있기 때문이다.

* 극악무도(極惡無道) : 더없이 악하고 도의심이 없음. 〈예〉 극악무도한 범인.
* 간수(看守) : 교도관(矯導官)의 옛날 용어.

엉킨 실타래를 풀기 위해서는 충분히 여유를 즐기면서 느슨하게 실타래를 잡고 천천히 풀어 나가야 한다. 무작정 잡아당겨서는 더 엉키게 마련이다. 우리 인간 관계도 엉킨 실타래와 비슷하다. 사이가 벌어진 인간 관계를 정상으로 복원하려면 충분한 시간을 갖고 정성을 들여야 한다.

어떤 목적을 두고 상대방과 교섭(交涉)을 진행할 때도 마찬가지이다. 힘으로 밀어붙이거나 조급한 마음으로 대처할 경우 일을 망치기 쉽다. 급할수록 한 걸음 뒤로 물러서서 차분히 기다리며 생각하는 편이 효과적일 때가 더 많다.

손자는 말한다.

"궁지에 몰린 적을 함부로 공격하지 말라."

매우 어려운 처지에 몰린 적군을 공격할 경우 적군 쪽에서도 목숨을 걸고 맹렬히 반격(反擊)해 온다. 이와 같은 전투의 결과로 볼 때 아군도 전혀 예상하지 못한 타격(打擊)을 입을 수가 있다.

손자는 그 대처 방법을 이렇게 말한다.

"적을 포위할 때는 반드시 한 쪽을 비워 두라."

포위를 당한 적이 도망갈 수 있는 길목을 터 놓으라는 뜻이다. 후퇴할 수 있는 길이 열려 있다고 판단될 경우, 죽음을 무릅쓴 반격을 쉽게 결정하지 않을 것이기 때문이다.

* 교섭(交涉) : ① 어떤 일을 이루기 위하여 상대편과 의논함. ② 관계를 가짐.
* 반격(反擊) : 쳐들어오는 적의 공격을 막아서 되잡아 공격함.
* 타격(打擊) : ① 세게 때려 침. ② 손해·손실을 봄. ③ 어떤 영향 때문에 기세나 의기가 꺾이는 일. ④ 야구에서, 투수가 던지는 공을 타자가 배트로 치는 일. 배팅.

　인간 관계를 설명할 때도 비슷한 논리(論理)*가 적용된다. 잘못한 사람을 무자비하게 비난하면서 빠져나갈 구멍을 막아 버린다면, 언제 어디서 그 사람의 복수를 받게 될지도 모를 일이다. 실제로 호된 질책을 당한 약자들이 강자에게 한풀이를 한 사례들은 얼마든지 있다. 따라서, 야단맞는 사람에게도 변명할 기회와 반성할 수 있는 시간을 주어야 한다.
　어떤 사람과 논쟁(論爭)*을 벌일 경우에도 비슷한 논리로 설명될 수 있다. 상대편을 맹렬히 비난하거나 거칠게 대항함으로써 논쟁 상대를 막다른 골목에 몰리게 해 놓고 즐거워하는 것은 바람직하지 않다. 토론에 참가하여 열띤 논쟁을 벌이는 일은 좋지만, 상대방을 꼼짝못하게 몰아붙이는 것도 옳지 않다. 마음에 상처를 입게 될 상대방의 입장을 고려할 때 결코 좋은 결과를 기대하기 어렵다. 상대방의 호감을 얻기는커녕 경쟁심과 복수심을 불러일으킬지도 모르기 때문이다.
　다른 사람들과 의견 충돌이 생긴 경우에는 먼저 상대편이 의견을 말할 수 있도록 길을 터 주어야 한다. 그리고 나서 상대편의 체면을 존중해 가며 반대 의견을 말해야 한다. 그처럼 상대편의 의견에 귀를 기울일 줄 아는 유연한 인간 관계를 맺게 될 때, 반대편의 사람들을 끌어안게 될 뿐만 아니라 나중에는 그들을 지지 세력으로 바꿀 수도 있다.

* 논리(論理) : ① 의논이나 사고·추리 따위를 끌고 나가는 조리(條理). ② 사물 속에 있는 도리. 또는 사물끼리의 법칙적인 연관.
* 논쟁(論爭) : 서로 다른 의견을 가진 사람들이 각각 자기의 의견을 주장하며 다툼. 논전(論戰).

8 지도자는 이래야 한다

〈손자〉는 군대를 지휘하는 장군과 간부, 큰 조직이나 집단의 우두머리, 정치 지도자들이 반드시 읽어야 할 책이다. 한 마디로 말해 조직의 리더(leader)*가 가장 먼저 읽어야 한다. '리더' 란 앞장을 서서 여러 사람을 이끌어 가는 사람을 가리킨다.

손자는 리더의 조건으로 다음의 다섯 가지를 들고 있다.

"조직의 지도자는 지(智) 용(勇) 신(信) 엄(嚴) 인(仁)을 골고루 갖추어야 한다."

① '지(智)' 란 상황을 판단하는 힘이다. 바꾸어 말하면 통찰력이자 선견지명이다. '통찰력(洞察力)' 이란 사물을 환히 꿰뚫어 보는 능력이고, '선견지명(先見之明)' 이란 닥쳐올 일을 미리 아는 슬기로움이다.

적을 알고 나를 알면 백 번 싸워도 위험하지 않다. 적을 알고 나를 아는 데 필수적인 것이 지(智)이다. '승산이 없는 싸움은 하지 말라' 는 것이 손자의 주장이라면, 승산이 있는지 없는지 판단하는 지혜가 바로 지(智)이다.

② '용(勇)' 이란 용기 또는 결단성이다. 결단을 내리는 성질, 맺고 끊는 듯한 성질이 '결단성(決斷性)' 이다. 손자는 무조건 돌진하는 용기를 높게 평가하지 않는다. 성공하든 실패하든 일단 덤벼 보자는 식의 전법은 만용에 지나지 않는다고 생각한다. 사리를 분별하지 못하고 함부로 날뛰는 것이 '만용(蠻勇)' 이기 때문이다.

그렇다면 손자가 주장하는 진정한 용기란 과연 무엇일까. 이길 가망이 없는 싸움에서 결단성 있게 물러나는 것을 용기라고 정의한다. 다시 말해, 조금도 꺼리지 않고 용기 있게 물러나는 '용퇴(勇退)'를 의미하는 것이다.

예로부터 천하를 차지한 영웅(英雄) 호걸(豪傑)들의 공통적인 특징은 후퇴할 때 결단이 빠르다는 점이다. 무리하게 밀어붙이지 않음은 물론이고, 더 이상 공격해 봐야 승리할 가능성이 없다고 판단될 경우 망설이지 않고 재빠르게 후퇴한다. 이른바, 만용을 부리지 않는 것이다.

중국의 진(秦) 왕조(王朝)가 멸망하고 유방과 항우가 패권(覇權)을 다투던 시기였다. 처음에는 항우 쪽이 비교가 되지 않을 만큼 우세하여 유방 쪽에서 패배할 조짐이 짙었다. 하지만 유방은 무리하게 덤비지 않았다. 승산이 없다고 판단되면 미련 없이 군대를 철수시켜 다음 전쟁에 대비했다. 이와 같은 후퇴 작전은 항우 쪽을 지치게 만들었고, 그렇게 상대방의 혼란을 유도한 끝에 유방이 승리할 수 있었다.

〈삼국지〉의 조조 역시 결정적일 때 도망을 잘 치기로 유명했다. 그는 손자병법을 열심히 연구하여 미련한 공격만큼은 결코 하지 않았다. 짧은 시기에 중국의 대부분을 점령할 수 있었던 것은 후퇴의 결단을 내릴 줄 아는 장군이었기 때문이다.

③ '신(信)'이란 거짓말을 하지 않고 약속을 지킴으로써 상대방이 믿게 만든다는 것이다. 예로부터 중국 사회에서는 태연하게 거짓말을 하고 약속을 제대로 지키지 않는 사람은 인간 취급을 받지 못했다.

손자가 리더의 조건으로 '믿을 신(信)'을 내세운 이유는 무엇일까. 거짓말을 잘 하고 약속을 어기는 장군에게는 부하가 따르지 않고, 믿을 수 없는 인물은 부하들의 신뢰를 받을 수 없기 때문이다.

어떤 조직을 원만하게 거느릴 수 있는 통솔력은 지도자에 대한 믿음이 뒷받침되어야 한다. 말을 경솔하게 해 놓고 그 말에 책임을 지지 않는 지도자는 반드시 그 지위를 잃게 된다. 아무튼 지도자의 위치에 서고 싶다면 깊이 생각한 뒤에 말을 신중히 해야 하고, 일단 약속을 했다면 철저히 지킬 줄 알아야 한다.

④ '엄(嚴)'이란 엄한 태도를 지키며 신상필벌로 부하를 다스린다는 것이다. 상(賞)을 줄 만한 사람에게는 반드시 상을 주고, 벌(罰)을 줄 만한 사람에게는 반드시 벌을 준다는 뜻이 '신상필벌(信賞必罰)'이다.

손자는 오왕의 지시에 따라 궁녀들을 모아 부대를 편성한 뒤 훈련을 시켰다. 궁녀들을 두 부대로 나누었고 왕이 가장 좋아하는 두 명의 미인 궁녀를 각각 대장으로 임명했다.

"우향우! 하면 오른쪽으로 향한다. 엎드려! 하면 땅에 엎드린다."

손자가 설명을 반복하고 직접 시범까지 보였다. 하지만 북을 치며 호령해도 말을 듣는 궁녀가 없었다. 다시 설명해도 지리멸렬(支離滅裂)*하기는 마찬가지였다.

"호령에 따라 움직이지 않는 것은 대장의 책임이다!"

손자는 대장들의 목을 베어 버렸다. 그리고 나서 새로운 대장을 임명하자마자 다시 훈련을 시작했다. 그 때 놀라운 현상이 일어났다. 대장의 호령이 떨어지기 무섭게 질서 정연하게 움직였고 군소리를 하거나 웃는 사람도 없었다. 손자가 부하를 통솔하는 데 엄한 태도가 필요하다고 주장하는 것도 그 때문이다.

⑤ '인(仁)'이란 어질다는 뜻으로서 상대방을 이해하고 상대방의 입장에 서서 생각하는 것이다. 무조건 엄한 태도를 유지하면 명령이 잘 먹힐 수 있지만, 마음 속에 우러나서 진심으로 복종하게 만들기는 어렵다. 때로는 면종복배 현상이 일어나 조직에 힘이 빠질 수도 있다. 겉으로는 복종하는 체하면서 속으로 은근히 배반하는 것을 '면종복배(面從腹背)*'라고 한다.

따라서 우두머리가 어질지 않고 부하들을 따뜻이 감싸주지 못할 경우, 진정한 충성심을 기대할 수 없고 일의 효율성도 떨어진다. 위에서 시킬 때마다 기계적으로 일하는 사람들만 늘어날 뿐이다. 그런 사람들은 돌아서서 엉뚱한 흑심을 품기 때문에 뒤에서 훼방만 놓지 않아도 천만 다행이다. 이처럼 불행한 사태를 예방하기 위해서는 틈을 내어 부하들의 의견에 귀를 기울이고, 어려운 문제가 생길 때마다 도움을 줌으로써 부하들의 마음을 사로잡아야 한다.

그러나 어질기만 하고 엄격하지 못한 지도자가 관리하는 조직은 허물어지기 쉽다. 조직 안에 야합(野合)*이 생기고 조직의 긴장이 풀어진다. 따라서 조직을 원만하게 이끌기 위해서는 어진 마음과 엄한 태도가 균형을 유지해야 한다. 마음이 너그럽고 인정이 도타운 자세로 부하에게 다가가면서, 한편으로는 규율 · 도리 따위를 지키도록 매우 엄격하게 조직을 관리해야 한다.

* 리더(leader) : 앞장을 서서 여러 사람을 이끌어 가는 사람. 지도자. 지휘자. 주장(主將). 수령.
* 영웅(英雄) : ① 갖가지 재주와 지혜, 겁이 없고 용감한 기운, 무술에 관한 재주 등에 특별히 뛰어난 인물. ② 보통 사람으로는 엄두도 못 낼 유익한 대사업을 이룩하여 칭송을 받는 사람.
* 호걸(豪傑) : 지혜와 용기, 너그러운 마음과 깊은 생각을 가지고 어떤 어려움에도 굽히지 않는 강한 의지를 갖춘 사람.
* 왕조(王朝) : ① 왕이 직접 다스리는 나라. ② 같은 왕가에 딸린 통치자의 계열이나 혈통. 〈예〉 조선(朝鮮) 왕조.
* 패권(霸權) : 우두머리나 이긴 사람의 권력. 〈예〉 패권을 쥐다.
* 지리멸렬(支離滅裂) : 갈가리 흩어지고 찢기어 갈피를 잡을 수 없이 됨.
* 면종복배(面從腹背) : 겉으로는 복종하는 체하면서 내심으로는 배반함. 얼굴 면(面), 따를 종(從), 배 복(腹), 등질 배(背). 표면으로는 존경하는 척하지만 사실은 멸시한다는 뜻의 비슷한 말인 '경이원지(敬而遠之)'도 있다.
* 야합(野合) : 떳떳하지 못한 야망을 이루기 위하여 서로 어울림. 〈예〉 불법 단체와 야합하다

CHAPTER 06
맹자 孟子

〈맹자〉는 중국 전국시대의 유교 사상가 맹자(孟子)의 주장을 정리한 책으로, 모두 7편 260장으로 구성되어 있다. 7편 중 전반의 3편은 각처로 돌아다니며 말한 내용을 기록했고, 후반 4편은 은퇴한 뒤의 의견과 주장을 모은 것이다.

맹자는 기원전 370년경 추(鄒) 나라에서 태어났다. 젊었을 때 공자의 손자인 자사(子思)의 문하생이 되어 유학을 배웠다. 인간의 성품은 본래 착하다는 '성선설(性善說)'과 인의(仁義, 어질고 의로움)에 의한 '왕도 정치(王道政治)'를 주장하여 유학에 새로운 생명을 불어넣었다.

하지만 현실의 이익 추구에 골몰했던 여러 나라의 왕에게 맹자의 주장은 너무도 이상적(理想的)인 뜻으로 받아들여졌다. 자기 주장을 펼치며 정치에 참여하려 했던 맹자의 목표는 결국 실패로 끝났고, 노년기에는 고향에 돌아가서 책 집필과 후세 교육에 전념하다가 84세로 세상을 떠났다.

1
맹자가 꿈꾸던 문화 국가

맹자는 한 마디로 이상주의자였다. 그가 살던 시기는 약 2,300년 전으로 전국시대라는 상황이 회오리바람을 일으키던 와중이었다. 그 당시 여러 나라의 왕과 신하들은 경쟁하듯이 부국강병(富國强兵)을 외쳤고 나라의 이익 추구에 혈안이 되어 있었다. 그와 같은 시기에 도덕적인 정치 사상을 펼쳤으니, 맹자의 주장이 제대로 먹힐 리가 없었다.

맹자가 위(魏) 나라의 혜왕(惠王)을 찾아가 대화를 나누던 때의 일이다. 맹자를 보자마자 혜왕이 이렇게 물었다.

"우리를 훈계하기 위해 그 먼 길을 달려오셨으니 고맙기만 합니다. 선생께서는 우리 위 나라에 이익이 될 만한 묘안을 갖고 오셨겠지요?"

맹자는 그 말을 듣고 이를 악물었다.

"오직 인의(仁義)만을 내세워야 할 왕께서 어찌하여 이익을 말씀하십니까. 정치에서 가장 중요한 것은 인의입니다. 나라의 이익(利益)만 생각하는 왕 앞에서 신하들은 가정의 이익에만 몰두하고 관리나 백성들도 개인 이익만 생각하게 되죠. 그처럼 각자의 이익만을 쫓아갈 때 결국 나라는 망하게 됩니다."

맹자는 '군주가 이익을 추구하는 잘못'을 지적하기 위해 그 한 마디로 쐐기를 박은 것이다. 맹자는 공자의 인(仁)에 의(義)를 더하여 왕도 정치의 바탕으로 삼았기 때문이다.

"인(仁)의 마음을 유지하는 사람이 부모를 버린 사례가 없고, 의(義)를 따르는 신하가 왕을 업신여기거나 배신한 사례도 없습니다. 그럼에도 불구하고 인의(仁義)를 주장하셔야 할 폐하께서 어찌하여 이익만을 강조하십니까?"

맹자는 혜왕 앞에서 왕도 정치를 강조하려고 애썼다. 왕도 정치는 '임금은 마땅히 인(仁)과 의(義)를 근본으로 천하를 다스려야 한다'는 정치 사상이다. '인(仁)'이란 '어질다'란 뜻으로 동정이나 애정을 의미하며, 도리에 맞을 뿐만 아니라 인간으로서 바르게 살려고 애씀으로써 잘못됨이 없는 것을 '의(義)'라고 한다.

윗자리에 있는 사람이 인(仁)과 의(義) 등 두 가지 덕(德)을 몸에 익혀 그것을 사람들에게 폭넓게 확신시켜 나가는 일이 바로 맹자가 주장하는 왕도 정치의 핵심이었다.

"나는 나라를 다스리는 데 혼신의 노력을 하고 있어요. 그런데 실적이 오르지 않아 안타깝기만 합니다."

혜왕이 맹자 앞에서 말문을 열었다.

"전쟁이 막 시작되었을 때, 갑옷을 버리고 창과 칼을 질질 끌면서 달아난 두 명의 병사가 있었죠. 한 병사는 100걸음 달아나서 멈추고, 다른 병사는 50걸음 달아나다가 멈추었습니다. 그 때 50보 달아난 병사가 100보 달아난 병사를 겁쟁이라고 비웃었습니다. 왕께서는 그 두 병사 중에 누가 진정한 겁쟁이라고 보십니까?"

맹자가 물었다.

"그놈이 그놈이지 뭐. 50보든 100보든 도망친 놈들은 다 비겁한 겁쟁이거든."

혜왕이 혀를 차며 대꾸했다.

"겨우 그 정도의 바른 정치를 베풀었다는 이유로 실적이 오르기를 기대하는 것도 100보 50보의 차이에 불과합니다. 이제 왕께서는 조바심을 버리고 더 큰 시야를 가지셔야 합니다. 이웃 나라의 백성 숫자보다 내 나라의 백성 숫자가 당장 증가하지 않는다고 한탄하지 말아야 합니다."

맹자는 주저하지 않고 말했다.

오십보백보(五十步百步). 다섯 오(五), 열 십(十), 걸을 보(步), 일백 백(百), 걸을 보(步)…. 백 걸음을 후퇴한 사람이나 오십 걸음을 후퇴한 사람이나 도망친 사실에는 별로 차이가 없다는 뜻이다. 언뜻 보기에 차이는 있으나 본질적으로는 같다는 말이다. 대동소이(大同小異)* 또는 '그것이 그것이다' 라는 말과 통한다.

* 대동소이(大同小異) : 거의 같고 조금 다름. 비슷비슷함. 〈예〉 내용이 서로 대동소이하다.

"오십보백보, 그 이치를 왕께서 정확하게 알고 계실 터이니 솔직히 말씀드리죠. 이웃 나라 백성보다 자기 나라 백성을 더 많이 보살피겠다고 작정하시는 왕의 소망도 이와 비슷한 것입니다."

맹자는 자기가 말하고자 하는 중심으로 혜왕을 끌어들였다. 그 화제의 핵심은 왕의 도(道)였다. 백성들의 생활 안정을 위해 애정과 예의를 앞세우는 도덕 국가, 교육이 널리 보급된 문화 국가를 실현하는 것이 왕이 가야 할 길, 즉 '왕도(王道)' 였다. 그 이외에는 아무것도 추구하지 않는 생각이 왕도였으며, 그 나라가 강한가 약한가 하는 문제는 왕도가 추구해야 할 가치가 아니었다.

"농번기에 농민들을 전쟁터로 끌고 가지 않으면 식량 걱정이 없어집니다. 함부로 물고기를 잡지 못하게 법령을 만들면 물고기가 풍부해지고, 함부로 나무를 베지 못하게 할 경우 숲이 울창해지면서 목재가 풍부해집니다. 식량과 물고기가 부족하지 않고 목재가 풍부해질 때 백성들의 생활은 편리해집니다. 그처럼 불편함이 없어질 때 백성들의 불평 불만도 없어집니다. 백성들이 불평 불만을 품지 않게 하는 것이야말로 왕도 정치의 출발점입니다."

"더 얘기해 보시게."

혜왕이 독촉했다.

"왕께서는 개나 돼지가 인간의 식량을 축내도 그냥 바라보십니다. 길가에 굶어 죽은 시체가 즐비해도 나라의 곡식을 풀어 백성을 구제할 생각도 못 하십니다. 백성들이 굶어 죽어도 왕의 잘못이 아니라면서 흉년 탓으로 돌립니다. 사람을 찔러 죽이고도 '내가 죽인 게 아니라 칼이 죽인 것'이라고 외치는 경우와 무엇이 다르겠습니까? 왕께서 백성들의 굶주림을 흉년 탓으로 돌리는 태도를 버리실 때, 비로소 백성들의 존경을 받는 훌륭한 군주로 태어날 것입니다."

맹자는 먼저 백성의 생활 안정을 추구하는 것이 왕도 정치의 첫걸음이라고 강조한다. 요즘의 관점으로 바라본다면 복지 우선 정책이라고 말할 수 있을 것이다.

왕도(王道)의 반대말로 패도(覇道)가 있다. '패도 정치'란 힘으로 상대를 굴복시켜 권력으로 지배하는 정치이고, '왕도 정치'란 지도자가 덕을 쌓아 그 덕으로 사람들을 가르쳐 가며 백성들과 즐거움을 나누는 정치이다.

"나 같은 임금도 백성을 보호할 수 있을까요?"

선왕(宣王)이 물었다.

"충분히 가능한 일입니다."

맹자는 그렇게 대답한 뒤, 얼마 전에 일어난 일을 소개했다.

소를 끌고 지나가는 사람에게 왕이 물었다.

"그 소를 어디로 데려가는 길이오?"

"피를 받아서 종(鐘)에 바르려고 합니다."

백성이 대답했다.

"그 소를 풀어 주시오."

왕이 명령했다.

"무슨 뜻인지 모르겠습니다."

그 백성이 어리둥절한 표정을 지었다.

"죄 없는 소가 죽기 위해 끌려가면서 몹시 두려운 표정을 짓고 있지 않는가? 차마 두 눈으로 볼 수가 없어서 그러오."

왕의 얼굴에는 어두운 그림자가 드리워져 있었다.

"그렇다면 종(鐘)에 피를 바르는 의식(儀式)*을 폐지하실 생각입니까?"

백성이 물었다.

"폐지는 쉽지 않소. 소 대신 양으로 바꾸시오."

왕이 대답했다.

* 의식(儀式) : 의례(儀禮)를 갖추어 베푸는 행사. 식전(式典). 의전(儀典). (준말)식.

맹자가 그 일을 소개하자마자 선왕에게 물었다.

"그런 조치를 결정하신 사실이 있습니까?"

"있지요." 선왕이 불편한 심기를 감추지 못했다.

"어찌하여 불편하다고 생각하시는지요?"

"소 대신 양을 희생시키도록 법령을 왜 바꾸었던가…. 나 자신을 이해할 수 없어서 그렇소."

선왕이 괴롭다는 표정을 지었다.

"걱정하지 마십시오. 그것이 바로 인자한 처사입니다."

"어째서 그 조치가 인자한 처신인가요?"

'인자(仁慈)'란 마음이 어질고 무던하며 자애롭다는 뜻이니, 왕이 궁금할 수밖에 없었던 것이다.

"왕께서는 소를 보긴 했지만 미처 양을 보지 못했기 때문입니다."

맹자가 다시 말을 이었다.

"짐승들의 살아 있는 모습을 본 군자는 짐승들이 죽는 꼴을 차마 보지 못합니다. 그 짐승들이 죽어 가며 지르는 비명을 들은 뒤로 그 짐승들의 고기도 차마 먹지 못합니다. 그렇기 때문에 군자는 푸줏간을 멀리 해야 합니다. 그것이야말로 인(仁)을 실천하는 길이지요."

죽은 짐승의 고기를 차마 먹지 못하고 푸줏간을 멀리하는 마음이 왕 노릇을 하는 데 합당한 이유를, 맹자는 다음과 같이 설명했다.

"내 힘은 3,000근을 들기에 충분하지만 새 깃털 하나를 들기에는 정말 부족합니다. 두 눈은 가을날에 가늘어진 짐승의 털끝을 보기에 충분하지만, 백성들의 수레에 실린 땔감을 보지 못합니다. 이 말을 믿으시겠습니까?"

맹자의 말은 끝이 없었다.

"그 은혜가 짐승들에게는 미쳐도 백성들에게는 미치지 않는 이유가 무엇이라고 생각하십니까? 왕이 왕 노릇을 하지 못하기 때문이 아니라, 왕 노릇을 제대로 하지 않으려고 하기 때문입니다. 그래서 왕도 정치가 필요한 것이죠."

어질고 바른 심성을 유지하기 위해서는 무섭거나 잔인한 일을 해도 안 되며 잔인한 장면을 봐서도 안 된다는 뜻이다. 나라를 다스리는 지도자들에게 필요한 심성을 강조하기 위해 맹자는 그렇게 말했던 것이다.

그 고사를 통해 '사리가 분명하여 극히 작은 일까지도 미루어 알 수 있다'는 뜻의 고사 성어 '명찰추호(明察秋毫)'가 탄생되었다. 밝을 명(明), 살필 찰(察), 가을 추(秋), 가는 털 호(毫)···. 눈이 아주 밝고 예리하여 가을날에 가늘어진 짐승의 털까지도 분별할 수 있다는 뜻이다. '추호(秋毫)'란 가을이 되어 가늘어진 짐승의 털을 말하며, 아주 작은 것을 비유하는 말로 쓰인다.

맹자가 평생 동안 강조한 요지는 '왕도 정치'였고, 왕이 갖추어야 할 첫 번째 요건은 마음이 흉포하지 않고 어질어야 한다는 점이었다. 어진 마음의 지도자가 있어야만 백성들을 같은 방향으로 인도할 수 있기 때문이다. 이 같은 맹자의 유교 사상은 우리나라에도 크게 영향을 미쳤다. 옛날 법도 있는 집안에서는 남자의 부엌 출입을 철저히 금지했으며, 살생(殺生)*이 본업인 '백정(白丁)*'을 천(賤)하게 여기기도 했다.

군자원포주(君子遠庖廚). 군자 군(君), 당신 자(子), 멀리할 원(遠), 푸줏간 포(庖), 부엌 주(廚)…. 군자는 푸줏간과 부엌을 멀리한다는 말로서, 군자나 지도자가 어질고 바른 심성을 유지하기 위해서는 무섭거나 잔인한 일을 해도 안 되며 잔인한 장면을 봐서도 안 된다는 뜻이다.

"사람은 누구나 잔인한 짓을 거부하는 마음, 즉 인자하고 자비로운 마음을 간직하고 있습니다. 그 마음이 왕도 정치의 발판입니다."

'군자원포주'란 말은 제 나라 선왕과 함께 왕도 정치를 토론할 때, 맹자가 꺼낸 그 말에서 비롯되었다.

* 살생(殺生) : 사람이나 동물 따위의 산 것을 죽임.
* 백정(白丁) : 백장. 소나 돼지 따위를 잡는 일을 직업으로 삼던 사람.

2
맹자 어머니의 정성

 "인(仁)이란 사람의 마음이어야 하고, 의(義)란 사람의 길이어야 한다." 유교 사상은 그 말로부터 도덕 사상으로서의 매우 엄격한 성격과 의미를 지니기 시작했다. 성선설(性善說)이란 그처럼 어진 마음이 누구에게나 갖추어져 있음을 강조한 학설이라고 할 수 있다.

 인간의 본성으로서는 악(惡)에 이르려는 욕망도 현실적으로 존재한다. 하지만, 맹자는 그 사실을 인정하면서도 도덕적 요청에 따라 본성이 선(善)한 것이라고 주장한다. 맹자는 그렇게 주장함으로써 도덕에 관한 의욕을 모든 사람들의 가슴에 심어 주려고 노력했다.

 사람으로서의 '수양(修養)'이란 '욕심을 적게 하여 본래의 그 착한 심성을 길러 내는 일'이었다. 따라서, 왕도 정치(王道政治) 역시 인간의 어진 마음에 입각한 정치라고 공자는 말했던 것이다.

 "왕은 민중에 대한 사랑을 바탕으로 정치를 펼쳐야 한다. 또한 경제적으로 넉넉하게 만들어 준 다음 백성들을 상대로 도덕 교육을 실시해야 한다. 그 대신 어질지 않은 왕만큼은 반드시 쫓아내야 한다."

 폭군을 몰아내야 한다고 주장했으니, 그 당시 왕들이 맹자의 사상을 받아들이지 않은 것도 무리가 아니었다. 유교는 맹자에 의하여 비로소 도덕학(道德學)으로 확립되었고 정치론(政治論)으로 다듬어졌다.

 그 뒤 유교의 정통 사상으로서 유지 발전되어 유교를 '공맹지교(孔孟之教)*'라고 부를 정도로 중요하게 여기기 시작했다.

 왕도 정치는, 인간의 본성이 착하다고 전제하여 인간을 적극 신뢰하는 성선설(性善說)과 백성의 뜻에 의한 폭군의 교체를 합리화한 혁명론(革命論)을 중심 기둥으로 삼고 있다.

따라서 정의에 따른 사회 생활을 강조하고 그 물질적 기반을 매우 중시한 점은 높이 살 만한 논리였다. 이와 달리 대인(大人)의 일과 소인(小人)의 일을 구분함으로써 육체 노동자에 대한 정신 노동자의 지배를 합리화한 점은 비판받아 마땅하다.

민주주의와 자본주의를 채택한 현대 사회에서는 맹자의 전체적인 사회·정치 이론을 받아들일 수 없게 되었다. 하지만 크게는 '성선설'에서부터 구체적으로는 '호연지기(浩然之氣)*론'에 이르는 견해들은 시대를 뛰어넘어 인간 생활의 훌륭한 지침이 되고 있다.

* **공맹지교(孔孟之敎)** : 공자와 맹자를 숭상하는 종교. 유교.
* **호연지기(浩然之氣)** : ① 하늘과 땅 사이에 가득 찬 넓고 큰 정기.(〈맹자〉에 나오는 말임.) ② 공명정대하여 조금도 부끄러울 바 없는 도덕적 용기. ③ 잡다한 일에서 벗어난 자유롭고 느긋한 마음.

맹자는 공자의 손자인 자사(子思)의 문하생에게서 유교 사상을 배웠다. 어릴 때부터 맹자는 어질고 현명한 어머니의 손에서 성장했다. 그 과정에서 비롯된 맹모삼천지교(孟母三遷之敎)는 유명한 고사 성어의 하나가 되었다.

맹모삼천(孟母三遷). 맏 맹(孟), 어미 모(母), 석 삼(三), 옮길 천(遷), 어조사 지(之), 가르칠 교(敎)…. 이웃을 가려 사귀면서 환경을 골라 옮긴다는 뜻으로 맹모삼천지교(孟母三遷之敎)의 준말이다. 맹자의 어머니가 자식 교육을 위해 세 번 이사했다는 뜻으로, 인간이 자랄 때 그 환경이 매우 중요함을 가리킨다. 한(漢)나라 말기의 학자 유향(劉向)이 지은 〈열녀전(烈女傳)〉에서 비롯된 말이다.

맹자는 아버지를 일찍 여의는 바람에 홀어머니 밑에서 교육을 받고 자랐다. 그의 어머니는 매우 현명한 사람으로서 아들 교육에 남달리 관심이 많았기 때문에 단기지교(斷機之敎)의 일화도 남겼다.

맹모삼천지교를 소개하기에 앞서 '단기지교(斷機之敎)'를 먼저 예로 들자. '단기지계(斷機之戒)'도 같은 뜻임을 덧붙여 둔다.

> * **열녀전(烈女傳)** : 열녀의 행실을 적은 전기(傳記).
> –**열녀(烈女)** : 절개를 굳게 지키는 여자. 열부(烈婦). 옛날에는 '열녀 불경이부(烈女不更二夫)'라 하여 열녀는 두 번 시집가지 않는다고 했음.

맹자는 학문에 전념할 만한 나이가 되자 고향을 떠나 유학 길에 올랐다. 그러던 어느 날 아무런 기별도 없이 집으로 돌아왔다. 마침 베틀에 앉아 길쌈을 매고 있던 맹자의 어머니가 갑자기 들이닥친 아들을 보고 화들짝 놀랐다.

"무슨 일이냐?"

어머니는 기쁜 감정을 억누르고 차갑게 물었다.

"어머님이 보고 싶어 왔습니다."

"그렇다면 공부를 다 마쳤다는 뜻이냐?"

어머니는 더 냉정하게 물었다.

"아직 마치지 못했습니다"

맹자의 대답이 떨어지기 무섭게 어머니가 벌떡 일어섰다. 짜고 있던 베틀의 날실을 칼로 끊어 버린 것도 그 순간이었다.

"네가 공부를 중도에 그만두고 돌아온 행위는, 지금 내가 짜고 있던 베의 날실을 끊어 버린 것과 같다."

"어머님, 죄송합니다."

아들은 어머니 앞에서 무릎을 꿇었다.

"그토록 마음이 약해서 무엇을 이룰 수 있겠느냐?"

어머니는 당장 돌아가라고 말했다. 맹자는 어머니의 그 말과 행동을 통해 깨달은 바 있어 다시 스승에게로 돌아가 더욱 열심히 공부했다. 그리하여 훗날 공자에 버금가는 유학자의 자리에 올랐을 뿐만 아니라 널리 존경을 받는 인물이 되었다.

다음은 '맹모삼천지교(孟母三遷之教)'에 관한 고사이다.

맹자가 홀어머니와 함께 처음 살던 곳은 공동 묘지 근처였다. 어울릴 만한 친구가 없어 늘 혼자 빈둥거리던 맹자는 공동 묘지에서 벌어지던 일을 배우는 게 고작이었다.

죽은 사람을 매장하는 시늉을 하거나 땅에 엎드려 대성 통곡(大聲痛哭)*하는 것이었다. 장사(葬事)* 지내는 놀이를 즐기는 아들을 목격한 어머니는 도저히 견딜 수가 없었다.

'내 자식을 기를 동네가 아니다!'

맹자의 어머니를 결심을 굳혔고 시장 근처로 거처를 옮겼다. 하지만 별로 나아진 게 없어 속이 상했다. 이번에는 시장에서 물건을 사고 파는 장사꾼들의 흉내를 내며 노는 것이었다.

'시장 근처 역시 내 자식을 기를 곳이 아니다.'

맹자의 어머니는 시장 부근 역시 아들과 함께 살 곳이 아니라고 판단했다. 여러 날을 고민한 끝에 글방 근처로 이사를 갔다. 그제야 다행스런 현상이 벌어졌다.

아들 맹자가 책장 넘기는 흉내를 내는가 싶더니, 마침내 책을 읽는 데 취미를 붙이기 시작했다. 제사 때 쓰는 기구를 늘어놓고 절하는 법이며 나아가고 물러나는 법 등 예절에 관한 놀이도 즐기는 것이었다. 더구나 어른들을 공경하는 태도를 보였을 때는 어머니가 감동하고 말았다.

'글방 근처야말로 아들과 함께 살 만한 곳이다.'

맹자의 어머니는 비로소 한시름을 놓을 수 있었고 그 곳에 머물러 살기로 했다. 이러한 어머니의 노력으로 맹자는 뛰어난 학자가 되었으며, 맹자의 어머니는 동서 고금(東西古今)*을 통해 현모 양처(賢母良妻)*의 본보기로 꼽히게 되었다.

맹모삼천지교(孟母三遷之敎). 맹자의 어머니가 맹자를 교육시키기 위하여 묘지(墓地)·시장(市場)·글방 부근 등으로 세 번 집을 옮겼다는 고사에서 나온 말이다. 이 고사 성어는 아동 교육에 미치는 환경의 중요성을 강조할 때 널리 인용된다.

요즘 들어서는 맹자의 어머니처럼 장사꾼 놀이를 하는 아들을 못마땅해 할 어머니는 별로 없을 것이다. 그만큼 시대가 바뀌었고 직업의 귀천이 없어졌기 때문이다.

* **대성 통곡(大聲痛哭)** : 큰 소리로 목놓아 슬피 욺.
* **장사(葬事)** : 예를 갖추어 시신을 묻거나 화장하는 일.
* **동서 고금(東西古今)** : (동양과 서양, 옛날과 지금이란 뜻으로) 인간 사회의 모든 시대 모든 곳.
* **현모 양처(賢母良妻)** : 자식에게는 어진 어머니이고, 남편에게는 착한 아내임. 양처 현모.

3
사람의 마음을 믿는다

맹자는 왕도 정치의 성공적인 실현을 믿어 의심치 않았다. 사람의 본성이 근본적으로 선량하기 때문에, 나름대로 노력을 기울인다면 얼마든지 왕도 정치의 꽃을 피울 수 있다고 확신했던 것이다.

하지만 인간의 본성이 아무리 착하더라도 그대로 방치할 경우 나쁘게 변할 가능성이 높다. 착한 본성을 유지하기 위해서는 인격을 끊임없이 갈고 닦아야 한다. 노력을 제대로 하는 사람은 얼마든지 선량한 소질을 발전시킬 수가 있다.

지도자가 자기 자신의 본성을 스스로 깨닫고 덕을 익혀 그 덕을 다른 사람들에게 파급시켜 간다. 남들의 본성도 착하기 때문에 윗사람의 덕(德)에 감화(感化)* 되어 저절로 선(善)을 향해 나아간다…. 이러한 과정이 맹자가 꿈꾸는 도덕 교육이었다.

* 감화(感化) : 남에게서 받는 정신적 영향으로 마음이나 행동이 바람직하게 변화함, 또는 그렇게 남을 변화시킴.

맹자는 말한다.

"인간이라면 누구에게나 불쌍한 처지에 놓인 이웃들을 안쓰럽게 생각하는 동정심이 있다. 예로부터 성인(聖人)들이 정이 흘러 넘치는 정치를 할 수 있었던 것도 이와 같은 동정심을 지니고 있었기 때문이다. 동정심으로 뜨거운 애정이 흐르는 정치를 펼칠 경우 천하는 쉽게 다스려질 것이다."

맹자는 다음과 같이 예를 든다.

"우물가로 아장아장 걸어가는 아이를 목격했다고 치자. 사람들은 위험에 빠진 아이가 불쌍해 당장 구하려고 달려간다. 아이를 구함으로써 아이의 부모와 친해지려고 하는 행동이 아니다. 이웃 사람들의 칭찬을 듣거나 남들의 비난이 두려워 결심한 것도 아니다. 누구나 갖고 있는 동정심이 아이를 구하게 만들 따름이다."

옳지 못한 일을 했을 때 부끄러워하는 마음, 서로 양보하는 마음, 선악(善惡)을 판단하는 마음은 누구나 지니고 있다.

불쌍하게 여기는 마음은 인(仁)의 출발점이요, 악(惡)을 부끄럽게 여기는 마음은 의(義)의 출발점이요, 양보하는 마음은 예(禮)의 출발점이며, 선악(善惡)을 판별하는 마음은 지(智)의 출발점이다.

"그럼에도 불구하고 자기는 인(仁)·의(義)·예(禮)·지(智) 등 네 가지 덕(德)과는 전혀 인연이 없는 것처럼 믿어 버린 사람은 결과적으로 자신을 해치는 길이 된다. 이 네 가지 덕을 키우고자 노력하는 사람은 불길이 번지듯 한없이 발전한다. 이 덕을 마음껏 키울 수 있는 사람에게는 천하를 안정시키는 일도 어렵지 않다. 이 덕을 키우려 하지 않을 때 부모를 모시는 일마저 어렵게 된다."

인간의 본성은 근본적으로 무한한 가능성을 안고 있다. 때문에 노력하는 사람은 얼마든지 훌륭한 인간으로 성장할 수 있다. 이 같은 관점에서 맹자는 산의 나무를 비유하여 다음과 같이 말한다.

"저 산에도 예전에는 건강하고 아름다운 나무들이 빽빽하게 우거져 있었다. 하지만 모두 도끼에 잘려졌고 울창한 숲의 멋진 풍경이 씻은 듯이 사라졌다. 하지만 끈질긴 나무의 생명력이 비와 이슬을 만나더니 다시 숲을 만들었다. 그런데 웬걸, 많은 사람들이 소와 양을 놓아기르자 다시 건강한 숲을 잃어버렸다. 그 때부터 사람들은 저 붉은 민둥산에 근본적으로 나무가 자랄

수 없다고 믿는다. 그러나 그것은 저 산의 본성이 아니다."

 나무를 베기만 하고 심으려 하지 않을 경우 어느 산이나 헐벗게 된다. 산에는 스스로 나무를 키우는 잠재력이 있기 때문에 그 잠재력을 보호해 줄 때 푸른 나무들이 얼마든지 무럭무럭 자라게 된다.

 아무리 흉악한 사람에게도 최소한의 인의(仁義)는 있는 법이다. 하지만 산의 나무가 도끼에 의해 쓰러지듯이 인간의 인의도 매일매일 잘려 쓰러질 때 선량한 본성도 함께 사라져 버린다.

 인간은 본디부터 풍부한 가능성을 지니고 태어난다. 그 가능성을 잘 가꾸어 나갈 때 인(仁)·의(義)·예(禮)·지(智)를 고루 갖춘 훌륭한 인간으로 성장한다. 나무 한 그루 한 그루를 소중하게 가꾸듯, 한 사람 한 사람이 뛰어난 인물로 자라도록 노력하는 도덕 교육이 왕도 정치의 출발점이 된다.

 맹자의 성선설은 인간성에 대한 깊은 믿음 속에서 출발한다. 요즘 같은 이익 지상 주의 사회, 인간 불신 사회에 대한 경고의 메시지가 맹자의 어록에 담겨 있다.

 예로부터 건장하고 씩씩한 사나이를 대장부(大丈夫)라고 불렀다. 이와 반대로 도량이 좁고 겁이 많은 남자, 활달하지 못하고 옹졸한 사내를 졸장부(拙丈夫)라고 일렀다. 맹자의 주장에 따르면 인(仁)·의(義)·예(禮)·지(智)를 고루 갖추어야 대장부가 될 수 있다.

 동정과 연민을 가리키는 '인(仁)', 인간의 도리에 따르고 악(惡)을 부끄러워하는 '의(義)', 사리를 분별하고 남에게 양보할 줄 아는 '예(禮)', 옳고 그름과 착하고 악한 것을 구별하는 힘인 '지(智)'…. 이 네 가지 덕을 터득하기 위해서는 남의 강요에 의하지 않고 스스로 깨달아 노력하는 과정을 통해 자신을 연마(鍊磨)*해야 한다. 남이 강요하여 억지로 시작할 경우 그것은 수양

(修養)과 수신(修身)이 될 수 없다.

앞에서도 설명했듯이 '수양'이란 몸과 마음을 단련하여 품성·지혜·도덕을 닦는 것이고, '수신'이란 마음과 행실을 바르게 하도록 심신(心身)을 닦는 것이다.

* 연마(研磨·練磨·鍊磨) : ① 금속·보석·유리·돌 따위를 갈고 닦아서 표면을 반질반질 하게 함. ② 학문이나 지식·기능 따위를 힘써 배우고 닦음. 단련(鍛鍊).
* 심신(心身) : 마음과 몸. 〈예〉심신을 단련하다.

인격 수양이 부족한 정치 지도자들이 현실적으로 너무도 많다. 그 당시 중국의 경우도 예외가 아니어서 맹자는 탄식했다.

"예전의 어질고 덕행이 뛰어난 성인(聖人)들은 자신의 인격을 먼저 연마함으로써 사람들을 지도하려고 했다. 그러나 요즘의 지도자들은 자신의 인격은 물론이고 남의 인격조차 무시한 채 지도자로 행세한다."

하지만, 자기 수양이 부족한 사람도 끊임없는 자기 반성을 통해 스스로 한 단계 발전할 수 있다. 맹자는 구체적인 요령을 제시한다.

"상대편에게 애정을 쏟아도 상대편이 친근감을 보이지 않을 경우가 있다. 이 때는 인(仁), 즉 어진 마음으로 접근했는가 꼼꼼히 따져 보라. 상대편을 이끌어도 따라오지 않을 경우가 있다. 이 때는 뛰어난 지혜로서 인도했는지 깊이 따져 보라. 노력해도 보답이 오지 않을 경우가 있다. 이 때는 그 원인이 자신에게 있지 않은가 반성하라. 스스로 올바르지 않은 사람은 다른 사람들을 감복(感服)시킬 수 없기 때문이다."

꾸준한 반성과 노력이 있어야 비로소 이상적인 지도자로 성장할 수 있다. 맹자는 그 이상형을 다음과 같이 설명한다.

"인(仁)이라는 이름의 넓고 큰 세상 속에 살면서, 예(禮)라는 이름의 공정한 입장을 유지하고, 의(義)라는 이름의 큰길을 걷는다. 높고 중요한 자리에 발탁된 뒤에도 인(仁)·의(義)·예(禮)를 실천하고, 초야에 묻혀 있을 때는 스스로 혼자서 실천한다. 금전 때문에 마음이 흔들리지 않고, 가난하거나 신분이 낮다는 이유로 절제와 지조를 잃는 일이 없고, 권력 때문에 뜻을 굽히는 경우가 없다. 이와 같은 인물이야말로 진짜 훌륭한 인물이다."

위의 글은 대장부를 상징적으로 표현한 것이다. 맹자는 그 대장부를 다음과 같이 말하기도 한다.

"재산이 많고 사회적 지위가 높다는 이유로 치사한 욕심을 부리지 않는다. 가난하고 신분이 낮다는 이유로 마음이 함부로 흔들리지 않는다. 상대편이 위엄 있고 씩씩하다는 이유로 그 사람 앞에서 쉽게 무릎을 꿇지 않는다."

정말이지 얼마나 의연하고 당당한 인물인가. 그처럼 대장부 같은 모습을 보이려면 구체적으로 어떤 자세를 지켜야 할까. 맹자는 '사람들에게 인정을 받든 못 받든 항상 욕심이 없고 마음이 깔끔하고 겸손해야 한다'고 충고한다. 이른바 담백(淡白)한 자세, 담박(淡泊)한 성품을 권하고 있는 것이다.

"자신의 덕(德)을 소중히 여기고 의(義)를 지키는 것에 기쁨을 느껴라. 그 순간부터 부질없는 집착을 버릴 수 있게 된다. 지도자의 위치에 있는 사람은 가난해도 의(義)를 잃지 않고 재능이 뛰어나도 도(道)를 벗어나지 말라. 그 순간부터 자존심을 지킬 수 있을 뿐더러 백성들의 신망(信望)도 얻게 된다."

맹자가 마음 속으로 간절히 원한 지도자의 모습임에 틀림없다.

* 감복(感服) : 감동하여 진심으로 복종함. 〈예〉 지극한 정성에 감복했다.
* 담박(淡泊·澹泊) : 욕심이 없고 마음이 조촐하다. 맛이나 빛이 산뜻하다. 담백(淡白)하다.
* 신망(信望) : 믿고 바람. 믿음과 덕망. 〈예〉 신망이 두텁다.

4
호연지기를 길러라

학문과 덕이 높고 행실이 바르며 품위를 갖춘 사람을 '군자(君子)'라고 한다. 군자에게는 마음의 동요란 있을 수 없다. 동정과 연민을 가리키는 인(仁), 인간의 도리에 따르고 악(惡)을 부끄러워하는 의(義), 사리를 분별하고 남에게 양보할 줄 아는 예(禮), 옳고 그름과 착하고 악한 것을 구별하는 힘인 지(智)…. 이 네 가지 덕(德)을 고루 갖춘 사람이기 때문에 비록 외부에서 어떤 일이 닥쳐온다 해도 마음이 흔들리지 않는다.

어느 날 제자가 물었다.

"스승님 같은 분이 행정부의 중요한 직책을 맡는다고 해서 이상하게 생각할 사람은 아무도 없을 겁니다. 하지만 실제로 스승님께서 제(齊) 나라의 재상 자리에 오르신다 해도 마음의 동요가 없을까요?"

"물론이지. 불혹의 나이를 넘긴 뒤부터 어떤 일에도 마음의 동요를 일으키지 않게 됐다네."

공자는 자신감 넘치는 표정으로 대답했다.

'불혹(不惑)'이란 '불혹지년(不惑之年)'의 준말이다. 부질없이 망설이거나 무엇에 마음이 홀리거나 하지 않는 상태를 말한다.

'불혹지년'이란 '마흔 살의 나이'를 이르는 것으로 〈논어〉의 '사십이불혹(四十而不惑)'에서 비롯된 말이다. 따라서 불혹이란 '나이 40세'를 가리킬 뿐만 아니라 세상일에 정신을 빼앗겨 갈팡질팡하거나 판단을 흐리는 일이 없게 되었음을 뜻한다. 공자가 40세에 이르러 직접 체험한 것으로 〈논어〉에 언급된 내용이다. 공자는 일생을 회고하면서 학문 수양의 발전 과정에 관하여 다음과 같이 말했다.

"나는 15세가 되어 학문에 뜻을 두었고, 30세에 학문의 기초를 닦을 수 있었다. 40세가 되어서는 미혹(迷惑)하지 않았고(사십이불혹, 四十而不惑), 50세에 이르러서는 하늘의 명을 알았다(오십이지천명, 五十而知天命). 60세에는 남의 말을 순순히 받아들였고(육십이순, 六十而耳順), 70세가 되어서는 마음 내키는 대로 살아도 결코 법도를 넘어서지 않았다."

맹자도 공자처럼 불혹의 경지에 도달할 수 있었다. 어떻게 그것이 가능했을까. 맹자는 그 이유를 다음과 같이 말한다.

"나는 마흔 살의 나이에 사람들의 이야기를 이해하고 판단할 수 있게 되었다. 늘 호연지기를 기르려고 노력해 왔기 때문이다."

맹자는 더 자세히 설명한다.

"타당성 없는 이야기를 들을 경우, 상대편의 어리석은 수준을 판단한다. 터무니없는 이야기를 들을 경우, 상대편이 무엇에 홀려 있는지 판단한다. 간사하고 악독한 이야기를 들을 경우, 상대편이 어디쯤에서 도리를 벗어났는가 판단한다. 잡아떼는 이야기를 들을 경우, 상대편이 어디쯤에서 마음의 벽에 부딪쳤는가 판단한다."

확실한 판단력이 생겼기 때문에 애매 모호한 정보에 발목을 잡힐 일이 없으니 마음의 동요란 있을 수 없다는 뜻이다. 그렇다면 '호연지기(浩然之氣)'란 무엇일까. 맹자는 다음과 같이 설명한다.

"더없이 넓고 크다. 기상과 기개가 더없이 꿋꿋하고 굳세다. 내가 항상 바르게 행동하고 있다는 자신감을 갖고 그것을 길러 간다면, 마침내 그 기(氣)가 천지 사이에 가득 찬다. 그러나 그 기(氣)는 도(道)와 의(義)가 있어야 비로소 존재한다. 도(道)와 의(義)가 없을 경우 홀연히 사라진다. 의(義)를 반복 실행하는 순간에 저절로 도(道)가 얻어진다. 도(道)란 어쩌다 가끔 의(義)를 행동에 옮겼다고 얻어지는 성격의 것이 아니다. 마음에 꺼림칙한 점이 있을 경우에도 도(道)는 사라져 버린다."

한 마디로 말해, 스스로 올바르게 행동하고 있다는 확고한 신념이 널리 인정될 때 '호연지기'가 비로소 나타난다는 뜻이다.

"호연지기를 기르기 위해서는 절대로 성급하게 굴어서는 안 된다."

맹자는 그 말끝에 다음과 같은 사례를 소개한다.

> * 미혹(迷惑) : ① 마음이 흐려서 무엇에 홀림. 〈예〉 재물에 미혹되다. ② 정신이 헷갈려 갈팡질팡 헤맴. 〈예〉 미혹의 세월을 보내다.

송(宋) 나라의 어느 농부는 성격이 급하기로 유명했다. 논밭에 씨를 뿌려 놓고 잠시도 기다리지 못했다. 짬이 나는 대로 논밭에 달려가 곡식이 자라는 모습을 확인해야 직성이 풀렸다.

'빨리 자라게 하는 방법은 정말 없는 것일까?'

겨우 싹이 튼 상태에서도 조바심을 늦추지 못했다. 결국 그 농부는 곡식의 싹을 조금씩 뽑아 올리는 방법을 쓰기로 했다.

"오늘은 무척 피곤하구나. 하지만 싹을 많이 키워 놨으니 그래도 보람은 있단다."

몹시 지친 표정으로 돌아온 농부는 그렇게 말했다. 농부의 아들은 그 말을 듣고 무슨 뜻인지 도저히 이해할 수가 없었다. 날이 밝자마자 농부의 아들은 서둘러 밭으로 달려갔다. 아니나다를까. 농작물의 싹들은 이미 말라죽어 있었다.

맹자는 말한다.

"이 세상에는 그 농부처럼 어리석은 사람이 많아서 호연지기(浩然之氣)

를 기르는 일이 백해무익(百害無益)*하다고 여긴다. 논밭의 김매기도 하지 않으면서 무리하게 싹을 뽑아 올리는 짓을 되풀이한다. 농작물이 죽고 나서야 가슴 아프게 후회한다. 이처럼 조바심은 백해무익할 뿐더러 인격 형성에도 도움이 되지 않는다."

호연지기를 기르기 위해서는 마음의 동요 없이 차분하게 수양해야 한다는 뜻이다.

* 백해무익(百害無益) : 해롭기만 하고 조금도 이로울 것이 없음.

5
부드러운 세상살이

제법 딱딱하고 어려운 말로 충고를 일삼다 보니, 맹자를 지나치게 엄격하거나 고지식한 인물로 착각하는 사람이 많다. 하지만 맹자는 의외로 부드러운 처세술을 강조한 유학자로 유명하다. 맹자는 '학문과 덕이 높고 행실이 바르며 품위를 갖춘 사람'을 이렇게 설명한다.

"자기 주장을 소신껏 펼치되, 엉뚱하게 고집을 부리지 않는다. 새롭게 시작한 일이라는 이유로 무턱대고 끝까지 밀어붙이지 않는다. 다만 의(義)를 중시하여 의를 좇을 따름이다."

의(義)를 중시하여 의를 좇는다는 것은 '올바른 길을 간다'는 의미라고 말할 수 있다. 오직 의를 염두에 두는 일이 가장 중요하기 때문에 때때로 임기응변(臨機應變)도 필요하다는 뜻이다. 잘못된 주장이나 결정을 끝까지 고집할 필요도 없고, 하찮은 일 따위는 중도에 그만두어도 좋다는 의미이다.

"관직에 오르는 일은 생활을 위한 방편(方便)이 아니다. 하지만 때에 따라서는 생계 유지를 위해 관직을 맡아야 하는 경우도 없지 않다. 아내를 맞이하는 것은 집안 일을 돌보기 위해서가 아니다. 하지만 때로는 주변의 일을 돌보기 위해 결혼을 결심할 수도 있다."

그처럼 맹자는 의외로 융통성이 많고 이해심이 깊은 사람이었다.

> * **임기응변(臨機應變)** : 그 때 그 때의 형편에 따라 알맞게 일을 처리함. 〈예〉 임기응변으로 겨우 위기를 모면하다.
> * **방편(方便)** : 그 때 그 때의 형편에 따라서 편하고 쉽게 이용하는 수단. 〈예〉 일시적인 방편.

"중신의 자세에 대해 말씀해 주시죠."

제(齊) 나라의 선왕(宣王)이 맹자에게 질문을 던졌다.

'중신(重臣)'이란 중요한 직무를 맡고 있는 신하를 말한다.

"중신도 중신 나름이죠. 어떤 부류의 중신을 말씀하시나요?"

맹자가 되물었다.

"중신이라면 모두 같은 뜻이 아닙니까?"

왕이 반문했다.

"아닙니다. 친족(親族)인 중신도 있고 친족이 아닌 중신도 있거든요."

"우선 친족인 중신에 대해 말씀해 주시죠."

"친족은 위험한 대상입니다. 왕에게 중대한 잘못이 있다면 분명히 건의를 합니다. 하지만 건의가 받아들여지지 않을 경우, 그들은 왕을 바꾸려고 시도할 것입니다."

맹자의 그 설명에 왕의 얼굴이 붉게 물들었다.

"그렇다면 친족이 아닌 중신에 대해 말씀해 보세요."

"왕에게 잘못이 있을 경우 친족이 아닌 중신들도 건의를 하겠죠. 하지만 자기들의 건의가 먹히지 않을 경우 그들은 이 나라를 떠날 것입니다."

맹자의 견해를 아주 간단하게 이해하면 된다. 상황에 따라서 유연하게 대응해도 좋다는 뜻이기 때문이다. 그처럼 맹자의 기본 사상은 유연한 태도와 임기응변으로부터 출발하고 있다.

그 옛날 주(周) 왕조를 섬기는 일이 떳떳하지 못하다고 생각되어 산에 들어가 굶어 죽은 백이(伯夷)가 있었다.

반대로 은(殷) 왕조를 섬김으로써 인정받는 재상이 된 정치가 이윤(伊尹)도 있었다. 맹자는 이 두 정치가와 공자의 생활 방식을 서로 비교하면서 다음과 같이 평가했다.

"내 생활 방식은 백이나 이윤의 그것과 다르다. 백이는 올바른 군주라고 판단되면 섬겼고 옳은 백성이라고 생각되면 기꺼이 지도했다. 태평한 시기에는 정치에 참여했고 어지러운 시기에는 숨어살았다. 하지만 이와 정반대로 이윤은 어떤 세상이 오든 정치판에 몸을 담았다."

두 사람을 평가한 뒤 공자에 대해 말했다.

"공자의 경우도 남달랐다. 섬겨야 할 군주를 모시다가 그만두어야 할 때를 골라서 미련 없이 물러났다. 오래 머물러야 할 때를 알았고 빨리 물러나야 할 시기를 알았던 것이다."

"스승님, 그 세 사람 중에 과연 누가 성인(聖人)인가요?"

제자가 물었다.

"세 사람 모두 내가 따라가기 어려운 성인임에는 틀림없다. 하지만 나는 개인적으로 공자를 본받고 싶다."

공자, 백이, 이윤 등 세 사람은 각각 다른 생활 방식대로 살았다. 하지만 이들이 모두 성인으로 인정받는 것은, 인(仁)으로 일관하면서 의(義)를 지켰다는 점이 같았기 때문이다. 수단과 방법은 서로 달랐지만 하나같이 원칙에 충실했다는 사실이 공자의 관점이었다. 그토록 융통성 없게 올곧은 성격인 듯하면서도 유연한 태도를 유지한 사람이 바로 맹자였다.

6 남을 설득하는 요령

제 나라의 선왕을 만나던 당시 맹자는 음악을 화제로 삼았다.
"음악을 좋아하신다고 들었는데 사실입니까?"
맹자가 먼저 말을 걸었다.
"글쎄요. 음악에 관해 아는 게 있어야지요. 구태여 말한다면 고전 음악보다는 민요를 좋아하는 편이죠."
왕은 맹자의 유식함에 말려들지 않으려고 한 걸음 물러섰다.
"왕께서 음악을 사랑하신다는 것은 나라가 평화로워진다는 증겁니다. 고전 음악이든 민요든 아무런 차이가 없습니다."
"그런가요?"
왕이 긴장을 풀었다.

"혼자만의 연주, 다른 사람과 어울려 하는 연주…. 어느 편이 더 즐거울까요?"

맹자가 물었다.

"그야 물론, 다른 사람과 함께 어울려 연주하는 게 더 즐겁겠지요."

"다시 한번 묻겠습니다. 한두 사람이 연주하는 것과 여러 사람이 연주는 것 중에 어느 편이 더 즐거울까요?"

"물론 여럿이 연주하는 쪽이 더 즐겁겠지…."

그 정도에 이르렀을 때, 맹자는 본론에 들어갔다.

"자, 이제부터 그 즐거움에 대해 본격적으로 말씀드리죠. 예컨대, 왕께서 연주회를 혼자 감상한다고 합시다. 연주회 장소에서 흘러 나가는 피리 소리, 북 소리를 듣던 백성들은 눈살을 찌푸릴 겁니다."

"왜 그럴까?"

"백성들은 입에 풀칠하기도 어려운 형편인데 왕 혼자 음악만 즐긴다고 생각하기 때문이죠. 백성들과 그 즐거움을 함께 나누지 않고 왕 혼자 즐길 때 불평이 나오는 건 당연합니다."

"함께 어울려 가며 즐기면 불평 불만이 없어질까?"

"물론이죠. 연주회에 참석한 백성들은 무척 즐거운 표정을 지을 겁니다. 그뿐인 줄 아세요? '왕께서 얼마나 건강하시면 그토록 아름다운 음악을 즐기고 계실까?' 하고 덕담(德談)*을 나누게 될 것입니다.

흥겨운 음악을 감상하여 즐겁고 백성들의 환한 표정을 만나게 되니 얼마나 바람직한 일입니까? 백성들과 즐거움을 함께 나누는 왕에게는 언제나 좋은 일만 일어나게 됩니다."

"참으로 지당한 말씀이오."

"앞으로 백성들과 즐거움을 나누는 일에 솔선하는 순간부터 새로운 세계가 펼쳐집니다. 제(齊) 나라의 왕이 아니라 천하의 황제로 거듭 태어나게 되는 것이죠."

상대방의 관심을 끌어들이기 위해 상대편을 치켜세우는 전략은 맹자의 독특한 설득 요령에서 비롯된 것이다. 일단 상대방의 호감을 얻은 뒤 절묘한 문답을 유도함으로써, 이쪽의 리듬(rhythm)*과 페이스(pace)*에 말려들게 한다. 그러다가 마지막에는 결정적인 건의나 주문을 함께 내놓아 고개를 끄덕이게 만든다. 그것은 맹자가 즐겨 활용하던 설득 기술의 하나였다.

* 덕담(德談) : 상대편에게 잘되기를 비는 말이나 인사.
* 리듬(rhythm) : ① 사물이 되풀이될 때의 그 규칙적인 움직임. 〈예〉 생활의 리듬이 흐트러지다. ② 음악의 3요소의 하나. 음의 장단과 강약이 일정한 규칙에 따라 되풀이되는 것. 율동. 〈예〉 리듬에 맞추어 춤을 추다. ③ 글이 지닌 음성적인 가락. 시의 운율.
* 페이스(pace) : ① 운동 경기 나 경주 따위에서 하는 힘의 배분. 〈예〉 상대편의 페이스에 말려들다. ② '일상 생활의 리듬'을 비유하여 이르는 말. 〈예〉 이런 페이스로는 목표 달성이 어렵다.

맹자는 20여 년 동안 인의(仁義)에 근거한 왕도 정치를 설교하기 위해 여러 나라의 왕들을 만났다. 그 당시 여러 사상가들이 각 나라를 돌아다녔음에도 유난히 맹자의 사상만이 널리 알려진 이유는 무엇일까. 맹자는 남을 설득하는 요령에서 출중(出衆)한 재능을 발휘했기 때문이다.

우리 독자들이 맹자에게 배워야 할 장점 중의 하나는 박진감(迫眞感)* 넘치는 설득 기술이다. 〈맹자〉에 나오는 여러 가지 주장과 문답 과정을 간추려 볼 때 대체로 세 가지 특징을 발견할 수 있다.

첫째, 되묻는 형식이 많이 발견된다. 남의 물음에는 대답하지 않는 대신 도리어 되받아치듯 질문을 던지고, 그 반문(反問)에 대한 상대방의 반응을 확인한 뒤 비로소 자기 의견을 말한다.

둘째, 일단 상대방을 치켜세움으로써 호감을 얻는다. 처음부터 막다른 구석으로 몰아가듯 반론을 제기할 경우 괜히 반발을 얻어 설득 효과가 없어지기 때문이다. 이 점을 의식한 맹자는 가장 먼저 상대편을 칭찬함으로써 우호적인 분위기로 이끌어 가고 있다.

셋째, 한 단계 한 단계 계단을 밟고 올라가는 것처럼 하나 하나의 논리에 초점을 맞추면서 야금야금 먹어 들어가듯 질문해 나가는 방법은 맹자의 특징이다. 그러다 보면 상대편은 어느 새 맹자의 리듬과 페이스에 말려들기 시작한다.

* 출중(出衆) : 뭇사람 가운데에서 뛰어나다.(예) 출중한 인물.
* 박진감(迫眞感) : 예술적 표현에서, 현실의 모습과 똑같을 만큼 진실감이 넘치는 느낌.

CHAPTER 07
제갈량집
諸葛亮集

〈제갈량집〉은 중국 삼국시대 촉(蜀) 나라의 정치가이자 장군인 제갈 공명(제갈량 : 서기 181~234)의 주장을 모은 것으로 274년 발간되었다. 사실상의 원작인 〈제갈씨집〉은 4편 10만여 자로 구성되었으나 그 뒤 없어지고 지금은 전해지지 않는다. 4권으로 이루어진 〈제갈량집〉은 명(明) · 청(淸) 나라 때 다시 편집되었다. 이 문집은 주로 정치론(政治論) · 용병론(用兵論) · 장수론(將帥論) 등으로 엮어졌으며, 제갈량의 정치적 사상과 군사적 사상이 핵심적으로 다루어져 있다.

제갈 공명의 정치적 사상은 다음과 같다.

첫째, 규율과 질서를 바로 세우고 윗사람과 아랫사람이 화합해야 한다. 둘째, 폭넓게 보고 들으며 충성스런 건의를 받아들여야 한다. 셋째, 현명한 인재를 선택하여 적성과 전공에 맞는 역할을 맡기고 백성의 생활을 안정시켜야 한다. 넷째, 법령을 분명히 적용하고 상벌을 엄격하게 실시해야 한다.

제갈 공명의 군사적 사상은 다음과 같다.

첫째, 군대의 기초는 사병에 있다. 둘째, 군기를 엄격히 바로잡아야 한다. 셋째, 훈련을 엄격히 실시해야 한다. 넷째, 힘을 헤아려 병사를 활용하고 늘 유비무환(有備無患)*을 염두에 두어야 한다. 다섯째, 대비가 잘된 지역을 피하고 허점이 많은 지역을 집중 공격해야 한다.

* 유비무환(有備無患) : '준비가 있으면 근심할 것이 없음'을 이르는 말.

1
이렇게 천하를 통일하라

〈제갈량집〉은 〈손자〉 이후 고전적인 병법서의 전통을 고스란히 이어받고 있다. 제갈 공명의 병법(兵法)도 다른 책과 다르지 않게 전략과 전술을 해설하고 있지만, 인간 그 자체에 대한 통찰력이 유난히 깊은 편이어서 전형적인 '인간학'이라고 해도 과언이 아니다. 요즘 들어 '경영 전략서'나 '처세 지침서'라는 이름으로 번역되어 많은 사람들의 사랑을 받고 있다.

제갈 공명은 서기 181년에 태어났다. 200년 남짓 지속된 후한(後漢) 왕조가 내부 혼란으로 무너졌고 마침내 군웅할거(群雄割據)*의 시대가 도래하고 있을 때였다. 그 수많은 영웅 호걸 중에서 서서히 떠오른 사람이 바로 위(魏)나라의 조조였다.

소설 속에서는 간사한 영웅이나 악인의 전형으로 묘사되고 있으나, 실제의 조조는 특출한 경영 기법의 소유자로 알려져 있다. 맨몸으로 출발하여 그토록 빠른 시일 안에 혼란의 한복판을 휘저으며 막강한 실력자로 등장한 인물은 역사적으로 그리 많지 않다. 조조의 유능하고 눈부신 활약 앞에서는 그처럼 끈기를 자랑하던 촉한(蜀漢)의 유비도 견딜 재간이 없었다.

한때나마 조조 밑에서 목숨을 부지하던 유비는 얼마 뒤 반란을 시도한다. 하지만 조조의 무자비한 반격으로 막다른 골목에 몰리자 형주(荊州)의 유표를 찾아가 죽음을 모면하게 된다. 그 때부터 유비는 6년 동안 무료한 시간을 보내면서 금싸라기 같은 세월을 허송한다. 그 당시 비통한 심정으로 뱉어 낸 한탄의 말은 너무도 유명한 고사 성어가 되었다.

"말을 타고 전쟁터에 나가지 못한 지 너무 오래되었네. 어쩌다 이렇게 긴 세월이 흘렀는가. 하는 일 없이 놀고 먹다 보니 결국 넓적다리에 살만 붙고 말았네."

유비가 내뱉은 그 말 때문에 생긴 것이 '비육지탄(髀肉之嘆)' 이다. '보람 있는 일을 하지 못하고 헛되이 세월만 보내는 신세를 한탄하는 것' 을 비유한 말이다.

* 군웅할거(群雄割據) : 많은 영웅들이 각지에 자리 잡고 세력을 떨치며 서로 맞서는 일.

신야(新野)라는 이름의 작은 성(城)에서 4년 동안 하릴없이 지내던 시기였다. 유표의 초대를 받아 연희에 참석하던 그 날, 유비는 변소에 갔다가 자기 넓적다리에 유난히 살이 오른 걸 확인하던 순간 눈물을 주르르 흘렸다.

"사내 대장부가 울다니요? 도대체 왜 울었습니까?"

유비의 눈자위에 남겨진 눈물 자국을 본 유표가 캐물었다.

"언제나 내 몸은 말안장을 떠나지 않아 넓적다리에 살이 붙을 겨를이 없었습니다. 하지만 요즈음은 말을 타는 일이 없다 보니 넓적다리에 살이 올랐어요. 세월은 속절없이 달려가고 머지않아 늙음이 닥쳐올 터인데, 아무런 업적도 이루지 못하고 있으니 오늘의 처지가 서글퍼서 울었답니다."

그 대답 끝에 유비는 또 한번 울먹였다.

― 말을 타고 전쟁터에 나가지 못한 지 너무 오래되었네. 어쩌다 이렇게 긴 세월이 흘렀는가. 하는 일 없이 놀고 먹다 보니 결국 넓적다리에 살만 붙고 말았구나.

'비육지탄(髀肉之嘆)' 이란 그렇게 탄생된 말이다. 종아리 뒤쪽의 살이 불룩한 부분은 장딴지이며 '비장(腓腸)' 이라고도 부른다.

그처럼 비참한 나날을 보내던 유비에게 희망을 가져다 준 것이 제갈 공명과의 만남이었다. 그 당시의 기준으로 이미 인생의 노년에 접어들던 47세 때 유비는 약관(弱冠)* 27세의 제갈 공명을 만나게 된다.

> *** 약관(弱冠)** : ① 남자의 나이 스무 살, 또는 스무 살 전후를 이르는 말. 〈예〉 약관에 과거에 급제하다. ② 젊은 나이. 〈예〉 20대의 약관임에도 불구하고 큰 사업을 일으켰다.

유비는, 초가 오두막집에서 은둔 생활을 하고 있던 제갈 공명을 세 차례나 방문하며 각별한 예의를 갖추었다. 이 때 감격한 제갈 공명이 유비를 맞기 위해 오두막집을 벗어나 말을 타고 달렸다는 고사에서 유래한 말이 '출려'이다.

출려(出廬). 날 출(出), 오두막집 려(廬)…. 은둔 생활을 그만두고 관직에 오르는 일을 말한다. '널리 사회에 진출하여 활약하는 것'을 말하기도 한다.

더 유명해진 말로서 '삼고초려(三顧草廬)'가 있다. 유비가 시골에 은거하고 있던 제갈 공명의 초가집을 세 번이나 찾아가 간청하여 제갈 공명을 맞아들인 고사에서 비롯된 말이다. '인재를 맞아들이기 위해 여러 번 찾아가서 예를 다하는 일'을 뜻한다.

삼고초려를 '삼고지례(三顧之禮)'라고도 한다. 석 삼(三), 돌아볼 고(顧), 의 지(之), 예도 례(禮)…. 세 번 찾아간다는 뜻으로, 사람을 '진심으로 예를 갖추어 맞이한다'는 것을 비유한 말이다.

관우·장비와 의형제(義兄弟)*를 맺고 허물어져 가는 한(漢) 나라의 부흥을 위해 애쓰던 유비는 능력을 발휘할 기회를 잡지 못하고 세월만 허송하며 한탄했다. 유표에게 몸과 마음을 맡기는 신세로 전락하고 말았으니 비통할 만도 했을 것이다. 유비는 관우·장비처럼 강한 군사력의 소유자이면서도 조조에게 여러 차례 당했었다. 참패를 거듭한 이유가 유효 적절한 전술을 발휘할 지혜로운 참모가 없었기 때문이라는 사실을 깨닫고 유비는 유능한 참모를 물색하기 시작했다.

　유비는 초야에 묻혀 사는 제갈 공명을 맞기 위해 장비·관우와 함께 예물을 싣고 양양(襄陽)에 있는 그의 초가집을 찾아갔으나, 세 번째 가서야 비로소 만날 수 있었다.

　이 때 제갈 공명은 27세였고 유비는 47세였다.

　삼고지례(三顧之禮). 다시 말해, 유비가 제갈 공명을 설득하기 위해 누추한 초가집을 세 번씩이나 찾아간 고사에서 유래한다. 유능한 인재를 얻기 위해서는 '인내심을 발휘하고 최선을 다해야 한다' 는 뜻이 들어 있다.

　제갈 공명은 본디 비천한 신분으로 그 곳에서 손수 농사를 지으면서 사실상 숨어 지냈다. 유명한 선비 서서(徐庶)를 제외하고는 아무도 알아주지 않았지만, 제갈 공명은 언젠가 뜻을 펼칠 때가 올 것이라고 굳게 믿으며 기다렸다.

* **의형제(義兄弟)** : '결의형제(結義兄弟)' 의 준말. 남남이 의리로서 형제 관계를 맺음, 또는 그런 형제.

　어느 날 유비에게 서서가 찾아왔다.

　"장군 밑에는 훌륭한 장수가 많지만 군사(軍師)가 없어 힘을 쓰지 못합니다."

　'군사(軍師)' 란 전쟁터에서 주장(主將)을 따라다니며 작전이나 계략을 궁리해 내는 사람, 교묘한 책략과 수단을 잘 꾸며내는 사람을 말한다.

　"어디 마땅한 인물이라도 있나요?"

　유비가 관심을 보였다.

　"내 친구 제갈 공명을 만나 보시지요."

　평소 모사(謀士)*의 필요성을 뼈저리게 느끼고 있던 유비는 시골에서 한

가하게 농사를 지으며 살던 제갈 공명을 만나 보기로 작정한다. 유비는 제갈 공명을 세 번째 찾아가서야 겨우 만날 수 있었고 군사(軍師)로 모시게 된다.

"그대는 나와 수어지교입니다."

유비가 말한 '수어지교(水魚之交)'는 '물고기와 물이 서로 만난 듯 밀접한 사이'라는 뜻이었다. 제갈 량(제갈 공명)은 그의 '출사표(出師表)'에서 다음과 같이 썼다.

"나는 원래 서민으로 시골에서 밭을 갈고 있었다. 유비는 내가 미천한 신분임을 알고도 스스로 허리를 굽혔다. 내 초가집을 세 번이나 찾아와서 내가 해야 할 일에 대하여 간곡히 말했다. 드디어 나는 열심히 봉사할 것을 맹세했다."

* 모사(謀士) : ① 계책에 능한 사람. ② 남을 도와 계책 쓰기를 좋아하는 사람. 책사(策士).
* 출사표(出師表) : ① 출병에 임하여 그 뜻을 임금에게 올리던 글. ② 중국 삼국 시대에, 촉나라 제갈량이 출전에 앞서 임금에게 바친 글.

그 당시 제갈 공명은 유비가 찾아올 때까지 청경우독의 나날을 보내고 있었다. '청경우독(晴耕雨讀)'이란 '맑은 날은 논밭을 갈고, 비 오는 날은 책을 읽는다'는 뜻으로 '부지런히 일하며 여가를 헛되이 보내지 않고 공부하는 것'을 이르는 말이다.

"한스럽게도 6년 간의 세월을 허송했소. 내가 지금부터 할 일이 무엇인지 알려 주시오."

제갈 공명의 초라한 오두막집을 방문한 유비가 말했다.

"천하를 세 조각으로 분할하는 것이 장군께서 할 일입니다."

제갈 공명은 오랜 침묵 끝에 입을 열었다. 그가 말한 요지는 이른바 '천하삼분지계(天下三分之計)'였다. 유비, 조조, 손권 등이 중국 대륙을 쪼개어 세 나라로 만든 뒤 나중에 유비가 천하를 통일한다는 계획이었다. 북쪽으로부터 남침해 오는 조조의 세력을 오(吳) 나라 손권과 힘을 합쳐 저지하고, 우선 세 나라가 분할 점거하는 상태를 만든다. 그리고 나서 유비 쪽에서 천하 통일을 이룩한다는 계책이었다.

"캄캄한 밤중에 밝은 빛을 만난 격이오!"

의기소침(意氣銷沈)*해 있던 유비가 주먹을 불끈 쥐었다. 즉시 제갈 공명을 군사(軍師)로 맞아들였고, 날이 갈수록 제갈 공명이 제시하는 전략과 전술에 빠져들었다.

그 때 유비와 제갈 공명의 의기투합(意氣投合)*에 대하여 불만을 토로한 사람들은 관우와 장비였다. 관우·장비는 유비와 의형제를 맺은 사이로서 오랫동안 친형제 이상의 관계를 계속해 왔기 때문에, 두 사람을 그대로 내버려둔다면 불만이 폭발할지 모른다고 유비는 생각했다.

"내가 제갈 공명을 얻은 것은 마치 물고기가 물을 얻은 것과 같아. 제발 동생들이 이해하고 아량을 베풀어야 해. 제갈 공명이 우리 형제들 옆에 있는 한, 천하 통일은 머지 않았어!"

유비는 관우와 장비를 타일렀다. 비록 나이가 젊긴 하지만 제갈 공명을 내 형제처럼 받아들일 때, 천하 통일이라는 위업을 달성할 수 있다고 확신했던 것이다.

결국 제갈 공명의 계략에 따라, 드넓은 대륙은 시원시원하게 세 나라로 정리된다. 위(魏) 나라의 조조, 오(吳) 나라의 손권, 촉(蜀) 나라의 유비 등이 환상적인 3등 분할의 주인공들이 된 것이었다.

* 의기소침(意氣銷沈) : 기운을 잃고 풀이 죽음. 의욕을 잃고 기가 꺾임.
* 의기투합(意氣投合) : 서로 마음이 맞음.

중국 대륙이 세 명의 영웅에 의해 점령되던 그 당시, 결정적인 전환점이

된 것은 '적벽(赤壁)의 싸움'이었다. 서기 208년 조조를 상대로 유비와 손권의 연합군이 벌인 전투였다. 유비는 이 싸움에서 오(吳) 나라의 손권을 설득하는 데 성공한다. 손권이 이끌던 해군은 양쯔강을 거슬러 올라간 적벽에서 조조의 막강한 부대를 쑥대밭으로 만들어 버린다. 그 승리를 발판으로 삼아 유비는 마침내 221년 촉한(蜀漢)을 세운다. 그것은 제갈 공명이 꿈꾸며 장담하던 '천하삼분지계(天下三分之計)'의 완성이었다.

적벽 대전(赤壁大戰)이란 양쯔강 남쪽에 있는 적벽에서 벌어진 전투로서, 위(魏) 나라의 조조가 오(吳) 나라의 손권과 촉(蜀) 나라의 유비 연합군을 상대로 치른 싸움이다.

원소(袁紹)를 무찌르고 화북(華北)을 평정(平定)*한 조조는 중국 대륙을 통일하기 위해 80만 대군을 이끌고 남하했으며, 적벽에서 오·촉 연합군과 대치하게 되었다. 하지만 오(吳) 나라 황개(黃蓋)가 불을 질러 공격해 오면서 전투용 배들이 불타는 바람에 크게 패한 뒤 화북으로 후퇴했다. 그 결과, 손권의 강남 지배가 확정되고 유비도 형주(荊州 : 湖南省) 서부에 세력을 얻어 천하 삼각 분할의 형세가 확정되었다.

* 평정(平定) : (난리를) 평온하게 진정시킴. 〈예〉 반란을 평정하다.

조조가 죽자 그의 아들 조비(曹丕)가 세운 위(魏) 나라, 손권의 오(吳) 나라, 유비의 촉한(蜀漢) 등 세 나라의 시대로 접어든다. 이른바 '삼국 정립(三國鼎立)'의 시대였다. 제갈 공명은 건국과 동시 재상에 임명되어 국내 정치를 총괄하는 최고 책임자의 자리에 올랐고, 20년 동안 그 자리를 지킬 수 있었다. 역사가이자 〈삼국지〉를 저술한 진수(陳壽)의 평가대로, 제갈 공명은 제(齊) 나라의 유명한 재상 관중(管仲)에 견줄 만한 인물이었기 때문이다.

* 삼국 정립(三國鼎立) : (솥발 모양으로) 셋이 벌여 섬. 〈예〉 삼국(三國)이 정립하다.

2 지도자가 존경받는 이유

〈삼국지〉의 저자 진수는 말한다.

"제갈 공명은 충성(忠誠)이 어떤 의미인지 제대로 아는 인물이었다. 하지만 어찌나 포용력이 대단했던지, 이익이 된다고 판단될 때는 적대 관계에 있던 사람에게도 과감히 상(賞)을 내렸다."

한때 원수지간이었더라도 충성을 다한 끝에 공적을 올리면 반드시 상을 주었다는 것이다. 그만큼 제갈 공명은 생각이 깊고 실속을 차릴 줄 아는 인물이었다.

"아무리 친한 사이더라도 법을 어기거나 게으른 사람은 반드시 처벌한다. 자기가 저지른 죄를 알고 뉘우치며 정성을 쏟는 사람은 아무리 죄가 무겁더라도 반드시 용서한다. 말장난을 즐기고 잔꾀를 능숙하게 부리는 사람은 비록 죄가 가볍더라도 반드시 중형으로 다스린다."

〈삼국지〉의 필자 진수는 다시 말한다.

"선량한 일을 하면 아무리 하찮더라도 칭찬하지 않는 경우가 없었다. 나쁜 일을 저지르면 아무리 하찮더라도 벌을 주지 않는 경우가 없었다. 결국 나라 안의 모든 백성들이 제갈 공명을 존경하고 두려워하면서도 사랑하게 되었다. 형벌이 지나치게 엄했음에도 원망하는 부하나 백성이 없었다."

왜 그랬을까. 모든 백성과 부하들을 하나같이 평등하게 상대했고 법의 집행이 공평무사했기 때문이다. '공평 무사(公平無私)'란 어느 한쪽에 치우치지 않고 공정하며 사사로움이 없음을 말한다.

공명은 아침에 일찍 일어났고 밤늦도록 맡은 바 업무에 정성을 쏟았다. 사생활도 보기 드물게 검소했으니, 그가 죽은 뒤에 드러난 개인 재산은 거의 남아 있지 않았다고 한다. 한 마디로 말해, 부지런하고 엄하고 실속 있고 강직하고 책임감이 대단한 인물이었다.

이미 죽은 유비의 뒤를 이어 그의 아들 유선(劉禪)이 촉한(蜀漢)의 2대 임금자리에 올라 있을 때였다. 남이 알게 모르게 전투 태세를 갖추어 가던 공명은 드디어 위(魏) 나라를 공격하기 위해 원정길에 오른다. 온 나라의 힘을 한데 모으니 그 위용이 하늘을 찌를 듯했다. 이 때 유선 앞으로 한 편의 글을 올린다. 이것이 바로 그토록 유명해진 '출사표'였다.

'출사표(出師表)'란 군사를 싸움터로 내보낼(출사, 出師) 때 그 뜻을 임금에게 올리던 글이다. 역사적으로는 제갈 공명이 싸움터로 향하기 전에 임금에게 바친 글을 그렇게 부른다. 전편은 227년에 작성되었고 후편은 228년에 쓰여졌다.

"선제(先帝, 유비)께서 한(漢) 나라 부흥을 위한 사업을 시작하셨지만 아직 절반도 이루지 못하고 중도에 붕어(崩御)*하셨습니다. 이제 천하가 세 등분으로 나누어지고 그 중에서 촉한의 익주(益州) 백성들이 가장 지치고 쇠약해졌으니, 지금이야말로 살아남느냐 망하느냐 결정해야 할 위급한 시기입니다."

공명의 출사표는 그렇게 시작된다. 국가의 장래를 우려한 그 글은 공명의 거짓 없는 애국심과 애틋한 마음이 잘 드러나 있다. 굳은 결의와 뜨거운 정열이 짙게 배어 있는 그 문장들은 동서고금을 통해 가장 격조 높은 글로 널리 알려져 있다.

그 출사표에 포함된 말 중에 '위급존망지추(危急存亡之秋)'가 있다. 위험할 위(危), 급할 급(急), 있을 존(存), 망할 망(亡), 어조사 지(之), 시기 추(秋)…. 사느냐 죽느냐 하는 위급한 시기란 뜻이다.

넓은 세계로 눈을 돌려라

* **붕어(崩御)** : 임금이 세상을 떠남. 〈예〉 황제께서 붕어하시다. 〈비슷한말〉 승하.

유명한 출사표를 탄생시킨 제갈 공명의 그 원정은 실패로 끝났다. 그가 선봉대의 지휘관으로 기용한 마속(馬謖)이 큰 실수를 저질렀기 때문이다. 젊은 마속을 지휘관으로 내세운 것은 장래성 있는 젊은이에게 전공(戰功)을 세우게 함으로써 자신감을 심어 주어 훌륭한 지도자로 키워 보려는 배려였다.

공명은 마속에게 치밀한 작전 명령을 내렸으나, 마속은 지시를 어기고 엉뚱하게 산 위에 병사들을 대기시켰다. 위(魏) 나라의 총사령관이자 백전노장(百戰老將)*인 장합(張郃)은 마속의 조그만 허점도 놓치지 않았다. 그 즉시 마속의 군대가 진을 친 산을 포위하여 물과 식량의 보급로를 차단하고 지구전을 펼쳤다. 그대로 대치하다가는 죽음뿐이라고 생각한 마속은 전군에 총공격을 명령한 뒤 산밑으로 돌진했다. 그 순간을 기다리던 장합의 군사들에게 단숨에 섬멸(殲滅)*된 것은 물론이었다.

이 전투의 참패로 공명의 1차 원정은 물거품이 되었고 작전만 노출시킨 결과가 되고 만다. 패전의 책임은 전적으로 마속에게 있었다. 군대의 질서를 유지하려면 그대로 덮어 둘 수는 없었다. 공명은 눈물을 머금고 마속의 목을 베었으며, 마속을 중요한 자리에 임명한 자신의 실책을 인정하여 왕에게 처벌을 자청했다.

이 때 탄생한 고사 성어가 바로 '읍참마속(泣斬馬謖)' 이다. 소리 없이 울 읍(泣), 벨 참(斬), 말 마(馬), 일어날 속(謖)…. 슬피 울면서 마속의 목을 벤다는 뜻으로, '사사로운 감정을 버리고 엄하게 법을 지켜 기강을 바로 세우는 일'에 비유한 말이다. 명령에 따르지 않고 제멋대로 싸우다가 패한 마속을, 그 전날의 공과 두터운 친분에도 불구하고 울며 목을 베어 본보기로 삼았다는 고사에서 비롯되었다.

사랑하고 아끼는 사람의 목을 베었으니 공명은 얼마나 냉정한 사람이었을까. 하지만 피도 눈물도 없는 인물은 결코 아니었다. 어쩔 수 없이 마속을 처형했지만, 한편으로는 그의 유족에 대하여 예전과 다름없이 각별한 대우를 보장해 주는 등 따스한 인정을 베풀었다. 이와 같은 모습이 존경을 받는 근거였고 공명의 남다른 매력이었던 것이다.

패전의 상처를 치유하고 군사력을 다시 정비한 공명은 몇 차례 더 원정의 깃발을 올렸지만, 그 때마다 물자 보급의 한계에 부딪쳐 눈물을 머금고 철수할 수밖에 없었다. 그리고 얼마 뒤 새로운 결의를 다진 끝에 마지막 원정을 단행한다. 다섯 번째로 나선 원정의 길이었다.

공명의 군대는 태령산맥(泰嶺山脈)을 넘어 오장원(五丈原)까지 진출했다. 상대편 총사령관은 위(魏) 나라의 노련한 장군 사마 중달(司馬仲達)이었다. 사마 중달은 제갈 공명과의 정면 대결을 철저히 피하고 어디까지나 지구전을 노렸다. 오래 끌면 끌수록 결국 원정군이 불리해질 것이기 때문이었다. 두 나라 군대의 지루한 대치가 100일 이상 지속되던 중에 공명은 결국 병으로 쓰러진다.

* **백전노장(百戰老將)** : ① 수없이 많은 싸움을 치른 노련한 장수. ② '세상일을 많이 겪어서 여러 가지로 능란한 사람'을 비유하여 이르는 말.
* **섬멸(殲滅)** : 남김없이 무찔러 없앰. 〈예〉적을 섬멸하다.

서기 234년, 제갈 공명은 10만 대군을 이끌고 위(魏) 나라의 사마 중달과 오장원에서 대치하던 중 자신의 죽음을 예감한다. 공명은 자신의 모습을 본뜬 좌상(坐像)을 만들어 수레에 앉힌 뒤, 살아서 지휘하는 것처럼 보이게 했으나 곧 병으로 죽는다. 촉(蜀) 나라의 군사들은 어쩔 수 없이 철수하는 도리밖에 없었다.

위 나라의 장수 중달은 공명에게 여러 차례 혼쭐났던 터여서, 적극 공세를 취하지 못한 채 촉 나라의 군사가 지칠 때만 기다리고 있었다. 그러던 중에 공명이 병을 죽었다는 소식을 듣는다.

중달은 공명의 사망 소식이야말로 촉 나라의 군대를 무찌를 수 있는 절호의 기회라고 생각했다. 그 순간부터 총력을 다하여 촉의 군사를 추격하기 시작했다. 하지만 촉(蜀) 나라의 군사들이 갑자기 태도를 바꾸어 북을 치고 깃발을 흔들면서 위(魏) 나라의 군사 쪽으로 반격해 왔다. 게다가 수레 위에 공명이 살아서 앉아 있는 것처럼 보이게 했다.

이것을 보고 중달은 공명이 죽었다는 소문과 후퇴 작전은 모두 자기를 유인하기 위한 위장 전술이라고 판단했다. 그 즉시 추격을 멈추고 병사들을 철수시켜 정면 대결을 피했다. 철수하던 병사들이 결사적으로 공격해 올 경우, 오히려 추격하는 쪽이 타격을 받을지도 모른다고 생각했기 때문이다.

세상 사람들은 중달의 이러한 행동을 보고 '죽은 공명이 살아 있는 중달을 달아나게 했다'고 비웃었다. 그러자 중달은 쓰게 웃으면서 '살아 있는 사람의 일이야 알 수 있지만 죽은 사람이 하는 일을 어찌 알겠느냐?'라고 대꾸했다고 한다.

이 고사를 통해 태어난 것이 '사공명주생중달(死孔明走生仲達)'이다. 죽을 사(死), 구멍 공(孔), 밝을 명(明), 달아날 주(走), 날 생(生), 버금 중(仲), 달할 달(達)…. '죽은 제갈 공명이 살아 있던 사마 중달을 도망치게 한다'는 뜻으로, '죽은 뒤에도 적이 두려워할 정도로 뛰어난 장수 또는 겁쟁이'를 비유한 말이다.

'사공명주생중달'이란 '탁월한 지략을 갖춘 인재는 죽어서도 그 값을 한다'는 뜻이다. 때로는 '한번 싸워 보지도 않고 미리 도망치는 겁쟁이'라는 뜻도 있다. 사제갈주생중달(死諸葛走生仲達)이라고 쓰기도 한다.

* 좌상(坐像) : 앉아 있는 모습을 나타낸 그림이나 조각.

결국 제갈 공명은 다섯 차례에 걸친 원정을 성공시키지 못하고 죽어 갔지만, 원정 실패를 이유로 그의 능력과 업적을 낮게 평가하기는 쉽지 않다. 그는 분명히 역사적으로 연구할 만한 가치 있는 인물이었고 자질이 뛰어난 지도자였다.

다섯 차례의 원정에서 알 수 있듯이, 국력 차이와 물자 보급 등의 측면에서 공명의 군대에게는 불리한 조건들이 너무 많았다. 현실적으로 승리할 가능성이 거의 없는 조건들이었다. 하지만 공명이 수립한 전략과 전술은 어느 군대나 쉽게 대항할 수 없는 성격이었고, 최악의 경우에도 결코 패배하지 않겠다는 전략이었다.

전쟁에서의 패배는 국가의 멸망으로 이어진다. 비록 승리하지는 못하더라도 패배를 피하는 길이 있다면 찾아야 하는 것도 그 때문이다. 공명이 지휘한 전투의 결과를 놓고 볼 때 분명히 확실한 승리는 없었다. 그러나 결코 패배한 적도 없으니 어떤 의미에서 실력 이상으로 잘 싸운 선전(善戰)이었다.

공명은 10년도 채 안 되는 기간에 대규모 원정을 다섯 차례나 시도했다. 미련하거나 평범한 지도자였다면 어느 새 나라를 멸망시켰을 테지만, 공명의 경우는 그 동안 국내 정치에 아주 작은 혼란도 불러일으키지 않았다. 부하들은 물론이고 백성들마저 일치 단결하여 공명의 지휘를 철저히 믿고 따랐기 때문이다.

공명의 뛰어난 지도자로서의 능력과 자질은 어디서 비롯된 것일까. 그것은 다름이 아니라 신상필벌, 공평무사, 솔선수범이었다. 상을 줄 만한 사람에게는 반드시 상을 주고 벌을 줄 만한 사람에게는 반드시 벌을 준다는 뜻으로, 상벌을 규정대로 분명하게 하는 것이 '신상필벌(信賞必罰)'이다. 사람들을 대할 때 공평하고 사사로움이 없는 것이 '공평무사(公平無私)'요, 모든 사람들보다 앞장 서서 행동함으로써 모범을 보이는 것이 '솔선수범(率先垂

範)'이다. 그러한 관점에서 제갈 공명은 정치적으로나 군사적으로나 매우 훌륭한 지도자였다.

3 부하를 잘 다루는 법

제갈 공명은 '장수론(將帥論)'과 '용병론(用兵論)'을 저술한 것으로 유명하다. 장수론은 지도자나 관리자들이 참고할 내용이 적지 않고, 용병론은 부하 직원을 다루는 요령을 터득하는 데 활용할 만한 것들이 많다.

공명은 장수를 인(仁) 의(義) 예(禮) 지(智) 신(信) 보(步) 기(騎) 맹(猛) 대(大) 등 아홉 가지 측면에서 분류하고 있다.

첫째, 인장(仁將)은 품위·인격·학식 등이 높고 뛰어나다. 너그러운 도덕적 품성과 원활한 인간 관계를 존중하면서 아랫사람들과 어울려 고생할 줄 아는 인물이다.

둘째, 의장(義將)은 왕성한 책임감을 가지고 자기 임무를 완수하지만 개인의 이익은 고려하지 않는다. 명예를 위해서는 죽음도 사양하지 않을 뿐만 아니라, 살아서 수치와 모욕을 당하는 것을 비겁하게 여긴다.

셋째, 예장(禮將)은 지위가 높아질수록 거들먹거리지 않고 전투에서 승리하더라도 생색을 내는 일이 없다. 굳세고 꿋꿋하면서도 끈기와 참을성이 많다. 현명하다는 장점은 있지만 적극적인 면이 부족하다는 단점도 없지 않다.

넷째, 지장(智將)은 슬기로운 계략이 뛰어나기 때문에 어떤 사태에 직면하더라도 종횡무진(縱橫無盡)*으로 대응할 수 있다. 상황을 반전(反轉)*시킬 줄 아는 재능이 있어 위기에 빠져도 쉽게 탈출한다.

다섯째, 신장(信將)은 부하를 다스릴 때 신상필벌(信賞必罰)에 충실하고 한번 약속한 것은 반드시 지키기 때문에 폭넓은 지지를 얻는다.

여섯째, 보장(步將)은 말보다 빨리 달릴 정도로 민첩하고 칼과 창 다루기에도 능력을 발휘한다. 투지가 대단하여 국경 수비에 적당한 장수다.

일곱째, 기장(騎將)은 험준한 지대와 가파른 산길도 거침없이 내달린다. 달리는 말 위에서도 능란하게 활을 쏠 줄 안다. 진격할 때는 맨 앞에 나서고 후퇴할 때는 대열 맨 뒤를 맡는다. 요즘 기준으로 따지면 현장 관리형 지도자에 속한다.

여덟째, 맹장(猛將)은 맨 앞에서 병사들을 지휘하고 어떠한 강적 앞에서도 기가 죽지 않는다. 상대편이 의외로 강하거나 만만하지 않은 적일수록 투지를 불태운다.

아홉째, 대장(大將)은 상대편이 현명하게 보이면 정중하게 대우하고 충고와 건의에도 너그럽게 귀를 기울인다. 마음의 폭이 넓으면서도 강직한 성품을 잃지 않을 뿐만 아니라 임기응변의 재치가 뛰어난 편이다.

> * **종횡무진(縱橫無盡)** : 행동이 마음 내키는 대로 자유자재임. 〈예〉야생마처럼 종횡무진으로 날뛰다.
> * **반전(反轉)** : 일의 형세가 뒤바뀜. 〈예〉전세(戰勢)가 반전되다. 〈비슷한말〉역전(逆轉).

제갈 공명은 장수의 유형을 아홉 가지로 분류하고, 그 장수들을 다시 여섯 가지 등급으로 나누어 설명한다.

10명을 거느릴 자격이 있는 장수.

마음이 맑지 못하거나 음흉한 부하를 가려낼 줄 안다. 위기를 미리 알아차리는 것은 물론이고 부하를 잘 통솔한다.

100명을 거느릴 자격이 있는 장수.

아침 일찍부터 밤늦게까지 군인으로서의 업무에 충실하고, 말을 하거나 행동할 때도 언제나 신중하게 처신한다.

1,000명을 거느릴 자격이 있는 장수.

법도에 어긋나는 일을 멀리하고 다양한 측면에서 깊게 생각할 줄 안다. 용감하기 때문에 전투 의욕이 왕성한 편이다.

10,000명을 거느릴 자격이 있는 장수.

겉으로는 의젓하고 엄숙해 보이나 속으로는 투지가 불탄다. 고생하는 부하들을 보고 가슴 아파하며 깊은 동정심을 느낀다.

100,000명을 거느릴 자격이 있는 장수.

유능한 인재를 등용하면서 스스로도 인격을 열심히 갈고 닦는다. 신의가 두텁고 관용을 베풀 줄 알며 어떤 사태에 직면해도 마음이 흔들리지 않는다.

천하를 호령할 자격이 있는 장수.

백성을 사랑하는 마음은 기본이고 신의만으로도 이웃 여러 나라 황제들을 무릎 꿇게 만들 만한 인물이다. 천문학, 지리학, 인문학, 군사학 등 모든 부문에 통달(通達)하여 온 백성의 존경을 받는다. 모든 사람들의 우두머리가 될 만한 그릇이다.

* **통달(通達)** : 어떤 일이나 지식 따위에 막힘이 없이 통하여 환히 앎. 〈예〉 사서삼경에 통달하다.

제갈 공명의 자상한 지적이 아니더라도 스스로 그런 수준의 장수 자격을 갖추는 일은 결코 쉽지 않다. 따라서 각자의 취향과 형편에 따라 뚜렷한 목표를 설정하고 노력해야 한다.

이쯤에서 우리는 뭔가 깨달아야 한다. 적어도 천하를 호령할 만한 장수는 못 되더라도, 최소한 1,000명의 부하로부터 사랑과 존경을 받는 지도자 정도는 되어야 하지 않겠는가.

4 지도자의 책임과 임무

제갈 공명은 주장한다.

단지 어떤 목표를 세워 두고 무작정 노력만 할 것이 아니라, 구체적으로 '어떻게 무엇을 추구해야 할 것인지' 여러 각도에서 설명하고 있다. 그는 '5선(五善)과 4욕(四慾)'을 제시하고 나서 '장수의 책임과 의무'를 규정한다.

5선(五善)이란 ① 적의 형편이나 상태를 명확하게 파악하는 것 ② 진격과 후퇴의 길을 속속들이 알아내고 그 시기를 판단하는 것 ③ 내 나라의 허점과 실속을 확실히 구별하고 국력의 한계를 인정하는 것 ④ 때에 따라 변하는 자연의 현상이나 하늘의 도움을 받는 시기, 사람 부리는 일 등을 명확하게 터득하여 시의(時宜)* 적절하게 대응하고 부하를 철저히 장악하는 것 ⑤ 험난하고 변화무쌍한 자연의 생태를 깊이 관찰하고 지형 지물을 세밀히 조사하는 것 등이다.

4욕(四慾)이란 ① 싸울 때 기발한 방법을 고안하고 예기하지 못한 허점을 찌르는 일 ② 비밀스러운 계책을 꾸미고 그 비밀을 끝까지 지키는 일 ③ 병사들은 편안하게 만들어 일사불란(一絲不亂)*한 태세를 갖추는 일 ④ 아군의 마음을 통일시키기 위해 모든 장병들의 정신 무장을 강화하는 일 등이다.

* **시의(時宜)** : 그 때의 사정에 알맞음. 〈예〉 시의에 적합한 정책.
* **일사불란(一絲不亂)** : 질서나 체계 따위가 정연하여 조금도 흐트러진 데나 어지러운 데가 없음.

공명은 그 정도에 만족하지 않고, 다섯 가지 필요 조건과 여덟 가지 실격 조건을 제시한다. 압축해 표현한다면 '5강(五强) 8악(八惡)'이다.

'5강(五强)'이란 ① 절개와 지조를 굽히지 않아야 결정적일 때 부하들의 울분을 자극할 수 있다는 것 ② 부모에 효도하고 형제간에 우애가 있다는 것 ③ 신의를 존중하는 마음씨로 친구를 사귈 수 있다는 것 ④ 여러 가지 측면에서 신중하게 생각하는 것 ⑤ 모든 일에 최선을 다하는 것 등이다. 이 같은 5강(五强)을 긍정적인 조건이라면 다음의 8악(八惡)은 부정적인 조건이 된다.

워낙 자상하고 꼼꼼했던 공명은 '이렇게 해야 한다. 그 대신 이렇게 해서는 안 된다'고 말한다. 이른바 긍정을 먼저 강조하고 난 뒤에 부정을 설명하는 것이다.

'8악(八惡)'이란 ① 꾀 많은 전술을 쓰지 못하는 것 ② 예의를 모르는 것 ③ 정치적 능력이 부족한 것 ④ 돈이 있음에도 가난한 사람을 구제할 줄 모르는 것 ⑤ 지혜가 없어 닥쳐올 사태에 미리 대비하지 못하는 것 ⑥ 생각이 깊지 못하여 비밀이 밖으로 새어나가도 막지 못하는 것 ⑦ 출세한 뒤에 예전의 아는 사람들을 적극 추천하지 못하는 것 ⑧ 전략과 전술에 실패하여 백성들의 비난을 받는 것 등이다.

어쨌든 위 여덟 가지 중에 하나라도 해당된다는 사실은 평소에 이웃 사람들의 믿음을 얻지 못했다는 증거이다. 따라서 공명은 장군의 마음가짐을 15개 조항으로 나누어 설명하고 있다.

① 간첩을 최대한 활용하여 상대편의 비밀을 철저히 파헤쳐야 한다.
② 적의 행동과 전투 태세 등이 변화되어 가는 낌새를 살피기 위해 치밀하게 노력해야 한다.
③ 만만하지 않은 강적이라도 절대로 겁내서는 안 된다.
④ 코앞에 나타나는 이익에 마음이 흔들리지 않아야 한다.
⑤ 상을 주고 벌을 줄 때 모든 부하들을 평등하게 대우해야 한다.
⑥ 수치와 모욕이 다가와 견딜 줄 알아야 한다.
⑦ 용감하고 겁이 없어야 한다.
⑧ 거짓말을 하지 말아야 한다.
⑨ 재주가 뛰어난 사람들을 골라 써야 한다.
⑩ 중상 모략이나 비방에 신경을 쓰지 않아야 한다.
⑪ 아는 체하거나 잘난 체하지 않고 겸손하게 행동해야 한다.
⑫ 고생하는 병사들을 따스한 가슴으로 위로해야 한다.
⑬ 내 한 목숨을 바쳐 나라에 충성해야 한다.
⑭ 자기의 처지에 마땅한 한도, 즉 분수를 깨달아야 한다.
⑮ 아군의 사정을 먼저 안 뒤에 적군을 알기 위해 노력해야 한다.

제갈 공명의 진지하고 꼼꼼한 성격이 잘 드러나는 희망 사항이다. 하지만 구태여 말 안 해도 좋은 부분이 적지 않게 발견된다. 위 조항들을 통해 공명의 사람 됨됨이를 알 수 있다면, 나름대로 현대적인 해석을 가미하여 스스로 유익하도록 참고해야 할 것이다.

5 조직을 이끄는 지혜

지도자가 되기를 원하는 사람들에게 제갈 공명은 충고한다.

"지도자에게는 복심(腹心), 이목(耳目), 조아(爪牙)가 필요하다."

'복심(腹心)'을 어법에 따라 충실하게 해석하면 '겉으로 드러나지 않은 속마음'이다. 달리 번역할 경우 심복(心腹)이고, '충심으로 기뻐하며 성심껏 순종하는 것'을 의미한다. 결국 '깊이 믿기 때문에 일을 맡길 수 있는 부하'를 말한다. 공명은 '다양한 학문을 익혀서 지능이 뛰어난 인물을 심복으로 만들 것'을 권한다.

'이목(耳目)'을 어법에 따라 충실하게 해석하면 '귀와 눈, 또는 귀와 눈을 중심으로 한 얼굴의 생김새'이다. 달리 번역할 경우 '귀의 역할을 하고 눈이 되어 주는 부하'를 말한다. 공명은 '침착하고 냉정하며 입이 무거운 인물을 부하로 선택할 것'을 권한다.

'조아(爪牙)'란 '짐승의 발톱과 어금니'를 비유하여 이르는 말이기도 하지만 '주인의 손발이 되어 일하는 부하'를 의미하기도 한다. 공명은 '용감무쌍하고 적을 두려워하지 않는 인물을 골라 보라'고 권한다.

사령관에 직속되어 보좌하는 참모를 '막료(幕僚)'라고 한다. 공명은 조직을 만들 때 막료를 둘 것을 권하면서 막료에는 고급, 중급, 하급이 있다고 말한다.

"막히는 데 없이 말을 술술 잘하는 달변가(達辯家)이면서 슬기로운 꾀가 넘치고 모르는 것이 없는 사람이 있다. 이러한 인물은 많은 사람들의 동경과 사랑을 받기 때문에 모셔다가 고급 참모(參謀)로 삼아라."

그렇다면 중급 참모는 어떤 사람일까.

"호랑이처럼 사납고 원숭이처럼 잽싸고 무쇠처럼 강하고 칼날처럼 날카로운 사람이 있다. 그런 사람을 모셔다가 중급 참모로 삼아라."

공명이 말하는 하급 참모는 어떤 사람일까.

"입이 좀 가볍고 가끔 바른 말을 하지만 특별한 재능이 없는 사람도 있다. 이러한 보통 사람은 하급 참모로 삼는 것이 좋다."

공명은 막료 선택 요령을 소개한 뒤, 가장 훌륭한 부대 편성 기준을 제시한다.

첫째, 밥을 먹는 것보다 싸움을 즐기는 사람, 아무리 강한 적을 만나더라도 태연하게 버티고 있는 사람이 있다. 이들을 병사로 뽑아서 나라의 은혜에 보답할 수 있는 '보국 부대(報國部隊)'를 만들어라.

둘째, 의욕이 왕성하고 체력이 강하고 행동도 민첩한 사람이 있다. 이들을 모아서 적진을 향해 돌격하는 '돌격 부대(突擊部隊)'를 편성하라.

셋째, 튼튼한 두 다리로 훌륭한 말보다 빨리 달릴 수 있는 사람이 있다. 이들을 모아서 '특별 공격대(特別攻擊隊)'를 구성하라.

넷째, 말을 탄 상태에서 활을 쏘아 백발백중(百發百中)*의 솜씨를 자랑하는 사람이 있다. 이들을 모아서 몰래 움직여 갑자기 들이칠 수 있는 '기습 부대(奇襲部隊)'를 편성하라.

다섯째, 활시위를 한 번 당겨 적을 죽이는 사람이 있다. 이들을 뽑아서 '사격 부대(射擊部隊)'를 만들어라.

여섯째, 탄력이 매우 세고 큰 활을 휘두르는 장사는 아주 멀리 있는 목표물도 반드시 명중시킨다. 이들을 뽑아서 '포격 부대(砲擊部隊)'를 편성하라.

* 백발백중(百發百中): ① 쏘기만 하면 어김없이 맞음. ② 계획이나 예상 따위가 꼭꼭 들어맞음. 〈예〉 요즘은 일기 예보가 백발백중이다.

공명이 위와 같이 주장하는 근본 이유는 무엇일까. 한 마디로 말해, '각자의 능력과 적성에 맞게 사람을 활용하라'는 뜻이다. 능력과 적성을 중요시하여 적재적소(適材適所)*에 배치해야 한다는 의미이기도 하다.

하지만 아무리 부대 편성이 완벽에 가까워도 교육과 훈련이 따르지 않을 경우 막강한 전투력을 기대하기 어렵다. 그렇다면 조직의 기능을 최대한 발휘하기 위해 어떤 대비책을 강구해야 할까. 공명은 이렇게 말한다.

"교육 훈련을 생략하거나 훈련 과정을 대충대충 치를 경우 100명이 1명을 당할 재간이 없다. 하지만 잘 훈련된 병사 1명은 100명을 얼마든지 감당할 수 있다."

공명은 교육 훈련 방법을 다음과 같이 설명한다.

"병사들에게 예(禮) 의(義) 충(忠) 신(信)을 가르쳐라. 그 다음에 군령을 시행하고 상벌을 분명히 할 때 백성들은 자진하여 전쟁터에 나가게 된다. 그 다음에 비로소 군사 훈련을 실시할 경우 명령 한 마디에 따라 자유자재(自由自在)*로 움직일 수 있다. 한 명이 열 명을, 열 명이 백 명을, 백 명이 천 명을, 천 명이 만 명을 교육함으로써 모든 병사에게 이를 확산시킨다. 그런 교육이 가능해질 때 아무리 강한 적도 쉽게 쳐부술 수 있게 된다."

공명이 주장하는 부하의 관리와 육성 요령을 다시 한번 정리해 보자.

일반적인 종합 교육을 실시하고 나서 사람을 강제로 모으는 집단 교육보다는 물이 스며드는 듯한 교육을 실시하라는 뜻이다. 전문 교육에 앞서 사회적인 기본 교육을 실시한 뒤, 그 교육 내용을 자연스럽게 널리 퍼뜨릴 수 있는 피라미드 형식을 취하라는 것이다.

지도자에게는 부하들의 능력을 최대한 발휘하도록 조직을 활성화시키는 일이 주요 과제로 떠오른다. 그 점에 관하여 공명은 다음과 같이 역설한다.

"훌륭한 장수는 자기 아들을 챙기듯 부하를 사랑으로 거둔다."

아들 못지않게 귀하게 여기고 사랑하라는 뜻이다.

"예전의 훌륭한 지도자는 어려움에 직면할 때마다 스스로 선두에 서서 그 장애물을 헤쳐 나갔다. 설사 스스로 공적을 세웠더라도 그 공을 반드시 부하들에게 돌렸다. 부상자를 극진히 위로해 주고 전사자에게는 진심으로 애도의 뜻을 표시했다. 굶주린 부하에게 자신의 음식을 주고 추위에 떠는 부하에게는 자신의 옷을 벗어 주었다. 지혜로운 부하를 정중히 예우하고 용맹스러운 부하에게는 상을 내려 보답했다."

단순히 엄격한 자세만으로 부하들의 마음을 사로잡을 수는 없다. 부하를 아끼는 따스한 마음씨가 인정되어야 부하들은 망설이지 않고 싸움터에 나서게 된다.

공명은 부하의 능력을 키우고 의욕을 이끌어 내는 방법에 관하여도 깊이 고민한다. 부하 장병에 대한 장수의 마음가짐을 다섯 가지로 예시하는 것도 그 때문이다.

첫째, 어느 누구에게나 평등하게 충분한 대우를 보장해야 한다. 그래야 유능한 인재들이 많이 모인다.

둘째, 예의와 신뢰를 바탕으로 아랫사람들을 상대해야 한다. 그래야 결정적일 때 죽음도 사양하지 않는다.

셋째, 부하의 은혜에 보답하면서 법 적용에도 평등을 보장해야 한다. 그래야 부하들이 기꺼이 복종한다.

넷째, 어떤 일을 추진하든 부하에 앞서 솔선 수범해야 한다. 그래야 꽁무니를 빼거나 뒤로 달아나는 부하가 없어진다.

다섯째, 선량한 행동은 아무리 하찮은 것이라도 포상해야 한다. 그래야 부하들이 조직에 봉사하고 나라에 충성할 줄 안다.

위 다섯 가지는 부하들이 스스로 알아서 책임과 임무를 다하도록 의욕을 불러일으키는 데 필수적인 행동 지침이다. 부하를 관리 감독하는 게 아니라 스스로 자극을 받아 일할 수 있는 환경을 만드는 데 그 목적이 있다.

* **적재적소(適材適所)** : 어떤 일에 알맞은 재능을 가진 사람에게 알맞은 임무를 맡기는 일.
* **자유자재(自由自在)** : 자기 뜻대로 모든 것이 자유롭고 거침이 없음. 〈예〉 영어를 자유자재로 구사하다.

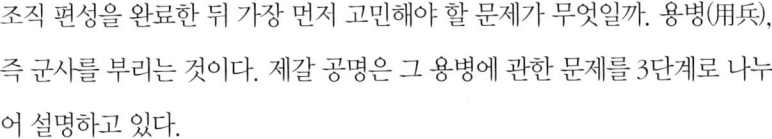

6
사람을 볼 줄 알아라

조직 편성을 완료한 뒤 가장 먼저 고민해야 할 문제가 무엇일까. 용병(用兵), 즉 군사를 부리는 것이다. 제갈 공명은 그 용병에 관한 문제를 3단계로 나누어 설명하고 있다.

① 어려운 일을 미리 예방하고 불행한 사태가 확대되기 전에 그 원인을 해소한다. 형벌 규정의 적용이 필요 없도록 앞을 내다보며 먼저 손을 쓴다. 이런 식으로 대처하는 요령이 가장 훌륭한 용병술이다.

② 적군과 맞선 상태에서 말을 달리고 활을 쓰면서, 한 발 한 발 적진(敵陣)에 바싹 가까이 쳐들어간다. 적군이 아군의 기세에 겁을 먹고 도망치도록 유도하는 전법이다. 이런 식으로 대처하는 요령이 중간 수준의 용병술이다.

③ 장수가 스스로 선두에 서서 적의 화살을 피하지 않고 눈앞의 승부에 혈안이 된다. 쌍방이 모두 사상자를 내지만 승패의 결과는 예측하기 어렵다.

이와 같은 대처 요령이 가장 졸렬한 용병술이다.

중국의 병법서들은 대부분 '싸우지 않고 이기라' 고 주장한다. 공명의 용병술도 그 노선을 크게 벗어나지 않는다. 그러나 현실적으로 어차피 싸워야 하는 경우도 적지 않다.

공명은 '조직의 통제' 기법을 네 가지로 압축하여 소개한다.

① 평소에도 규율을 엄격하게 유지해야 한다. 그래야 전투가 벌어질 때 기대 이상의 막강한 힘을 발휘한다.

② 진격할 때 파죽지세를 유지해야 한다. '파죽지세(破竹之勢)' 란 대나무가 결 따라 쪼개질 때와 같은 형세라는 뜻으로, 감히 맞설 수 없을 정도로 막힘 없이 무찔러 나아가는 맹렬한 기세이다. 파죽지세를 잃지 않는다면 설사 후퇴를 명령해도 부하들은 적군이 반격할 틈을 주지 않는다.

③ 여러 부대들이 밀접한 관계를 유지하면서 일치 단결하여 어려움을 물리친다.

④ 싸우고자 하는 의욕이 왕성하기 때문에 적군의 맹렬한 공격에도 잘 버틴다.

위 네 가지가 잘 통제된 경우라면, 아래 다섯 가지는 분위기가 흐트러져 조직 통제가 어려워지는 사례들이다.

① 간부들이 서로 미워하며 시기하는 등 조직 안의 갈등이 지속된다.

② 병졸들이 간부의 명령을 잘 따르지 않는다.

③ 아무리 훌륭한 작전 계획이더라도 부대 안에서 제대로 소화되지 않는다.

④ 부하들이 간부를 비난하며 불만을 토로한다.

⑤ 비방이나 중상 모략이 수시로 고개를 든다.

이런 상황이 널리 퍼질 경우 조직은 활력을 잃고 비틀거린다. 그렇다면 흐트러진 조직을 어떻게 수습하고 통제해야 할까. 그 비법이란 오직 '인화(人和)'에 있다고 공명은 강조한다. 여러 사람의 마음이 서로 화합(和合)하는 것이 바로 인화이기 때문이다.

"용병의 길은 인화에 있다. 인화가 가능해지면 강요하지 않아도 스스로 싸운다."

조직 안에서 서로 화목(和睦)하게 어울리는 분위기를 이끌어 내는 것은 지도자의 가장 큰 임무이다. 하지만 어떤 조직에서든 화합을 깨뜨리는 사람이 있게 마련이다. 공명이 말하는 다음 다섯 종류의 인간이 바로 그들이다.

① 동료들과 속삭이거나 떼거리를 만들어 가며 능력 있는 동료를 비방한다.

② 동료들의 눈에 잘 띄도록 의식적으로 화려한 옷차림을 즐긴다.

③ 실현 가능성 없는 논리를 내세움으로써 주변 동료들의 판단을 흐리게 한다.

④ 규율을 무시하고 제멋대로 판단하며 동료들을 부추긴다.

⑤ 개인적인 손실과 이익을 계산하여 적군과 몰래 손을 잡는다.

이와 같은 부하가 발견되면 미리 대책을 마련해야 한다고 공명은 충고한다.

따라서 인물을 가려내는 요령의 터득도 지도자에겐 필수적이다. 공명은 인물을 분별하는 일이 얼마나 어려운지 고백한다.

"이 세상에서 가장 파악하기 어려운 것이 인간의 성품이다."

상대방의 인물 됨됨이를 분별하기 위해서는 다음 일곱 가지 핵심 요령이 필요하다. 부하에게 질문을 하거나 문제를 던진 뒤 관찰하는 과정을 거침으로써 감식 능력을 기르라는 것이 공명의 주문이다. '감식(鑑識)'이란 사물의 가치나 진위 등을 감정하여 식별하는 것을 말한다.

① 특정 문제를 제시한 뒤 선(善)과 악(惡)을 판단해 보라고 요구하라. 그런 다음에 상대의 의지가 어느 쪽으로 쏠리는지 관찰하라.

② 일단 말로 엄하게 꾸짖어 보라. 그런 다음 부하의 태도가 어떻게 변화되는지 관찰하라.

③ 전투를 위한 계획과 책략에 대하여 의견을 물어 보라. 그런 다음 어느 정도의 지식을 갖고 있는지 관찰하라.

④ 곤란한 상황에 빠지게 만들어 보라. 그런 다음 부하의 지혜와 용기를 관찰하라.

⑤ 술에 취하도록 만들어 보라. 그런 다음 부하의 본성을 관찰하라.

⑥ 이익이 되는 기회를 마련해 주겠다고 유혹해 보라. 그런 다음 어느 정도 청렴한지 관찰한다.

⑦ 특정 분야의 일을 집중적으로 시켜 보라. 그런 다음 지시한 대로 이행하는지 관찰함으로써 부하의 신뢰성과 충성심을 파악하라.

무척이나 면밀한 관찰 요령이긴 하지만 지나친 주문도 없지 않다. 공명처럼 철두철미(徹頭徹尾)*한 지도자 밑에서는 아주 작은 실수나 부정을 저지를 수 없을 뿐더러 처신하기도 어려울 것이다. 하지만 표리부동(表裏不同)*하지 않고 늘 청렴결백(淸廉潔白)*한 부하는 조금도 부담스러워 할 이유가 없다.

* **철두철미(徹頭徹尾)** : 처음부터 끝까지 철저하게. 〈예〉 철두철미한 사람.
* **표리부동(表裏不同)** : 마음이 음충맞아서 겉과 속이 다름. 속 다르고 겉 다름.
  – **음충(陰蟲)** : 음습한 곳에서 사는 벌레.
* **청렴결백(淸廉潔白)** : 마음이 맑고 깨끗하며 재물 욕심이 없음.

7
평범해 보이는 사람의 지혜

공명은 지극히 영특하고 신중한 사람이었다.
여러 차례 대규모 전투를 치르면서 자기 나라의 정치에 손톱만큼의 혼란도 보이지 않았다. 그는 절대 무리한 전투를 벌이지 않았고 모든 일에 신중하게 대처했기 때문이다.

공명은 말한다.

"정치하는 사람은 우선 현실 문제에 깊은 관심을 기울인 뒤, 먼 장래에 대한 문제를 집중적으로 고민해야 한다. 코앞의 문제에만 매달리면서 먼 앞날에 관한 예측이나 대책을 마련해 두지 않을 때 얼마 가지 않아 주저앉게 된다."

공명은 다시 강조한다.

"사소한 문제는 해결이 쉽고 중대한 문제는 해결이 어렵다. 하지만 어쨌든 문제를 해결하기 위해서는 양면성을 고려해야 한다. 다시 말해, 이익을 얻으려면 손해도 염두에 두어야 한다는 지적이다. 성공을 원한다면 실패했을 때의 문제점도 깊이 생각해 보라는 뜻이다."

얼마나 합리적인 사고 방식인가. 지도자가 되고 싶은 사람은 반드시 공명의 신중한 태도를 닮아야 한다. 무엇보다 조금도 허술한 데 없이 준비를 마치고 나서 모든 일을 시작하라는 게 공명의 부탁이다.

"싸움에 능숙한 지도자는 감정에 치우치지 않는다. 조금도 허술한 데 없이 작전 계획을 세운 사람은 적을 두려워하지 않는다. 현명한 장수는 미리미리 빈틈없는 작전 계획을 수립하기 때문에 움직일 수 없는 승리를 낚을 수 있다."

그 반대의 경우는 어떨까.

"어리석은 지도자는 승산이 불투명해도 무작정 싸움부터 걸고 본다. 그러다가 긴박한 상황에 부닥쳐야 도망갈 구멍을 찾기 시작한다. 이길 확률이 높은 장수는 탄탄대로를 걸어가기 위해 노력하지만, 패배가 예정된 장수는 뒤늦게 지름길을 찾다가 결국은 도망칠 구멍마저 잃고 만다."

그렇다면 '만반의 준비'란 구체적으로 어떤 것일까. 공명은 군사 행동에 필수적인 준비 사항 몇 가지를 들고 있다.

"인심의 동향을 살펴 가며 전투 훈련을 쌓는다. 아군과 적군의 전력을 분석하여 절호의 기회를 노린다. 병사들의 전투 의지를 불태우게 만들면서 면밀한 작전 계획을 수립한다. 준비를 마치고 나서 나라를 사지에 나간다는 각오를 굳힌다."

'사지(死地)'란 죽을 곳, 살아날 길이 없는 매우 위험한 곳을 말한다. 이처럼 모든 준비를 마치고 사지에 달려가야 승리의 지름길을 만날 수 있다는 뜻이다. 일단 승리의 기회를 잡았다고 판단한 장수는 다음과 같이 처신한다.

"결코 무리한 싸움을 하지 않아야 한다. 도박을 하는 것처럼 위험성이 큰 전투는 피하라. 돌다리도 두드려 보고 건너라."

공명은 늘 신중한 용병술을 즐겨 사용했다. 유리하다고 생각되면 계속 밀어붙였고, 불리하다 싶을 때는 과감히 물러나서 다음 기회를 기다렸다. 물이 낮은 데로 흐르듯이 순리(順理)*에 따라 무리를 하지 않는 것이 용병술의 핵심이었다.

"장수가 자리에 어울리는 위엄을 갖추고 병졸들도 각자의 책임을 완수할 때, 비로소 그 군대는 싸울 때마다 온힘을 다 쏟게 된다. 그렇게 되는 순간, 나무 판때기 위에 둥근 바위를 굴리는 순간처럼 부드러워진다. 아무런 걸림돌이 없을 뿐만 아니라 가로막는 장애물들을 모두 쓰러트릴 수 있기 때문이다."

무리하지 않게 자연의 흐름에 따르다가 그 물결을 타듯 가속도를 붙임으로써, 파괴력을 배가(倍加)*시키는 것이 제갈 공명의 용병술이었다. 평범한 듯하면서도 평범하지 않은 인간 경영이 용병술의 출발점이었던 것이다.

* 순리(順理) : 도리에 순종함. 마땅한 도리나 이치. 〈예〉 순리대로 살다.
* 배가(倍加) : 갑절로 늘어남, 또는 갑절로 늘림. 〈예〉 노력을 배가하다.

CHAPTER 08
삼국지 三國志

〈삼국지〉에는 사실상 두 가지 종류의 책이 있다. 소설로 꾸며진 〈삼국지연의(三國志演義)〉가 있고 역사적인 측면에서 쓰여진 〈삼국지〉가 있다. '연의(演義)'란 뜻을 알기 쉽고 재미있게 풀이한다는 의미로서, 역사적 사실을 덧붙여 자세히 설명함으로써 재미있게 재구성한 중국의 통속 소설을 말한다. 예로부터 〈삼국지〉라고 하면 〈삼국지연의〉를 가리키게 마련이었고, 현실적으로 〈삼국지연의〉가 더 폭넓게 독자들의 사랑을 받아 왔다. 〈삼국지〉는 중국의 위(魏)·촉(蜀)·오(吳) 나라 3국의 사실적인 역사를 진(晉) 나라의 역사가인 진수(陳壽 : 서기 233~297)가 정리한 책이다.

반면에 〈삼국지연의〉는 중국 원(元) 나라 때의 소설가 나관중(羅貫中)이 지은 장편 역사 소설이다. 중국 4대 기서(奇書)의 하나로 원래 제목은 〈삼국지통속연의(三國志通俗演義)〉였다. 삼국의 정통 역사를 알기 쉬운 말로 풀어 쓴 책이라는 뜻에서 〈삼국지평화(三國志平話)〉라고 부르기도 한다. 〈삼국지연의〉는 위·촉·오 나라 등 세 나라가 서로 치열하게 싸우는 이야기로서, 그 전투의 규모가 웅장할 뿐만 아니라 인간의 온갖 지혜와 힘을 총동원하여 뜨거운 공방전(攻防戰)이 되풀이된다.

나관중은 〈삼국지〉를 철저히 고쳐 쓰면서 많은 역사적 사실들을 곁들여 〈삼국지 연의〉를 완성시켰다. 소설의 줄기나 내용은 전반과 후반으로 나누어진다. 전반은 유비·관우·장비 등 세 명이 의형제를 맺는 것으로 시작되지만 나중에 제갈 공명이 가담한다. 유비와 손권의 연합군이 조조의 막강한 군사력을 화력(火力)에 의한 공격으로 무찌르는 '적벽의 대전'이 절정이다.

이 전투 때문에 중국 대륙은 위(魏 : 조조)·오(吳 : 손권)·촉(蜀 : 유비) 등 세 나라로 나누어진다.

후반에서는 관우·유비·장비가 연이어 죽은 다음 제갈 공명의 독무대가 된다. 공명이 여섯 차례에 걸친 북쪽 정벌(征伐)의 꿈을 이루지 못하고 병으로 죽어 가는 부분이 절정을 이룬다.

소설의 주요 등장 인물은 관우·유비·장비 등 세 사람과 제갈 공명이지만 조조의 성격도 치밀하게 묘사되어 있다. 가장 생기가 넘치는 등장 인물은 관우와 장비 두 사람이다. 특히, 장비의 순진하고 솔직한 성격은 독자들의 많은 사랑을 받았다.

무용(武勇)과 지모(智謀)로 이어지는 전투 상황에 관한 서술이 절반 이상을 차지한다. 그럼에도 이야기의 전개가 적당한 템포로 진행되고 독자의 흥미를 이끌어 가는 수법이 매우 뛰어나다. 중국의 수많은 역사 소설 중에서 가장 손꼽히는 작품이다.

〈삼국지연의〉의 저자 나관중은 중국 원(元) 나라 말기와 명(明) 나라 초기에 살았던 소설가이자 극작가이다. 산시성(山西省) 루링(廬陵) 출신이며 최하급 관리였던 것으로 알려져 있다.

1 〈삼국지〉를 읽는 재미

〈삼국지〉는 웅장한 규모의 중국 역사에 관한 이야기를 담고 있다. 개성이 독특한 등장 인물들이 저마다 재능을 발휘하면서, 손아귀에 권력을 잡기 위해 그토록 넓은 중국 대륙을 무대로 치열하게 전투를 벌인다.

뜨거운 공방전이 벌어질 때마다 인간의 욕망과 원한 어린 복수심이 곳곳에서 불꽃을 튀긴다. 음모와 지략이 어지럽게 춤을 추며 그토록 드넓은 대륙을 마음껏 휘젓는다. 파란만장(波瀾萬丈)*한 드라마가 펼쳐질 때마다 독자들은 손에 땀을 쥐고 그 영웅들의 이야기에 빠져든다.

〈삼국지〉를 읽다 보면 자신도 모르는 사이에 남을 교묘하게 속이는 수법이나 정치적인 술수(術數)*의 속내를 발가벗기듯 목격하게 된다. 이른바 권모 술수(權謀術數)*와 정치적 술책을 적나라하게 전개하는 영웅들을 만나면서 인생살이에 관한 교훈을 얻을 수 있다. 특히, 갖가지 유형의 정치 지도자와 장수들이 등장하기 때문에 현대의 지도자나 관리자들에게 유익한 '인간학 교재'로도 활용할 수 있다.

〈삼국지〉의 무대는 지금부터 약 1,800년 전 후한(後漢) 왕조가 무너진 뒤 위(魏)·촉(蜀)·오(吳) 등 세 나라가 대립하면서 격렬하게 싸우던 시절이다. 각 나라의 왕은 위 나라의 조조, 촉 나라의 유비, 오 나라의 손권 등 세 명이다. 이들이 생존을 위해 승부를 걸고 싸우는 것이 전반부에서 가장 흥미를 끈다.

유비가 죽은 뒤 그의 아들 유선을 보좌하게 된 촉(蜀) 나라의 제갈 공명이 위(魏) 나라의 사마 중달과 지혜를 겨루는 장면도 소설의 중심이 된다. 지혜가 넘치는 이 숙명적인 두 경쟁자의 대결은 후반부의 절정이라고 말할 수 있다.

* 파란만장(波瀾萬丈) : 물결이 만 길 높이로 인다는 뜻으로 '인생을 살아가는 데 있어서 기복과 변화가 심함'을 이르는 말. 〈예〉 혁명가의 파란만장한 생애.
* 술수(術數) : 꾀, 특히 남을 속이기 위한 꾀. 술책(術策). 〈예〉 남의 술책(술수)에 빠지다.
* 권모 술수(權謀術數) : 남을 교묘하게 속이는 술책.

2 어지러운 세상의 영웅

정치가 문란하고 질서가 흐트러져 전쟁 따위가 그치지 않는 세상을 '난세(亂世)'라고 한다. 위(魏)나라의 조조는 소설 〈삼국지〉에서 악인(惡人)의 본보기로 소개되어 있을 뿐만 아니라, 역사서 〈삼국지〉에서도 '난세의 간웅'으로 평가되어 있다. '간웅(奸雄)'이란 글자 그대로 '간사(奸邪)한 영웅'이니, 어지러운 세상에 태어난 간사한 영웅이 바로 조조라는 뜻이다.

조조가 악인과 다름없는 간사한 영웅으로 불린 이유는 무엇일까. 조조는 세상 사람들이 도덕적 잣대로 내리던 평가를 대체로 무시해 버린 인물이었다. 일반적으로 비열(卑劣)하고 잔인하다는 비난을 듣더라도 상관하지 않겠다는 듯이, 간사(奸邪)한 술책을 태연하게 자기 맘대로 활용했던 사람이 조조였다. 예컨대 이런 이야기가 있다.

> * 비열(卑劣) : 성품이나 하는 짓이 천하고 용렬하다. 〈예〉비열한 행위.
> – 용렬(庸劣) : 평범하고 재주가 남보다 못하다.
> * 간사(奸邪) : 성질이 능갈치고 행실이 바르지 못하다.
> – 능갈치다 : 교묘하게 잘 둘러대다. 능청스럽게 잘 둘러대는 재주가 있다. 〈예〉능갈치게 말하다.

 늙은 나이의 조조는 황제를 허수아비로 삼아서 실권을 잡고 나라 안팎에 그 위세를 떨쳤다. 보다 못한 고관(高官)들이 어느 날 밤에 뜻을 모아 반란을 일으켰고 가장 먼저 조조의 집에 불을 질렀다. 하지만 이 반란은 손쉽게 진압되었고 반란에 참여한 고관들은 한 사람도 예외 없이 조조 앞에 끌려 나왔다.
 "불을 끄려고 달려간 자는 왼쪽에, 그렇지 않은 자는 오른쪽에 서라!"
 그 말이 떨어지기 무섭게 놀라운 사태가 벌어졌다. 모든 고관들이 하나같이 왼쪽에 섰던 것이다. 불을 끄기 위해 달려갔다고 둘러대면 목숨을 부지할 수 있으리라고 생각했기 때문이다.
 "왼쪽에 서 있는 자들, 불을 끄기 위해 달려간 놈들이야말로 진짜 역적이다!"
 조조의 판정에 따라 모든 고관들이 죽음을 면치 못한 것은 물론이었다. 조조의 판단에도 나름대로 일리가 있을 수는 있다. 하지만 그러한 구별 방법은 사실상 속임수에 지나지 않는다. 그와 같은 속임수를 아무렇지 않다는 듯이 예사롭게 쓴 사람이 바로 조조였다.
 그렇다고 조조를 무조건 비난하기도 어렵다. 어떤 조직의 관리 책임을 맡은 지도자는 실제로 활용하지 않더라도 속임수와 권모 술수(權謀術數) 요령을 정확히 알고 있어야 한다. 그렇지 못할 경우 상대방의 도전을 받아도 방어할 길이 없기 때문이다.

적절한 방어 요령은 나를 지킬 뿐만 아니라 조직의 유지 생존을 가능하게 만든다. 역설적으로 말해, 지도자에게 필수적인 재산이 권모 술수라고 말할 수 있다. 상대의 권모 술수를 정확히 파악할 때만이 시의(時宜)[*] 적절한 대처 요령이 생긴다. 하지만 권모 술수, 즉 '남을 교묘하게 속이는 술책'을 지나치게 활용할 경우 비난을 면치 못한다.

비록 간사한 영웅이라는 비판을 받긴 했으나, 능력과 재능의 관점에 파악할 때 조조는 삼국시대를 통틀어 가장 뛰어난 인물 중의 하나임에는 틀림이 없다. 무엇보다 그는 전쟁 영웅이었다. 일생 동안 약 30번 전투를 벌여 80% 가량의 승률을 올렸다. 경쟁자이자 오래 전부터 원수 관계를 유지했던 유비는 조조와의 맞대결에서 20% 정도의 승리를 거둔 게 고작이다. 그처럼 연약했던 유비에 비하면 조조는 얼마나 강력하고 유능한 사람이었던가 알 수 있다.

* **고관(高官)** : 높은 벼슬자리, 또는 그런 지위에 있는 관리.
* **시의(時宜)** : 그 때의 사정에 알맞음. 〈예〉시의 적절한 정책.

조조의 전쟁 방식에는 세 가지 특징이 있다. 병법의 정석대로 싸우는 것, 같은 성격의 패배를 두 번 다시 당하지는 않는 것, 승산 없다고 판단되면 주저 없이 후퇴하는 것 등이다.

손자 병법을 꾸준히 연구했던 조조는 대체로 정석을 존중했고 정석에 따라 싸웠다. '정석(定石)'이란 바둑에서 인정되어 온 일정한 수(手)를 말하기도 하지만, 일반적으로 어떤 일을 처리할 때 지켜야 할 일정한 방식을 의미한다. 기본적으로 그는 손자가 제시하는 정해진 방식의 병법을 최대한 지키려고 노력했다.

조조는 일생을 통해 대여섯 차례의 뼈아픈 패배를 당한다. 하지만 같은 실수를 거듭한 적은 단 한 번도 없었다. 조조 자신도 '나는 같은 성격의 패배를 두 번 당하지 않는다'고 장담할 정도였다. 어쩔 수 없이 패배를 맛보았을 경우, 그 패배 원인을 분석하여 교훈을 얻음으로써 결코 똑같은 실수를 저지르지 않았던 것이다.

손자 병법의 기본 원칙 중의 하나는 '승산 없는 싸움은 하지 말라'는 것이다. 이 기본 원칙에 누구보다 충실했던 조조는 마침내 도망치기의 명수가 되었다. 더 이상 싸워도 이길 수 없음은 물론 공연히 손해만 커질 것이라는 판단이 들 때는 주저 없이 후퇴했다. 이처럼 영악하게 싸웠기 때문에 패배를 당하지 않고 전력(戰力)을 재정비하여 다시 승부를 걸 수 있었다.

조조는 그토록 약삭빠른 전략과 전술로 어지러운 세상을 극복해 나갔다. 무조건 조조를 간사한 영웅이라고 비난만 할 게 아니라, 오늘에 되살려야 할 점들은 마음 깊이 새겨 두어야 한다.

3 덕(德)으로 다스린 유비

조조의 영원한 경쟁자이자 오래 전부터 원수 관계를 유지했던 유비. 그는 소설 〈삼국지〉에서 전형적인 선인(善人)으로 그려진다. 악인(惡人)으로 평가된 조조와 다르게 매우 훌륭한 인물처럼 묘사되고 있다.

사실 유비는 대단히 선량한 사람이었으나 조조와 비교할 경우 대체로 무능한 인물이었다. 유비는 조조와의 맞대결에서 겨우 20% 가량의 승률을 올리는 데 그치고 말았다. 이와 반대로 조조는 80%의 승률이라는 압도적 우세를 지켜 나갔다.

조조는 일취월장(日就月將)하면서 자기 세력을 키워 나갔지만, 유비는 번성과 쇠퇴를 거듭하면서 군사를 거느린 지 20년이 넘도록 이를 갈고 있어야만 했다. 그뿐이 아니었다. 유비는 전투 요령에 서툴렀고 정치적 수완에서도 조조를 따라가지 못했다. 그러다 보니 걸핏하면 좌절의 장벽을 만났고 그 때마다 속을 끓여야 했다.

그처럼 어려운 상황에서도 조조는 전투 의지를 불태웠다. 자기보다 몇 수 아래라고 판단되는 유비를 경쟁자로 여기면서 언제나 경계심을 늦추지 않았다. 무능함을 채우고도 남을 만한 강력한 무기를 유비가 지니고 있었기 때문이다. 유비의 독특한 무기는 바로 인덕이었고 인간적인 매력이었다.

'인덕(人德)' 이란 인복이다. '인복(人福)' 이란 사람을 잘 사귈 뿐만 아니라 사귄 사람들에게서 도움을 받을 수 있는 복(福)이다. 그런 점에서 유비는 인복이 많은 사람이었다.

중국 고전의 하나인 〈좌전(左典)〉에 '비양은 덕(德)의 근본이다' 라는 말이 나온다. '비양(卑讓)' 이란 되도록 자기를 낮추고 좋은 것은 상대에게 양보한다는 뜻으로 덕(德)의 기본이라고 한다.

유비가 몸과 마음에 지니고 있던 덕(德)이 바로 이 '비양' 이었다. 유비는 아는 체하거나 잘난 체하지 않는 '겸손의 미덕' 과 서로 믿고 의지할 줄 아는 '신뢰의 미덕' 을 골고루 갖춘 인물이었다. 유비는 제갈 공명을 자기 사람으로 만들기 위해 세 번이나 공명의 집을 찾아가 깍듯한 예의를 보임으로써 상대방을 감동시킨 사람이었다.

비록 불우한 처지에 빠져 있었지만 유비는 중국 천하에 널리 이름을 날린 영웅인 데다가 47세의 나이였고, 제갈 공명은 농촌에서 이름을 떨치지 못하고 살던 27세의 청년이었다. 유비는 그처럼 젊은 사람에게 세 차례나 예의를 갖추고 방문했으며, 제갈 공명을 자기 사람으로 만들자마자 그에게 작전 계획을 믿고 맡겨 버렸다. 다시 말해 겸허한 태도와 깊은 신뢰로서 공명을 상대한 것이다.

유비는 다른 부하들 앞에서도 겸손하게 처신했으며 그들을 철저하게 신임했다. 겸허함과 신뢰는 결국 유비를 다시 일어서게 했고 촉(蜀) 나라 안에 자기 세력을 구축하는 데 성공할 수 있었다.

유비가 재기(再起)*의 기회를 엿보다 다시 일어선 것은 자신의 능력이라기보다는 부하들의 충성심 때문이었다. 제갈 공명, 관우, 유비 등을 비롯해 예전의 부하들이 몸을 바쳐 고군분투(孤軍奮鬪)*한 덕분이었다. 유비가 지니고 있던 인덕(人德)이 없었다면 사실상 불가능한 재기였다.

다른 사람의 추월을 인정하지 않던 권모 술수의 전문가 조조가 무능한 유비를 평생 동안 경계한 것은 유비의 인덕 때문이었다. 조조는 능력에 관한 한 어느 누구보다 뛰어났지만 아쉽게도 덕(德)을 지니지 못했다. 하지만, 유비는 덕으로 일관된 처세를 고집하면서 덕으로 많은 사람들을 움직일 수 있었다.

* **재기(再起)** : 한 번 망하거나 실패했다가 다시 일어나는 일. 〈예〉 재기의 기회를 엿보다.
* **고군분투(孤軍奮鬪)** : 수가 적고 후원이 없는 외로운 군대가 힘에 겨운 적과 용감하게 싸움.

〈채근담〉에도 '덕(德)은 사업의 기본' 이란 말이 나온다. 덕이 마음의 밑바탕에 깔려 있지 않을 경우 사업도 벽에 부딪쳐 버린다는 뜻이다.

"덕(德)은 재능의 주인이요, 재능은 덕의 하인이다. 재능은 있으되 덕이 없다면 집에 주인이 없고 하인이 마구 날뛰는 것과 같다. 덕이 없으니 어찌 도깨비가 날뛰지 않겠는가."

덕(德)과 재주는 하나같이 사람에게 필요하지만 덕이 재주보다 더 중요하다. 덕은 적고 재주만 놀라운 경우를 '재승덕박(才勝德薄)'이라고 한다. 재주만 넘치고 덕이 부족하다면, 윤리성을 갖추지 못한 재주의 횡포가 심해지기 때문에 도깨비가 날뛰는 것처럼 혼란과 죄악을 초래하고 만다.

"도덕과 윤리를 지키면서 사는 사람은 일시적으로 외롭지만, 권세에 의지하고 아첨하면서 사는 사람은 영원히 불쌍하게 된다. 달인(達人)은 사물의 밖에 있는 또 다른 사물을 볼 줄 알고 자신의 뒤에 숨어 있는 자기를 생각한다. 달인은 차라리 일시적인 외로움을 감수할지라도 영원히 불쌍해지는 사람이 안 되도록 노력한다."

인간적인 자각과 영원을 내다보며 사는 모습이 도덕적인 삶이다. 따라서 이러한 삶은 순간적인 행복만을 추구하지 않기 때문에, 일상 생활이 몹시 빈궁하거나 세상 사람들의 따돌림을 받을 수도 있다. 하지만 현실적으로는 매우 외롭고 불행해 보일 수 있어도, 정신적으로는 자유롭고 참다운 행복을 영원히 누릴 수가 있다. 학문이나 사물의 이치에 정통한 사람, 즉 달관(達觀)한 사람은 덕이 무엇인지 알고 있다.

지도자에겐 덕(德)이 필수적이다. 그 덕이 때에 따라서는 능력을 보충하고도 남을 만한 힘을 발휘한다. 우리는 유비를 통해 그 사실을 절감하게 된다.

---

* 달인(達人) : ① 학문이나 기예의 어떤 분야에 통달한 사람. ② 널리 사물의 이치에 정통한 사람. 달관한 사람. 달자(達者). 명인(名人).

* 달관(達觀) : 세속을 벗어난 높은 식견. 사물을 널리 통달하는 관찰. 사소한 일에 얽매이거나 흔들리지 않는 경지에 이르는 일.

4
살아남은 영웅

〈삼국지〉에 등장하는 세 명의 영웅 중에 조조와 유비만을 떠올리는 사람이 더러 있다. 하지만 두 사람과 어깨를 나란히 하고 활약하던 오(吳) 나라의 왕 손권을 빼놓을 수는 없다. 그럼에도 불구하고, 두 사람에 비하여 손권은 아주 하찮은 존재에 불과할지도 모른다.

손권이 대접을 받지 못하는 데는 그만한 이유가 있다. 조조와 유비는 사실상 맨바닥에서 맨손으로 출발하여 성공했고 그들의 일생은 극적인 드라마로 점철(點綴)*되었다. 하지만 손권은 자기 아버지와 형이 2대에 걸쳐 쌓은 나라의 토대를 이어받은 인물이었고, 그가 왕위에 올랐을 때는 이미 오 나라의 기초가 닦여져 있었다.

조조와 유비의 싸움은 최고 권력을 차지하기 위한 투쟁인 데 비하여, 손권은 피 튀기는 전쟁보다 물려받은 영토를 지키려는 소망이 더욱 강한 편이었다. 그런 의미에서 손권의 처세는 처음부터 미온적(微溫的)*인 자기 방어의 색채가 짙었으며 왕으로서의 박력도 약한 편이었다.

하지만 조조가 세운 위(魏) 나라와 유비가 일으킨 촉(蜀) 나라가 멸망한 뒤에도 손권의 오(吳) 나라는 무척이나 오랫동안 생명을 유지했다. 어쨌든 수많은 영웅들이 나타나고 사라지는 어지러운 세상에서 살아남는데 성공할 수 있었으니, 안정을 추구하는 수비형 지도자 손권의 보이지 않는 장점이 효과를 발휘한 셈이었다.

꼼꼼히 살펴볼 때, 손권은 조조와 유비가 갖지 못한 장점 두 가지를 갖고 있었다. 무엇보다 손권에게는 경영 자세가 유연하다는 특징이 있었다. 조조의 공격이 거칠어질 때는 유비와 손을 잡았고, 그 뒤 세상이 변하여 유비의 공격을 받을 때는 어제의 적이었던 조조와 손을 잡아 유비를 물리쳤다. 의리와 체면을 헌신짝처럼 집어던짐으로써 나라와 백성은 물론이고 자기 권력을 지키기 위해 갖가지 살아남는 방법을 동원했던 것이다.

손권은 부하를 부리는 방법에서도 유비와 조조에게 결코 뒤지지 않았다. 손권 스스로 이렇게 밝힌 적이 있다.

"장점은 살려 주고 단점은 눈감아 줘야 한다."

부하의 단점에 대하여는 눈을 감아 버리고 장점은 충분히 살릴 수 있도록 이끌어 가라는 뜻이다. 그 주장에 비추어 보면, 손권도 자기 나름대로 보통 사람들이 따라가기 어려운 용병술을 썼던 것이다.

조조는 능력이 인정된 부하는 극진히 대우했지만 능력 없는 부하는 철저히 외면했다. 유비는 능력 여부에 관계없이 모든 부하들을 골고루 덕으로 다스렸다. 두 인물 모두에게는 나름대로 성공적인 용병술이었으나 현실적으로는 위험한 통치 방식일 수도 있었다. 조조처럼 지나치게 엄격한 용병술을 채택할 경우 반발을 살 우려가 많고, 유비처럼 도덕적 온정주의(溫情主義)를 유지하다 보면 조직의 탄력이 없어져 조직이 의외로 약해질 가능성이 높아지기 때문이다.

그런 측면에서 손권의 용병술은 어느 누구나 채택해도 무리가 없다. 그처럼 합리적으로 부하를 관리한 결과, 수많은 인재가 배출되어 난관을 무난히 극복할 수 있었다. 조조와 유비에 비해 역사적으로 뒤쳐지는 존재였음에도, 손권이 유연하게 조직을 관리함으로써 긴 생명을 유지했다는 점은 배워야 할 것이다.

* **점철(點綴)** : 여기저기 흩어진 것들이 서로 이어짐, 또는 그것들을 이음. 〈예〉 감동과 눈물로 점철된 소설.
* **미온적(微溫的)** : 태도에 적극성이 없고 미적지근한 (것). 〈예〉 미온적 반응.

5 탄탄한 기반을 마련한 제갈 공명

〈삼국지〉 후반에 이르면 두 사람의 대결이 독자들의 관심을 모은다. 촉(蜀)나라의 제갈 공명과 위(魏) 나라의 사마 중달이 맞대결을 펼치면서 클라이맥스(climax)*로 치닫는다. 조조와 유비가 이미 죽고 손권만 살아 있을 때, 손권은 조용히 손을 놓고 공명과 중달의 결전을 지켜보고 있었다.

소설 〈삼국지〉에서는 공명이 신출귀몰(神出鬼沒)*한 계책으로 적을 곤경에 빠뜨리는 모사꾼으로 그려진다. 하지만 역사서 〈삼국지〉에 등장하는 공명은 완전히 정반대의 인물로 소개되어 있다. 위험을 무릅쓴 상식 이하의 기묘한 술책은 결코 사용하지 않으면서, 언제나 돌다리를 두드려 보고 건너는 듯한 용병술로 일관한다. 이를 증명하는 예를 한 가지 들어 보자.

* 클라이맥스(climax) : 최고조(最高潮). 절정(絶頂). 〈예〉 클라이맥스에 이르다.
* 신출귀몰(神出鬼沒) : 귀신처럼 자유자재로 나타났다 사라졌다 함.

위(魏) 나라를 치기 위해 첫 번째 원정에 나섰을 때의 일이다. 작전 회의를 열던 그 날 갑론을박(甲論乙駁)*이 이어졌다.

"곧장 직선 방향으로 전진하여 적의 본거지를 공격해야 합니다."

부하 장군 위연(魏延)이 고집을 부렸다. 죽이 되든 밥이 되든 밀어붙여 보자는, 사실상의 무모한 기습 작전임을 제갈 공명은 모르지 않았다.

"너무 위험하다."

제갈 공명이 제동을 걸었다.

"정말 자신 있어요. 단숨에 때려부수면 그만입니다."

위연은 주먹을 불끈 쥐었다.

"아니다. 저항이 완강하지 않은 지역을 골라서 집중 공격하는 게 옳은 방법이다."

공명은 고개를 가로 저었다. 적의 저항이 약한 쪽을 치는 방법만이 작전의 성공 가능성이 높다는 생각엔 변함이 없었다.

돌이켜보건대, 지나치게 신중한 공명의 작전은 위(魏) 나라 점령이라는 지상 목표를 달성하는 데 기여하지 못했다. 임기응변의 전략과 전술이 생각보다 능수 능란하지 못했다는 비판도 후세 사람들에 의해 제기되고 있다. 하지만 공명의 안타까운 입장을 감안할 경우 이해할 만한 측면도 없지 않다.

공명은 유비의 완벽한 신뢰를 바탕으로 천하 통일이라는 간절한 유업(遺業)*을 물려받았다. 형식적으로는 유비의 아들 유선이 2대 황제의 자리에 앉았지만, 지극히 평범하고 무능했던 유선으로서는 부친의 유언대로 대부분의 실권을 공명에게 위임한 처지였다. 실정이 그랬으니 공명의 두 어깨는 더 무거울 수밖에 없었다. 철부지 어린 왕을 모셔야 하는 상황에서 모험을 부린다는 건 상상하기 어려웠다. 나라를 지키기 위해서는 어쩔 수 없이 신중한 결정을 내리는 게 최선이라고 생각했다.

더구나 적대국인 위 나라의 전력은 너무도 막강했다. 제갈 공명이 이끄는 촉(蜀) 나라 군대의 전투 능력은 사마 중달의 군대와 종합적으로 비교해 볼 때 그 10분의 1에도 미치지 못했다.

그뿐이 아니었다. 위 나라를 공략하러 가기 위해서는 험난한 길을 거쳐야 했으며, 절벽 위에 걸쳐놓은 다리로 보급 물자를 운반한다는 게 여간 어려운 일이 아니었다. 그 동안 몇 차례의 원정 실패도 엄밀히 따져 식량 보급의 어려움 때문이었다는 사실을 공명은 너무 잘 알고 있었다.

어쩌면 위 나라 침공은 승산 없는 싸움이었다. 하지만 위 나라 정벌은 유비의 간곡한 유언이어서 포기할 수는 없었다. 손자 병법을 존중하던 공명으로서도 피할 수 없는 선택이었으니 나름대로 지혜를 짜낼 수밖에 없었다.

공명이 고민 끝에 내린 결론은 '지지 않는 싸움'이었고 그 원칙을 끝까지 지켰다. 너무도 현격한 병력의 차이를 극복하지 못하고 몇 차례 물러섰지만, 하나 하나 따지고 보면 승리도 아니고 패배도 아닌 전쟁이었다. 형편없는 군사력으로 기가 막힌 선전(善戰)*을 했다고 후세 사람들이 평가하는 것도 그 때문이다.

유비의 유언을 존중하면서도 지지 않는 전투를 벌임으로써 촉 나라를 무난히 지킨 것은 제갈 공명이 아니면 불가능한 지혜의 승리였다. 그런 점에서 안정적인 건전 경영으로 나라와 백성을 구한 제갈 공명은 지극히 현명한 지도자였다.

* 갑론을박(甲論乙駁) : 서로 자기의 의견을 내세워 남의 의견을 반박함.
* 유업(遺業) : 선대(先代)로부터 물려받은 사업. 〈예〉 선친의 유업을 계승하다.
− 선대(先代) : 조상의 대, 또는 그 시대. 〈반대말〉 당대(當代)·후대(後代).
* 선전(善戰) : 실력 이상으로 잘 싸움. 최선을 다하여 잘 싸움.

6
선두에 나서야 하는 지도자

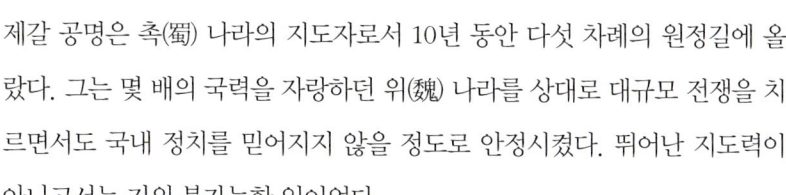

제갈 공명은 촉(蜀) 나라의 지도자로서 10년 동안 다섯 차례의 원정길에 올랐다. 그는 몇 배의 국력을 자랑하던 위(魏) 나라를 상대로 대규모 전쟁을 치르면서도 국내 정치를 믿어지지 않을 정도로 안정시켰다. 뛰어난 지도력이 아니고서는 거의 불가능한 일이었다.

바위에 계란 치기식의 전쟁을 다섯 차례나 치르면서도 국력의 소모라든지 경제적 혼란이 별로 없었으니 놀라운 결과였다. 언제나 앞장 서서 모범을 보인 지도자 공명이 존재했기 때문에 가능한 것이었다.

예로부터 중국인들은 말한다.

"재상(宰相)은 사소한 일에 간여치 않는다."

여러 부문의 크고 작은 일은 각각의 담당 대신들에게 맡기고 재상은 높은 위치에서 두루 살펴야 한다는 주장이다. 하지만 공명은 이와 정반대였다. 자질구레한 장부 정리까지 챙기고 확인하면서 새벽부터 밤늦은 시각까지 일에 매달렸다고 한다.

오장원(五丈原)에서 제갈 공명과 사마 중달이 팽팽하게 겨루고 있을 때였다. 공명측의 사자(使者)가 중달의 진영을 방문했다.

"제갈 공명은 요즘 어떻게 지내고 있느냐?"

중달이 그 사자에게 물었다.

"우리 장군께서는 아침 일찍 일어나시고 밤늦도록 일하십니다. 대부분의 일을 직접 챙기시는 건 물론이고 식사도 무척 간소하게 하시지요."

그 말을 듣던 순간, 공달은 흐뭇한 마음으로 미소를 머금었다.

"두고 봐라. 공명의 목숨은 길지 않을 것이다."

사자가 돌아간 뒤 중달은 미친 사람처럼 중얼거렸다. 하지만 공명의 입장을 전혀 모르고 한 소리였다. 나라는 작고 인재들도 많지 않아서 공명이 무슨 일이든지 일일이 간여하지 않으면 곤란한 처지였기 때문이다.

유비의 유언대로 촉 나라의 장래를 떠맡은 처지로서 무거운 책임감이 공명의 두 어깨를 짓누르고 있었다. 침식(寢食)*을 잊고 직무에 몰두해도 시간이 부족할 지경이었으니 모든 일에 직접 나설 수밖에 없었다. 이와 같은 공명의 열정 어린 노력은 마침내 촉 나라 백성들의 마음을 움직이게 했고, 스스로 알아서 똘똘 뭉칠 수 있는 계기를 만들었다.

* 침식(寢食) : 잠자는 일과 먹는 일. 숙식(宿食).

정치가 제갈 공명은 공평 무사(公平無私)와 신상필벌(信賞必罰)을 가장 먼저 앞세웠다. 부하와 백성들을 상대함에 있어 공평하고 사사로움이 없었으니 크고 작은 불만을 잠재울 수가 있었다. 작은 나라가 큰 나라에 도전장을 던지기 위해서는 백성들의 세금 부담이 적지 않았을 테지만 불평 불만을 터뜨리는 사람이 없었다. 심지어 형벌을 받은 사람들마저 스스로 잘못을 인정하면서 반성했다고 한다.

지도자 공명은 검소한 사생활로 백성들의 존경을 한 몸에 받았다. 공명은 원정에 나설 때마다 황제 유선에게 재산 목록을 보고했다. 어찌나 사실적으로 보고하고 사리사욕(私利私慾)을 채우는 일이 없었던지 죽은 뒤에는 사유재산이 거의 남아 있지 않았다고 한다.

유족들이 겨우겨우 생활을 꾸릴 만큼의 재산만 남겨 두고 떠난 공명에게 백성들은 무한한 존경심과 깊은 애도의 뜻을 표시했다. 그토록 사심 없이 나랏일에 정진했기 때문에 부하와 백성들의 힘을 한데 모을 수 있었던 것이다.

우리나라의 옛 권력자들이 갖가지 불법적인 방법으로 재산을 모으거나 빼돌린 사실이 들통나 망신을 당하는 현실에서 제갈 공명이 우리 정치권에 던지는 교훈은 의미 심장(意味深長)*하다.

* 의미 심장(意味深長)하다 : 말이나 글의 뜻이 매우 깊다.

7 지도자의 숨겨진 능력

사마 중달과 제갈 공명은 두 차례에 걸쳐 치열한 격전을 벌인다. 소설 〈삼국지 연의〉에 따르면 중달은 공명의 절묘한 전략 전술에 말려들어 여지없이 당하기만 하는 바보 같은 장군처럼 소개된다. 하지만 그것은 소설의 재미를 돋우기 위한 허구(虛構)*에 불과하다.

중달도 손자 병법의 정석(定石)을 철저히 공부했으며 '싸우지 않고 이긴다'는 전법을 기본 전략으로 활용했다. 수비에 적극 치중하고 맞대결을 피하다가 상대편의 퇴각(退却)*을 기다리곤 했다. 수비력을 강화하여 적의 진격을 늦출 수만 있다면, 병력 차이와 식량 보급 문제로 어려움을 겪고 있던 촉(蜀) 나라 군대는 결국 철수할 것이라고 생각했던 것이다. 공명의 약점을 충분히 알고 있었기 때문에, 정면 대결을 피하여 피를 흘리지 않아야 한다는 중달의 전략은 마침내 성공할 수 있었다.

〈삼국지 연의〉에 따르면 중달과 공명은 여러 차례 피 튀기는 전투를 벌인 것으로 묘사된다. 그 때마다 늘 공명이 승리하고 중달은 예외 없이 패배한다. 하지만 이 또한 소설 작법 상의 픽션(fiction, 허구)에 지나지 않는다. 실제로는 두 나라 군대가 대부분 서로 노려보며 대치하다가 물러난 것으로 알려져 있다.

공명은 '지지 않는 싸움'을 노렸고 중달은 '싸우지 않고 이긴다'는 기본 전략으로 삼았기 때문에 대결 양상은 언제나 지구전(持久戰)이자 신경전(神經戰)*이었다. 하지만 딱 한 번 격렬한 전투를 벌였다. 공명의 군대가 식량 보급 문제로 부득이 철수하자, 중달의 군대가 추격전을 벌이면서 실감나는 전투가 이어졌던 것이다.

서로 승리했다고 주장한 그 전투의 결과는 지금도 여전히 예측하기 어렵다. 공명측의 자료에는 공명이 이긴 것으로, 중달측의 자료에는 중달이 승리한 것으로 기록되어 있다. 그것만 봐도 어느 한쪽이 일방적 승리를 거둔 전투는 아니었으며, 사실상 백중지세(伯仲之勢)*였던 것으로 알려져 있다.

오장원에서의 두 번째 대결은 사실상 서로 대치하며 노려보기나 하는 신경전과 다름없었다. 하지만 원정길에 올라 있던 공명으로서는 마냥 신경전을 벌이기에는 체면이 말이 아니었다. 먼저 공격하도록 여러 방법을 동원하여 공명이 꾀를 써 보았으나 중달은 말려들지 않았다. 오히려 중달은 수비에만 치중하면서 공명이 물러갈 때를 기다렸다.

원정길에 올라 있던 공명은 시일이 지날수록 애가 탔다. 노련한 장수 중달의 전략에 거꾸로 말려들어 시간만 흐르고 있으니 죽을 맛이었다. 드디어 공명은 과로에 따른 병으로 몸져눕게 되었으며, 그 자리에서 숨을 거두면서 두 사람의 대결도 싱겁게 막을 내리고 만다.

공명이 쓰러져 구심점이 흐트러진 촉 나라 군대는 철수를 시작한다. 기회를 포착한 중달이 추격을 명령한다. 하지만 촉 나라 군대가 갑자기 반격해 오자 중달은 멈칫거린다.

이쯤에서 깊이 고민해 보자. 진실로 중달이 공명을 무서워하며 일부러 피한 것일까. 그건 아니라고 생각된다. 진짜로 추격하려는 의지가 없었고 '싸우지 않고 이긴다' 는 전략 때문이었던 것으로 추정된다.

소설 〈삼국지〉에 나오는 중달은 평범한 장군이자 늘 공명에게 망신만 당하는 인물로 그려지고 있다. 하지만 현실적으로 중달은 지략이 뛰어난 지도자였으며 노련하고 교활한 장군이었다. 간사한 영웅 공명도 함부로 건드리지 못할 만큼 현명한 사람이었던 것이다.

* **허구(虛構)** : ① 사실이 아닌 것을 사실처럼 얽어 만듦. 〈비슷한말〉 가공(架空). ② 소설이나 희곡 따위에서, 실제로는 없는 이야기를 상상력으로 창작해 냄, 또는 그 이야기. 픽션(fiction).
* **퇴각(退却)** : 전투 따위에 져서 뒤로 물러감. 〈예〉 적들은 허둥지둥 계곡으로 퇴각했다.
* **신경전(神經戰)** : 모략이나 선전 따위로 상대편의 신경을 피로하게 만들어 혼란으로 몰아넣는 전법, 또는 그러한 수법으로 대결하는 경쟁.
* **백중지세(伯仲之勢)** : 서로 어금지금하여 우열을 가리기 어려운 형세. 백중세(伯仲勢).
- **어금지금하다** : 서로 어슷비슷하여 큰 차이가 없다. 〈비슷한말〉 어금버금하다.
- **백중(伯仲)** : 맏 백(伯), 버금 중(仲)…. 세력이 비슷하여 우열을 가릴 수 없는 것을 비유하는 말이다. 원래 백중은 형제의 서열을 나타내는 말로 백(伯)은 맏형, 중(仲)은 둘째를 가리키며, 끝의 동생을 계(季)라고 한다. 다만 중(仲) 씨의 경우 맏이가 아니면 둘째나 셋째나 모두 중 씨로 통하고 맨 끝이 아니라도 손아래 형제를 계(季) 씨라고 부르는 것은 관습이다.

따라서 백중은 곧 형과 아우라는 뜻이다. 순서로는 백이 위이고 중이 아래지만 그것은 다만 나이의 순서일 뿐이다. 거기에 무슨 큰 차이가 있겠느냐는 뜻에서 백중지세(伯仲之勢) 또는 백중지간(伯仲之間)이라고 쓴다.

이 말은 위(魏) 나라의 조비(曹丕)가 〈전론(典論)〉이라는 논문 첫머리에, '글 쓰는 사람끼리 서로 상대를 업신여기는 것은 옛날부터 그랬다. 예를 들면 두 사람은 그 역량에 있어 서로 백중한 사이였다' 고 말한 데서 비롯된다. 두보(杜甫)의 시에서도 제갈 공명을 칭찬하면서 그는 이윤(伊尹)이나 여상(呂尙)과 맞먹는다는 말을 '백중지간' 이라고 표현했다.

CHAPTER 09

십팔사략
十八史略

중국의 남송(南宋) 말기에서 원(元) 나라 초기에 걸쳐 활약했던 증선지(曾先之)가 여러 자료를 수집하고 정리하여 만든 중국의 역사 서적이다.

'18사(十八史)' 란 태고(太古) 때부터 송(宋) 나라 말기까지의 역사를 기록한 18권의 책을 의미한다. '략(略)' 이란 '발췌(拔萃)' 와 비슷한 말로 '글 가운데서 필요하거나 중요한 대목만을 가려 뽑았다' 는 뜻과 통한다.

따라서 〈십팔사략〉은 태고 시대부터 송 나라 말기까지의 역사를 초보자용으로 요약한 책이다.

그 당시 중국은 원 나라(몽고)의 침략을 받아 멸망의 위기에 빠져 있었다. 그런 와중에서 중화(中華)의 사상과 전통을 살리기 위해 쓰여진 책으로 알려져 있다. 개인의 삽화(挿話)를 중심으로 중국 역사의 자취를 더듬어 감으로써, 수많은 인간들이 활약하는 모습을 통해 세상사는 지혜를 얻을 수 있는 책이다. 고사(故事)나 명언(名言)·금언(金言) 등이 거의 빠짐 없이 수록되어 있어 중국의 역사와 사상을 이해하는 데 도움이 된다.

1 알기 쉽고 간소한 행정

대부분의 사람들은 중국의 역사를 3,000년쯤으로 잡는다. 중국이 오랜 전설의 시대에 마침표를 찍고 역사 기록의 시대로 접어든 시기가 지금부터 3,000년 가량 되기 때문이다. 지금의 황하(黃河) 유역(流域)[*]에 주(周) 나라 왕조가 들어서면서 본격적인 중국의 문명이 열리기 시작한다.

주(周) 나라는 문왕(文王), 무왕(武王), 성왕(成王) 등 3대에 걸쳐 왕조의 기초를 닦았다. 이들의 창업(創業)[*]을 도운 사람은 성왕의 작은아버지 주공(周公)이었다. 주공은 어린 성왕이 임금자리에 오른 시기부터 재상으로서 실권을 장악했다.

오랜 세월이 흐른 뒤, 공자가 가장 이상적인 정치가로 추앙(推仰)[*]했던 인물이 바로 주공이다. 주공은 한때 노(魯) 나라에 영토(領土)[*]를 부여받아 영주로 임명되었다. 하지만 국정의 최고 책임자로서 서울에 머물러야 할 형편이었다. 어쩔 수 없이 아들 백금(伯禽)을 노 나라에 파견하면서 다음과 같이 일렀다.

"이 아비는 무왕의 아들이자 성왕의 작은아버지다. 여러 제후(諸侯)[*]들 중에서도 가장 신분이 높은 처지다. 그럼에도 불구하고 나는 사람이 찾아올 때마다 식사는 물론 머리감기도 중단하면서 각별한 예의를 갖춘다. 그럴 때마다 부족한 점은 없는지, 우수한 인재를 몰라보는 것은 아닌지, 여러모로 파악하기 위해 안절부절못한다. 영주로 임명된 너도 노 나라에 가서 결코 교만하게 행동해서는 안 된다."

윗사람은 모름지기 겸허해야 한다고 아들에게 훈계한 것이다. 그 때 주공은 윗자리에 있는 사람이 주의해야 할 점을 네 가지로 설명했다.

"첫째, 친족을 소홀하게 대하지 말라. 둘째, 중신들이 무시당했다는 불만을 품게 하지 말라. 셋째, 오랜 지기(知己)를 특별한 사정이 없는 한 무시하지 말라. 넷째, 한 사람에게 너무 많은 것을 기대하지 말라."

주공은 그토록 빈틈이 없는 사람이었다.

> * 유역(流域) : 강물이 흐르는 언저리의 지역. 〈예〉 한강 유역.
> * 창업(創業) : ① 나라를 처음으로 세움. 건국. 〈예〉 조선 왕조의 창업. ② 사업을 처음 일으킴, 또는 그 기초를 닦음. 〈예〉 창업보다는 수성이 더 어렵다.
> * 추앙(推仰) : 높이 받들어 우러름. 〈예〉 국부(國父)로서 추앙하다.
> * 영토(領土) : ① 영유하고 있는 땅. 영지(領地). 토지. ② 그 나라가 영유하고 있는 땅. 그 나라의 통치권이 미치는 지역. 〈예〉 영토 분쟁.
> * 제후(諸侯) : 봉건 시대에, 군주로부터 받은 영토와 그 영내에 사는 백성을 다스리던 사람.
> * 지기(知己) : 지기지우(知己之友)의 준말. 자기를 잘 알아주는 참다운 친구.

노 나라에 부임한 지 3년이 흘렀을 때, 백금은 업무 보고를 위해 서울로 돌아왔다. 주공은 자기 아들인 백금을 반갑게 맞았다.

"너무 늦었구나."

주공은 자기 아들이 너무 고생했다는 뜻으로 그렇게 말했다.

"아버님, 낡은 관습을 고치고 새로운 규범을 만들어 가르치다 보니 이렇게 늦었습니다. 부디 용서해 주시기 바랍니다."

아들의 변명을 듣던 주공은 태공망(太公望)의 경우를 생각했다. 낚시 전문가로 알려진 태공망도 제(齊) 나라의 영주로 임명되었는데, 그는 부임한 지 겨우 5개월 만에 업무 보고를 하기 위해 돌아왔었다.

"너무 빠른 듯하오."

주공이 태공망에게 말했었다.

"저는 군주와 신하 사이의 예절을 간소화하고 백성들의 관습을 존중하여 정치를 했습니다. 그러다 보니 백성들을 내 사람으로 만드는 데 긴 시간이 필요 없더군요."

주공은 그 말을 듣고 태공망의 인간 됨됨이를 다시 보게 되었다. 하지만 자신의 아들 백금이 태공망처럼 현명하지 못하다는 게 몹시 아쉬웠다. 주공은 한숨을 내쉬면서 다음과 같이 아들에게 말했다.

"본디 규율이 복잡하고 그 절차가 번거롭거나 어수선하면 백성들은 친근감을 느끼지 않는다. 속박을 당한다는 느낌 없이 스스로 협조하게 유도하는 길만이 바로 정치의 본질이다. 유감스럽게도 너는 정치의 핵심을 알지 못하고 있다."

주공은 알기 쉽고 간소한 절차를 이상적인 정치 형태의 하나로 생각했다. 겸허한 지도자가 행정 간소화를 추진할 때, 조직도 그만큼 하루 빨리 활성화된다는 진리를 말하고 있는 것이다.

2 유방과 항우의 싸움이 주는 교훈

진시황제가 죽고 각지에서 반란이 일어나는 바람에, 진(秦) 나라는 천하를 통일한 지 불과 15년 만에 멸망하고 만다. 그 뒤 천하를 두 동강내어 싸운 영웅이 초(楚) 나라의 항우(項羽)와 한(漢) 나라의 유방(劉邦)이다. 이 두 영웅의 세력 다툼을 중국인들은 '초한(楚漢)의 싸움'이라고 부른다.

두 사람의 격렬한 전투는 오랫동안 이어졌다. 이 싸움의 전반은 항우 쪽이 압도적인 우세를 보였고, 유방은 항우의 강력한 군대 앞에서 늘 기가 죽어 매번 고전을 면치 못했다. 하지만 1년이 지나 2년째로 접어들자 형세가 극적으로 바뀌어 갔다. 여전히 강한 공세를 취하고 있는 것은 항우 쪽이었으나 날로 피로의 기미가 나타나기 시작했다. 이와 반대로 공격을 당하는 유방 쪽에서는 여유를 찾고 있었다.

두 사람의 대결이 장기화되자 형세는 완전히 역전된다. 유방이 우위를 보이기 시작하면서 항우는 열세를 숨길 수 없게 된다. 그뿐이 아니다. 유방 쪽에서 포위망을 만들어 놓고 항우의 군사들을 유혹하기 시작한다. 결정적으로 유인된 항우의 초 나라 군사들은 복병(伏兵)*에 의하여 포위되었고 사면(四面)에서 들려 오는 초가(楚歌), 즉 초 나라 노래를 듣게 된다.

"초 나라는 이미 망한 것인가!"

애마(愛馬)*를 어루만지던 항우는 긴 한숨을 내쉬며 절망의 벼랑끝에 몰린 신세를 노래한다. 작별의 시간이 왔다고 느낀 우미인(虞美人)은 식음을 전폐한 채 칼을 들고 춤을 추다가 숨을 거둔다. 혼자 탈출한 항우도 강가에서 자결하고 만다.

그 고사에 근거하여 사면초가(四面楚歌)라는 고사성어가 탄생했다. 그 뒤로 '적에게 완전히 포위를 당한 절대 고립 상태'를 '사면초가'라고 부르기 시작했다.

* **복병(伏兵)** : ① 적이 쳐들어오기를 숨어 기다렸다가 갑자기 습격하는 군사, 또는 그 군사를 숨기는 일. ② '뜻밖의 장애가 되어 나타난 경쟁 상대'를 뜻하는 말. 〈예〉 예기치 않은 복병을 만나 당황하다.
* **애마(愛馬)** : 아끼고 사랑하는 말.

항우가 퇴각할 때 한신(韓信)은 휴전 협정을 어기고 초 나라 군대를 포위했다. 초 나라 군대는 이미 식량이 떨어져 전의(戰意)를 상실한 상태였다. 이 때 장량(張良)의 계책으로 이 곳 저 곳에서 처량하고 애달픈 초 나라 노랫소리가 들려 왔다. 초 나라 군사들은 향수를 이기지 못하고 밤의 어둠을 틈타서 도망을 쳤다.

"어느 새 한 나라가 초 나라 땅을 점령해 버린 걸까. 어째서 초 나라 사람들이 부르는 노래가 이다지도 처량하단 말인가."

모든 것이 끝났다고 생각한 항우는 장막으로 들어가서 마지막 이별의 잔치를 열었다. 항우 곁에는 천리마(千里馬)*인 추(騅)와 우미인이 있었다. 슬픈 감회에 젖어 있던 항우는 시를 지어 노래했다.

"넘치는 힘이 산을 뽑고 기개가 세상을 덮어도, 때가 불리하니 추(騅)도 움직이려 하지 않네. 그러니 우(虞)야, 너를 이제 어찌해야 할까?"

항우가 처절한 노래를 부르고 나자 우미인이 다음과 같이 노래로 이어받았다.

"한 나라 군대가 이미 땅을 차지했는지 사방에서 초 나라의 노랫소리만 들려오는구나. 대왕의 운이 다 되었거늘 미천한 첩이 어찌 살기를 바라리요."

우미인도 이별의 슬픔을 담아서 애절한 노래를 불렀다. 그녀는 항우의 품에서 죽고 항우 역시 다음날 오강(五江)에서 자결했다.

중국의 경극(京劇)인 '패왕별희(覇王別姬)'는 초 나라의 패왕(覇王) 항우와 우미인의 이별을 그린 작품이다. 1918년 '초한의 싸움'이라는 제목으로 처음 공연했다. 항우는 우미인과 여러 장군의 간언(諫言)*을 물리치고 한 나라 군대에서 항복해 온 이좌거(李左車)의 권고로 출병하지만, 결국 한 나라 책사(策士)*인 한신의 모략이었음이 뒤늦게 밝혀진다.

* **천리마(千里馬)** : (하루에 천 리를 달릴 수 있는 말이라는 뜻으로) 아주 뛰어난 말을 이름.
* **간언(諫言)** : 임금이나 윗사람에게 옳지 못한 일을 고치도록 말하다.
* **책사(策士)** : 계책을 세우는 사람, 또는 계책에 능한 사람. 모사(謀士).

절대적인 우세를 보였던 항우가 어떤 이유로 패배했을까. 유방의 군대가 역전승을 거둔 원인은 무엇일까. 그 이유를 다음의 세 가지로 압축할 수 있다.

첫째, 유방이 항우에 대한 포위망을 오래 전부터 구축했기 때문이다. 유방은 열세가 인정되던 초기부터 이미 포위망 만들기에 착수했다. 그 작업이 1년 뒤에 열매를 맺기 시작했고 항우를 막다른 골목으로 몰아 갔다. 한 마디로 말해 전략 전술의 승리였다.

둘째, 유방은 내부 분열 작전을 꾀함으로써 항우의 진영을 이간질했고 군주와 신하 사이를 헝클어뜨렸다. 유방의 모략이 먹혀 들어가자 항우 쪽의 조직은 힘을 잃고 무너지기 시작했다.

셋째, 물자 보급 측면에서도 유방은 유리한 고지를 점령했다. 군사 작전에 필요한 물자의 보급 관리 등을 담당하는 병과인 병참(兵站)*과 후방의 지원 체제가 확립되어 병력과 물자 보급이 원활하게 이루어졌다. 패배가 거듭되면서도 결정타를 허용하지 않은 것도 그 때문이었다. 이와 반대로 항우 쪽은 후방의 보급망을 확보하지 못하는 바람에, 소모된 전력을 회복하지 못한 상황에서 점점 몰락의 길을 걸어야 했다.

위 세 가지 원인 이외에도 두 지도자의 그릇 차이가 승패의 갈림길을 만들었다. 항우를 멸망시키고 낙양(洛陽)으로 개선했을 때, 유방은 자신의 승리 원인과 항우의 패배 원인을 다음과 같이 설명했다.

"나는 운 좋게도 세 명의 훌륭한 부하 장량(張良), 소하(蕭何), 한신(韓信)을 두었다. 본영(本營)* 안에서 계략을 짠 뒤 1,000리 밖에서 승리를 결정짓는다는 점에서 나는 장량을 따를 수 없었다. 내정의 충실, 민생의 안정, 군대 양식의 조달, 보급로의 확보라는 점에서 나는 소하를 따를 수 없었다. 백만 대군을 자유자재로 지휘하여 승리를 거둔다는 점에서 나는 한신을 따를 수 없었다. 이처럼 훌륭한 부하들을 잘 부린 게 천하를 얻은 근본 원인이었다. 항우에게도 범증(范增)이라는 걸물(傑物)*이 있었다. 그러나 그는 이 한 사람조차 제대로 부리지 못했다. 그것이 우리 군대에게 항우가 패배한 원인이다."

유방이 말하는 세 명의 부하들은 개인 능력이라는 측면에서 유방의 모든 것을 능가했다. 하지만 그처럼 유능한 부하들을 적절하게 부림으로써 승리를 거둘 수 있었다. 유방이 부하들을 위압적인 태도로 무조건 순종시키거나 개인의 손발처럼 마구 부려먹었다면 불가능한 승리였다.

유방은 부하를 부릴 때 두 가지 원칙을 지켰다. 첫째, 부하의 의견에 귀를 기울였다. 둘째, 성공에 대하여 반드시 보상했다.

더 자세히 설명하면 다음과 같다.

* 병참(兵站) : 군사 작전에 필요한 물자의 보급 관리와 재산 처리 등을 담당하는 병과.
* 본영(本營) : 총지휘관이 있는 군영(軍營). 본진.
* 걸물(傑物) : ① 뛰어난 사람. (비꼬는 투로 쓰이기도 함.) ② 훌륭한 물건.

유방은 일방적인 지시를 단연코 하지 않았다. 문제가 발생할 때마다 부하들에게 반드시 의견을 물었고, 그 의견을 검토 분석한 뒤 신중하게 결정을 내렸다. 전쟁에서 승리하다 보면 당연히 전리품이 들어오게 마련이다. 유방은 그 노획물을 단 한 번도 자신의 주머니에 넣지 않았고 공적을 세운 부하들에게 골고루 분배했다.

부하의 입장에서는 자기 의견이 채택되면 책임감이 강해지고, 성공에 대한 보수가 약속되어 있을 경우 열심히 노력한다. 아주 평범하기 짝이 없는 그 두 가지 방법으로 유방은 부하들의 자발적인 의욕을 북돋울 수 있었던 것이다.

항우는 자신의 재능에 대단한 자부심을 느끼고 있었다. 전쟁을 일으킬 때마다 연전연승(連戰連勝)*으로 무적(無敵)의 힘을 발휘했다. 약관(弱冠)* 25세에 군사를 일으켰고 유방에게 쫓겨 전사한 때는 겨우 30세에 불과했다.

　지나치게 자신감이 넘치던 나이가 아니랄까 봐, 부하의 진언에 귀를 기울이지 않고 늘 독단적으로 일을 처리했다. 전리품(戰利品)*이 들어올 경우 모두 혼자 차지하고 부하들에게는 나누어주지 않았다고 한다. 그 결과는 뻔했다. 항우는 유능한 부하들을 잇따라 잃었고 나중에는 사실상 혼자 외롭게 싸워야 하는 신세가 되었다.

　승리와 패배의 차이는 백짓장 한 장에 불과하다고 한다. 조직의 힘을 잘 이끄느냐 아니냐의 차이도 바로 종이 한 장 차이라고 말할 수 있다.

* 연전연승(連戰連勝) : 싸울 때마다 이김. 〈반대말〉 연전연패(連戰連敗).
* 전리품(戰利品) : 노획물(鹵獲物). 노획한 물품.
- 노획(鹵獲) : 싸움터에서, 적의 병기나 군용품 따위를 빼앗음.

3 배수진을 치다

　한신(韓信)은 중국 한(漢)나라 초기에 활약한 장수였다. 진(秦) 나라 말기 혼란의 와중에서는 한때나마 초(楚) 나라의 항우를 섬겼으나, 중용(重用)*되지 않는다는 이유로 한 나라 유방의 군대에 들어갔다.

　한신은 술수가 넘치면서도 인내심이 대단한 인물이었다. 그는 떳떳한 직업도 없이 무위도식(無爲徒食)*하며 세월을 허송하던 젊은 시절에 유명한 일화를 남겼다. 어느 날 읍내 거리를 걷다가 한 무리의 불량배들을 만났다.

"야, 이 자식아! 목숨을 걸 배짱이 없다면 나를 찔러 봐!"

시비를 걸어오던 한 녀석이 앞으로 나서며 칼을 내밀었다.

한신은 솟구치는 혈기를 감추고 머리를 조아렸다.

"찌를 배짱이 없거든 내 가랑이 밑으로 기어가라!"

한신은 잠시 상대의 얼굴을 응시하다가 무릎을 꿇었다. 결국 땅바닥에 엎드렸고 불량배의 가랑이 사이로 기어 들어갔다. 사고를 치지 않으려면 참아야 했고, 내일에 대비하기 위해서는 몸을 낮추어야 한다고 생각했기 때문이다.

그처럼 한신은 인내심과 술수가 대단한 인물이었다고 한다. 100만 대군을 맘대로 지휘할 수 있었던 용병술도 그 같은 인내심과 술수에서 비롯되었다. 그의 천재성을 가장 극명하게 보여 주는 장면이 바로 '배수진'에 얽힌 고사일 것이다.

물을 등지고 치는 진이 '배수진'이다. 깊은 강을 등진 채 진을 쳐서 병사들이 물러나지 못하고 힘을 다하여 싸우도록 함으로써 조 나라의 군사를 물리쳤다는 고사에서 유래한다.

배수진(背水陣). 등질 배(背), 물 수(水), 진칠 진(陣)···. 물을 등지고 진을 친다는 뜻으로 어떤 일에 결사적인 각오로 임한다는 말이다.

* 중용(重用) : 중요한 자리에 임명하여 부림. 소중히 씀.
* 무위도식(無爲徒食) : 하는 일이 없고 먹고 놀기만 함.

유방이 왕위에 오르기 2년 전인 204년, 한신은 유방의 명령에 따라 장이(張耳)와 함께 위(魏) 나라를 격파했다. 그 여세를 몰아서 병사 1만 명을 이끌고 조(趙) 나라를 공격했다. 조 나라는 군사 20만 명을 동원하여 한 나라가 쳐들어올 길목에 방어선을 구축했다.

"길목에서 기다리고 있다가 지나가는 한 나라 군사를 공격합시다."

조 나라의 군사 전략가인 이좌거가 재상 진여(陳餘)에게 건의했다.

"아무리 생각해도 기습 작전은 맘에 안 들어."

진여는 이좌거의 건의를 받아들이지 않았다.

"한신의 군대는 고작 1만 명의 오합지졸(烏合之卒)*로 이루어졌어. 그들에 비하면 우리는 막강하기 그지없는 20만 대군이다."

진여는 어떤 식으로 싸워도 얼마든지 승산이 있다고 장담했다. 적군의 그 정보를 입수한 한신은 정상적으로 싸워서는 승산이 없다고 생각했다. 한참 고민한 끝에 한신은 적의 보루(堡壘)* 앞으로 흐르는 강을 등지고 군대를 포진(布陣)* 시켰다.

"우리가 달아나면 조 나라 군사는 뒤를 쫓아올 것이다. 이 때를 노려 그들의 성을 점령하고 한 나라의 붉은 깃발을 꽂거라."

한신이 명령했다. 한 나라 병사 1만 명을 먼저 출발하게 한 뒤, 기병(騎兵)* 2,000명을 조 나라가 쌓은 성채 바로 뒤편의 강을 등지고 진을 치게 했던 것이다. 그 모습을 바라보던 조 나라 병사들은 병법의 정석도 모르는 촌놈이라면서 비웃었다.

조 나라 군사가 성에서 나와 공격하자 한신은 거짓으로 배수진을 친 곳까지 후퇴했다. 여러 차례 접전을 치르면서 한 나라 군사는 배수진에서 아군과 합류했다. 기세를 제압했다고 판단한 조 나라 군사들은 한신의 군대를 맹렬히 추격했다. 이 때를 노려 한신은 매복(埋伏)* 시켜 둔 병사들에게 조 나라의 성채를 점령하도록 명령했고, 나머지 병사들은 배수진을 친 곳에서 필사적으로 싸웠다.

강을 등지고 있기 때문에 그 이상은 도망칠 수가 없었다. 살기 위해 목숨을 걸고 싸우는 길밖에 다른 도리가 없었다. 결사적인 항전에 지친 조 나라 병사들이 견디지 못하고 성채로 돌아와 보니, 이미 한나라의 깃발이 꽂혀 있었다. 마침내 한신의 승리로 돌아간 것이었다.

'배수진(背水陣)'이란 오랜 원정을 거듭하여 조 나라보다 전력이 한결 떨어진 한 나라 장수 한신의 기막힌 전술에서 유래한 말이다. 이는 막다른 골목에 몰린 것처럼 사생 결단의 정신 상태로 싸운다는 것을 의미한다. 등뒤에 강물이 흐르니 싸움에 져서 죽든지 강물에 빠져 죽든지 죽는 것은 마찬가지이기 때문에 죽기 아니면 살기로 싸운다는 것이다.

모든 병사들이 일치 단결하여 조 나라 대군을 무찌른 한신의 진영은 잔치를 치르는 날처럼 들떠 있었다. 그 때 한신의 부하 장수들이 궁금하다는 표정을 지었다.

"산을 등지고 강을 앞에 둔 채 싸우는 게 정석이 아닙니까? 그런데 우리 군대는 정반대로 대처하여 승리했습니다. 도대체 왜 그랬는지 지금도 모르겠습니다."

"병법서에 '자신을 사지(死地)*에 둘 때 비로소 살아날 수 있다'는 말이 있다. 결국 우리가 응용한 배수진도 훌륭한 전법의 하나였다네."

한신이 궁금증을 해소시켰고 부하 장수들은 절로 고개를 끄덕였다.

손자 병법에도 '죽음을 무릅쓰고 싸우게 하려면 병사들을 사지(死地)에 두라'고 적혀 있다. 한신의 배수진 병법은 바로 이를 응용한 것이다. 비록 정석에서 빗나간 듯 보여도 사실은 병법의 정석을 존중한 셈이다. 정석을 머리 속에 정확히 새겨 두었다가 그것을 임기응변으로 적절히 사용한 점이 한신의 천재성이다.

* **오합지졸(烏合之卒)** : (까마귀 떼처럼) 아무 규율도 통일도 없이 몰려 있는 무리 또는 군사.
* **보루(堡壘)** : 적의 공격이나 접근을 막기 위하여 돌·흙·콘크리트 따위로 튼튼하게 쌓은 진지(陣地). '어떤 일을 하기 위한 튼튼한 발판'을 비유하여 이르는 말. 〈예〉 민주주의의 보루.
* **포진(布陣)** : 전쟁이나 경기를 하기 위하여 진(陣)을 침.
* **기병(騎兵)** : 말을 타고 싸우는 군사. 마병(馬兵).
* **매복(埋伏)** : 몰래 숨어 있음. 적군을 기습하기 위하여 요긴한 곳에 숨어서 기다리는 일.
* **사지(死地)** : 죽을 곳. 살아날 길이 없는 매우 위험한 곳. 〈예〉 사지로 몰아넣다.

한신 못지않게 유방의 승리에 공헌한 사람이 바로 재상 소하일 것이다. 그는 한신과 달리 한번도 전쟁터에 나간 적이 없었다. 그럼에도 소하는 전쟁이 끝날 때마다 예외 없이 공적을 인정받았고 언제나 포상 1순위였다.

"전쟁터에 나가 본 적도 없이 오로지 책상 앞에 앉아 문서만 만들었어요. 그런 분을 저희들보다 높이 평가하는 이유가 뭡니까?"

부하 장수들이 도저히 납득할 수 없다며 따져 물었다.

"그대는 사냥이 뭔지 알고 있는가?"

한신이 되물었다.

"물론 알고 있습니다."

"너희들은 사냥개의 임무도 알고 있겠지?"

여러 장수들을 둘러보며 한신이 물었다.

"물론이죠."

"사냥을 할 때 짐승을 쫓아가 물어 죽이는 것은 사냥개야. 하지만 사냥개의 목에 맨 사슬을 풀어 주고 지휘하는 건 사람이지. 다시 말해, 자네들은 도망치는 짐승을 죽였을 뿐이네. 공적으로 따지자면 사냥개의 공적에 해당되지. 소하는 자네들의 사슬을 풀어 주고 지휘한 사람이어서 인간의 공적에 해당되는 거야."

한신이 설명을 마치자 부하 장수들은 더 이상 입을 열지 못했다.

지도자가 큰 일을 이루려면 보좌관 역할을 충실히 실천하는 사람이 있어야 한다. 유방의 보좌관*에 해당하는 사람이 바로 소하였다.

* 보좌관(補佐官) : 윗사람의 직무를 보좌하는 관리.
- 보좌(補佐 · 輔佐) : 윗사람 곁에서 사무를 도움. 〈예〉 장군을 보좌하다.

한신이 항우 밑에서 도망쳐 저 멀리 유방을 찾아 한 나라로 들어갔을 때였다. 유방도 한때는 인재를 알아보는 운이 없었으므로, 소하가 유방에게 한신을 여러 번 추천했으나 받아들여지지 않았다.

이윽고 유방이 항우에게 밀려 후퇴하게 되자, 장수와 병사들이 실망하여 유방의 휘하를 속속 빠져나갔다. 한신도 희망을 잃고 그들의 뒤를 따랐다. 이 말을 전해들은 소하는 미처 유방에게 보고할 사이도 없이 한신의 뒤를 쫓아갔다. 소하마저 도망쳤다는 말에 유방은 몹시 낙담하고 있었는데, 이틀 뒤에 소하가 한신을 데리고 돌아왔다.

"나쁜 사람! 도망치다가 오긴 왜 왔어?"

유방은 몹시 반갑긴 해도 한편으로는 괘씸하게 생각되어 몰아붙였다.

"도망친 게 아닙니다. 도망간 사람을 잡기 위해 갔다 왔을 뿐입니다."

소하가 한신을 가리키며 대답했다.

"많은 장수들이 도망쳐도 뒤쫓지 않은 주제에 하필이면 왜 한신을 데려왔느냐?"

유방이 물었다.

"장수는 얼마든지 보충할 수 있습니다. 하지만 한신만큼은 예외입니다. 인물이 뛰어나기로 둘도 없는 사람이 바로 한신이거든요."

소하는 그 자리에서 한신을 다시 한번 천거(薦擧)*했다. 이리하여 한신은 대장군이 되었으며, 마침내 항우를 무찌르고 천하 통일을 이룩하는 데 공을 세웠다.

이 고사를 통해 '국사무쌍(國士無雙)'이란 말이 탄생한다. 나라 국(國), 선비 사(士), 없을 무(無), 쌍 쌍(雙)…. '국사(國士)'란 나라의 훌륭한 선비, 곧 나라에서 둘도 없는 뛰어난 인물이란 뜻이다. 소하가 한신을 유방에게 추천할 때, '한신은 국가적인 선비로서 둘도 없는 사람'이라고 말한 데서 비롯되었다.

* **천거(薦擧)** : 인재를 어떤 자리에 쓰도록 추천함. 〈예〉적임자를 천거하다.

4 책사(策士)는 이래야 한다

'책사(策士)'란 계책을 세우는 사람 또는 계책에 능한 사람을 말한다. 비슷한 말로 모사(謀士)가 있다. 특히 전쟁터에서 주장(主將)을 따라다니며 작전이나 계략을 궁리해 내는 사람, 교묘한 책략과 수단을 잘 꾸며 내는 사람을 '군사(軍師)'라고 한다.

중국의 3,000년 역사 속에서 슬기롭게 꾀를 부린 천재로 가장 먼저 인용되는 인물이 바로 장량(張良)이다. 그는 유방의 천하 통일을 눈에 보이지 않게 도운 군사(軍師) 중의 하나였다.

임박해 오는 위기를 미리미리 파악하여 재빨리 대책을 강구하는 능력이 뛰어나야 진정한 책사(策士)라고 말할 수 있다. 그처럼 유능한 책사는 사람들의 눈에 거의 띄지 않는다. 사람들이 알아차리기 전에 이미 문제를 해결해 놓곤 하기 때문이다.

공적이 있나 없나, 공적이 큰가 작은가 등을 논의하고 이에 근거하여 거기에 알맞게 상을 내리는 것이 '논공 행상(論功行賞)'이다. 유방이 오래 전부터 평생의 적수(敵手)인 항우를 물리치고 난 뒤, 본격적인 논공 행상이 시작되었다. 주요 공신(功臣) 20여 명에 대해서는 포상 결정을 내렸으나, 그 밖의 사람에 대해서는 시간이 꽤 지나도록 좀처럼 결심을 굳히지 못하고 있었다.

그러던 어느 날, 유방은 2층 복도에서 정원을 바라보고 있었다. 부하 장군들이 여기저기 모여 앉아서 대화를 나누는 모습이 한눈에 들어왔다.

"저 사람들, 과연 어떤 얘기를 나누고 있을까?"

등뒤의 장량을 돌아보며 유방이 물었다.

"폐하, 정말 모르셨어요?"

"난들 알 수 있겠나."

"분명히 말씀드리죠. 반란을 꾀하는 중입니다."

장량이 다급하게 대꾸했다.

"천하가 안정됐는데 웬 반란…"

유방은 얼굴을 붉히며 말꼬리를 흐렸다.

"폐하, 절대로 마음을 놓지 마세요."

"그 정도로 난장판인가?"

그제야 유방이 사태의 심각성을 깨달은 듯 두 눈을 크게 떴다.

"폐하께선 일개 서민의 몸으로 저들의 힘을 빌어 천하를 정복하셨습니다. 그 덕분에 황제가 되셨음에도 영지를 받은 자는 몇몇에 불과합니다. 대부분 그 점이 불만이고 일부는 처벌을 받을까 두려워 불안에 떨고 있습니다. 그처럼 불만과 불안을 느낀 자들이 모여 반란을 도모하고 있는 중이죠."

공적이 있는 사람을 특정 지역의 영주(領主)로 임명하고 스스로 통치할 수 있는 일정 부분의 땅을 내릴 때 이 땅을 '영지(領地)'라고 부른다. 전쟁이 끝나고 서로 공적을 다툴 경우, 가장 먼저 떠오르는 화제가 어느 누가 영주로 임명될 것이며 어느 지역에 얼마의 땅을 차지하느냐는 것이었다.

"어떻게 대처하면 좋겠소?"

유방이 얼굴을 심하게 찡그렸다.

"평소에 가장 미움 받는 부하로 공공연히 알려진 사람은 없나요?"

장량이 속삭이듯 물었다.

"있고 말고! 그놈이 바로 옹치(雍齒)야. 내게 몇 차례 덤볐을 때 죽여 버리고 싶더라고. 하지만 그 녀석 나름대로 공적이 크기 때문에 꾹 참고 있다네."

유방은 화를 삭이며 입술을 실룩거렸다.

"폐하의 심정 충분히 알겠습니다. 하지만 이렇게 하십시오."

"말해 보시오."

장량이 뜸을 들이자 유방은 조바심을 내비쳤다.

"옹치에게 영지를 내리시고 그 사실을 발표하세요. 그 소문이 나는 순간 저 부하 장수들은 반란을 포기할 겁니다."

"알았네."

유방은 그 이튿날 부하 장수들을 초대하는 술자리를 만들었다. 옹치를 영주로 임명한 뒤 곧장 영지를 내리고는 그 자리에서 측근을 불렀다.

"논공 행상을 서두르게."

유방이 명령을 내렸다. 그 순간, 술을 마시던 장군들이 환호성을 내질렀다. 미움을 받던 옹치도 영주가 됐으니 모두 희망을 가져도 좋다는 기대감 때문이었다. 그 일이 있던 날부터 반란의 기미가 씻은 듯 사라진 것은 물론이었다.

그처럼 다가오는 위기를 미연에 방지했던 장량은 한(韓) 나라의 재상을 대대로 지낸 집안에서 태어났다. 유방을 비롯해 대부분의 부하 장군들이 최하층의 서민 출신이었던 점에 비추어 장량은 아주 이색적인 존재였다.

유서(由緒)* 깊은 가문 출신이라서 그랬던지, 장량은 사실상 최고 권력의 자리에 올랐으면서도 물러날 때를 미리 알았다. 그는 유방의 천하가 안정되자마자 스스로 물러났으며, 초야로 돌아가더니 유유자적(悠悠自適)*의 전원 생활을 즐겼다고 한다.

"나는 세 치 혀로 제왕의 스승이 됐고 넓은 영지를 받아 제후의 대열에 서기도 했다. 하지만 일개 서민으로 되돌아왔으니 이제부터 더 이상의 영달(榮達)*은 없을 것이다. 나는 그 동안 이룬 것만으로 충분하다. 앞으로는 속세를 버리고 태고의 신선들처럼 색다른 세계에서 여생을 즐기고 싶다."

장량은 그 말에 책임을 졌다. 어쩌다 가끔 왕궁 안에 들어가 유방과 대화하는 일이 있어도, 현실 정치에 관한 이야기는 가급적 피하면서 그저 추억담이나 나누었다고 한다.

* 유서(由緒) : 사물이 전하여 오는 까닭과 내력. 〈예〉 유서 깊은 곳.
* 유유자적(悠悠自適) : 속세를 떠나 아무것에도 매이지 않고 자유롭게 마음 편히 삶.
* 영달(榮達) : 높은 지위에 오르고 귀하게 됨. 〈예〉 일신의 영달을 꾀하다.
　　　　　〈비슷한말〉 출세(出世).

유방은 황제의 자리에 오른 지 8년 만에 세상을 떠났다. 살아 생전에 수많은 지역에서 반란이 일어나는 바람에 유방은 사건의 진압(鎭壓)*에 여념이 없었다. 이 때마다 모반(謀反)* 혐의를 인정받아 목숨을 잃은 공신들도 적지 않았다. 이러한 사태로 미루어 보면 장량의 조기 퇴진은 아주 현명한 선택이었는지도 모른다.

* **진압(鎭壓)** : 억눌러서 가라앉힘.
* **모반(謀反)** : 나라나 임금을 배반하여 군사를 일으킴.

5 크게 볼 줄 아는 지도자

진평(陳平)이란 인물은 젊었을 때 유방의 작전 참모(參謀)*로서 승리의 일등 공신이 되었다. 진평은 여섯 차례의 계책을 내놓음으로써 위기에 처한 유방을 여섯 번 구해 주었다고 할 정도로 재기 발랄했고 예측 능력이 번뜩이던 참모였다.

나이가 들었을 때, 진평은 재상이 되어 한(漢) 나라의 정신적 지주(支柱)* 노릇을 했다. 그 무렵 유방은 이미 세상을 등졌고 젊은 문제(文帝)가 왕위에 올라 있었다. 어느 날이었다. 문제는 진평과 주발(周勃) 등 두 재상을 불러들였다.

"일 년 동안의 재판 건수가 어느 정도 되나요?"

문제가 먼저 주발에게 물었다.

"폐하, 못나고 어리석어 잘 모르겠습니다."

주발이 어쩔 줄 몰라 했다.

"그렇다면, 그대는 국고(國庫)* 에 들락거리는 연간 재산 규모를 알고 있나요?"

"참으로 황송합니다. 그것 역시…."

주발은 자신의 부족한 점을 솔직히 인정할 수밖에 없었다. 어찌나 난감했던지 등줄기에 식은땀이 흘렀다고 한다. 문제는 같은 질문을 진평에게도 던졌다.

"황송하오나 담당자에게 물어 봐 주시기 바랍니다."

진평은 서슴없이 대답했다.

"담당자라니요?"

"이를테면 재판에 관해서는 사법(司法) 대신에게, 국고의 수입과 지출에 관해서는 재무(財務) 대신에게 확인하는 게 지당하다고 봅니다."

"재상께서는 전문적인 문제일수록 그 답을 담당자들에게 돌리시는데, 그렇다면 도대체 재상들은 어떤 일을 담당하는 거요?"

문제가 얼굴을 붉히며 물었다.

"폐하께서는 제 어리석음을 미처 모르시고 재상(宰相)에 임명하셨습니다. 본디 재상의 업무란 위로 황제를 모시고 아래로는 황제의 정책이 모든 백성에게 골고루 돌아가도록 도모하는 데 있습니다. 물론 여러 나라 왕과 국내의 제후들을 잘 관리하여 나라 안팎이 평화롭게 만드는 것도 중요하겠지요. 관직에 있는 사람들이 각자의 맡은 바 임무에 충실하도록 분위기를 조성하는 것도 재상의 역할입니다."

"잘 알겠소."

문제는 군말 없이 고개를 끄덕이며 눈을 감았다. 진평의 말이 하나도 틀리지 않았다는 신호이자 그를 믿어도 좋다는 표시였다.

얼마 뒤 주발은 스스로 재상의 자리에서 물러났고 진평 혼자서 중책을 맡게 되었다. 진평은 변함 없이 적재적소(適材適所)에 인재를 배치하는 일에 최선을 다했고, 본인은 오로지 윗자리에서 정부 조직이 원활하게 돌아가도록 지휘 감독하는 일에 전념했다.

그처럼 재상(宰相)은 황제의 부름을 받아서 사실상 정치를 도맡아 하는 입장에 있다. 하지만 문무백관(文武百官)*의 최고 자리에 있는 관리 책임자라고 해서 모든 일에 사사건건 개입해서는 곤란하다. 지나치게 자상한 자세로 대처할 경우 오히려 조직이 흐트러질 수 있기 때문이다.

* 참모(參謀) : ① 모의에 참여함, 또는 그 사람. 〈예〉 선거 대책 참모. ② 군대에서, 각급 고급 지휘관의 지휘권 행사를 보좌하기 위하여 특별히 임명되거나 파견된 장교.
* 지주(支柱) : ① 버팀대. 받침대. ② '의지할 대상'을 비유하여 이르는 말.
* 국고(國庫) : 국가가 소유하는 화폐를 보관하며 수입·지출을 관리하는 기관.
* 문무백관(文武百官) : 모든 문관(文官)과 무관(武官)들. 모든 관원(官員)들.

진평이 세상을 떠난 지 120년쯤 되었을 때, 선제(宣帝)를 모시던 재상(宰相)으로 병길(丙吉)이란 사람이 있었다. 재상인 병길 역시 진평의 경우처럼 후세 사람들의 칭송을 받던 인물이다.

어느 봄날, 병길은 수레를 타고 들끓는 듯한 사람들의 물결 속을 달리고 있었다. 그러던 중에 양편이 서로 뒤섞여서 어지럽게 싸우는 현장을 목격했다. 죽은 사람도 여러 명 발생한 것처럼 보였지만, 병길은 아무렇지도 않다는 듯이 태연한 얼굴로 지나쳐 버렸다.

한참을 달리자 이번에는 맞은편에서 소달구지가 다가왔다.

달구지를 끌던 소는 어찌나 힘이 들었던지 자꾸만 헐떡거리고 있었다. 그 장면을 본 병길이 수레를 멈추게 했다.

"얼마나 먼 거리를 달려왔는지 물어 보라."

병길은 수행중이던 서기관에게 지시했다.

"난투극은 그대로 지나치시면서 달구지에 관심을 두시는 이유가 궁금합니다."

서기관이 큰맘먹고 물었다. 재상으로서 대수로운 일과 중요한 일을 구분하지 못하는 것만 같아 매우 안타까웠기 때문이다.

"그렇지 않아. 난투극(亂鬪劇)*을 단속할 사람은 따로 있네. 나는 그 단속 책임자들의 근무 태도에 대하여 평가하고 상벌을 내리는 것으로 족한 거야. 재상은 사소한 일에 직접 손을 대지 않는 법이네. 더구나 대로변에서 재상이 사건과 사고에 직접 간섭하거나 단속한다는 건 당치도 않아."

병길이 말했다.

"그렇다면 우마차를 멈추게 하신 까닭이 더 궁금하군요."

"아직도 봄이 이른 철인데 소가 헐떡거리고 있길래 쓸데없는 양기(陽氣)* 탓인지 몹시 걱정됐네. 재상의 직무 중 하나가 음양의 이치와 음양의 조화를 살펴야 한다는 거 자네도 잘 알잖아?"

그 말을 듣고 서기관은 부끄러움을 금치 못했다. 재상이 음양의 이치와 조화를 살피는 등 큰일에 전념해야 한다는 뜻이기 때문이었다.

'음양(陰陽)'이란 음(陰)과 양(陽)이며 만물의 근원이 되는 상반된 성질을 가진 두 가지 것을 말한다. 이를테면 해와 달, 남성과 여성, 낮과 밤, 불과 물, 여름과 겨울 따위를 말한다.

예로부터 중국인들은 이 세상의 모든 사물은 음과 양의 조화 위에 성립되어 있다고 생각했다. 이 음과 양이 균형을 잡고 있다면 세상이 평화롭게 다스려지지만, 균형이 깨질 경우 이변이 일어난다고 믿었다. 다시 말해, 음양의 조화를 꾀한다는 것은 그 균형이 무너지지 않도록 높은 사람들이 지켜본다는 것을 의미한다.

두 재상 진평과 병길에 관한 이야기를 두루 살펴볼 때, 재상에게 요구되는 자질이 무엇인가 알 수 있다. 간단하게 정리한다면 세 가지로 요약된다.

첫째, 대국적(大局的)*인 시각에서 상황을 판단해야 한다. 둘째, 전체적인 시각으로 업무를 조정할 수 있는 능력이 있어야 한다. 셋째, 적재적소(適材適所)에서 부하들이 능력을 발휘하도록 여건을 만들어야 한다.

요즘 들어 읽어도 충분히 참고할 만한 지침들이다. 중국 재상들의 지혜를 통해 현대적인 경영 기법을 터득할 수 있다면 그만한 행운도 없을것이다.

* 난투극(亂鬪劇) : 양편이 서로 뒤섞여서 어지럽게 싸우는 장면.
* 양기(陽氣) : ① 만물이 생성하고 움직이려고 하는 기운. 양의 기운. ② 한방에서, 몸 안의 양의 기운을 이름. ③ 남자의 성적 정력. 〈반대말〉 음기(陰氣).
* 대국적(大局的) : 크거나 대체적인 판국에 따르는 것. 〈예〉 대국적인 명분.

6
몰락을 자초하는 지도자

중국의 역사를 살펴볼 경우 의외로 많은 폭군들이 등장한다. '폭군(暴君)'이란 포악한 임금을 말한다. 비슷한 말로 '난군(亂君)'이 있는데 사람의 도리에 어긋난 행동을 하는 못된 임금을 의미한다. 중국의 역사를 자세히 들여다볼 때, 이러한 폭군들이 수시로 등장하여 짐승만도 못한 인간의 무자비(無慈悲)한 모습을 적나라하게 보여 주고 있다.

중국 역사상 가장 유명한 폭군은 은(殷) 나라의 주왕(紂王)일 것이다. 그는 꽤 재기 넘치고 발랄한 인물로 알려져 있다. 〈십팔사략〉에 다음과 같이 소개된다.

"주왕은 천성적으로 말재주가 뛰어나고 동작이 매우 민첩했다. 사나운 짐승을 맨손으로 때려잡을 정도로 강한 힘의 소유자이기도 했다. 머리 회전이 너무 빨라서 간언(諫言)하는 사람의 입을 간단히 틀어막을 뿐만 아니라, 자신의 비행을 절묘한 말솜씨로 얼버무리는 것도 능수(能手)* 능란(能爛)*한 편이었다."

그처럼 천성적인 소질을 긍정적인 측면에서 꽃을 피웠다면 훌륭한 임금으로 역사의 한 페이지를 장식했을지도 모른다. 하지만 주왕은 그와 반대로 전형적인 폭군으로 중국 역사에 이름을 남겼다. 자신을 통제하거나 조절하지 못하고 언제나 욕망에 이끌려 행동한 임금이었기 때문이다.

역대 중국의 황제는 막강한 절대 권력을 휘두를 수 있는 자리에 있었다. 비위에 거슬리는 신하를 죽이는 것쯤은 아무렇지 않게 생각할 정도로 황제의 위치는 '무소불위(無所不爲)*'의 자리였다. 형편이 그랬으니 자기 통제가 안 될 경우 비열하고 쾌락적인 방향으로 사정없이 내달을 수 있었다.

그래서 적지 않은 임금이 폭군으로 변했던 것이다.

주왕은 달기(妲己)라는 미인을 너무도 사랑했던 나머지 그녀가 부탁하는 것이라면 무엇이든지 들어 주었다. 무리하게 세금을 징수하여 궁전에 보물과 곡물을 가득 채웠고, 임금의 별궁(別宮)*인 이궁(離宮)을 확장하여 주지육림(酒池肉林)*의 숲을 조성했다. 밤낮 없이 노는 자리를 만들어 달기의 환심을 사기 위해서였다.

주왕이 기고만장(氣高萬丈)*하게 노는 동안 백성들의 원성은 하늘을 찌를 것만 같았다. 그럴수록 주왕은 무거운 형벌을 내림으로써 탄압을 가속화시켰다. 참다못해 간언(諫言)하는 신하들이 늘어났지만 그들은 하나같이 피를 흘리며 죽어 갔다.

폭군이 날뛰면 날뛸수록 이미 손을 쓸 길은 없어지고 나라는 파탄에 빠지게 마련이다. 결국 백성들의 버림을 받게 된 주왕은 주(周) 나라의 무왕(武王)에게 왕권을 빼앗기고 만다. 이처럼 지도자가 끊임없이 자기를 통제하면서 마음을 조절하지 못할 경우 몰락의 길을 걷게 된다.

처음부터 끝까지 천성적인 폭군의 자세를 고집한 황제가 주왕이라면, 훌륭한 업적을 남기는 것처럼 행동하다가 어느 날 갑자기 폭군으로 전락한 임금은 당(唐) 나라의 현종(玄宗)이었다.

현종은 당 나라 왕조의 6대 황제로서 무려 44년 동안 집권했다. 황제의 자리에 오른 26세 때, 현종은 넘치는 의욕과 긴장감을 유지하며 정치에 몰두했었다. 그 결과, 임금이 바뀌고도 정치가 안정되는 시대의 토대를 마련하는 데 성공했다. 그처럼 훌륭한 정치가 가능했던 이유로 다음 두 가지를 들 수 있다.

첫째, 현종은 본디 재능과 지혜가 넘치던 인물이어서 지도자로서의 결단력도 뛰어났다. 그런 인물이 긴장을 유지하며 정치에 몰두했으니 나라의 정치가 안정을 잃을 리 없었다.

둘째, 현종 밑에는 너무도 슬기로운 보좌관들이 많았다. 현종은 그들의 의견에 귀를 기울였고 그들 또한 힘을 모아 임금을 도왔다.

* 능수(能手) : 어떤 일에 능란한 솜씨, 또는 그런 사람.
* 능란(能爛) : (어떤 일에) 썩 익숙하다. 〈예〉 능란한 일솜씨.
* 무소불위(無所不爲) : 못 할 일이 없음. 무소불능(無所不能). 〈예〉 무소불위의 권력.
* 별궁(別宮) : 왕이나 왕세자의 혼례 때 왕비나 세자빈을 맞아들이던 궁전. 특별히 따로 지은 궁전.
* 주지육림(酒池肉林) : (술은 못을 이루고 고기는 숲을 이룬다는 뜻으로) 호사스러운 술잔치를 이르는 말.
* 기고만장(氣高萬丈) : 일이 뜻대로 잘 되어 기세가 대단함. 펄펄 뛸 만큼 몹시 성이 남.

어느 날 재상 요숭(姚崇)이 자기 부하들의 인사 조치를 건의했다. 현종은 먼산바라기를 하면서 아무런 대꾸가 없었다. 어쩔 수 없이 요숭은 물러가고 말았다.

 "폐하, 폐하께서는 국정을 총괄하셔야 할 입장입니다. 폐하가 그런 태도를 취하신게 납득이 되지 않습니다. 어찌하여 재상을 상대도 하지 않으십니까?"

 현종의 측근 한 사람이 간언(諫言)했다.

 "짐(朕)*은 온갖 정사(政事)*를 요숭에게 맡겨 놓았소. 국가의 중대사라면 몰라도, 말단 관리들의 인사 문제 따위를 내가 간섭하라고? 과인(寡人)*이 그 따위 문제에 일일이 간섭한다는 사실은 피차 귀찮고 피곤한 일이오."

 현종이 재빠르게 대답했다. 그 말은 전해들은 신하들 중에 사족(蛇足)*을 다는 사람은 아무도 없었다. 재상 요숭도 군말 없이 고개를 끄덕였다고 한다.

* 짐(朕) : 임금이 '나' 라는 뜻으로 '자기' 를 일컫던 말. 〈예〉 짐이 곧 국가다.
* 정사(政事) : 정치에 관한 일. 행정에 관한 일.
* 과인(寡人) : (덕이 적은 사람이란 뜻으로) 임금이 자신을 낮추어 일컫던 일인칭 대명사.
* 사족(蛇足) : 화사첨족(畫蛇添足). (뱀을 그리는 데 발까지 그려 넣는다는 뜻으로) '안 해도 될 쓸데없는 일을 덧붙여 하다가 도리어 일을 그르침' 을 이르는 말. 〈예〉 사족을 붙이다.

 재상 한휴(韓休)는 강직하기로 유명한 사람이었다. 어찌나 꼿꼿하고 정직했던지 임금인 현종조차 부담스럽게 여길 정도였다. 술자리가 도(度)를 넘을 때마다 현종은 측근의 사람에게 '한휴가 알면 정말 곤란해' 하고 말했다는 것이다.

 충신(忠信)이 있으면 간신(奸臣)이 있는 법이다. 어느 날, 현종의 심리 상태를 읽은 측근 신하가 한휴의 경질을 은근한 말로 제의했다. '경질(更迭)*이란 어떤 직위에 있는 사람을 갈아내고 다른 사람으로 바꾼다는 뜻이다.

 "한휴가 재상이 되더니 폐하께서 몹시 여위셨군요."

 이른바 재상을 갈아치우자는 뜻이었다.

"한휴 덕분에 짐(朕)이 마른 것은 사실이오. 하지만 어찌하여 살이 찐 천하는 눈에 보이지 않소?"

현종이 오히려 되물었다. 이처럼 사람 됨됨이를 알아보는 현종이었기에 태평성대(太平聖代)*를 이룩할 수 있었던 것이다.

하지만 현종은 후반에 이르자 태평한 세월에 안도감을 느꼈던 나머지 마음이 느슨해지기 시작했다. 양귀비와의 사랑에 빠져들면서 긴장감을 잃었기 때문이다. 그 때부터 아첨을 즐기는 무능한 사람이 재상의 자리에 올랐으니, 나라의 근본이 흔들리기 시작한 것은 너무도 당연한 일이었다. 얼마 뒤에는 대규모의 반란이 일어나 당(唐) 왕조는 붕괴 위기에 직면하고 말았다.

현종의 몰락 원인을 통해 우리는 교훈을 얻어야 한다. 지도자가 긴장을 늦춘 채 경영에 소홀할 때 그 조직은 머지않아 몰락 위기를 맞게 된다. 그런 점에서 현종의 막판 실패는 오늘을 사는 우리들에게 맑은 거울이 되고 있다.

* 경질(更迭) : 어떤 직위에 있는 사람을 갈아내고 다른 사람으로 바꾸는 것을 말함.
* 태평성대(太平聖代) : 어진 임금이 다스리는 태평한 세상, 또는 그 시대.

CHAPTER 10
좌전 左傳

원래 이름은 '좌씨전(左氏傳)' 또는 '춘추좌씨전(春秋左氏傳)' · '좌씨춘추(左氏春秋)'이며 일반적으로 〈좌전〉이라고 부른다. 〈좌전〉은 공자(孔子)가 지은 〈춘추(春秋)〉를 노(魯) 나라의 좌구명(左丘明)이 해석한 것으로 춘추시대(기원전 722년~481년)의 역사를 기록한 책이다. 하지만 공자가 정리한 〈춘추〉는 지나치게 간결하여 읽는 재미가 별로 없다. 이에 반해 〈좌전〉은 독립된 역사 이야기와 절묘한 문장, 사실적인 인물 묘사 등의 측면에서 뛰어난 문학 작품으로 평가받는다.

춘추시대는 3,000년 중국 역사 중에서도 아주 드물게 크고 작은 전쟁으로 세상이 어지럽던 시대였으며, 수백 개의 나라들이 살아남기 위해 치열한 싸움을 벌였다. 이 책에는 그 여러 나라들이 벌인 정치 · 외교 · 전쟁 등의 상황이 구체적인 사례를 중심으로 생생하게 기록되어 있다.

현대인들이 읽어 봐도 흥미진진할 뿐만 아니라 참고하거나 교훈으로 삼을 만한 내용들이 적지 않다. 냉엄한 현실 사회를 슬기롭게 살아가는 방법, 치열한 경쟁 사회에서 살아남는 데 필요한 지혜를 얻을 수 있기 때문이다.

1 춘추전국시대

'춘추전국시대(春秋戰國時代)'란 쉽게 설명하며 '중국의 춘추 시대와 전국시대를 아울러 이르는 말'이다. 춘추 전국(春秋戰國). 봄 춘(春), 가을 추(秋), 싸움 전(戰), 나라 국(國)…. 다시 말해, 춘추시대*와 전국시대*를 통틀어 일컫는 것으로서 '극도의 혼란'을 비유하여 이르는 말이다.

'춘추'는 공자가 엮은 노(魯) 나라의 역사책인 〈춘추〉에서 유래되었고, '전국'은 한(漢) 나라 유향(劉向)이 쓴 〈전국책(戰國策)〉에서 유래되었다고 한다. 이 시대의 구분에 관하여 약간 다른 설(說)들이 있으나, 대체로 주(周) 나라 평왕(平王) 이후를 춘추시대라 하고, 위열왕(威烈王) 이후부터 진(秦) 나라 시황제의 통일까지를 전국시대로 본다.

'춘추전국시대'란 BC 770년부터 BC 221년까지의 약 500년 동안을 말한다. 춘추시대는 BC 770년, 주(周) 왕조가 낙양(洛陽)으로 도읍을 옮긴 때부터 BC 403년, 진(晉) 나라의 한(韓)·위(魏)·조(趙) 세 성씨가 진 나라를 분할하여 제후로 독립할 때까지의 시대를 말한다.

이 때부터 주(周) 왕조의 봉건 제도가 무너지기 시작하여 제후들이 패권을 다투던 시대로 전쟁이 끊이지 않는 하극상(下剋上)*과 약육강식(弱肉强食)의 세태를 이루었다. 춘추 말기에는 수백 개의 제후국 중에서 비교적 세력이 강한 10여 개국만 살아남았을 정도로 부침(浮沈)*이 심했다. 이 시대 대부분의 사건이 〈춘추〉에 실려 있기 때문에 '춘추시대'라고 부른다.

춘추시대(春秋時代) 때는 일찍이 볼 수 없는 격변기로서 살아남기 위해 참혹하고 치열한 전쟁이 되풀이되었다. 춘추시대로 접어들기 전의 중국은 상층부에는 주(周) 왕조라는 왕실이 있었고, 하부에는 작은 제후국 수백 개가 있어 주 왕조의 통제를 받고 있었다. 하지만 춘추시대에 들어서면서 주 왕조의 통제력이 약화되고, 이에 따라 제후들끼리 먹느냐 먹히느냐의 처절한 싸움을 벌이기 시작한다.

이 때의 상황을 맹자는 이렇게 정의한다.

"춘추에 의리는 없었다."

정의를 위한 싸움이란 전혀 존재하지 않았다는 뜻이다. 그와 같은 안개 상황 속에서 새로운 실력자들이 나타나 통제력을 잃어 가는 주(周) 왕조를 대신하여 천하를 호령하게 된다. 새롭게 패권을 쥔 왕의 지상 목표는 자기 나라의 이익 보장과 확대였다. 국제 간의 질서 확립, 평화 유지 등 그럴듯한 대의 명분(大義名分)*을 내세워 약육강식의 참극(慘劇)*이 지속되었다. 그토록 피 튀기는 전쟁을 벌인 결과, 주 왕조 초기에 800여 개국을 헤아리던 나라들이 춘추시대 후반기에 살아남은 것은 불과 10여 개국에 지나지 않았다.

'전국시대(戰國時代)'란 한 · 위 · 조가 제후국이 된 주(周) 왕조의 위열왕 23년인 BC 403년부터 BC 221년, 진시황제가 중국을 통일할 때까지의 시대를 말한다. 이 시대에는 전쟁의 규모나 기간이 춘추시대와는 비교할 수 없을 정도로 확대되었다. 봉건 제도가 완전히 붕괴되어 중국 대륙은 온통 혼란에 빠져 하루도 전쟁이 없는 날이 없었으므로 '전국시대'라고 부르게 된 것이다.

* 춘추시대(春秋時代) : 중국 주(周) 나라의 후반기인 약 300년 간(기원전 8~5세기)을 이르는 말. 주 나라는 명맥(命脈)만 유지한 반면 강성해진 제후(諸侯)가 독립하여 서로 싸우던 시대.
* 전국시대(戰國時代) : 중국 춘추 시대 이후, 진(晉) 나라가 한 · 위 · 조(趙)로 삼분(三分)된 때부터 진(秦) 나라가 통일할 때까지의 동란기.
* 하극상(下剋上) : (어떤 조직체에서) 계급이나 신분이 아래인 사람이 부당한 방법으로 윗사람을 꺾어 누르거나 없애는 일.
* 부침(浮沈) : 물 위에 떠올랐다 잠겼다 함. '성(盛)함과 쇠(衰)함'을 비유하여 이르는 말. 인생의 기복이나 세상의 변천을 뜻하는 말. 〈예〉 부침이 심한 인생(생애).
* 대의 명분(大義名分) : 사람으로서 응당 지켜야 할 도리나 본분, 또는 떳떳한 명목.
* 참극(慘劇) : ① 비참한 내용을 줄거리로 한 연극. ② 참혹하고 끔찍하게 벌어진 일이나 사건.

2
조직 강화 요령

춘추시대에는 싸워서 이기는 자만이 살아남아 나라와 세력을 키워 가며 패권(覇權)*을 쥘 수 있었다. 그 대표적인 인물 중의 하나가 진(晉) 나라의 문공(文公)이었다. 그는 한때 왕위 계승 분쟁에 말려들어 다른 나라에 망명하는 신세로 전락했다. 웬만한 사람이라면 체념하고 말았겠지만, 문공은 그토록 어려운 망명(亡命)* 생활을 견디어 내고 마침내 왕권(王權)*을 탈환(奪還)*할 수 있게 되었다.

문공은 고생한 보람이 있어 19년 만에 귀국하여 왕위에 올랐다. 자그마치 19년 동안이나 자리를 비웠기 때문에 안정적인 통치 세력을 확보하기가 쉽지 않았다. 어쨌든 새로 시작하는 기분으로 모든 분야를 뜯어고쳐야 했다. 백성의 생활 안정과 사회 생활에서의 신의(信義)가 무엇보다 절실하다는 사실을 느낀 것도 그 때였다.

"백성들의 생활은 매우 불안정하고 그들은 신의가 무엇인지 모릅니다."

심복 부하 구범(咎犯)의 의견이 그랬다. 문공은 주(周) 왕조의 지위를 굳게 지키기 위해 외교 정책을 강화했고 내부적으로는 민생의 안정에 심혈을 쏟았다. 어느 정도 성과를 거두었다고 판단되자 문공은 전쟁을 가장 먼저 생각했다.

"아직 이릅니다. 황제에 대한 백성들의 믿음이 두터워져야 가능한 일입니다."

구범이 말렸다.

"그대의 말도 틀린 건 아니지만 세상일은 그렇지 않다. 빠를수록 좋은 것이다."

　문공은 고집을 꺾지 않았고 원 나라에 도전장을 던졌다.

"사흘 안에 전쟁을 끝내겠다."

　그 약속을 의식한 문공은 병사들에게 모범을 보이며 선두에 섰다. 그뿐이 아니었다. 원 나라의 성(城)을 점령하기 일보 직전이었음에도 불구하고, 예정대로 철군(撤軍)을 명령함으로써 백성과 병사들에 대한 약속을 지켰다. 그 바람에 국내 상거래(商去來)들이 정당한 약속 아래 이루어졌으며 사기 행위도 자취를 감추기 시작했다.

"이번에는 패업이 필요한 시기다."

　'패업(霸業)'이란 남을 정복하여 무력으로 천하를 다스리는 일이었으므로, 문공은 무엇보다 아랫사람들의 정신을 무장시켜 충성심으로 똘똘 뭉치게 만들고 싶었다.

"안 됩니다. 백성들은 아직 예의를 몰라서 윗사람을 공경할 줄도 모릅니다."

　구범이 또 만류했다.

"아니다. 우리가 하기 나름이다."

　문공은 다시 고집을 부렸고 마음 속에 있던 계획을 실행에 옮겼다. 병사들을 집결시킨 뒤 대대적인 훈련을 통해 예절의 모범을 보이는데 그치지 않고 감독관들을 두어 병사들의 질서를 바로잡았다. 그랬더니 군 내부의 예절과 질서 의식이 밖으로 퍼져 백성들이 윗사람을 존중하거나 지시에 따르는 풍조가 조성되었다.

　문공은 몇 가지 소박한 정책 실행의 결과로 기본적인 '지도자의 마음가짐'을 정립할 수 있게 되었다. 다음의 세 가지가 그 경우였다.

　첫째, 의(義)를 확립해야 한다. 윗사람이 올바른 목표를 제시해야, 백성 개

개인의 자발적인 호응과 의욕을 유발할 수 있다.

둘째, 신(信)을 확립해야 한다. 공자도 '믿음 없이 백성은 존재하지 않는다' 고 말했다. 신뢰 관계를 다지고 유지하는 것만이 정치의 기본이다.

셋째, 예(禮)를 확립해야 한다. '예(禮)' 란 사실상 사회 생활의 규범이다. 어떤 조직이든 예(禮)를 포기하는 순간부터 그 조직은 허물어진다.

문공은 그와 같은 기본 시책을 실현함으로써 지도자로서의 발판을 착실히 다져 나갔다. 무려 19년 만에 귀국하여 곧바로 백성의 마음을 사로잡은 것은 문공의 지혜가 아니면 불가능한 일이었다.

* 패권(覇權) : 패자(覇者)의 권력. 곧, 우두머리나 승자(勝者)의 권력.
- 패자(覇者) : 제후(諸侯)들의 우두머리. 패왕(王). 어느 부문에서 제일인자가 된 사람.
* 망명(亡命) : 정치적인 이유 등으로, 제 나라에 있지 못하고 남의 나라로 몸을 피하는 일.
* 왕권(王權) : 임금의 권위, 또는 권력.
* 탈환(奪還) : (빼앗겼던 것을) 도로 빼앗아 찾음. 〈예〉 고지를 탈환하다.
* 철군(撤軍) : 주둔하던 곳에서 군대를 철수함. 철병(撤兵).

문공이 오랜 망명 생활의 와중에서도 복권(復權)*의 꿈을 포기하지 않고 있을 때였다. 충성을 맹세한 뒤 오래도록 자리를 지키던 추종자 이부수(里鳧須)가 드디어 탈출을 결심했다. 기다려 봤자 소용이 없다고 판단했던지 현금을 몽땅 챙겨 달아나 버렸다. 그 때문에 문공 일행은 당장 끼니를 걱정해야 했다.

하지만 문공이 귀국하여 다시 왕위에 오르자 이부수가 태연자약한 모습으로 나타나 면회를 요청했다. 문공은 너무도 어이가 없어 안절부절못했다.

"목숨만 살려 줄 터이니 당장 꺼지라고 일러라!"

이부수의 몰골조차 보기 싫었으므로 문공은 신하를 통해 그렇게 명령했다.

"목숨을 부지하고 싶다면 당장 꺼지란다."

신하가 문공의 명령을 이부수에게 전했다.

"폐하께서는 머리라도 감고 계시는 모양이지요?"

이부수가 자리를 뜨지 않고 중얼거렸다.

"도대체 그게 무슨 뜻이냐?"

이부수의 그 중얼거림에 놀란 신하가 물었다.

"머리를 감고 계시다면 머리는 거꾸로 될 터이고, 거꾸로 된 머리로 생각하시면 옳고 그름의 판단도 거꾸로 된다고 들었습죠. 그래서 물어 본 것뿐이라오. 하지만 그래도 이상하군요. 머리를 감고 계신 것도 아닌데 이상한 말씀을 하시다니…."

그 말을 전해들은 문공으로서는 괜히 한번 만나 보고 싶은 생각이 간절해졌다. 비록 죽여 마땅한 녀석이라고 하더라도 한때는 함께 고생하던 사이가 아닌가…. 문공은 결국 이부수를 부르고 말았다.

"폐하, 귀국을 축하드립니다."

이부수는 여전히 배짱 두둑한 사내였다.

"나를 만나자는 이유가 뭔가?"

문공은 증오를 숨기고 침착하게 물었다.

"폐하께서도 잘 아시겠지만 이 나라에 머물러 있던 많은 신하들이 폐하의 보복을 두려워하며 불안에 떨고 있습니다. 하루 빨리 인심의 동요를 진정시키려면 결단을 내리셔야 합니다."

"더 말해 봐라!"

문공은 속이 메스꺼웠지만 꾹 눌러 참았다.

"폐하, 제가 만고(萬古) 역적(逆賊)이자 도둑놈인 줄은 세상이 다 압니다. 당장 목을 베어야 하는 놈이란 사실도 모르는 백성이 없습니다. 그 죄를 따질 경우 온 가족이 몰살형에 처해지고도 남을 중죄입니다."

"그래서 죽으려고 제 발로 걸어왔냐?"

"폐하, 부디 저를 이용하여 세상의 인심을 얻으십시오. 소인의 죄를 용서하신 뒤 소인이 폐하를 따라 도성(都城) 대로(大路)를 순회할 수 있는 기회를 주십시오. 그렇게 하시면, 폐하께서 과거의 죄를 문제삼지 않는다는 사실이 세상에 알려지겠지요. 그 순간부터 인심의 동요는 씻은 듯이 사라질 겁니다."

"……."

문공은 할 말을 잃었다. 비록 과거의 역적이어도 지금 당장 필요한 사람이란 걸 알 수 있었다. 문공은 이부수의 진언(進言)*을 받아들였고 그대로 시행함으로써 뜻밖의 효과를 얻었다. 천하의 역적 이부수가 용서를 받았다는 소문이 퍼지면서 세상의 인심이 차츰 안정을 되찾았던 것이다.

진(晉) 나라는 국토가 넓고 인구도 많았다. 정치가 궤도에 올라서 세상 인심의 동요가 진정될 경우, 얼마든지 국력이 저절로 증대될 수 있는 여건을 갖추고 있었다. 문공은 귀국한 지 몇 년 만에 국력을 신장시켰고 패권(霸權)을 틀어쥔 황제의 자리에 올라설 수 있었다. 드디어 백성들의 인심을 얻었기 때문에 가능한 일이었다.

* **복권(復權)** : 유죄나 파산 선고로 잃어버렸던 권리나 자격 등을 되찾음.
* **만고(萬古)** : ① 아주 오랜 옛적. ② 한없이 오랜 세월. 〈예〉 만고에 빛날 업적. ③ 세상에 그러한 유례가 없음. 〈예〉 만고의 효녀.
* **역적(逆賊)** : 임금에게 반역한 사람.
  – **반역(反逆·叛逆)** : 배반하여 돌아섬.
* **진언(進言)** : 윗사람에게 자기의 의견을 말함, 또는 그런 말.

3 용서할 줄 아는 지도자

기원전 221년, 춘추전국시대의 마침표를 찍은 것은 진(秦) 나라 시황제의 중국 통일이었다. 시황제를 배출한 진 나라는 춘추시대 초기부터 존재하던 나라였다. 시황제 시대에 와서 갑자기 국력이 신장된 것으로 오해하는 사람들이 더러 있지만, 사실 진 나라는 수백 년 동안 착실하게 국력을 축적하다가 시황제에 이르러 꽃을 활짝 피웠다는 게 정확한 표현이다.

한때나마 춘추시대의 진 나라는 중국 서쪽 변두리 지역의 미개한 후진국에 불과했다. 이 후진국이 처음으로 전성 시대를 맞이한 것은, 목공(穆公)이 집권하던 시기였고 시황제 시대보다 400년 가량 앞선 기원전 7세기였다.

진(秦) 나라의 목공이 이웃 진(晋) 나라를 공격할 때였다. 목공은 맹명시(孟明視)를 총사령관으로 임명하여 전쟁터로 내보냈다. 하지만 목공이 보낸 군대는 적의 맹렬한 반격을 받아 제대로 한번 싸워 보지도 못하고 패배했으며, 맹명시는 적군에 사로잡히는 신세가 되었다. 몇 년 뒤 맹명시가 석방되어 귀국하던 날, 목공은 상복(喪服)을 입고 먼 곳까지 마중을 나갔다.

"폐하, 면목이 없습니다."

맹명시는 목공을 보자마자 무릎을 꿇었다.

"아니오. 모든 것은 내 책임이니 나를 용서해 주오."

상복을 입은 목공이 먼저 눈물을 내비쳤다.

"아닙니다, 폐하! 당장 저의 목을 베십시오."

"그대는 수치를 잊지 말고 이제부터 직무에 충실하면 그만이오."

목공은 그 말에 책임을 졌다. 포로가 되었던 부하 장수를 처벌하기는커녕 전쟁 이전보다 더욱 후하게 대접했다.

3년 뒤, 목공은 또 다시 맹명시를 앞세워 진(晉) 나라를 공격했다. 복수심에 불타던 맹명시는 죽음을 각오하고 황하(黃河)를 건넜다. 이번에는 포로가 된 것이 아니라 무참히 적을 무찔러 지난번의 패배를 설욕할 수 있었다.

전투가 끝나자마자 목공은 직접 전쟁터로 나가 그 곳에 뒹굴고 있는 병사들의 시체를 거두었다. 죽은 병사들의 시체를 정중히 매장한 뒤 살아남은 병사들 앞에서 피를 토하듯 결연(決然)히 맹세했다.

"하늘에 계신 영령(英靈)들께 고(告)합니다! 선량한 백성들을 죽음에 이르게 한 죄는 참으로 무겁습니다. 저는 스스로의 잘못을 뉘우침과 동시에 이 사실을 자자손손(子子孫孫)에게 명심케 함으로써, 같은 실수를 두 번 저지르지 않을 것임을 맹세하옵나이다. 편히 잠드시옵소서."

목공은 그처럼 의리를 지킬 줄 아는 사람이었다. 부하들을 철저히 신뢰했고 부하들의 실수를 자신의 책임으로 돌렸다. 책임과 과오는 아랫사람에게 떠넘기고 공적만 독점하려는 정치 지도자들이 많은 요즘, 목공의 인간적이고 따스한 면면이 우리를 감동시킨다.

* 결연(決然): (마음가짐이나 행동에) 결의에 찬 꿋꿋한 태도가 있다.
* 영령(英靈): 죽은 이, 특히 '전사자(戰死者)의 영혼'을 높이어 이르는 말. 〈예〉호국 영령.
* 자자손손(子子孫孫): 자손의 여러 대(代). 대대손손(代代孫孫).

목공이 애지중지하던 말이 마구간에서 증발해 버리자 왕궁 안이 발칵 뒤집혔다. 책임을 맡았던 관리는 사방으로 손을 써 가며 말의 행방을 쫓았다. 뒤늦게 알고 보니, 산기슭으로 숨어들었다가 그 곳 마을 사람들에게 붙잡혔다는 게 아닌가.

"당장 말을 내놓거라!"

담당 관리가 마을 사람들 앞에서 호령했다.

"여러분! 그대들의 황제를 아는가? 그 말의 주인이 누군지 아는가?"

더 이상 확인할 필요도 없었다. 그 말의 주인은 진(秦) 나라 황제 목공이었다. 말을 잡아먹었던 마을 사람들은 죽음을 각오해야 했다. 너무도 놀란 그 관리는 관련자 300여 명을 체포한 뒤 서둘러 돌아왔다.

"폐하, 죽을죄를 졌습니다."

진상을 보고하던 관리는 그 마을 사람들은 이미 죽은목숨이나 다름없다고 확신했다. 자신 역시 무거운 처벌을 변치 못할 것으로 생각했다.

"그래 봐야 고작 말 한 마리를 잡아먹은 것뿐이다. 처벌할 만한 가치도 없어. 그대도 너무 상심하지 말게."

목공은 대범한 모습을 보였다.

"짐은 일찍이 이런 소문을 들었다. 말고기를 먹고 술을 마시지 않으면 병이 난다는 소리를…. 그 말이 사실 같으니, 그 마을 사람들에게 술을 보내거라."

목공은 마을 사람들의 죄를 용서했을 뿐더러, 술까지 내려 위로의 잔치를 베풀도록 지시했다. 이 소문을 듣고 감동하지 않은 백성이 없었다.

그로부터 몇 년 뒤 목공은 직접 군사를 이끌고 전쟁터에 나갔다. 하지만 병력의 열세를 극복하지 못하고 고전을 면치 못하다가 적군 속에 포위되어 죽기 일보 직전의 위기에 직면했다. 바로 그 때였다. 한 무리의 병사들이 질풍노도(疾風怒濤)*처럼 돌진해 오더니 믿어지지 않을 만한 분전(奮戰)으로 목공을 구출했던 것이다.

전쟁터에서 천우신조(天佑神助)*로 살아 돌아온 목공은 공적이 인정되는 병사들의 신원을 확인했다. 진상을 알고 보니, 그들은 황제의 명마(名馬)*를 잡아먹고도 용서를 받았으며 술까지 하사받은 마을 사람들이었다.

그들은 지난날 목공의 은혜에 보답하고자 자진하여 전투에 참가했던 것이라고 한다.

* 질풍노도(疾風怒濤) : 몹시 빠르게 부는 바람과 무섭게 소용돌이치는 물결. 〈예〉 질풍노도처럼 밀어닥치다.
* 분전(奮戰) : 힘을 다하여 싸움. 힘껏 싸움. 〈예〉 최후까지 분전하다.
* 천우신조(天佑神助) : 하늘과 신령이 도움. 또는 그런 일. 〈예〉 천우신조로 살아나다.
* 명마(名馬) : 이름난 말. 훌륭한 말.

4
장작 위에 누워 쓸개를 씹는다

〈손자〉에 따르면 병사들이 일치 단결하여 싸우게 하기 위해서는 그들을 '사지(死地)'에 두어야 한다고 말한다. 즉, 절체 절명의 상태에 두면 죽기 살기로 싸운다는 것이다. '절체절명(絶體絶命)'이란 궁지에 몰려 살아날 길이 없게 된 막다른 처지를 이르는 말이다.

"병사들은 절체절명의 위기 상태에 이르면 도리어 공포를 잊는다. 달아날 길이 없는 상황에 몰릴 경우, 일치 단결하고 적진에 깊숙이 침투하여 결속(結束)을 다진다. 구원 불능의 사태에 처하면 필사적으로 싸우게 마련이다. 따라서 병사들을 독려(督勵)하거나 명령하지 않아도 자기네들끼리 격려하며 사생 결단의 전투를 벌인다. 일부러 요구하지 않더라도 단결할 뿐더러 명령하지 않아도 신뢰를 배반하지 않는다."

한(漢) 나라 초기의 장수 한신(韓信)이 위(魏) 나라 군사와 싸울 때 배수진(背水陣) 전법을 사용한 것도 손자가 말하는 '절체절명의 위기'에서 힌트를 얻었다고 한다.

* **결속(結束)** : 출전(出戰)하거나 여행하기 위하여 몸을 단속하는 일. 또는 그 몸단속. 뜻이 같은 사람끼리 하나로 뭉침. 〈예〉 회원의 결속을 다지다.
* **독려(督勵)** : 감독하며 격려함.

오랜 원수지간인 두 사람이 따로따로 여행하던 중에 우연히 같은 배를 탔다. 처음엔 서로 등을 돌렸으나 폭풍우를 만난 배가 금방이라도 뒤집힐 듯 요동치자 생각이 바뀌었다. 위기감을 느낀 두 사람은 각각 오른쪽과 왼쪽에 앉아 배의 균형을 유지하려고 애를 쓰기 시작했다.

오월동주(吳越同舟). 나라 이름 오(吳), 넘을 월(越), 한가지 동(同), 배 주(舟)…. 서로 적의(敵意)를 품은 사람끼리 한 자리나 같은 처지에 있게 된 경우, 또는 서로 미워하면서도 공통적인 어려움이나 이해에 대하여 부득이 협력하는 경우를 비유하는 말이다. 〈손자〉에 나오는 말로, 원수 사이인 오(吳) 나라 군대와 월(越) 나라 군대가 같은 배를 타게 되었다는 고사에서 유래한다.

손자는 말한다.

"오 나라 사람과 월 나라 사람은 서로 미워한다. 그러나 그들이 같은 배를 타고 가다가 폭풍우를 만나게 되는 순간이면 오른손과 왼손처럼 서로 돕는다."

물론 그 같은 사례가 현실적으로 일어나지는 않았다. 손자가 조직 관리에 관한 요령을 강조하면서 예를 들어 설명한 것뿐이다.

* **적의(敵意)** : 적대(敵對)하는 마음. 해치려는 마음. 〈예〉 적의를 품다.

양쯔강 남쪽에 오(吳) 나라와 월(越) 나라가 있었다. 춘추시대 말기에 이르러 두 나라는 서로 치열한 싸움을 되풀이함으로써 역사의 각광(脚光)*을 받게 된다. 먼저 조명을 받게 된 쪽은 오 나라였다. 합려(闔廬)가 왕위에 올랐을 때, 국력(國力)이 급속히 신장되면서 오 나라가 이웃 여러 나라들을 침략하기 시작했다.

그런 상황에서 오 나라는 새롭게 등장한 월 나라의 위협을 받게 된다. 위협을 피부로 느낀 오 나라 왕 합려는 대군을 동원하여 월 나라를 먼저 공격한다. 하지만 월 나라의 왕 구천(勾踐)도 만만치 않은 사람이어서 쉽게 밀릴 수는 없었다. 결사대(決死隊)를 편성하여 오 나라 군대를 무지막지하게 부수어 버렸다.

참패를 당한 오 나라의 합려는 그 자신도 중상을 입고 도망쳤는데, 솔직히 말해 월 나라를 얕보다가 큰 코를 다친 격이었다. 그 때 입은 상처로 죽음을 맞게 된 합려는 아들에게 이렇게 유언한다.

"얘야, 내 원수는 구천이다. 절대 잊지 말라."

"아버님, 걱정하지 마세요. 3년 안에 반드시 원수를 갚겠습니다."

아들 부차(夫差)는 아버지의 죽음 앞에서 눈물을 훔치며 주먹을 불끈 쥐었다. 아버지 합려가 죽은 지 2년이 흐르자, 오 나라 왕 부차는 월 나라 왕 구천과 숙원(宿願)*의 결투를 벌여 승리한다. 구천을 마구잡이로 밀어붙여 항복시킴으로써 마침내 복수에 성공한 것이다.

하지만 구천도 그대로 주저앉아 포기할 수는 없었다. 어떤 방법으로든 항복의 치욕을 씻고 싶다는 생각이 한시도 머리를 떠나지 않았다. 구천은 신하들과 함께 똘똘 뭉쳤고 오로지 국력의 증강에 힘쓰면서 부차의 허점을 노렸다.

그리하여 20년 뒤 부차를 타도(打倒)*하여 항복의 치욕을 씻을 수 있었다.

이와 같은 오 나라 부차와 월 나라 구천의 원한 맺힌 대결에서 '와신상담(臥薪嘗膽)'이란 말이 탄생했다. 엎드릴 와(臥), 섶나무 신(薪), 맛볼 상(嘗), 쓸개 담(膽)…. '원수를 갚거나 어떤 목적을 이루기 위해 괴로움을 참고 견딤'을 비유한 말이다. '거북한 섶 위에 누워 자고 쓰디쓴 곰쓸개를 핥으며 패전의 굴욕을 되새긴다'는 뜻이다.

* **각광(脚光)** : 무대의 앞면 아래쪽에서 배우를 환하게 비추는 조명(照明). 사회적 관심이나 흥미.
  - **각광을 받다** : 널리 대중적인 찬사나 기대로 주목을 받다.
* **숙원(宿願)** : 오래 전부터 바라던 소원. 〈예〉숙원이었던 사업.
* **타도(打倒)** : (어떤 대상이나 세력을) 때려 거꾸러뜨림. 쳐서 부수어 버림.

〈십팔사략(十八史略)〉에 따르면 와신(臥薪), 즉 딱딱한 장작개비 위에 누워 자는 방법으로 그 고통을 참으며 복수의 결심을 굳힌 것은 오(吳) 나라의 부차였다. 상담(嘗膽), 즉 짐승의 쓸개를 씹는 방법으로 그 고통을 참으며 자기 스스로를 격려한 것은 월(越) 나라의 구천이었다.

BC 496년, 오 나라의 합려는 월 나라로 쳐들어갔다가 월 나라 구천에게 패하여 전사했다. 그 아들 부차는 이 원수를 갚고자 본국으로 돌아와 섶 위에 자리를 펴고 자며, 방 앞에 사람을 세워 두고 출입할 때마다 '부차야, 아비의 원수를 잊었느냐!' 하고 외치게 만들었다. 부차의 이와 같은 소식을 들은 월 나라 구천이 오 나라를 먼저 쳐들어갔으나 패배하고 말았다.

한편, 싸움에 크게 패배한 구천은 얼마 남지 않은 군사를 거느리고 회계산(會稽山)에서 농성(籠城)*했으나 견디지 못하고 오 나라에 항복했다. 포로가 된 구천 부부와 참모 범려(范蠡) 등은 갖가지 고난과 모욕을 겪은 끝에 영원히 오 나라의 속국(屬國)*이 될 것을 맹세하고 귀국했다. 그는 돌아오자마자 자리 옆에 언제나 쓸개를 매달아 놓았다. 앉거나 눕거나 늘 그 쓸개를 핥아 쓴맛을 되씹으며 '너는 회계의 치욕을 잊었느냐!'고 자신을 채찍질했던 것이다.

> * **농성(籠城)** : ① 적에게 에워싸여 성문을 굳게 닫고 성을 지킴. ② 어떤 목적을 이루기 위한 수단으로 한자리에 줄곧 머물며 버티는 일. 〈예〉 농성 투쟁을 벌이다.
> * **속국(屬國)** : 다른 나라의 지배 하에 있는 나라.

어쨌든 절망의 낭떠러지 밑으로 굴러 떨어진 듯한 두 남자가 보인 집념은 너무도 끈질겼다. 하지만 부차와 구천이 지도자의 입장에서 결정적으로 실수한 점을 지나쳐서는 안 된다.

부차는 월 나라 군대를 회계산으로 밀어붙이며 추격했을 때, 구천의 항복을 받아들여 죽이지 않고 살려 보냈었다. 이것이 바로 부차의 커다란 실수였다. 그 당시 부차의 참모 중 한 사람인 오자서(伍子胥)는 구천의 석방을 결단코 반대했었다.

오자서는 다음과 같이 말했다.

"지금 죽이지 않으면 반드시 후회하는 날이 옵니다. 구천은 참 똑똑한 왕인 데다가 범려 같은 뛰어난 참모를 거느리고 있습니다. 두 사람을 모두 살려 둘 경우 언젠가 근심거리가 될 게 뻔합니다."

그 뒤로 흘러가는 상황을 관찰할 때 오자서의 예측은 적중한 셈이었다. 하지만 부차는 이 진언(進言)에 귀를 기울이지 않았으며 항복을 받아들인 끝에 절호의 기회를 버리고 군대를 철수시켰다. 밀어붙일 때 확실히 밀어붙이지 못한 결단력의 부족이 빚어 낸 비극이었다.

구천의 경우도 부차처럼 중대한 실수를 저지르기는 마찬가지였다. 그는 한때 부차에게 상처를 입히고 나서 완전히 긴장이 풀어졌다. 그 때부터 급속히 옛날의 활력을 잃기 시작했으며, 월 나라의 몰락과 더불어 역사의 뒤안길로 사라져 갔다.

어려움에 빠졌을 때 인내하는 모습은 두 사람에게 모두 존경할 만한 점이다. 하지만 목적을 달성하고 정상에 섰을 때, 안일하게 판단하거나 마음이 해이해진 점은 공통적이었다. 그 점을 우리는 잊지 말아야 한다.

5 배워야 할 외교 전략

춘추시대는 크고 작은 전투가 되풀이되던 피투성이의 격전장이었다. 하지만 중국인의 전통적 인식은 무력보다는 대화에 의한 외교 교섭을 존중하는 쪽으로 기울어 있었다. 손자 병법이 그 역사적 사실을 증명한다. 예컨대 '백전백승이 최선이 아니며 싸우지 않고 적을 굴복시키는 것이 최선'이라고 역설한다.

그와 같은 관점에서 춘추시대 때도 무력보다는 대화에 의한 분쟁 해결이 활발하게 시도되었다. 춘추시대 말기 제(齊) 나라의 재상 안영(晏)이 시도한 경우를 예로 들어 보자.

안영이 재상에 취임한 무렵, 영토가 무척이나 넓었던 제 나라는 내부 세력 싸움 등으로 국력이 무척 약화되어 있었다. 때문에 외교 교섭(交涉)*에 의해 나라의 안전을 도모할 필요성이 절실했다. 그처럼 절박한 상황에서 안영이 그 당시 강대국인 초(楚) 나라에 사신(使臣)으로 파견되었다. 초 나라 왕은

---

* **교섭(交涉)** : ① 어떤 일을 이루기 위하여 상대편과 의논함. ② 관계를 가짐.

안영이 온다는 전갈을 받고 신하들과 대책을 논의했다.

"안영은 꽤 똑똑하고 언변이 대단한 사람으로 알려져 있다. 그런 친구가 오자마자 망신을 주는 방법이 없을까?"

왕이 물었다.

"이런 방법은 어떨까요?"

어떤 신하가 입을 열었다.

"폐하께서 안영과 회담할 때 관리 하나가 사내 한 명을 끌고 지나갑니다. 그 때 폐하께서 '누구냐?' 하고 소리를 질러 주십시오. 그 관리는 '제(齊) 나라 사람입니다' 라고 대답할 겁니다. 그러면 폐하께서는 '어떤 죄목이냐?' 라고 물어 보세요. 그 때 그 관리가 '도둑질을 했습니다' 라고 대답하는 겁니다. 아무리 잘난 사람일지라도 그 상황에서 모욕감을 느끼게 될 겁니다."

"좋다. 그 방법을 쓰자."

결론이 모아졌을 때, 이윽고 안영이 모습을 드러냈다. 제 나라 왕은 성대한 잔치를 베풀었고, 잔치 분위기가 절정으로 치닫던 순간이 다가왔다. 그 때 관리 한 명이 어떤 사내를 끌고 앞마당 쪽에 나타났다.

"어떤 죄를 졌길래 끌고 가느냐?"

왕이 소리쳤다.

"제 나라 사람인데 도둑질을 했습니다."

미리 약속한 대로 관리가 맞장구를 쳤다.

"제 나라 사람들은 도둑질하는 버릇이 있는 모양이지요?"

초 나라 왕이 한 대 먹이듯 안영에게 물었다.

"글쎄올시다. 폐하, 저는 이런 말을 들었습니다. 귤나무가 저 남쪽에서 자라면 그대로 귤나무이지만, 이 북쪽에 심으면 탱자나무가 된다고 합니다. 잎사귀가 짙푸르게 무성한 것은 아주 비슷하나 맛은 전혀 다르답니다. 남과 북의 토양이 전혀 다르기 때문이죠. 저 사내도 제(齊) 나라에 살면 도둑질을 할 줄 모를 터인데, 초(楚) 나라에 오는 바람에 도둑질을 하게 된 모양입니다. 초 나라의 풍토가 아무래도 사람들에게 도둑질을 시키는 것만 같아서 걱정이 앞서는군요."

이 정도면 잔 주먹을 맞던 사람이 주먹 한 방으로 상대방을 때려눕힌 격이 된다. 그처럼 안영은 재치가 넘치는 인물이었다고 한다.

"안영이란 그 사신은 소문보다 뛰어난 인물이야."

대책 없이 거꾸로 망신을 당한 초 나라 왕이 뱉은 말이었다. 그렇게 멋진 반격으로 초 나라 왕의 코를 납작하게 만든 안영은 외모로 봐서는 무척이나 왜소한 인물이었다. 키도 작고 풍채도 별로 없는 사람이었다고 한다.

그 이듬해 그처럼 못생긴 사람이 또 다시 사신으로 왔으니, 초 나라 왕으로서는 자존심이 몹시 상해 있었다. 이번에는 어떤 방법으로 복수를 할까 고민하며 벼르고 별렀다. 안영의 별 볼 일 없는 풍채(風采)*를 화제로 삼아 조롱하면 괜찮겠다고 생각한 것도 그 때였다.

* 풍채(風采) : 사람의, 드러나 보이는 의젓한 겉모양. 〈예〉우람한 풍채.

"제 나라에는 정말 인물이 없는 모양이오. 그대처럼 주먹만한 사람을 사신으로 보내다니."

초 나라 왕이 비아냥거렸다.

"제 나라엔 인물로 넘칩니다. 사람이 없다니, 무슨 말씀인지 모르겠습니다."

안영은 능글맞게 굴었다.

"그 나라에 인물이 넘친다면 어째서 그대 같은 위인을 사신으로 보낸단 말이오?"

초 나라 왕이 물었다.

"폐하, 우리나라에선 사신을 파견할 때 가장 먼저 고려하는 게 있지요. 현명한 신하는 현명한 사람이 많은 나라에, 어리석은 신하는 어리석은 사람이 많은 나라에 사신으로 파견합니다. 결국 소인은 가장 어리석은 신하이기 때문에 초 나라에 사신으로 파견되었습니다. 참으로 죄송할 따름입니다."

고압적인 자세로 나오는 상대편에게 감정적인 태도로 대응하기보다는 의연(毅然)*하게 응수한 지도자의 모습이 우리를 숙연(肅然)*하게 만든다.

그토록 기발한 대답에 초 나라 왕이 어떤 반응을 보였을까. 대꾸할 말이 없어 벌어진 입을 다물지 못했다고 한다.

맹자는 〈논어〉를 통해 말한다.

"훌륭한 지도자는 사신으로 가서 임금의 명령을 욕되게 하지 않는다."

현대적으로 해석하면 다음과 같다.

"국민의 여망(輿望)*에 부응하는 외교 교섭을 마치고 귀국할 수 있는 인물이 훌륭한 지도자이며 멋진 외교관이다."

* 의연(毅然) : 의지가 굳세고 태도가 꿋꿋하며 단호하다. 〈예〉 의연하게 대처하다.
* 숙연(肅然) : 고요하고 엄숙하다. 〈예〉 숙연한 분위기
* 여망(輿望) : 여러 사람이 기대함, 또는 그런 기대.

비즈니스를 위한 협상에서도 제(齊) 나라의 안영처럼 의연하게 대처할 수 있는 인재라면 매우 바람직할 것이다. 따라서 평소부터 대응 화법과 교섭 능력을 충분히 익혀 둘 필요가 있다.

6
자기 무덤을 판 사람

지도자에게 필요한 덕(德)의 하나로 인(仁)을 꼽는다. '인(仁)' 이란 '어진 마음으로 동정하는 것' 으로 풀이할 수 있다. 마음이 너그럽고 인정이 도타울 때 '어질다' 고 말한다. '동정(同情)' 이란 남의 불행이나 슬픔 따위를 자기 일처럼 생각하여 가슴 아파하고 위로하거나 온정을 베푸는 것을 의미한다. 따라서, 상대방의 기분이나 입장이 되어 생각하는 것을 '인(仁)' 이라고 말할 수 있다.

자신의 형편만을 생각하여 멋대로 일을 처리하는 지도자에게는 부하들이 따르지 않는다. 지시를 내릴 때도 부하의 기분과 입장을 충분히 감안하여 따뜻하게 배려할 줄 알아야 한다. 그래야 아랫사람들의 마음이 움직일 뿐더러 의욕이 넘치게 된다.

하지만 지나치게 온정에만 기우는 것도 바람직하지 않다. 세상일에는 나름대로 정도라는 것이 있다. '정도(程度)' 란 알맞은 한도이며, 달리 얘기하면 균형(均衡)이다.

동정심이 지나친 사람은 행동을 함부로 하기 때문에 줏대가 없어진다. 결단력을 발휘해야 할 때 소심해질 우려가 있어 손해를 보는 경우가 생긴다.

〈채근담〉에서 말하고 있다.

"동정심이 있는 데다가 결단력도 뛰어나다."

이상적인 지도자의 모습을 설명하고자 꺼낸 말이다. 그러나 현실적으로 온정에 너무 치중하다 보면 결단력이 없어진다. 이쯤에서 송(宋) 나라 양공(襄公)에 얽힌 고사를 소개해 보자.

초기의 송 나라는 원래 큰 나라가 아니어서 국력이 막강하지 못했다. 그럼에도 불구하고 양공은 춘추시대의 주인공이 되려는 야심을 품고 있었다. 어느 해, 양공은 이웃의 작은 나라들을 꼬드긴 끝에 정(鄭) 나라를 공격했다. 이때 국력이 형편없었던 정 나라는 강대국인 초(楚) 나라에 원조를 요청했다.

초 나라에서는 즉시 대군을 동원하여 송 나라의 서울로 침공할 태세를 갖추었다. 그 당시 송 나라의 수도는 사실상 텅 빈 상황이어서 쉽게 함락(陷落)될 가능성이 높았다. 사태가 급박하게 돌아가자 양공은 수도로 돌아와 초 나라 군대에 대항할 수밖에 없었다. 드디어 두 나라 군대는 강가에서 대치하게 되었다.

양공의 송 나라 군대가 전열(戰列)*을 재정비하고 적군이 도착하기를 기다릴 때였다. 아무리 살펴봐도 강을 건너오기는커녕 적군이 움직이려는 기미조차 없었다.

"워낙 적군이 막강하기 때문에 정상적으로 싸워선 승산이 없어요. 적군이 강을 완전히 건너기 전에 공격해야 합니다."

군사령관인 목이(目夷)가 건의했다.

"아냐! 그처럼 비겁한 짓은 용납할 수가 없어. 정정당당하게 싸워야 참다운 승자가 될 수 있다네."

양공은 단호하게 거절했다. 그렇게 갈팡질팡하는 사이에 적군은 강을 건넜고 전열 준비에 착수했다.

"이제야말로 총공격을 개시 할 때입니다. 적이 미처 진용(陣容)*을 가다듬기 전에 공격하면 그들을 지리멸렬(支離滅裂)* 상태로 몰아갈 수 있습니다."

목이가 건의를 거듭했다.

"아직 일러! 적군이 전열을 정비할 때까지 기다려! 군자는 남이 어려운 처지에 있을 때 괴롭히지 않는 법이다."

양공은 끝까지 공격 명령을 내리지 않았다.

하지만 결과는 예상한 대로였다. 중과부적(衆寡不敵)*이었던 양공의 군대는 여지없이 유린당했고 근위병(近衛兵)*조차 모조리 전사하고 말았다. 양공도 넓적다리에 부상을 입은 상태에서 후퇴해야 했다.

본국으로 철수했을 때, 양공을 비난하는 소리가 하늘을 찌를 듯했다. 그럼에도 양공은 자신의 실수를 인정하지 않고 변명을 일삼았다.

"부상당한 적군 병사를 추격하거나 노쇠한 적병을 포로로 잡는 짓은 군자가 할 일이 못 된다. 아무리 적군이라 하더라도 불리한 위치에 있을 때 공격해서는 안 된다. 나는 진열이 정비되지 않은 적군을 공격할 만큼 비겁한 사내가 아니다."

"전쟁이 어떤 것인지 모르기 때문에 낙천적인 말씀을 하시는 겁니다."

군사령관 목이는 양공이 꼭 숙맥(菽麥)*같아서 크게 탄식했다.

---

* 함락(陷落) : ① (땅이) 꺼져서 내려앉음. 함몰. ② 성(城)이나 요새(要塞) 따위를 무너뜨림.
* 전열(戰列) : 전쟁에 참가하는 부대의 대열. 〈예〉 전열을 갖추다.
* 진용(陣容) : 진세(陣勢)의 형편이나 상태. 〈예〉 적의 공격에 대비하여 진용을 가다듬다. .어떤 단체의 구성원들의 짜임새.
* 지리멸렬(支離滅裂) : 갈가리 흩어지고 찢기어 갈피를 잡을 수 없게 됨.
* 중과부적(衆寡不敵) : 적은 수효로 많은 수효를 맞겨루지 못함.
* 근위병(近衛兵) : 임금을 가까이에서 호위하던 병사.
* 숙맥(菽麥) : 숙맥 불변(菽麥不辨)의 약자. 콩 숙(菽), 보리 맥(麥), 아닐 불(不), 가릴 변(辯)…. 콩과 보리를 구별하지 못한다는 말로 어리석고 못난 사람이라는 뜻이다. 〈좌전〉에 나오는 말이다.
춘추시대 진(晉) 나라의 도공(悼公)에게 형이 하나 있었는데 우둔하여 아무 일도 맡길 수 없었다. 그래서 그 형은 늘 실업자로 지내야 했다. 사람들은 그 형을 두고 콩과 보리도 구별 못한다는 이유로 '숙맥 불변' 이라면서 비아냥거렸다.
어리석고 못난 사람이나 바보를 가리키는 말로 한국 속담에 '낫 놓고 기역(ㄱ)자(字)도 모른다' 와 같은 뜻이다. 일반적으로 바보 같은 사람에게 '숙맥' 이라고 부르는 것도 그 때문이다.

"적군이 불리한 지형에 있어 전열을 갖추지 못하는 상황이야말로 하늘이 내려 주신 기회입니다. 아무리 그들이 대군이더라도 우리가 유리한 조건 밑에 있었기 때문에 공격을 개시했더라면 승리할 수 있었을 겁니다. 전쟁터에서는 대항해 오는 사람들은 하나같이 적일 뿐입니다. 늙은 병사라고 봐줄 까닭이 없고 전열이 정비되지 않은 적을 공격 못 할 이유도 없습니다."

목이가 한 말은 누가 들어도 올바른 주장이었다. 죽느냐 사느냐의 냉혹한 전쟁터에서 적에게 인정을 베풀다가는 승리하기 어렵다. 그처럼 바보짓을 하다가 패전한 양공의 경우를 비웃는 말이 곧 '송양지인'이다.

송양지인(宋襄之仁). 송 나라 송(宋), 도울 양(襄), 갈 지(之), 어질 인(仁)···. 실질적으로 아무런 의미도 없는 어리석은 대의 명분을 내세우거나 또는 불필요한 인정이나 동정을 베풀다가 오히려 더 심한 타격을 받는 일을 비유하는 말이다.

인정과 동정에 지나치게 끌리는 지도자일수록 결단력이 둔해진다. 인정과 동정이 인간으로서의 미덕임에는 틀림이 없다. 하지만 그것도 지나칠 경우 송 나라 양공의 경우처럼 쓰라린 실패를 맛보게 된다. 지도자는 이 점을 깊이 명심해야 한다.

CHAPTER 11
전국책 戰國策

〈전국책〉은 중국 전한(前漢) 시대의 유향(劉向)이 전국시대(戰國時代)에 관한 이야기를 비교적 사실대로 엮은 책이며 저자는 알려져 있지 않다. 이름 그대로 전국시대의 꾀와 방법인 책략을 기록했고 언론 활동과 권모 술수에 관한 수법이 흥미롭게 수록되어 있다.

전국시대에 이르러 승자의 권리인 패권(霸權)을 다툰 서주(西周)·동주(東周)·진(秦)·제(齊)·초(楚)·조(趙)·위(魏)·한(韓)·연(燕)·송(宋)·위(衛)·중산(中山) 등 12개국에 관한 이야기를 정리하여 모두 33편으로 엮었다. 사마달이 〈사기〉를 쓸 때 〈전국책〉에서 많은 자료를 인용하거나 참고한 것으로 알려져 있다.

〈전국책〉은 주로 전국시대에 활약한 책사와 세객(說客)들의 너무도 생생한 이야기를 모은 것으로, 주(周) 나라 원왕(元王)에서부터 진(秦) 나라 시황제에 이르기까지 240여 년 동안 살았던 여러 인사들의 주장이 실려 있다. 비교적 짧은 이야기들을 중심으로 구성되어 있어 이해하기가 쉽다.

이 책의 특징은 ● 그럴듯하게 설명하거나 타이름으로써 상대를 납득시키는 '설득' 요령 ● 어떤 일을 이루기 위하여 상대편과 서로 의견을 주고받는 '교섭' 요령 ● 부하를 잘 다스리는 방법 등 주로 인간 관계를 다루고 있다는 점이다.

1 엉뚱한 사람이 이익을 얻다

약 2,000년 전의 중국은 짐승들 못지않게 생존 경쟁을 벌이던 시대였다. 천하를 통일하겠다는 인간들이 저마다 영웅을 자처하며 피비린내 나는 전투를 벌이고 있었다. 하지만 그 이면에는 활발한 대화의 마당을 만들어 서로 싸우지 말자는 목소리가 자리를 잡기 시작했다. 이른바 외교적인 접촉이 시작되었던 것이다.

그 당시 외교 교섭을 담당한 사람을 '세객(說客)'이라고 했다. 능란한 말솜씨로 설득하며 다니던 사람들을 그렇게 불렀다. 세객들은 가장 먼저 여러 나라의 왕들에게 사탕발림으로 신임을 받지 않으면 안 되었다. 많은 왕들의 신뢰를 얻어야 비로소 자기 몫을 확보하거나 활약할 수 있는 무대를 마련할 수 있었다.

그렇다고 세객(說客)의 미래가 보장되는 것은 아니었다. 외교 무대에 나가서 성공적인 협상이 불가능해질 경우에는 소모품처럼 즉시 버려졌기 때문이다. 그러다 보니 세객이라는 지위를 유지하기 위해서는 수단 방법을 가리지 않고 교섭을 성공시켜야 했다.

조(趙) 나라가 연(燕) 나라를 침공하려고 작전을 수립할 때의 일이다. 세객(說客)의 한 사람인 소대(蘇代)가 연 나라 왕의 부탁을 받고 조 나라 왕을 설득하러 갔다. 소대는 조 나라 왕을 만나자마자 다음과 같은 이야기를 소개했다.

강을 건너다가 모래 위에 나와 있는 조개를 발견했다. 그때였다. 도요새가 조개를 쪼아먹으려고 모래 위에 내려앉았다. 위기감을 느낀 조개가 순발력을 발휘하여 벌렸던 껍질을 오므리면서 도요새의 주둥이를 꽉 물어 버렸다.

"야, 이놈아! 하루 이틀만 비가 안 와 봐라. 너는 죽고 말 거야."

도요새가 소리쳤다.

"어, 이놈 봐라. 이대로 가면 넌 끝장이야."

조개도 지지 않고 대들었다. 양쪽이 팽팽히 맞서 양보할 생각은 추호(秋毫)도 하지 않았다. 바로 그 때였다. 어부가 나타나더니 도요새와 조개를 모두 잡아가 버렸다.

* 추호(秋毫) : (가을철에 가늘어진 짐승의 털이란 뜻으로) '조금' '매우 적음'을 뜻하는 말.

그 이야기를 소개한 끝에 소대가 말을 이었다.

"폐하, 지금 조(趙) 나라가 연(燕) 나라를 공격하려고 준비중입니까?"

"글쎄, 그럴 생각이야."

조 나라 왕은 고개를 주억거렸다.

"만약 전투가 지속되어 두 나라의 국력이 소진(消盡) 될 때 이웃의 진(秦) 나라가 그 어부처럼 이익을 독차지할 겁니다. 부디 연 나라를 칠 생각은 하지 말았으면 합니다."

소대가 진지하게 설득했다.

"알았어."

드디어 조 나라의 왕이 결론을 지었다. 소대의 권유에 따라, 연 나라를 공격하려던 계획을 취소했던 것이다.

그 고사 때문에 탄생한 말이 '어부지리(漁父之利)'이다. '둘이 다투고 있는 사이에 엉뚱한 사람이 이익을 얻는 것'을 말한다.

* 소진(消盡) : 다 써서 없어짐. 다 써서 없앰. 〈예〉 기력이 소진하다.

'어부지리(漁父之利)'를 달리 해석하기도 한다. 고기 잡을 어(漁), 사내 부(夫), 갈 지(之), 이로울 리(利)…. '두 사람이 맞붙어 싸우는 바람에 엉뚱한 제삼자가 덕을 본다는 뜻'은 비슷하지만 약간 다른 사례의 고사를 소개한다.

조(趙) 나라가 연(燕) 나라를 치려고 했는데, 때마침 연 나라에 와 있던 소진(蘇秦)의 아우 소대(蘇代)는 연 나라 왕의 부탁을 받고 조 나라의 혜문왕(惠文王)을 찾아가 이렇게 설득했다.

"오늘 이 곳으로 오는 도중에 역수(易水)를 건너게 되었습니다. 마침 민물 조개가 강변에 나와 입을 벌린 채 햇볕을 쪼이고 있었지요. 그 때 황새란 놈이 지나가다 조갯살을 쪼아먹으려 하자 조개가 깜짝 놀라서 입을 오므렸습니다. 그 순간, 황새가 주둥이를 물리고 말았습니다."

그 순간부터 황새와 조개는 가장 오래 버티는 게 이기는 길이라고 생각했다.

'하루 이틀 비만 오지 않으면 조개는 바짝 말라죽을 것이다.'

황새는 그렇게 생각했다.

'하루 이틀 입만 벌려 주지 않으면 황새는 결국 죽고 말 것이다.'

민물 조개도 비슷한 상상을 했다.

"결국 황새와 조개는 서로 팽팽하게 맞선 채 신경전을 벌였어요. 그 때 마침 어부가 지나가다 그 광경을 보고 황새와 조개를 한꺼번에 망태 속에 넣고 말았답니다."

"그래서?"

혜문왕이 캐어물었다.

"지금 조 나라가 연 나라를 치려고 준비하는 경우도 그와 다르지 않습니다. 두 나라가 전투를 하며 오래 버티다가 백성들이 지치면, 드디어 두 나라보다 막강한 진 나라가 나설 겁니다. 그 때 나타날 수 있는 어부가 바로 진 나라입니다. 저는 그 점을 몹시 염려할 따름이죠. 그런 점에서 다시 한번 깊이 생각하셔야 합니다."

소대의 비유법에 설득당한 혜문왕은 드디어 연 나라에 대한 공격 계획을 단념했다고 한다. 앞에서 소개한 것처럼 민물 조개 '방합'과 도요새가 서로 목숨을 걸고 다투는데, 어부가 와서 방합과 도요새를 모두 잡아갔다. 그 바람에 제삼자만 이익을 챙겼다는 고사 성어 '방휼지쟁(蚌鷸之爭)'이 탄생했다.

'어부지리(漁父之利)'와 '방휼지쟁(蚌鷸之爭)' 같은 우화를 내세우며 상대방을 설득한 고대 중국 사람들을 통해 우리는 어떤 지혜와 처세술을 배우게 된다. 무턱대고 내 사정만을 고집하면서 상대방을 이해시키려고 접근하기보다는 좀 더 효과적인 방법을 써야 한다. 아무리 고집이 센 상대방이더라도 비유법을 동원하여 접촉할 경우 보다 쉽게 설득할 수 있을 것이다.

2 상대방의 허를 찔러라

제(齊) 나라의 재상 정곽군(靖郭君)은 고집이 아주 센 사람이었다.
"당장 성(城)을 쌓자."
자기 영지 안에 튼튼한 성을 구축하자는 것이 정곽균의 생각이었다.
"안 됩니다. 계획을 취소하셔야 합니다."

그 때 몇몇 세객(說客)들이 집요하게 반대하고 나섰다.

"당장 물러가라! 더 이상 반대할 경우 가만두지 않을 것이다."

정곽균은 세객들을 물리친 뒤 분노를 삭이느라고 무척이나 애를 썼다.

"앞으로는 어떤 사람이 말해도 듣지 말라. 내가 시키는 대로 성을 쌓는 일에만 최선을 다해야 한다."

그렇게 다짐을 받아 두었건만 반대 의견은 좀처럼 잦아들지 않았다.

"딱 몇 마디만 말씀드리죠."

아니나 다를까, 며칠 뒤 세객 하나가 다시 찾아와 머리를 조아렸다.

"또 그 얘기! 성을 쌓지 말라고 꼬드기려는 거지?"

정곽균은 짜증부터 냈다.

"딱 세 마디만 말씀드리죠. 더 이상 말하면 저를 죽여도 좋습니다."

어찌나 그 세객이 고집을 부리는지, 일단 그의 말을 들어 보기로 했다. 아무리 그의 주장이 그럴듯해도 받아들이지 않으면 될 것이라고 생각했다.

"해(海)! 대(大)! 어(魚)!"

그 세 마디를 외친 세객이 급하게 자리를 뜨는 게 아닌가. 바다 해(海), 클 대(大), 물고기 어(魚)…. 약속한 대로 분명히 세 마디였음에도 정곽균은 어떤 뜻인지 알 수가 없었다.

"저 사람을 불러라!"

정곽균이 망설이지 않고 소리쳤다.

"저는 죽고 싶지 않으니 그냥 돌아가겠습니다."

그 세객이 정곽균을 외면하며 내뱉었다.

"그런 일은 없을 테니 말해 보게."

정곽균이 그 세객을 안심시키자 비로소 말문을 여는 것이었다.

"너무 큰 물고기, 대어(大魚)는 그물에 걸리지도 않을 뿐더러 낚시로 잡을 수도 없습니다. 하지만 아무리 큰 물고기이더라도 바다 밖으로 나오는 순간 대책 없이 작은 벌레들의 먹이가 됩니다."

"그래서 어쨌다는 거냐?"

정곽균이 재촉하듯 물었다.

"제(齊) 나라 왕은 바다에 해당합니다. 바다만 꽉 잡고 놓지 않는다면 성(城)을 쌓을 필요가 없습니다. 하지만 제 나라에 잘못 보일 때, 하늘까지 닿는 튼튼한 성벽을 쌓더라도 아무 소용이 없습니다. 재상께서는 이 점을 명심하셔야 합니다."

그 몇 마디에 정곽균은 고개를 끄덕였고 성 쌓기를 중지했다고 한다. 자기 분수를 알지 못하고 나대는 사람은 결국 망하게 된다는 사실을 깨달았기 때문이다.

분수(分數)란 무엇인가. '자기의 처지에 마땅한 한도' 이자 '사물을 분별하는 슬기' 를 말한다. 그처럼 유달리 재치 있는 비유법으로 '자기 분수를 알아야 파멸하지 않는다' 고 경고한 것이다.

위(魏) 나라의 안리왕(安釐王)이 이웃 조(趙) 나라를 공격하기로 마음먹었다. 이 소식을 들은 계량(季粱)이 안리왕을 찾아왔다. 세객(說客)으로 활약중이던 계량은 전쟁을 막으려는 게 목적이었으나 조금도 내색하지 않고 다음 이야기를 시작했다.

안리왕을 만나러 오는 길에 마차를 탄 사내와 우연히 마주쳤다. 그 사내는 북쪽을 향하여 마차를 열심히 몰고 있었다.

"어디로 가시는 중인가요?"

계량이 그 사내에게 물었다.

"초(楚) 나라로 가는 길입니다."

"북쪽으로 마차를 몰면서 남쪽의 초 나라로 간다니 말이나 됩니까?"

계량은 어이없다는 표정을 지었다.

"왜 말이 안 되나요?"

"정신 좀 차려요. 당신은 분명히 반대쪽으로 가고 있단 말예요!"

"이보세요! 내 말은 천하의 명마(名馬)라는 걸 아셔야 합니다."

그 사내가 답답하다는 듯 목청을 높였다.

"아무리 훌륭한 말이면 뭘 합니까? 당신은 길을 잘못 들었어요."

계량이 다시 한번 주의를 주었다.

"충고는 고맙지만 걱정 안 하셔도 됩니다. 마차를 모는 이 사람도 유능한 마부(馬夫)이거든요."

그 사내는 미련하게 고집을 꺾지 않았다. 아무리 헤매더라도 유능한 마부와 훌륭한 말이 목적지에 데려다 줄 것으로 믿고 있었다.

"맘대로 하세요. 며칠 헤매다 지치면 내 말뜻을 알게 될 겁니다."

계량은 설득을 포기하고 말았다.

그 얘기를 꺼내자 안리왕이 강한 호기심을 보이기 시작했다.

"아무리 훌륭한 말과 마부를 믿고 출발했어도 그 사내는 결국 반대쪽 길로 잘못 접어든 겁니다. 완벽한 조건을 갖추었다고 장담하지만, 그렇게 큰소리를 칠수록 그 마차는 초 나라로부터 점점 멀어져 갈 뿐이죠."

계량은 호흡을 조절했다.

"본론을 얘기하게."

안리왕이 바짝 다가앉았다.

"지금 대왕께서는 천하를 호령하고 있음에도 불구하고 도대체 만족을 모르십니다. 나라가 크고 막강한 군대가 있다는 믿음만으로 영토를 확장하기 위해 발벗고 나섰습니다. 하지만 이번 기회에 잘못 판단하여 출발할 경우 안정적인 대왕의 길이 멀어질 수 있습니다. 마치 초 나라로 간다면서 반대 방향인 북쪽으로 마차를 모는 격이 아닐까요?"

안리왕은 그 말을 듣고 조 나라를 공격하려던 계획을 취소했다.

계량이 말하고자 한 취지는 무엇일까. 계획이나 방침이 잘못 세운 지도자는 아무리 노력해도 성공할 수 없다는 점을 강조하고 있다. 비록 이미 시작한 사업일지라도 다시 한번 점검하여 실수하는 일이 없도록 해야 한다는 뜻이다.

본론을 말하기에 앞서 명쾌한 비유법으로 상대방의 관심을 끈 계량의 이야기는 의표를 찌른 경우일 것이다. 상대편이나 남이 전혀 예상하고 있지 않았던 것, 예상 밖의 일을 '의표(意表)'라고 말한다. 상대방의 허점을 노려서 한 방 먹일 때 '의표를 찌른다'고 표현한다.

3
절묘한 속임수

'권모 술수(權謀術數)'란 남을 교묘하게 속이는 술책을 말한다. 예로부터 중국인들은 상대방을 설득할 때 권모 술수까지 동원했고, 일상 생활에 필요한 지혜라고 생각하여 일부러 권모 술수를 터득하려는 사람도 없지 않았다. 더구나 널리 인정받는 세객(說客)으로 활약하기 위해선 무엇보다 권모 술수에 능통해야 했다고 한다.

초(楚) 나라에서 세객으로 활동하던 장의(張儀)가 어려움을 겪은 원인은 다른 데 있지 않았다. 나이도 젊은 데다가 임금에 대한 진언(進言)이 제대로 먹혀들지 않아 거느리고 다니던 사람들마저 곁을 떠나곤 했기 때문이다.

벼르고 벼르던 장의는 마침내 색다른 수법을 동원하기로 했다. 여자를 너무 밝히던 초 나라 회왕(懷王)이 두 미녀를 가까이 한다는 사실에 눈을 돌렸다. 두 미녀의 이름은 남후(南后)와 정수(鄭袖)였다.

"아무리 고민해 봐도 대왕께는 제가 필요하지 않은 것 같군요. 그래서 하직(下直)* 인사를 올리러 왔습니다."

장의가 조심스럽게 입을 열었다.

"그렇다면 어디로 갈 참인가?"

회왕이 참다행이라는 반응을 보였다.

"진(晋) 나라에나 갈까 합니다."

"어쩔 수 없지 뭐."

"진 나라에 가서 도와 드릴 일은 없을까요? 혹시 필요한 물건이라도 있으면…."

장의는 자존심을 숨기고 물었다.

"글쎄, 필요한 게 있을 수 없지. 그대도 알다시피 우리 초 나라엔 없는 게 없잖아."

"여자도 필요 없단 말씀이세요?"

"글쎄…."

그제야 회왕이 관심을 보였다.

"진 나라 여성들의 미모는 대단한 수준입니다. 다른 나라에서 온 사람들은 마치 선녀가 내려온 것 같다고 말하곤 하죠."

"그런 여자를 만날 수 있다면 좋겠지."

회왕이 입맛을 쩝쩝 다셨다.

"저를 믿어 보시죠."

"그거 좋지."

"진 나라에 도착하는 즉시 미인을 구해 보죠."

"그냥 부탁하진 않겠네."

미인이라면 정신을 못 차리던 회왕은 장의에게 많은 돈을 주어 미인 조달을 부탁했다. 두 남자 사이에 은밀한 거래가 시작되자 안절부절못한 여자들이 있었으니, 그녀들이 바로 바로 남후와 정수였다. 진 나라에서 미인들을 데려올 경우 회왕의 관심 밖으로 밀릴 것이라는 위기감을 느낀 두 여자는 의기투합하여 발벗고 나섰다. 망설이지 않고 장의에게 심부름꾼을 보내 회유책(懷柔策)*을 썼던 것이다.

"진 나라로 가신다기에 작은 성의를 표시합니다."

짧은 편지와 함께 두 여자가 금은보화(金銀寶貨)*를 푸짐하게 보내 왔다. 장의는 두 여자의 뜻을 이미 읽었으므로 군말 않고 그 뇌물을 챙긴 뒤, 다시 회왕에게 작별 인사를 하러 갔다.

"여러 나라 국경의 경비가 삼엄해 빠른 시일 안에 뵙기 어려울 거 같습니다. 이별의 술잔이라도 나누고 싶습니다."

"그거 좋은 생각이야."

회왕은 머뭇거리지 않고 술자리를 만들었다. 회왕이 거나하게 취했을 때, 장의는 기회를 놓치지 않고 수작을 부렸다.

"둘이 마시긴 좀 쓸쓸하네요. 마음에 드시는 여자들을 부르시면 어떨까요?"

"맞아. 술자리엔 여자가 있어야 하는 법이지."

장의의 꾐에 말려든 회왕은 예상한 대로 남후와 정수를 불렀다. 어느 정도 술자리가 무르익자 장의는 또 한번 수작을 부렸다.

"대왕님, 황송한 말씀이오나 제가 실수를 저질렀습니다."

장의가 공손히 머리를 조아렸다.

"어허, 무슨 뚱딴지같은 말을…."

"그토록 많은 나라를 다녀 봤지만 이처럼 곱고 아름다운 분들은 난생 처음입니다. 그런 줄도 모르고 진 나라에까지 가서 미인을 구해 보겠다고 했으니 몹시 송구스럽기만 합니다."

"그랬어?"

회왕은 더 이상 대꾸하지 못했으며 진 나라의 미인을 구해 오라는 말을 취소했다. 장의는 말 몇 마디로 양쪽에서 금품을 챙겼으니 꿩 먹고 알 먹는 재미를 누린 셈이었다. 회왕을 설득하는 데 그치지 않고 두 여인도 만족시킴으로서 권모 술수가 무엇인지 스스로 실천해 보였던 것이다.

그 뒤부터 장의는 권모 술수에 대단한 능력을 발휘하면서 국제 정치 무대에서 이름을 떨쳤다. 여자를 밝히는 회왕의 심리를 읽었을 뿐만 아니라 여자들의 약점까지 정확히 파악했기 때문에 가능한 일이었다.

이처럼 권모 술수는 그냥 길러지는 성격의 재주가 아니다. 다양한 경험을 통해 깊은 통찰력을 몸에 익히지 않으면 얻기 어렵다.

물론 권모 술수에 의한 언행이 바람직한 방법은 아니다. 하지만 국제 무대에서 자기 나라를 위해 긍정적으로 활용할 수 있다면 구태여 말릴 이유도 없을 것이다.

* **하직(下直)** : ① (먼 길을 떠날 때) 웃어른에게 작별을 고함. 〈예〉 아버님께 하직 인사를 올리다. ② 왕조 때, 서울을 떠나는 관원이 임금에게 작별 인사를 올리던 일. ③ '어떤 일이 마지막이 됨'을 이르는 말. 〈예〉 세상을 하직하다.
* **회유책(懷柔策)** : 어루만져 달램. 잘 구슬려 따르게 함. 〈예〉 회유 정책.
* **금은 보화(金銀寶貨)** : 금·은·옥·진주 따위의 매우 귀중한 보물.

4
너그러움을 아는 인간 관계

전국시대의 중산국(中山國)은 아주 작고 가난한 나라였다. 어느 날, 중산국의 왕이 국내 저명 인사들을 위로하고 격려하기 위해 모처럼 잔치를 열었다. 하지만 어찌나 재수가 없었던지 미리 준비해 둔 양고기 수프가 모자라서 참석자들에게 골고루 대접하지 못했다.

그 날 수프를 맛보지 못한 남자 하나가 불만을 품고 초(楚) 나라로 달아났다. 그 사내는 초 나라 왕을 부추겨 중산국을 공격하게 만들었다.

태풍 앞의 등불 신세가 된 중산국의 왕은 어쩔 도리 없이 외국으로 망명해야 했다.

그런데 왕이 망명하기 위해 길을 재촉하던 순간이었다. 설상가상(雪上加霜)*이란 표현이 어울릴까. 창을 든 두 명의 사내가 결사적으로 왕의 일행을 쫓고 있었다.

추격을 당하던 왕의 일행은 불안에 떨 수밖에 없었다.

"우리를 추격하는 놈들은 누구냐? 신분을 밝혀라!"

왕의 일행 중에 한 사람이 외쳤다.

"우리들은 적군이 아닙니다!"

두 사내가 소리쳤다.

"그럼 누구냐?"

"아버님의 유언 때문에 임금님을 도우려고 달려오는 중입니다!"

그 사내들의 눈빛으로 미루어 거짓말은 아닌 것 같았다.

"아버님의 유언이라니? 자초지종(自初至終)*을 말해 보거라."

드디어 왕이 물었다.

"먼 옛날이었죠. 폐하께서 내리신 한 바구니의 음식을 먹고 굶주리던 사람이 목숨을 건질 수 있었습니다. 저희들은 바로 그 사람의 아들입니다. 아버님은 돌아가시기 직전에 '나라에 위급한 일이 생기면 생명을 걸고 나서라' 고 말씀하셨습니다. 지금이야말로 폐하의 은혜에 보답할 때라고 생각되어 이렇게 달려온 것입니다."

사내들은 여전히 거친 숨을 몰아쉬고 있었다.

"그래, 맞아! 아주 작은 정성도 상대방이 어려울 때 베풀어야 그 효과가 바로 나타나는 법…. 아주 작은 원한이라도 상대방의 마음을 아프게 할 경우 언젠가 심한 보복을 당할 수가 있어."

그제야 중산국의 왕은 깨달은 바가 있었다.

"나는 한 바구니의 음식으로 두 명의 용사들을 얻은 대신, 한 접시의 수프 때문에 나라를 잃게 되었노라!"

왕이 탄식하자 일행도 함께 통곡했다.

인간 관계란 그처럼 미묘한 것이어서, 제아무리 조심스럽게 처신해도 부족함이 없다는 사실을 대변해 주는 고사이다.

> *설상가상(雪上加霜) : (눈 위에 또 서리가 덮인 격이라는 뜻으로) '어려운 일이 연거푸 일어남'을 비유하여 이르는 말.
> * 자초지종(自初至終) : 처음부터 끝까지의 동안이나 과정. 〈예〉사건의 자초지종을 털어놓다.

제(齊) 나라의 재상 맹상군(孟嘗君)은 여러 나라에 이름을 떨친 인물이었다. 어찌나 사람들의 인기를 모았던지 그의 집 안에는 늘 식객(食客)들이 들끓었다. 그 식객들 중에 맹상군의 애인과 놀아난 사람이 있었다. 이 사실을 우연히 알게 된 가신(家臣)*이 맹상군에게 고자질했다.

"당장 손을 보셔야 합니다."

그 가신은 문제의 그 식객을 처벌하라고 간곡히 건의했다.

"젊은 사내라면 아름다운 여자에게 끌리는 것은 인지상정(人之常情)*아닌가. 제발 모르는 척하게."

가신의 끈질긴 건의에도 불구하고 맹상군은 전혀 동요하지 않았다. 그렇게 일 년이 지났을 때, 맹상군은 자기 여자와 놀아난 식객을 조용히 불렀다.

"나를 믿고 찾아와 머물고 있었는데 대접이 소홀해 참으로 미안하군요. 하지만 그대를 말단 관리로 만들 수 없어 망설이던 중이었소."

맹상군이 그 식객의 두 손을 부여잡고 간절한 표정으로 말했다.

"아닙니다. 제가 근본적으로 부족한 놈이었어요."

그 식객은 몸둘 바를 몰라 했다.

"나는 위(衛) 나라 왕과 아주 가까운 사이라오. 오늘 내가 마차(馬車)와 여비를 마련해 줄 터이니 그 곳에 가서 위 나라 왕을 섬겨 보는 게 어떻겠소?"

그 식객은 맹상군의 뜻에 따라 위 나라로 가서 중요한 직책을 맡게 되었다. 그렇게 몇 년이 흐르자, 제 나라와 위 나라는 운 나쁘게도 사이가 악화되었다. 국교가 단절되다 못해 위 나라 왕이 다른 나라들과 수작을 부려 제 나라를 공격할 준비를 갖추었다. 그 때였다. 제 나라의 맹상군이 보낸 그 식객이 위 나라 왕 앞에서 무릎을 꿇었다.

"전하(殿下)*, 제가 이렇게 전하를 섬기며 충성하고 있는 것은 바로 맹상군의 간절한 염원 때문이었습니다. 그래서 몇 년 전에 하찮은 저를 전하께 추천했던 것입니다. 부디 맹상군의 진심을 헤아려 주시기 바랍니다."

"그래서 어쨌다는 거냐?"

위 나라 왕이 약간 누그러진 표정을 지었다.

"전하, 제 나라와 위 나라 양국의 선왕(先王)*께서는 오래 전에 약속한 바 있습니다. 두 나라는 자자손손(子子孫孫)*까지 창과 칼을 겨누지 않기로 맹세했다고 들었습니다. 그럼에도 전하께서는 지금 다른 나라들과 손잡고 제 나라를 공격하려 하십니다. 이는 선왕끼리의 맹세를 깨뜨리는 것뿐만 아니라 맹상군과의 우정에도 어긋나는 일입니다. 부디 제 나라를 침공하려는 결심을 거두어 주시기 바랍니다. 그렇지 않을 때 저는 이 자리에서 죽을 각오가 돼 있습니다."

옛날의 그 식객은 목숨을 걸고 건의했다. 결국 위 나라 왕은 제 나라를 치려던 생각을 고쳐먹었다. 제 나라 사람들은 그 이야기를 전해 듣고 하나같이 감동에 젖었다고 한다.

"우리 맹상군은 정말 멋진 사람이야. 전화위복(轉禍爲福)*의 기회를 만들었으니."

그 칭송에 이의를 다는 사람은 별로 없었다.

무릇 지도자는 맹상군처럼 아랫사람들에게 관용(寬容)*을 베풀 줄 알아야 한다. 부하의 크고 작은 약점을 들추어내면서 일일이 문책하는 등 너그럽지 못하게 처신하면 부하들이 믿고 따르지 않는다.

* **식객(食客)** : ① 지난날, 세력이 있는 사람의 집에서 손님이 되어 지내는 사람을 이르던 말. ② 하는 일 없이 남의 집에 얹혀서 얻어먹고 지내는 사람.
* **가신(家臣)** : (봉건 시대에) 벼슬이 높은 사람의 집에 딸려 그들을 섬기던 사람.
* **인지상정(人之常情)** : 사람이라면 누구나 가지는 보통의 마음, 또는 생각.
* **전하(殿下)** : 왕이나 왕비 등 왕족을 높이어 일컫는 말.
* **선왕(先王)** : 선대의 임금.
* **자자손손(子子孫孫)** : 자손의 여러 대(代). 대대손손(代代孫孫).
* **전화위복(轉禍爲福)** : 화가 바뀌어 오히려 복이 된다는 뜻.
* **관용(寬容)** : 너그럽게 받아들이거나 용서함. 〈예〉 관용을 베풀다.

5
의욕을 불러일으키는 요령

진(晋) 나라의 사내 예양(豫讓)은 두 사람의 중신을 섬겼으나 끝끝내 인정받지 못했다. 그러다가 지백(智伯)이라는 중신을 모시게 되었을 때 높은 직책에 등용되었으며, 지백은 예양을 존경하는 스승이나 절친한 친구처럼 극진히 대우했다.

하지만 예양의 지도자가 된 지백은 세력 다툼에 말려들더니 중신인 조양자(趙襄子)에게 살해당하고 말았다. 결국 지도자를 잃어버린 예양은 깊은 산속으로 도망칠 수밖에 없었다.

조양자는 죽은 지백의 머리뼈에 옻칠을 하여 술 따르는 그릇이나 오줌을 누는 요강으로 썼다. 산중으로 피하여 숨어살던 예양은 이 소식을 듣고 분개하여 기어코 지백의 원수를 갚기로 결심했다. 그 당시 복수를 벼르던 예양이 한 말은 너무도 유명해졌으며 요즘도 심심찮게 인용된다.

"선비는 자기를 알아주는 사람을 위해 죽고, 여자는 자기를 사랑하는 남자를 위해 몸을 가꾼다."

예양은 그 말을 가슴에 새기며 복수를 다짐했다. 그는 이름을 바꾸고 조양자의 궁전에 들어가 기회를 엿보았다. 그러던 어느 날, 변소의 벽에 흙을 칠하는 척하다가 막 들어서던 조양자와 마주쳤다. 조양자를 암살(暗殺)할 수 있는 절호의 기회였으나 예양은 갑자기 가슴이 두근거려 일을 그르치고 말았다.

"바른 대로 말하라! 누가 시켰는가?"

흙손에 감추어진 비수(匕首)*를 발견한 조양자가 문초(問招)*했다.

"돌아가신 지백의 원수를 갚으려 한 것뿐입니다."

예양은 죽음을 각오하고 솔직히 고백했다.

"당장 목을 베셔야 합니다."

측근들이 칼을 빼 들었지만 조양자는 이를 만류했다.

"이 사내는 의로운 사람이다. 앞으로 내가 조심하면 그만이다. 지백은 이미 죽고 자손마저 없는데 가신이 원수를 갚으려 했으니 장한 일이다."

조양자는 예양을 살려 줌으로써 사내 대장부로서의 줏대를 과시했지만 예양은 복수를 결코 포기하지 않았다. 가장 먼저 치밀하게 변장을 함으로써 복수를 하기 위한 준비에 착수했다. 몸에 옻칠을 하여 문둥이처럼 보이게 했고, 머리를 자르고 눈썹을 밀어 남들이 몰라보게 만들었다. 숯을 먹어 목청이 상하도록 하는 데 그치지 않고 거지 행색으로 걸식을 다녔다.

그러던 어느 날 조양자가 외출중일 때였다. 다리 중간쯤에서 예양이 기다리고 있었는데, 조양자가 다가가자 말이 어느 새 알아채고 펄쩍 뛰었다. 아무리 너그러운 조양자일지라도 이번에는 참기 어려웠다.

"너는 일찍이 두 주인을 섬기지 않았더냐? 그 두 주인을 몰락시킨 사람은 바로 지백이다. 너는 그 원수를 갚기는커녕 오히려 온갖 정성을 다해 지백에게 충성했다. 그럼에도 불구하고 지백이 죽었을 때는 어찌하여 복수를 결심했는가?"

조양자가 예양을 준엄하게 꾸짖었다.

"두 사람을 모실 때는 그럭저럭 대우를 받은 것에 지나지 않았소. 하지만 지백은 나를 국사(國士, 국가적인 선비)로서 대우했습니다. 때문에 나도 국가의 선비 자격으로서 은혜를 갚으려고 했소이다."

예양이 단호하게 말했다.

이 때 예양이 한 말이 국사우지국사보지(國士遇之國士報之). 나라 국(國), 선비 사(士), 만날 우(遇), 갈 지(之), 나라 국(國), 선비 사(士), 갚을 보(報), 갈 지(之)…. 국사(國士)로 대우하면 국사로 갚는다는 뜻이다. 예양이 '나를 국가의 선비로 대우했으니까 나도 국가의 선비로서 갚는다' 고 말한 데서 비롯되었다.

"예양아, 너는 이미 지백에 대한 의리를 지켰다. 그리고 나도 참을 만큼 참아 왔다. 이번엔 진짜 용서하기 어렵구나."

조양자의 부하들에게 둘러싸이자 예양은 죽음을 예감했다.

"당신은 나를 한번 살려 주었소. 그래서 사람들은 하나같이 입을 모아 당신을 칭찬하고 있소."

그 말끝에 예양은 '선비는 자기를 알아주는 사람을 위해 죽는다' 는 말을 남기고 스스로 목숨을 끊었다고 한다.

* 비수(匕首) : 날이 썩 날카롭고 짧은 칼. 〈예〉 비수같이 예리한 질문.
* 문초(問招) : 지난날, '죄인을 신문(訊問)함' 을 이르던 말.

그다지 평가가 좋지 않던 지백이 그토록 충성스런 부하를 갖게 된 것은 어떤 이유일까. 부하를 이해하는 데 머물지 않고 그만한 대우를 해 주었기 때문이다. 그처럼 부하의 심정과 장점을 충분히 가려 줄 때, 충성스럽게 일하려는 의욕을 불러일으킬 수 있는 것이다.

6 스스로 먼저 나서라

전국시대의 일이다. 지금의 베이징 근처에 있던 연(燕) 나라가 제(齊) 나라의 공격을 받아 크게 패배하고 말았다. 그 혼란의 와중에서 연 나라의 왕위에 오른 사람이 바로 소왕(昭王)이었다. 그는 어떤 방법으로든 패전(敗戰)의 상처를 씻으려고 몸부림쳐야 했다. 가장 먼저 우수한 인물을 구하는 일이 급선무였으므로 며칠 동안 고민하다가 곽외(郭隗)를 불렀다. 곽외는 널리 알려진 선비로서 중요한 문제를 의논할 만한 대상이었기 때문이다.

"패전의 상처를 딛고 일어서려면 인재 확보가 가장 절실한 문제요. 그대의 의견을 듣고 싶소."

소왕이 스승을 대하듯 곽외에게 물었다.

"예로부터 제왕은 훌륭한 보좌관을, 왕자는 훌륭한 친구를, 패권(覇權)을 쥔 사람은 훌륭한 부하를 두었습니다. 하지만 나라를 망친 왕들은 그렇고 그런 신하들의 울타리 안에 갇혀 있었지요."

"인재를 고르거나 등용하는 방법을 알고 싶소."

소왕이 독촉하자 곽외는 몇 가지 방법을 제시했다.

● 상대방에게 예의를 갖추어 상대하면서 가르침을 받는다. 그럴 경우 자신보다 100배 뛰어난 인재가 모인다.

● 상대방에게 존경심을 표시하고 그 의견에 귀를 기울인다. 그러면 자신보다 10배 뛰어난 인재가 모인다.

● 상대방을 대등하게 상대한다. 이럴 경우는 자신과 비슷한 수준의 사람만 모인다.

● 의자에 기대어 지팡이를 짚고 곁눈으로 지시한다. 그럴 때는 수준 낮은 관리들만 모인다.

● 정신 못 차리게 야단치며 몰아붙인다. 그러면 하인배(下人輩)*들만 모인다.

● 나라 안의 인재를 널리 모집하여 그들의 가르침을 받는다는 소문이 퍼질 때, 천하의 인재들이 구름같이 모인다.

"제왕께서는 어떤 방법을 선택하시겠습니까?"

긴 얘기 끝에 곽외가 물었다.

"물론 마지막 방법이 가장 좋겠지요."

소왕은 말귀를 알아듣고 있었다. 인재를 확보하는 방법을 좀더 구체적으로 설명하기 위해 곽외는 다음과 같은 고사를 소개하기 시작했다.

* 하인배(下人輩) : 하인의 무리.

옛날 어느 왕이 명마(名馬)를 구하려고 특별 지시를 내렸다.

"하루에 천 리(里)를 달리는 준마를 찾고 있으니 그리 알거라."

물론 조건에 맞는 말을 구해 오는 사람에게 많은 현상금을 내걸었다. '준마(駿馬)'란 '썩 잘 달리는 좋은 말'을 말하며 준족(駿足)이라고도 한다. 하지만 온갖 방법으로 수소문한 지 3년이 지나도 준마를 찾을 길이 없었다.

"제가 구해 보겠습니다."

그 때 발벗고 나선 신하가 있었다. 몹시 실망하고 있던 왕은 그 신하에게 마지막 희망을 걸 수밖에 없었다. 그로부터 3개월 뒤 그 신하가 돌아왔다.

"드디어 찾아냈습니다."

"그 말이 어디 있느냐?"

왕은 흥분을 감추지 못했다.

"폐하, 너무너무 죄송합니다. 수소문 끝에 찾아갔더니 그 말은 이미 죽어 있더군요."

"그래서?"

"어쩔 수 없이 5,000냥을 주고 죽은 말의 뼈를 구해 왔습니다."

"멍청한 사람! 내가 원하는 것은 살아 있는 말이다. 죽은 말을 사기 위해 거금을 투자하는 바보가 있다니 그대야말로 미쳤구나."

왕은 펄쩍 뛰었다.

"죽은 말임에도 5,000냥을 주었으니 산 말이라면 더 높은 가격으로 사들일 거라는 소문이 퍼질 게 분명합니다. 기다려 보시면 압니다. 폐하께서 원하는 말들이 머잖아 모여들 테니까요."

비로소 왕은 부글거리던 속을 다독거렸다. 어쨌든 그 신하의 말이 그럴듯하게 들렸던 것이다.

아니나다를까. 그 신하가 건의하는 대로 백방(百方)*으로 수소문하는 일 없이 그냥 기다려 봤더니, 과연 일 년도 안 되어 천하의 준마가 몇 마리 모여들었다. 왕은 그 말을 사들여 군사를 조련(調練)* 시키듯 더 멋진 준마로 훈련시킬 수 있었다고 한다.

* **백방(百方)** : ① 온갖 방법. ② 여러 방면. 〈예〉 백방으로 수소문하다.
* **조련(調鍊·調練)** : 병사를 훈련함. 또는 그 훈련.

"대왕께서도 준마(駿馬)를 모으듯이 인재를 구하십시오."

그 얘기를 소개한 뒤 곽외가 말을 맺었다.

"그럴듯한 결론이야."

소왕은 흡족한 미소를 머금었다.

"소인 같은 놈도 특별 대우를 받는다는 소문이 퍼져 보세요. 소인보다 뛰어난 인재들이 먼길을 마다하고 찾아올 것입니다."

"맞아. 그렇게 못 할 이유가 없지."

소왕은 무릎을 쳤고 곽외는 특별 대우를 받는 고문관(顧問官)*의 자리에 올랐다. 그 때부터 소왕은 곽외를 스승처럼 떠받들어 가며 가르침을 받기 시작했다. 예상했던 대로 각 지방에서 인재들이 구름처럼 모여들었다. 소왕은 그 인재들의 조언과 지혜를 바탕으로 국력을 키웠으며 드디어 제 나라에 빚을 갚을 수 있었다.

* **고문관(顧問官)** : ① 자문(諮問)에 응하여 의견을 말하는 직책을 가진 관직. ② (미 군정 때 파견 나온 미군 고문관들이 우리말을 못 하고 어리숙하게 행동한 데서 비롯된 말로) 주로 군대에서 '어리숙한 사람'을 놀림조로 이르는 말.

전국시대의 이야기다. 중국 서남부의 소수 민족 중에 비교적 큰 부족 국가(部族國家)* 야랑(夜郞)이 있었다. 전국시대 후기, 초(楚) 나라가 진(秦) 나라를 공략하여 영지 탈환에 성공하자, 야랑 등의 부족 연맹은 항복하여 초 나라의 신하 국가들이 되었다.

시황제가 진 나라를 통일했을 때 야랑은 진 나라의 판도 안에 들어갈 수밖에 없었다. 진 나라가 망한 뒤 한(漢) 나라가 흉노(匈奴)* 대책에 쫓겨 서남 지방을 돌볼 틈이 없게 되었을 때, 이를 절호의 기회로 삼아 야랑 등의 소수 민족들은 각각 나라를 만들어 자립했다.

그 당시 야랑의 수령(首領)*인 다동(多同)은 자기 나라 야랑이 천하의 대국(大國)이라고 생각했다. 어느 날 다동이 몇몇 지방을 순시하다가 부하에게 물었다.

"이 세상에서 어느 나라가 제일 큰가?"

"야랑이 제일 크옵니다."

부하가 서슴없이 대답했다.

'천하에 이보다 더 높은 산이 있느냐?

다동이 앞에 있는 높은 산을 가리키며 물었다.

"없사옵니다."

"이 강이 세상에서 가장 긴 강이겠지?"

강가에 이른 다동이 또 물었다.

"물론이지요."

신하가 대답했다.

하나같이 그 모양이니 다동도 자신이 세상에서 가장 위대하다고 생각할 수밖에 없었다. 그러던 어느 날이었다. 한(漢) 나라 왕의 사자(使者)가 인도로 가던 중 야랑을 통과하게 되었다.

"우리나라와 한 나라 중 어느 쪽이 큰가요?"

다동은 그 사자에게 물었다. 그 순간, 한나라의 사자가 어이없다는 표정을 지은 것은 물론이었다.

"한 나라는 수십만 대군을 보유하고 있지요. 그에 비하면 야랑의 군사 규모는 새 발의 피 정도밖에 안 될 겁니다."

기가 질린 다동은 벌린 입을 다물지 못했다고 한다.

자기 나라 바깥에 무지무지하게 넓은 세계가 있는 줄도 모르고 좁은 나라 안에서 으스대는 사람이 없지 않다. 소위 우물 안 개구리가 세상 넓은 줄 모르는 격이다.

이 고사를 바탕으로 탄생한 고사 성어가 '야랑자대(夜郞自大)'. 밤 야(夜), 사내 랑(郞), 스스로 자(自), 큰 대(大)…. 자기 역량을 모르고 위세를 부린다는 뜻으로 〈사기(史記)〉에 나오는 말이다.

* 부족 국가(部族國家) : 부족에 의하여 형성된 국가. 원시 사회로부터 고대 통일 국가가 성립하기까지의 과도적인 국가 형태임.
* 흉노(匈奴) : 기원전 3~1세기경에 몽골 지방에서 활약하던 유목 민족.
* 수령(首領) : 한 당파나 무리의 우두머리. 두령.

존경받는 지도자가 되기 위해서는 모름지기 '야랑자대'가 되어서는 결코 안 된다. 우물 안 개구리가 바다 넓은 줄 모르는 것처럼 우쭐거리는 사람은 큰 인물이 될 수 없다.

"어떤 일을 하든 먼저 말을 꺼낸 사람이 먼저 나서라. 그리고 가장 가까운 곳의 일부터 시작하라."

이 말 역시 곽외가 한 것으로 알려져 있다. 사람을 부릴 때의 마음가짐을 강조하려고 꺼낸 말이다.

우리는 위에 소개한 사례들을 통해 교훈을 얻게 된다. 지도자가 자기 역량(力量)의 한계를 충분히 인정하고 위세(威勢)를 부리지 않으면서 솔선 수범할 경우, 평소에 원하던 훌륭한 인재들을 얼마든지 끌어 모을 수가 있다는 것이다.

* 역량(力量) : 일을 해낼 수 있는 능력, 또는 그 능력의 정도. 〈예〉 역량 있는 지도자.
* 위세(威勢) : 위엄이 있는 기세. 〈예〉 위세가 당당하다.

CHAPTER 12
사기 史記

〈사기〉는 중국 한(漢) 나라 시대의 역사가 사마 천(司馬遷)이 지은 책이다. 태고의 전설 시대부터 시작하여 춘추전국시대, 진(秦) 나라 시황제의 통일, 기원전 2세기의 한(漢) 나라 초기에 이르기까지 중국과 그 주변 민족의 역사를 포괄적으로 저술한 세계사(世界史)적인 통사(通史)*라고 할 수 있다. 저자 사마 천은 역사를 기록하던 관리(官吏) 집안에 태어났다. 나중에 패전한 장수를 변호하다가 생식기를 없애는 형벌에 처해졌지만, 그 바람에 쏟아진 천대와 모욕을 참고 견디며 〈사기〉를 완성했다.

〈사기〉의 특징은 단순히 연대별로 사건을 기록하지 않고 열전(列傳)*을 중심으로 입체적인 역사를 박진감 넘치는 필치로 묘사하고 있다는 점이다. 이 책에 등장하는 인물들은 왕족과 귀족 출신 인사들을 비롯해 하찮은 서민들에 이르기까지 매우 개성적이고 다양한 편이다. 단순한 역사 자료를 집대성(集大成)한 책이 아니라 훌륭한 역사 문학으로 평가받는 것도 그 때문이다.

사마 천은 저술 동기를 '가문의 전통인 사관(史官)*의 치열한 사명 의식에 따라 〈춘추〉를 이어받고 아울러 궁형(宮刑)*의 치욕에 분발하여 입신양명(立身揚名)*으로 큰 효도를 이루기 위한 것'이라고 밝힌다. 저술의 목표는

'인간과 하늘의 관계를 규명하고 옛날과 지금의 변화를 꿰뚫어 전문 분야에서 체계적인 주장을 이루려는 것' 이라고 설명한다.

제왕의 연대기인 본기(本紀)* 12편, 제후를 중심으로 한 세가(世家) 30편, 역대 제도 문물(文物)*의 연혁에 관한 서(書) 8편, 연표인 표(表) 10편, 시대를 상징하는 뛰어난 개인의 활동을 다룬 전기 열전(列傳) 70편 등 총 130편으로 구성되어 있다.

---

* **통사(通史)** : 역사 기술의 한 양식. 한 시대나 지역에 관한 특수한 역사에 대하여 전 시대나 지역에 걸쳐 개괄적으로 서술한 역사.
* **열전(列傳)** : 여러 사람의 개별적인 전기(傳記)를 차례로 벌여 적은 것. 〈예〉 영웅 열전.
  - **전기(傳記)** : 한 개인의 일생의 역사적 흔적을 적은 기록. 〈예〉 위인의 전기를 읽다.
* **사관(史官)** : 왕조 때, 역사를 기록하던 관원. 사신(史臣).
* **궁형(宮刑)** : 고대 중국에서, 생식기를 못쓰게 만들던 형벌의 한 가지.
* **입신양명(立身揚名)** : 입신하여 이름을 세상에 드날림.
  - **입신(立身)** : 사회적으로 인정을 받고 높이 됨. 사회적으로 기반을 닦고 출세함.
* **본기(本紀)** : 기전체의 역사책에서, 제왕의 사적을 적은 내용.
  - **기전체(紀傳體)** : 역사책을 편찬하는 형식의 한 가지. 개인의 전기를 모아서 한 시대의 역사를 구성하는데, 제왕의 전기인 본기(本紀), 신하의 전기인 열전(列傳)을 중심으로 함. 중국의 '사기(史記)' 가 대표적임.
* **문물(文物)** : 법률 · 학문 · 예술 · 종교 따위 문화의 산물. 〈예〉 서양의 문물.

1 역사책을 읽는 이유

사마 천의 〈사기〉는 인간과 하늘의 상호 대응 관계에서 전개되는 인간의 역사를 냉엄하게 통찰한 역사책이다. 저자는 이 책을 집필하면서 초자연적인 힘 또는 신(神)으로부터 해방된 인간 중심의 역사를 발견하고 있다. 따라서 열전(列傳)에 가장 많은 비중을 두면서 신비하고 괴이한 전설과 신화에 속하는 자료는 가능한 한 배제하고 있다. 주로 유가(儒家)의 경전(經典)에 근거하여 합리적으로 믿을 수 있다고 판단된 자료만 압축하여 소개한다.

열전의 첫 머리에는 이념과 원칙을 지키다가 스스로 목숨을 버린 백이(伯夷)·숙제(叔齊)의 열전을, 마지막에는 이익을 좇는 상인의 열전 화식열전(貨殖列傳)을 두어, 위대한 성현뿐 아니라 시정 잡배(市井雜輩)가 도덕적 당위성(當爲性)*의 실천과 이익을 노리는 본능 사이에서 방황하고 고뇌하는 모습을 생생히 제시함으로써 '살아 숨쉬는 인간'에 의해 역사가 창조된다는 점을 뚜렷이 강조한다. 인간의 위대함과 어리석음, 이익을 탐하는 본능적 욕구와 도덕적 이상의 갈등 과정에서 발전하는 역사를 날카롭게 지적하고 있다.

* 시정 잡배(市井 雜輩) : 시정의 부랑배.
- 시정(市井) : (예로부터 중국에서) 우물이 있는 곳에 사람이 모여 살았다는 데서 비롯된 말로, 인가가 많이 모인 곳.
* 당위성(當爲性) : 마땅히 그렇게 해야 할 성질.

중국의 역사책들은 단순히 전투 상황에 얽힌 내용만 수록하고 있지 않다. 그 역사적인 기록을 읽고 오늘의 현실에 살려 알맞게 활용할 수 있는 교훈적인 내용이 수두룩하다. 예컨대, 나라를 혼란시켜 멸망에 이르게 만든 근본 원인, 부하들을 잘 통솔함으로써 훌륭한 지도력을 발휘하게 된 인물의 실천적 자세, 치졸한 방법을 썼다는 이유로 백성들의 인심을 잃어 스스로 무너진 황제들의 국가 경영 실패 사례 등이 풍부하게 수록되어 있다. 한 마디로 말해, 중국의 역사책과 고전은 인간학(人間學)*의 보물 창고여서 지도자와 관리자들의 필독서(必讀書)*라고 할 수 있다.

정사(正史)*로 분류되는 중국의 역사책 25권 중에 가장 오랜 역사를 지닌 것이 사마 천의 〈사기〉이다. 약 2,100년 전에 쓰여진 이 책은 전설 시대를 포함하여 1,000년의 중국 역사를 기록하고 있다.

* **인간학(人間學)** : ① 인간에 관한 생물학적 연구. ② (인류학에 상대하여) 인간성의 본질이나 우주에서의 인간의 지위 등을 연구하는 학문.
* **필독서(必讀書)** : 반드시 읽어야 할 책.
* **정사(正史)** : 정확한 사실을 바탕으로 하여 편찬한 역사.

오(吳) 나라 왕 손권(孫權)의 부하 여몽(呂蒙)은 널리 인정을 받던 장군이었음에도 교양이 부족한 편이었다. 워낙 찢어지게 가난한 집안 출신이어서 학문을 갈고 닦을 여유가 없었기 때문이다.

"바보! 무식한 놈!"

불행하게도 여몽은 그런 뒷소리를 들어도 할말이 없었다.

예로부터 중국에서는 학문과 교양을 쌓는 일을 지도자의 덕목(德目)이라고 여겨 왔다. 아무리 전투에 강하고 정치적 능력이 탁월해도 학문과 교양이 부족한 지도자들은 백성들의 비웃음을 감수할 수밖에 없었다.

"자네는 이제 인정을 받는 장군이 됐네. 다소 늦었지만 공부 좀 하게."

평소처럼 손권은 여몽을 불러 당부했다.

"폐하, 너무 바빠서 학문을 익힐 시간이 없습니다."

여몽은 도망갈 구멍부터 찾았다.

"핑계만 대지 말고 역사 공부라도 하게. 바쁘기로 말하면 왕인 내가 더 바쁘다네. 나는 지금도 역사책과 병법서를 꾸준히 읽고 있어."

손권은 충고하는 데 머물지 않고 읽을 만한 책까지 선정해 주었다. 병법서만 권하지 않고 역사책들도 두루 읽어보라며 도서 목록까지 만들어 주었다.

"폐하, 병법서만 읽으면 되지 왜 역사책까지 권하십니까?"

여몽이 물었다.

"병법서에는 전투의 원리 원칙이 담겨 있다. 그것을 다 읽으면 천하 무적의 장군이 될 거 같지만 결코 그렇지 않아. 진짜 중요한 것은 임기응변이야. 전투에서 승리하기 위해서는 원리 원칙도 알아야 하지만, 실질적으로는 그때 그 때의 형편에 따라 알맞게 응용하는 기법에 능통해야 돼. 그 임기응변을 익히는 길이 바로 역사책에 들어 있다네."

"무슨 말씀인지 잘 모르겠습니다."

"역사책 안에는 과거에 일어났던 수많은 전쟁 사례들이 담겨 있거든. 전투에서 승리한 사례와 그 이유, 전투에서 패배한 사례와 그 이유가 낱낱이 소개되고 있어. 그 역사적인 사례들을 머리 속에 넣어 두어야 임기응변의 진가를 알게 된다네."

손권은 짜증을 숨기고 진지하게 설득했다. 그 충고 덕분에 여몽은 역사책을 꾸준히 읽었으며, 결국 힘만으로 덤비는 장군에서 머리로 싸우는 지장(智將)*으로 변신했다고 한다.

* 덕목(德目) : 도덕의 내용을 분류한 명목. 삼강오륜(三綱五倫)의 각 항목, 플라톤의 지혜·용기·절제, 기독교의 삼주덕(三主德)인 신·망·애(信·望·愛) 따위.
* 지장(智將) : 지략이 뛰어난 장수.

2
배짱도 필요하다

춘추시대의 일이다. 초(楚) 나라의 장왕(莊王)은 산업 · 경제 · 문화 등의 분야에서 다른 나라보다 뒤떨어진 초 나라를 짧은 기간 안에 최강국으로 끌어올렸다. 그렇다고 해서 장왕이 처음부터 자신의 능력과 장점을 최대한 발휘한 것은 아니었다.

왕위에 오른 날부터 약 3년 동안 정치에는 신경을 쓰지 않고 거의 매일 먹고 놀기만 했다. 심지어 '바른말을 하는 자는 사형에 처한다'는 포고령(布告令)*을 내림으로써 공포 정치를 일삼았다. 이처럼 포악해지는 왕을 보다 못해 오거(伍擧)라는 신하가 면담을 요청했다.

"폐하, 여쭈어 볼 게 있습니다만…."

"말해 보거라."

"언덕 위에 새 한 마리가 있습니다. 이 새는 3년 동안 날거나 울지 않았습니다. 어떤 새를 말하는 겁니까?"

오거가 수수께끼를 냈다.

"3년 동안 날지 않은 새가 일단 날기 시작하면 하늘 끝까지 올라갈 것이다. 3년 동안 울지 않다가도 일단 한번 울면 세상을 깜짝 놀라게 할 것이다. 그대가 말하고자 하는 뜻을 알았노라."

너무도 재치 있는 대답에 오거는 입을 다물지 못했다. 하지만 몇 달이 더 흘러도 장왕은 나아질 기미가 보이지 않았고 더 타락해 갔다. 어쩔 수 없이 다른 신하가 나서서 바른말을 하기로 했다.

"바른말을 하면 사형에 처한다고 했다. 그대도 이 포고령을 알고 있겠지?"

신하 소종(蘇從)이 단도직입(單刀直入)*적으로 나오자 장왕이 선수를 쳤다.

"폐하께서 뭔가 깨달으실 때 저는 죽어도 여한이 없습니다."

그 말 한 마디에 장왕은 퇴폐적(頹廢的)*인 생활을 청산하고 정치 개혁에 착수했다. 같이 어울리며 마시고 놀던 아첨꾼 수백 명을 내몰고, 새로운 사람들을 신하로 등용해 가까이 두었다. 물론 바른말을 했던 두 신하 오거와 소종을 국정(國政)의 최고 책임자로 임명한 것은 물론이었다.

그 뒤에 알고 봤더니 장왕은 일부러 멋대로 노는 척하며 신하들을 관찰한 것으로 밝혀졌다. 사실이 그랬으니 장왕은 이를 악물었다. 개혁에 착수하던 그 날부터 인사(人事)를 쇄신(刷新)*했고 국정의 기반을 굳혀 가기 시작했던 것이다.

* **포고령(布告令)** : 어떤 내용을 포고하는 명령이나 법령.
* **단도직입(單刀直入)** : (혼자서 칼을 휘두르며 적진으로 곧장 쳐들어간다는 뜻으로) 말을 하거나 글을 쓸 때, 군말이나 첫머리를 빼고 곧장 요지를 말함. 에둘러 표현하지 않고 바로 문제점을 말함. 〈예〉단도직입으로 말하자면.
* **퇴폐(頹廢)** : ① (세력 따위가) 쇠약해짐. ② (도덕이나 건전한 기풍 따위가) 문란해짐.
* **쇄신(刷新)** : 묵은 것이나 폐단을 없애고 새롭고 좋게 함.

장왕이 정치는 돌보지 않고 향락에 빠진 척하던 시절의 일이다. 어느 날 밤, 여러 명의 신하들을 불러 술을 대접했다.

"왕과 신하를 떠나서 즐겨야 한다. 마음놓고 마셔라."

장왕의 그 말이 떨어지기 무섭게 모두들 질펀하게 놀기 시작했다. 하지만 갑자기 불어닥친 바람 때문에 촛불이 꺼지면서 묘한 사고가 일어났다. 칠흑 같은 어둠 속에서 어떤 사내가 장왕이 좋아하던 궁녀의 몸을 더듬은 모양이었다. 그 여자는 어느 새 그 사내의 갓끈을 잡아뜯어 쥐고 있었다.

"폐하, 끈 없는 갓을 쓴 남자가 저를 희롱했습니다. 당장 체포하셔야 합니다."

그녀는 어둠 속에서도 흥분을 감추지 못했다.

"아니다. 내가 술자리를 만들었기 때문에 일어난 일이다. 여자의 자존심을 지키기 위해 신하를 욕되게 할 수는 없다. 부디 네가 이해하거라."

장왕은 그녀에게 양해를 구한 뒤 더 큰소리로 말했다.

"지금이 자리에 있는 신하들은 갓끈을 모두 잡아떼라!"

드디어 불이 켜졌을 때, 신하들 중에 끈이 붙은 갓을 쓴 사람은 한 명도 없었다. 그로부터 몇 년 뒤, 장왕은 강대국인 진(晋) 나라와 전투를 벌여야 했다. 그 당시 늘 앞장 서서 용감하게 싸우는 병사가 있었다. 그 병사의 눈부신 활약으로 드디어 진 나라 군대를 격퇴시킬 수가 있었다.

"그대 같은 신하를 미처 몰랐다는 게 유감이다. 모두 내 잘못이다."

전쟁이 승리로 끝나자 장왕은 그 병사를 불러 치하하고 포상했다.

"목숨을 걸고 싸운 이유를 알고 싶구나."

장왕이 물었다.

"저는 이미 죽은 몸이나 다름없었습니다. 술 기분에 실수를 하고도 폐하의 배려 때문에 살았습니다. 그 날부터 목숨을 바쳐 폐하의 은혜에 보답하기로 결심했습니다."

"그게 무슨 말이냐?"

"폐하, 놀라지 마십시오. 그 날 밤, 어둠 속에서 궁녀에게 갓끈을 뜯긴 놈이 바로 저였습니다."

"더 이상 말하지 말라!"

장왕이 입가에 미소를 머금고 외쳤다. 자신의 포용력(包容力)* 과 배짱이 부하의 신뢰와 충성심을 얻게 만들었다고 깨달았기 때문이었다.

* 포용(包容) : 남을 아량 있고 너그럽게 감싸 받아들임.

3
미래를 내다보는 지혜

은(殷)나라 무정(武丁)은 국왕의 자리에 오른 뒤에도 정치에 대하여는 무관심으로 일관했다. 그러다가 현명한 사람을 보좌관으로 삼고 바른 정치를 함으로써 백성들의 존경을 한 몸에 받았다. 이 무정에게 모든 신하들이 이런 말을 올렸다.

"천하의 사리에 통하고 무리에 앞서 가는 것을 명철(明哲)이라고 합니다. 명철한 사람은 참된 사회 규범을 정하는 분입니다."

이른바 '명철 보신'을 건의한 것이다.

〈서경(書經)〉과 〈시경(詩經)〉에 나오는 말이다. 명철보신(明哲保身). 밝을 명(明), 밝을 철(哲), 보전할 보(保), 몸 신(身)…. 이치에 밝고 조리에 맞는 행동으로 자신을 잘 보전한다는 뜻이다.

주(周)나라 때의 명재상 중산보(仲山甫)가 선왕(宣王)의 명을 받고 제(齊)나라로 성을 쌓기 위해 출발하던 날이었다. 길보(吉甫)라는 신하가 중산보의 덕을 찬양하며 시를 지어 올렸다.

- 숙숙왕명 중산보장지(肅肅王命 仲山甫將之)
지엄하신 임금님의 명령을 중산보가 그대로 따르고
- 방국약부 중산보명지(邦國若否 仲山甫明之)
이 나라가 잘 되고 못 됨을 중산보가 밝히네.
- 기명차철 이보기신(旣明且哲 以保其身)
밝고 분별력 있게 행동하여 자기 몸을 보전하며

- 숙야비해 이사일인(夙夜匪解 以事一人)
아침저녁으로 게을리 하지 않고 임금님만을 섬기네.

위 시(詩)에서 보는 바와 같이 '명철(明哲)'이란 '천하의 사리에 통하고 누구보다도 앞서 깨닫는 사람'을 말하며, '보신(保身)*'이란 나오고 물러남에 있어 세상 이치에 어긋남이 없음을 뜻한다. 오늘날에는 명철과 보신을 떼어 놓고 말한다. 처세에 능한 사람을 '보신한다'고도 하며 '명철함이 보신을 부추긴다'고 말하기도 한다.

* **보신(保身)** : ① 몸을 안전하게 지킴. ② 지위·명성·재물 등을 잃지 않으려고 약게 행동 하는 일.

명철보신에 통달한 사람으로 범려(范蠡)가 있다. 범려는 충성을 다하여 월(越) 나라의 왕을 모셨고 오(吳) 나라를 상대로 복수전을 펼칠 때 승리의 주역이 되었다. 하지만 그 공적 때문에 대장군이라는 최고의 자리에 오르면서 생각이 바뀐다.

전쟁에서 승리하여 인기 절정에 있는 왕을 오래 섬긴다는 것 자체가 위험하다고 판단했다. 월 나라 왕과는 함께 고생할 만한 사이이지만 즐거움을 같이 나눌 수 없는 사람이라고 단정했던 것이다.

범려는 월 나라 왕에게 편지 한 통을 보냄으로써 대장군의 자리를 내놓는다. 왕은 범려의 진정한 속내를 모르고 적극적으로 만류한다. 하지만 범려는 미련 없이 대장군의 지위를 버리고 제(齊) 나라로 삶의 터전을 옮긴다. 충성을 바치던 왕과 완전히 인연을 끊은 것이다.

제 나라로 간 범려는 자식들과 함께 사업을 벌여 엄청난 재산을 모은다. 경영 능력을 인정받은 그는 제 나라 왕의 간청으로 재상의 자리에 오를 기회를 맞게 되지만 그 마저도 정중히 거절한다.

"평범한 남자의 몸으로 재상에 오르는 것은 화근이 될 수 있다. 돈을 모았으니 그것으로 족하다."

범려는 그 말을 남기고 총총히 사라진다. 제 나라의 부름을 거부한 것에 그치지 않고 전 재산을 마을 사람들에게 나누어준 뒤 다른 마을로 거처를 옮긴다. 범려는 그 곳에서도 사업 수완을 발휘하여 또 다시 갑부(甲富)가 된다.

그러던 어느 날, 둘째아들이 초 나라에서 살인 혐의로 체포된다. 범려는 막내아들에게 막대한 황금을 주면서 둘째아들을 구출해 오라고 지시한다. 이 때 큰아들이 앞을 가로막는다.

"이 일은 장남이 해야 합니다."

큰아들이 간곡히 말한다.

"이왕이면 장남을 보냅시다."

범려의 아내도 큰아들을 보내고 싶어한다. 두 사람의 의견을 받아들인 범려는 장남을 초 나라에 파견한다. 하지만 장남은 황금을 쓰기가 너무도 아까웠던 나머지 머뭇거렸고, 결국은 처형당한 동생의 유해만을 안고 돌아온다. 아내는 통곡하지만 범려는 쓴웃음을 짓는다.

"나는 결과를 미리 예상하고 있었지. 큰애는 어릴 적부터 나와 함께 온갖 고생을 했기 때문에 돈을 함부로 쓰지 못해. 하지만 막내 녀석은 고생을 모르고 자랐기 때문에 돈을 벌기보다는 쓸 줄밖에 몰라. 내가 애당초 막내를 보내려고 한 것이 옳았어. 막내가 이 일을 맡았더라면 마음놓고 돈을 써서 자기 형을 살렸을 거야. 큰애는 돈을 쓸 줄 몰라서 결국 동생을 죽인 셈이지. 하지만 이것도 운명이니 너무 슬퍼할 이유가 없어."

얼마나 놀라운 통찰력(洞察力)인가. '명철보신(明哲保身)'에 통달한 사람만이 보일 수 있는 판단력일 것이다. 그처럼 현명한 사람이었으니 위험천만해 보이던 대장군이란 감투를 헌신짝처럼 버린 뒤 가는 곳마다 사업 경영에 성공했는지도 모른다.

* 갑부(甲富) : 첫째가는 큰 부자. 〈예〉 당대의 갑부.
* 통찰력(洞察力) : 사물을 환히 꿰뚫어 보는 능력. 〈예〉 예리한 통찰력.
* 명철보신(明哲保身) : 총명하고 사리에 밝아서, 이치에 맞게 일을 처리하며 자신을 잘 보전함.

4 하늘에 대항한 사마 천

한 나라 무제(武帝) 때, 사마 천은 관직이 태사령(太史令)이었다. 그 당시, 이릉(李陵)이 5천 명의 군사로 흉노와 대적하던 중에 포로가 되었다. 이 같은 사태를 두고 무제와 신하들은 하나같이 이릉을 비난했지만 사마 천 혼자서 이릉을 비호했다. 이러한 고집이 무제의 비위를 건드렸고 억울하게 궁형을 당했다.

'궁형(宮刑)'이란 고대 중국에서 남자의 생식기를 거세(去勢)하는 형벌이다. 정당하다고 생각한 일을 정당한 방법으로 주장하다가 그처럼 참혹한 형벌을 받게 된 사마 천은 자신의 처지에 빗대어 다음과 같이 열변을 토한다.

* 거세(去勢) : ① 동물의, 수컷의 불알을 발라내거나 암컷의 난소를 들어내어 생식을 못하게 하는 일. ② 저항하거나 반대하는 세력을 꺾어 버림.

"천도(天道)는 공평무사하여 언제나 착한 사람의 편을 든다."

어느 누군가 그렇게 말했다. 천지 자연의 도(道)나 도리(道理)를 천도라고 한다. 정말 천지 자연의 도리가 존재할까? 그 천도가 늘 선량한 사람의 편을 드는 것일까?

그렇다면 백이·숙제와 같은 인물들을 진정으로 착한 사람이라고 말할 수 있겠는가? 그들은 인(仁)과 덕(德)을 쌓았고 청렴결백하며 고결(高潔)*하게 살았다는 이유로 끝내 굶어 죽었다.

공자는 70명의 제자 중에 오직 안회(顔回)만 학문을 좋아하는 사람이라고 추천하여 상(賞)을 받게 했다. 그러나 안회네 집 안의 쌀뒤주는 헐벗은 사람들의 그것처럼 자주 비어 있었다. 결국 안회는 지게미와 쌀겨도 배불리 먹지 못하다가 젊어서 일찍 죽고 말았다.

하늘은 착한 사람에게 보답한다는데 그게 사실일까? 의로운 사람 백이·숙제는 수양산에서 굶어 죽었다. 하지만 흉악한 도둑인 도척(盜跖)의 경우엔 어떤가. 날마다 죄 없는 사람들을 죽이고 사람의 간을 회로 치는 등 포악한 일만 저질렀다. 그러고도 어찌나 방자했던지 수천 명의 떼거리를 모아서 거리낌 없이 세상을 휘젓고 다녔다. 그럼에도 그 악마 같은 도척은 타고난 수명을 누렸다. 그렇다면 그가 도대체 어떤 어질고 착한 행실을 쌓았단 말인가?

요즘에 이르러서도 오로지 나쁜 짓만 하는 사람이 평생 놀며 즐기고 그의 부귀영화가 자손 대대로 끊이지 않는다. 이와 달리 정당한 땅을 골라서 딛고, 정당한 발언을 해야 할 때만 말을 하고, 항상 큰길을 골라 걷고, 공명정대한 이유가 없으면 분발하지 않고, 처음부터 끝까지 조심성 있고 올곧게 행동하는 사람이 있다. 그런 사람들이 오히려 화를 입는 사례는 이루 헤아릴 수 없이 많다. 그래서 나는 의심한다. 천도는 과연 있는 것인가, 없는 것인가.

* 고결(高潔) : 고상하고 깨끗함. 〈예〉 고결한 성품으로 제자들의 존경을 받다.

위와 같은 사마 천의 글을 통해 고사 성어 '천도 시비(天道是非)'가 탄생했다. 하늘 천(天), 길 도(道), 옳을 시(是), 아닐 비(非)…. 하늘의 도는 옳은 것인가, 그른 것인가, 곧 천도라는 말이 의심스럽다는 뜻이다.

위 고사는 〈사기〉의 '열전편' '백이숙제열전(伯夷叔齊列傳)'에 소개된 글이기도 하다. 백이·숙제는 주(周) 나라의 전설적인 형제 성인(聖人)이다. 본래는 은(殷) 나라 고죽국(孤竹國)의 왕자들이었는데, 아버지가 죽은 뒤 서로 후계자가 되기를 사양하다가 끝내 두 사람 모두 은 나라를 떠났다. 그 무렵 주 나라 무왕(武王)이 은 나라의 주왕(紂王)을 몰아내고 주 왕조를 세우자, 두 사람은 무왕의 행위가 인의(仁義)에 위배된다는 이유로 주 나라의 곡식 먹기를 거부했다. 마침내 수양산에 들어가 몸을 숨기고 산나물을 캐 먹으며 지내다가 굶어 죽었다.

저자 사마 천은 전투에서 패배한 장군 이능(李陵)을 유독 혼자서만 적극 변호하다가 거세(去勢)의 형벌을 받고 천하의 웃음거리가 되었다. 그래서 그랬던지 〈사기〉의 끝 부분은 몹시 냉소적이다.

"나의 아버님은 원래 황제가 희롱하는 천박한 배우처럼 성장하여 세상 사람들이 가볍게 여기는 사람이었다. 설사 내가 사형을 받을지라도 아홉 마리의 소들이 한 오리의 털을 잃는 경우와 같고 작은 벌레가 죽는 것과 무엇이 다르겠는가?"

그 말끝에 나온 고사 성어가 구우일모였다. 아홉 마리의 소들 중에서 한 가닥의 털이 곧 구우일모(九牛一毛)이다. 아홉 구(九), 소 우(牛), 한 일(一), 털 모(毛)…. 아무것도 아닌 하찮은 일, 아주 적은 부분을 비유한 말이다. 이와 비슷한 의미로 '창해일속(滄海一粟, 바다 속의 좁쌀 한 알)' 이라는 말이 있다.

5
두견새가 된 임금

〈사기〉에는 두견새에 얽힌 설화(說話)*가 나온다.

중국 촉(蜀) 나라 왕이었던 망제(望帝)의 혼이 두견새가 되었다는 전설이다. 두견(杜鵑)새는 뻐꾸기와 비슷하나 좀 작은 편이며, 몸빛은 등이 어두운 청갈색 또는 회색이고, 배는 흰 바탕에 검은 가로무늬가 있다. 다른 새의 둥지에 알을 낳아서 기르는 것마저 다른 새에게 떠맡긴다. 우리나라와 동북아시아에서 번식하고 타이완이나 인도 등지에서 겨울을 난다. 다른 이름으로 두견(杜鵑)이, 귀촉도, 불여귀(不如歸)라고 한다.

* 설화(說話) : ① 한 민족 사이에 전승되어 온 이야기를 통틀어 이르는 말. 신화·전설·민담으로 구분됨. ② 이야기. 옛날이야기.

어느 날 망제가 산밑을 지날 때였다. 산밑을 흐르는 강물 위로 시체 하나가 떠내려오더니 두 눈을 뜨고 살아나는 것이었다.

"도대체 어떤 연유로 죽은 사람이 살아날 수 있단 말인가?"

이상하게 생각한 망제가 그 사람에게 물었다.

"저는 형주(刑州) 땅에 살던 별령(鱉靈)이란 사람인데, 강에 나왔다가 실수로 물에 빠졌습니다. 그 뒤로 어찌해서 흐르는 물을 거슬러 여기까지 왔는지 모르겠어요."

살아난 시체가 어리벙벙한 표정으로 대답했다.

"그대는 평범한 인물이 아닌 것 같소."

망제는 하늘이 자신에게 어진 사람을 보내 준 것이라고 생각했다. 하늘의 뜻임을 철저히 믿었던 망제는 별령에게 집과 벼슬을 내리고 장가도 들게 도와 주었다.

"나는 그대의 재능과 양심을 믿고 있소. 부디 이 나라와 왕가(王家)를 위해 중요한 일을 맡아 주어야 합니다."

망제는 말이 좋아 왕이었지 아직 나이도 어리고 마음도 약한 청년이었으므로 별령에게 대부분의 나랏일을 맡겨 버렸다. 하지만 망제의 배려로 정승 자리에 오른 별령은 은연중 음흉한 마음을 품었고, 대신과 하인들을 모두 자기 심복으로 만든 다음 권력을 마음대로 휘둘렀다. 때마침 별령은 절세 미인인 자신의 딸을 망제에게 바쳤다. 망제는 크게 기뻐했고 나랏일을 모두 장인인 별령에게 맡기더니 밤낮으로 별령의 딸과 즐기며 나라를 돌보지 않았다.

그러는 사이에 별령은 반란을 꿈꾸었다. 여러 대신과 짜고 망제를 나라 밖으로 몰아내고 스스로 왕위에 올랐다. 하루아침에 나라를 빼앗기고 타국으로 떠난 망제는 촉 나라로 돌아가지 못하는 자기 신세를 한탄하며 온종일 통곡하기만 했다. 마침내 망제는 울다가 지쳐서 죽었다. 그리고 얼마 뒤였다. 한 맺힌 망제의 영혼은 두견이라는 새가 되어 밤마다 울기 시작했다.

"불여귀! 불여귀!"

불여귀(不如歸)는 돌아가지 못한다는 뜻이다. 그렇게 부르짖으며 목구

멍에서 피가 맺히도록 처절히 울었다고 한다. 훗날 사람들은 이 두견새를 망제의 죽은 넋이 새가 되었다는 뜻에서 '촉혼(蜀魂)'이라고 불렀다.

서정주 시인은 1943년 발표한 시(詩) '귀촉도(歸蜀途)'를 통해 이별의 한을 노래한다. 애절한 가락으로 잃어버린 민족과 나라에 대한 상실감을 표현하고 있다. 멸망하여 이제는 존재하지 않는 고국 촉(蜀) 나라로 돌아갈 수 없음을 비관하여 통곡의 눈물을 흘리던 촉 나라 왕 망제. 그의 넋이 변하여 귀촉도가 되었다는 전설에서 빌린 것이다.

이처럼 망국(亡國)*의 한을 담고 있는 귀촉도를, 사랑하는 남자를 잃어버린 여인의 애절한 마음으로 변형시켜 노래하고 있다. 다시 오지 못하는 님에게 '부질없는 머리털'을 은장도(銀粧刀)*로 서슴없이 베어서 '슬픈 사연'이 '올올이 아로새긴 육 날 미투리*나 삼아 줄 걸' 하고 한탄하는 한국적 여인의 애달픈 가락이 가슴에 절절히 다가온다. 이별의 한을 노래한 시로서 '서역 삼만 리'나 '파촉 삼만 리'는 모두 저승을 의미한다.

귀촉도

눈물 아롱아롱
피리 불고 가신 님의 밟으신 길은
진달래 꽃비 오는 서역(西域) 삼만 리(三萬里).
흰 옷깃 여며 여며 가옵신 님의
다시 오진 못하는 파촉(巴蜀) 삼만 리(三萬里).

신이나 삼아 줄 걸 슬픈 사연의

올올이 아로새긴 육 날 미투리.

은장도 푸른 날로 이냥 베혀서

부질없는 이 머리털 엮어 드릴걸.

초롱에 불빛, 지친 밤하늘

굽이굽이 은하(銀河)물 목이 젖은 새,

차마 아니 솟는 가락 눈이 감겨서

제 피에 취한 새가 귀촉도 운다.

그대 하늘 끝 호올로 가신 님아

* 망국(亡國) : 나라가 망함. 나라를 망침. 망한 나라.
* 은장도(銀粧刀) : ① 노리개로 차던, 칼자루와 칼집을 은으로 장식한 작은 칼. ② 의장의 한 가지. 나무로 만들고 칼집에 여러 가지 무늬를 아로새겼으며 몸에 은 칠을 하고 끈을 달았음.
* 미투리 : 삼이나 노 따위로 짚신처럼 삼은 신. 흔히 날을 여섯 개로 함.

6
호탕한 대장부

'협객(俠客)'이란 대장부답게 호탕한 기상이 있는 사람을 말하며, 건장하고 씩씩한 사나이를 대장부(大丈夫)라고 부른다. 예로부터 중국의 협객은 일개 서민으로서 권력적인 측면의 후원자가 없었지만, 나름대로 국가 권력과 대립할 수 있는 인기 배우 같은 존재였다. 따라서 협객으로 살아남기 위해서는 백성들의 뜨거운 지지를 받지 않으면 안 되었다.

역사가이자 〈사기〉의 저자인 사마 천은 협객들의 생활 방식에 대단히 공감하고 있다. 그는 같은 시대를 살던 협객인 곽해(郭解)에 대하여 다음과 같이 소개한다.

"나는 곽해를 본 적이 있다. 그의 체격과 얼굴 모양은 보통 수준에도 미치지 않았고 어조도 특징이 별로 없었다. 하지만 현실적으로 그의 인기는 대단했다. 지위가 높은 사람들도 만났든 안 만났든 곽해의 명성을 들어 알고 있을 정도였다."

곽해에게는 누이가 있었는데 그 누이의 아들이 곽해의 위세를 믿고 포악한 행동을 할 때가 많았다. 어느 날, 그의 조카가 어떤 남자를 억지로 술집에 끌고 갔다.

"어서 마셔!"

술도 못 마시는 남자에게 그 조카가 술 마시기를 강요했다.

"난 술 마실 줄 몰라요."

"안 마시면 죽을 수도 있어."

그만 마시겠다고 사정해도 막무가내였다. 화가 머리끝까지 치솟은 남자는 비수로 조카를 찔러 죽이고 달아났다.

"참을 수 없어. 네 조카가 죽었는데도 가만있을 거야?"

아들을 잃은 누이가 울부짖으며 곽해를 부추겼다. 곽해는 부하들을 앞세워 남자의 행방을 이 잡듯 수소문했다. 그 남자는 더 이상 숨을 곳이 없어지자 스스로 곽해를 찾아왔다.

"술을 안 마시면 죽이겠다고 협박했습니다. 단 한 번도 술을 마신 적 없는 놈에게 억지로 퍼 먹이다 보니 제정신이 아니었어요. 제발 살려 주십시오."

그 남자가 무릎을 꿇고 애걸복걸했다.

"나는 자네의 입장을 충분히 이해하겠네. 누가 들어도 불가피한 상황이었어."

곽해는 어떤 측면에서 조카의 잘못이 컸음을 인정하고 그 남자를 풀어주었다. 그 일이 있고 나서 곽해의 명성은 더 높아졌다. 건달패의 우두머리가 사람 하나 죽이는 것쯤은 식은 죽 먹기였음에도, 상대편의 말과 행동에 일리가 있음을 인정하고 용서한 것은 아무나 할 수 없는 일이었기 때문이다.

그리고 얼마 뒤였다. 어떤 남자가 실수를 저지르는 바람에 남의 원한을 샀고 그 일 때문에 곤란한 처지가 되었다. 복수를 하겠다고 쫓아다니는 상대방을 피해 가며 견디는 것도 한계점에 이르렀다. 날로 견디기 어려웠던 그 남자는 권력자들을 찾아가 중재를 요청했지만 허사가 되었고 상대방은 복수를 포기하지 않았다.

"제발 살려 주세요. 그 사람을 설득시켜 주시면 결코 은혜를 잊지 않겠습니다."

그 남자는 어쩔 수 없이 곽해를 찾아가 도움을 요청했다.

"알았습니다. 최선을 다해 보죠."

곽해는 협객답게 그 남자를 돕기로 약속했다. 그는 복수의 칼을 간다는 상대방을 찾아가 밤새도록 설득했다. 그제야 상대방은 마음이 풀어졌는지 고개를 끄덕였다.

"그 남자가 찾아와 정중하게 용서를 빌 수 있는 기회를 만들죠."

곽해가 상대방의 손을 잡고 고마움을 표시했다.

"그렇게만 해 주신다면 그를 용서하겠습니다."

마침내 상대방은 복수의 칼을 접었다.

"그 대신 저도 부탁 하나 드리죠."

곽해가 조건을 제시했다.

"말씀해 보세요."

"이 나라의 권력자들이 중재에 나섰지만 실패했다고 들었습니다. 다행히 그대가 내 중재를 받아들였어요. 하지만 미천한 제가 권력자들이 실패한 중재를 성공시켰다고 소문을 내지 마세요. 그건 의리에 어긋나는 일입니다. 저의 중재도 뿌리쳤다가 어떤 권력자가 또 한번 중재에 나설 때 겨우겨우 복수를 포기한 것으로 해야 합니다."

그 말에 상대방은 절로 허리를 굽혔다. 비록 건달에 불과한 협객이었지만 곽해는 속 깊은 태도를 보일 때도 없지 않았다고 한다. 상대방의 마음을 사로잡을 줄 아는 그 자세만큼은 배워야 할 점이다.

7 인간미 넘치는 지도자

중국 전국시대 병법가이자 〈오자(吳子)〉를 집필한 오기(吳起)는 지도자의 마음가짐에 대한 이야기를 몇 점 남겼다.

오기가 한때나마 받들던 위(衛) 나라 왕은 무후(武侯)였다. 어느 날 무후가 신하들을 불러 놓고 회의를 열었다. 이 때 의견을 말하는 신하가 별로 없었는데, 무후는 회의를 마치면서 무척 만족한 표정을 지었다. 이를 보다 못했던 오기가 다음과 같은 이야기를 소개했다.

　옛날 초(楚)나라 장왕(莊王)이 여러 신하들을 모아 놓고 회의를 열었다. 그 날도 역시 특별한 의견을 말하는 신하가 없었다. 신하들이 퇴장하고 나자 장왕은 어두운 표정을 감추지 못했다.
　"참으로 안타까운 일이네."
　장왕이 중얼거렸다.
　"폐하, 어디 편찮으신 데라도 있습니까?"
　장왕의 침울한 얼굴을 훔쳐보며 측근 신하가 물었다.
　"훌륭한 의견을 말하는 신하가 없어 그러네."
　"폐하…."
　측근은 몸둘 바를 몰랐다.
　"어느 시대에도 성인(聖人)과 현자(賢者)*는 있는 법이네. 성인을 발굴하여 스승으로 삼는 사람은 왕이 되고, 현자를 찾아내어 친구로 삼는 사람은 천하를 다스리는 제왕이 된다고 했어. 하지만 내게는 현명한 신하가 없다는 느낌이 자주 들어. 그래서 나라의 앞날이 몹시 걱정된다네."

* 현자(賢者) : 어진 사람. 덕행의 뛰어남이 성인(聖人) 다음가는 사람. 현인(賢人).

　"폐하, 장왕은 신하들의 무능(無能)을 슬퍼했습니다."
　오기는 그 얘기를 마치고 나서 무후에게 말했다.
　"무슨 말인지 알아들었네."
　무후가 쓴 입맛을 다셨다.
　"하지만 알맹이 없는 회의를 끝내고 우리 폐하께서는 오히려 만족감을 표시하셨습니다. 부디 나라의 앞날을 생각하셔야 합니다."

"알았네. 알았어."

무후는 얼굴을 붉히며 고개를 끄덕였다.

오기가 무후를 모시고 강 위에서 뱃놀이를 즐기던 때의 일이다. 강을 따라 내려가던 배 위에서 무후가 오기를 향해 고개를 돌렸다.

"저토록 아름답고 험준한 지형을 보게. 저런 풍광이야말로 어디에 내놔도 부족함이 없는 위 나라의 값진 보물이야."

"물론 아름다운 풍광이 보물일 수도 있습니다만…."

오기가 얼버무렸다.

"그게 무슨 말인가?"

"폐하, 진짜 보물은 다른 데서 찾으심이 어떨지요?"

"어디서?"

"폐하, 제 말씀을 기분 나쁘지 않게 들으셔야 합니다."

오기는 침을 꼴깍 삼키며 목청을 낮추었다.

"말해 보라."

"폐하, 위정자의 덕(德)이 그 나라의 진짜 보물입니다. 만약 폐하께서 덕을 쌓으려고 노력하시지 않으면, 이 배에 함께 타고 있는 저 사람들마저 전부 적(敵)이 될지도 모릅니다."

그처럼 기회가 올 때마다 무후에게 바른말을 했던 오기는, 단순한 선비가 아니라 용감하고 인간미 넘치던 장군이었다. 오기는 '위정자(爲政者)* 나 지도자가 백성과 한 마음이 되어야 한다'는 점을 늘 잊지 않았다고 한다.

* 위정자(爲政者) : 정치를 하는 사람.

오기는 장군이었기 때문에 많은 부하들을 거느리고 전쟁터를 누벼야 했다. 그럴수록 그는 '지휘자와 병사들은 한 마음이 되어야 한다'는 점을 늘 잊지 않았다. 목숨을 걸고 싸우는 전쟁터에서 병사들의 마음이 한 치라도 흐트러져 있을 경우 승리를 기대할 수 없었기 때문이다.

오기는 언제나 부하들의 마음에 일일이 신경을 썼고, 전쟁터에서는 몇 가지 원칙을 지켰다. 첫째, 말단 병사와 똑같은 옷을 입고 똑같은 음식을 먹는다. 둘째, 잠을 잘 때는 말단 병사들처럼 바닥에 특별한 것을 깔지 않는다. 셋째, 행군을 할 때는 말단 병사들처럼 수레를 타지 않는다. 넷째, 말단 병사들처럼 개인 식량을 스스로 짊어지거나 휴대하고 다닌다.

어떤 일을 하든 병사들과 고생을 함께 한다는 정신 자세가 없었다면 지키기 어려운 원칙이었다. 그뿐이 아니었다. 병들거나 다친 병사가 발견될 경우에도 장군이라는 위치를 떠나서 발벗고 나섰다.

어느 날, 병사 하나가 진영 안에서 종기(腫氣) 때문에 괴로워하고 있었다. 그 장면을 목격한 오기 장군은 몸소 자기의 입을 종기에 대고 그 고름을 빨아냈다. 그 이야기를 전해들은 병사의 어머니가 갑자기 울음을 터뜨렸다.

"왜 우세요? 일개 병사에 지나지 않는 아드님의 종기를 장군님께서 직접 빨아 고름을 뽑아 냈다지 않소? 그래도 억울하오?"

옆에 있던 이웃 사람이 물었다.

"억울해서 우는 게 아니라오."

"그럼 뭣 땜에 우세요?"

"오랜 전 일이죠. 장군님께서는 제 남편의 종기도 빨아 주셨답니다. 그 뒤 남편은 장군님을 따라 전쟁터에 나갔다가 목숨을 걸고 싸웠으며 결국 전사했어요. 이번에는 아들의 고름을 빨아 주셨다니 고맙긴 하지만 한편으론 두려워요. 아들의 운명도 결정된 거나 마찬가지거든요."

그 병사의 모친은 아들의 결사 항전(決死抗戰)*을 믿고 있었다. 부하의 마음을 사로잡은 오기 장군 앞에서 죽음을 두려워할 사람은 아무도 없었던 것이다. 이처럼 부하와 함께 고생을 나누려는 지도자는 반드시 많은 심복(心腹)*을 얻게 된다.

* 결사항전(決死抗戰) : 죽음을 각오하고 대항하여 싸움.
* 심복(心服) : '심열성복(心悅誠服)'의 준말.
- 심열성복(心悅誠服) : 충심으로 기뻐하며 성심껏 순종함. 〈준말〉 심복.

CHAPTER 13
순자 荀子

〈순자〉는 BC 3세기경의 중국 사상가 순자(荀子)가 지은 책이다. 순자는 공자·맹자의 계통을 이어받은 유교 학자로서 20권 32편의 〈순자〉를 남겼다. 순자의 중심 사상은 끊임없는 노력을 중요하게 여기는 것이었고, 이와 같은 기본 사고 방식에서 맹자의 성선설(性善說)에 대립되는 개념의 성악설(性惡說)이 나왔다.

순자는 '사람의 본성은 악하지만 후천적으로 열심히 노력하면 성인(聖人)이 될 수 있다'고 주장한다. 고대 중국에서는 재앙에 따른 피해를 하늘의 뜻으로 생각했는데, 인간의 후천적 노력을 중시하는 순자는 이를 부정했다.

20권 32편의 〈순자〉는 ● 개인의 수양과 교육 ● 정치적 의견 ● 여러 학자들의 주장에 대한 비판 ● 인식론과 논리학 ● 문학 등에 관한 내용을 담고 있다.

1 덕(德)과 법(法)의 결합

예로부터 중국에서는 갖가지 학문이나 사상이 개방적으로 발표되는 현상을 '백화제방(百花齊放)'이라고 했다. 직역(直譯)*할 경우 많은 꽃이 한꺼번에 핀다는 뜻이다. 이와 더불어 많은 학자나 논객이 거리낌 없이 자유롭게 논쟁하는 일을 '백가쟁명(百家爭鳴)'이라고 불렀다.

춘추전국시대 때 뛰어난 사상가들이 적잖게 배출되어 저마다 자기 주장의 우위성을 입증하기 위해 활발한 논쟁을 벌였다. 이들 사상가를 통틀어 '제자백가(諸子百家)'라고 부른다. 맹자·장자·한비자 등은 모두 이 시기에 활약한 제자백가이지만 순자도 그 중의 한 사람이다.

일반적으로 공자의 가르침을 이어받은 사람들을 '유가(儒家)'라고 부른다. 그 대표적인 인물이 바로 맹자일 것이다. 맹자는 인간의 성품은 본래 선(善)하다고 하여 덕(德)에 의한 정치, 덕치주의(德治主義)를 부르짖고 인의(仁義)에 의한 왕도 정치를 주장했다.

이에 대하여 순자는 맹자처럼 공자의 가르침을 이어받아 사상적으로는 유가(儒家)의 전통을 이어받으면서도 맹자와 날카롭게 대립했다. 순자의 사상적 밑바탕은 인간의 성품은 본래 악(惡)하다는 주장이었다.

인간의 타고난 본성은 착하지 않다. 착한 성질은 태어난 뒤의 여러 가지 경험이나 지식을 통해 몸과 마음을 단련하여 품성·지혜·도덕을 닦은 결과일 뿐이다. 인간에게는 태어나면서부터 이익에 의해 좌우되는 측면이 없지 않다. 이처럼 부정적인 성질이 그대로 발전할 때 양보하려는 마음이 없어져 사회적인 갈등이 빚어지게 마련이다. 그뿐이 아니다. 인간은 괜히 남을 미워하는 성격이 있다. 그처럼 삐딱한 성격이 나이를 먹어서도 그대로 유지될 경우 정성스런 마음이 없어지기 때문에 상대방을 배신할 수도 있다.

인간은 태어날 때부터 눈과 귀를 즐겁게 하는 쾌락에 빠지는 특징이 있다. 그러한 특징이 그대로 유지되거나 발전될 때 사회 규범을 준수하려는 마음이 없어져 나쁜 일을 저지를 가능성이 높다.

분명히 말하자. 대부분의 사람들이 서로 이익이나 쾌락을 추구하다 보면 우리 사회가 혼란스러워질 우려가 있다. 그 같은 사태를 예방하기 위해서는 천성적으로 악(惡)한 인간의 본성을 선(善)한 방향으로 이끌어야 한다. 그러한 관점에서 순자는 말한다.

"도덕적인 기준을 만들어 사람들을 가르쳐야 한다."

순자가 강조하는 사회적 규범의 출발점은 예의와 의리였다.

"사람은 타고난 성질대로 행동하면 반드시 사회적 갈등이 생긴다. 결국 질서나 도덕도 무너져 사회가 혼란스러워진다. 따라서 지도자는 법(法)에 의한 관리를 중요하게 생각해야 하며 예의와 의리를 앞세워 가르쳐야 한다."

법과 예의와 의리가 존중될 때, 악한 본성을 억누름으로써 질서나 도덕이 유지되고 사회 안정도 가능해진다.

"휘어진 나무를 곧게 자라도록 만들고 싶다면 버팀목을 세워야 한다. 무딘 칼날을 날카롭게 다듬기 위해서는 숫돌에 갈아야 한다. 인간의 본성은 악(惡)하다. 따라서 지도자가 법에 의거하여 통솔하지 못할 때 사회의 질서는 무너진다."

공자는 사회 생활의 규범을 강조하면서 인(仁)을 내세웠다. 맹자는 이에 만족하지 않고 인(仁)과 의(義)를 주장했다. 공자와 맹자가 내세운 인의(仁義)는 단순한 마음가짐의 수준이 아니라 법적 규범이었다.

맹자와 공자가 주장한 것은 사실상 덕치주의(德治主義)이며 법치주의(法

335

治主義)였다. '덕치주의'란 덕망이 있는 자가 도덕적으로 눈뜨지 못한 대중을 지도 교화함을 정치의 요체(要諦)*로 하던 옛 중국의 정치 이념이요, '법치주의'란 권력자의 전제(專制)*를 배격하고 국가 권력의 행사가 법률에 따를 것을 주장하는 근대 입헌 국가의 정치 원리이다. 맹자와 공자는 '덕으로 다스리는 것도 중요하지만 법률을 만들어 법률을 엄하게 적용할 때 나라가 안정을 유지할 수 있다'고 말한 것이다.

순자가 책을 쓴 뒤 법률의 필요성을 다시 역설한 한비자(韓非子)는 순자의 제자였다. 진(秦)나라 시황제의 재상이 되어 법치주의를 채택하여 칭송을 받은 이사(李斯)도 순자의 뜻을 존중했다.

* 직역(直譯) : 다른 나라의 글을 그 자구나 어법에 따라 충실하게 번역함. 〈반대말〉 의역(意譯).
* 요체(要諦) : 사물의 가장 중요한 점. 요점(要點). 〈예〉 성공의 요체.
* 전제(專制) : 어떤 일을 혼자의 생각대로 결정하고 처리함. 국가의 모든 권력을 개인이 쥐고, 개인 의사에 따라 정치를 함.

2 나를 꾸준히 다듬어라

사람이 타고난 성질은 착하지 않다는 것이 순자의 근본적인 관점이다. 이 본성을 그대로 내버려 둘 경우 사회의 질서는 혼란스러워진다. 그렇기 때문에 지식을 가르치고 품성과 체력을 기름으로써 악한 성질을 긍정적인 방향으로 유도해야 한다.

나쁜 본성을 억제하여 긍정적인 방향으로 바꿀 수 있는 능력은 누구에게나 있다. 따라서 노력만 할 경우 누구나 훌륭한 인간이 될 수 있다.

"후천적인 노력에 정성을 기울인다면 인간의 본성을 얼마든지 고칠 수 있다."

순자는 인간의 교육을 강조하기 위해 그렇게 말했다.

"푸른색은 쪽*에서 얻어낸다. 하지만 나중에 보면 그 색깔은 쪽보다 더 푸르다."

순자는 더 친절하게 설명한다.

"푸른색은 쪽이라는 풀로 만들어지지만 본래 쪽의 색깔보다 더 푸른 색깔을 띄게 된다. 얼음은 물로 만들어져도 본래의 물보다 더 차갑다. 굽은 나무를 대패로 다듬을 경우 더 똑바른 나무가 탄생된다. 얇은 쇳덩이를 숫돌에 갈면 더 날카로워진다. 이처럼 우리 인간도 매일매일 깨달으며 학문에 열중할 경우 지혜가 발전하여 나쁜 일을 멀리하게 된다."

* 쪽 : 중국이 원산지인 일년초 식물. 줄기는 50~60cm. 잎은 길둥글거나 달걀 모양이며, 8~9월에 붉은 꽃이 이삭 모양으로 핌. 잎은 남빛을 물들이는 물감의 원료로 쓰임. 남색(藍色), 즉 파랑과 보라의 중간색으로 남빛 또는 쪽빛이라고 말함.

순자가 말하는 학문(學問)은 지식을 배우고 익히는 것이다. 지식을 배워서 익힘으로써 학자가 되기 위한 것이 아니라, 자기의 능력이나 인격을 향상시키기 위한 공부를 말한다. 사회인으로서 많은 이웃 사람들과 어울려 살아가기 위한 기본적인 교양이 학문이다. 이처럼 학문을 익히려면 다음과 같은 네 가지 태도를 유지해야 한다고 순자는 역설한다.

첫째, 주위의 사회적 여건을 가지런히 바로잡아야 한다.

쑥은 대마(大麻)* 틈에 갇혀 성장하면 버팀목이 없어도 곧게 자란다. 이처럼 인간도 환경이 좋을 경우 훌륭한 친구를 골라서 사귄다. 도움이 되지 않는 사람은 멀리 하고 올바른 친구를 만나기 위해 노력하기 때문이다. 환경을 까다롭게 고르는 일은 어렵지만, 바람직한 친구를 골라서 만나는 일은 의외로 쉬울 수 있다.

둘째, 올바른 마음가짐을 유지하려면 꾸준히 노력해야 한다.

천 리 길도 한 걸음 한 걸음 내딛어야 도착할 수 있다. 크고 넓은 강이 되려면 수없이 작은 냇물이 모여야 한다. 아무리 훌륭한 말일지라도 10걸음의 거리를 한걸음에 뛰어넘을 수는 없다. 아무리 별 볼 일 없는 말이더라도 10일 동안 꾸준히 달리면 명마(名馬)가 달린 하루를 거뜬히 따라잡을 수 있다. 열심히 달리다가 게으름을 피우지 않을 때 약점과 단점을 얼마든지 극복할 수 있기 때문이다.

순자는 말한다.

"남들이 보지 않는다고 일손을 멈추는 사람은, 눈에 보이지 않는 곳에서 열심히 일하는 사람을 따라잡지 못한다."

아무리 좋은 뜻이라도 중간에 멈춰 버리면 아무것도 성취할 수 없다. 평생 동안 쉬지 않고 배워야 하는 이유도 그 때문이다.

셋째, 훌륭한 스승을 골라서 꾸준히 배워야 한다.

좋은 책만 골라서 읽는다고 학습 효과가 오르지 않는다. 훌륭한 인물을 스승으로 삼아서 그 사람의 가르침을 익혀야, 가능한 한 빨리 올바른 사회의 구성원으로 성장하게 된다.

순자는 말한다.

"낡은 사고 방식으로 던지는 질문에는 대답하지 말라. 낡은 사고 방식 안에서의 답변을 고집하는 상대방에게는 질문조차 하지 말라. 고상하지 못하거나 천박한 이야기에는 귀를 기울이지 말라. 말꼬리를 물고늘어지는 사람을 의논의 상대로 삼아서도 안 된다."

　사람들을 사귈 때나 학문에 정진할 때 순자가 주장하는 그 정도만 주의를 기울일 수 있다면 걱정할 필요가 전혀 없다.

　넷째, 어떤 일을 추진하든 철저히 밀고 나가라.

　그릇이 작은 사람은 귀로 학문을 배운 뒤 입으로 즉시 뱉어 버린다. 하지만 올바른 학생들은 그렇지 않다. 책장에 구멍이 나도록 거듭해서 읽을 뿐더러, 완벽하게 이해가 될 때까지 깊이 생각하며 되풀이해 읽는다. 그렇게 읽고 나서 매일같이 모범적인 행동으로 책의 내용을 실천한다.

* **대마(大麻)** : 뽕나무과의 일년초 식물. 중앙아시아 원산의 재배 식물. 줄기는 1~2.5m이며 곧게 자람. 잎은 손바닥 모양으로 갈라지는 겹잎이며, 여름에 연녹색 꽃이 핌. 줄기 껍질은 섬유의 원료가 되며 씨로는 기름을 짬. 삼. 마(麻).

3
균형을 유지하라

　순자는 다른 학자들처럼 편안하게 앉아서 이론만 부르짖은 학자가 아니었다. 초(楚) 나라에서 20년 동안 지방 자치 단체의 행정을 맡아봄으로써 현장 체험을 쌓았다. 그처럼 바쁜 상황에서도 여러 나라들을 찾아가 좀더 나은 정치를 배워 오기도 했다. 따라서 순자의 정치적 논리는 현장 경험을 바탕으로 세워졌기 때문에 나름대로의 박진감과 호소력을 지니고 있다.

순자는 말한다.

"왕은 예절과 의리를 존중하여 행동하고, 법에 따라서 옳고 그름을 가려야 한다. 아무리 하찮은 문제라도 대충 넘어가지 말라. 정치적 상황이 어떻게 변하든 임기응변으로 철저히 극복해야 한다. 그래야만 왕 자격이 있다."

순자는 지도자의 어려운 처지를 배와 물의 관계에 빗대어 다음과 같이 말한다.

"거친 파도가 밀려올 때 배는 뒤집힌다. 배의 운명을 물이 좌우하기 때문이다."

다시 말해, 물은 백성이요 국민이다. 때문에 정치 지도자가 자기 자리를 무난히 지키려면 가장 먼저 국민의 신뢰를 얻어야 한다.

그래서 순자는 말한다.

"첫째, 공평무사(公平無私)한 정치로 백성의 마음을 다독거려라. 둘째, 백성을 깍듯이 예우하고 훌륭한 백성들에게는 존경의 뜻을 나타내라. 셋째, 현명한 인물을 발탁하고 유능한 인물에게 일을 맡겨라."

순자는 덕치주의(德治主義)로 정치를 하라고 강조하는 것이다.

"유능한 인재는 연공서열(年功序列)*에 매달리지 말고 대담하게 발탁하라. 무능한 사람은 망설이지 않고 물리쳐라. 법령을 제대로 지키지 않는 사람은 출신이 아무리 좋더라도 뿌리쳐라. 학문을 열심히 익힘으로써 언행이 바르고 법령을 엄격히 지키는 사람은 비록 출신이 나쁘더라도 반드시 기용해야 한다."

사람의 실력(實力)을 철저히 존중해야 한다는 순자의 주장은 한비자가 스승으로 떠받들 만한 근거가 되고 있다. 순자는 신상필벌(信賞必罰)도 조직 관리에 필요하다고 강조한다.

"공적이 있는 사람에게는 반드시 상을 주고 죄를 지은 자는 반드시 처벌한다. 이러한 원칙을 지킬 때 무능한 사람이 벼슬을 노리는 사례가 없어지고, 부정을 저지르고도 부자가 되는 경우가 사라진다."

순자의 주장이 지나치게 모질고 독한 편이 아닌가 생각될 테지만 사실은 그렇지 않다. 그는 사람들의 마음을 제대로 읽어야 한다고 주장했기 때문이다.

"명성을 얻기 위해 백성들 핑계를 대며 국가 대사를 소홀히 하는 왕이 있다. 이와 같은 왕의 통치 방식은 생명이 짧다. 열매를 얻지 못하니 실적도 오르지 않는다. 이러한 통치 행위는 사도(邪道)*에 불과하다. 반면에 무자비하게 단속하는 게 올바른 통치라고 생각하는 왕도 없지 않다. 백성의 원성이 나오든 민심이 나빠지든 일체 신경을 쓰지 않는다. 이런 식으로 나가다가는 반드시 실패하게 마련이다. 국가 대사를 소홀히 하고 명성만을 좇는 것도 잘못이지만, 실적만 올리려고 백성들에게 충성을 강요하는 것도 잘못이다. 양쪽 모두 정치의 사도에 불과하다."

'사도(邪道)'란 올바르지 않은 길을 가르키는 말로서 정도(正道)의 반대 개념이다.

"단기간 안에 공적을 세우고 싶다면 백성들에게 엄격한 과제를 요구하는 것보다 이해와 협력을 구하는 편이 훨씬 능률적이다. 칭찬으로 백성들의 마음을 사로잡으려고 하지 말라. 그보다는 성실하고 공평한 태도로 상대하는 편이 백성들의 환영을 더 받을 수 있다. 백성들을 형벌로 위협하지 말라. 그보다는 통치자가 먼저 올바른 행동을 보이는 것이 더 바람직하다."

어느 한쪽으로 기울거나 치우치지 않고 고른 상태를 '균형(均衡)'이라고 한다. 정치 지도자들은 물론이고 어떤 조직의 지도자들도 균형 감각을 유지해야 한다는 뜻이다. 균형이 깨지지 않아야 올바른 관리가 가능해진다는 것이다.

* **연공서열(年功序列)** : 근무 기간이나 나이가 많아짐에 따라 지위가 높아지고 봉급이 많아지는 일, 또는 그런 체계.
* **사도(邪道)** : 올바르지 않은 길. 사로(邪路). 〈반대말〉 정도(正道).

4
인간미로 다스려라

순자는 '실력을 갖춘 인재를 여러 사람 가운데서 특별히 뽑아 써야 한다'고 말한다. 유능한 부하를 뽑아서 일을 맡겨야 업적을 올릴 수 있다는 뜻이다.

"잘난 왕은 신하들의 협력을 폭넓게 구하지만, 못난 왕은 모든 일을 혼자서 처리하려고 덤빈다. 잘난 지도자는 인재를 매우 중요한 일에 투입하여 성공하지만, 못난 지도자는 인재를 기피하기 때문에 어렵사리 이룬 공적마저 쉽게 무너뜨린다."

현명한 지도자의 자리에 올라서느냐, 어리석은 지도자로 몰락하느냐, 그 열쇠는 어디까지나 아랫사람을 다스리는 요령에 달려 있다.

순자는 부하의 유형을 네 가지로 분류한다.

첫째, 실속이 없는 부하가 있다.

"백성의 마음을 사로잡을 줄도 모르면서 적군의 침략도 막지 못한다. 세상 사람들이 우러러 믿고 따르는 덕망(德望)이 부족할 뿐만 아니라 왕의 신뢰도 얻지 못한다. 하지만 아부가 대단하여 윗사람의 관심을 끄는 데는 따라갈 사람이 없다. 이처럼 실속 없는 부하가 날뛰면 나라와 왕은 반드시 몰락의 길을 걷게 된다."

둘째, 나라를 망치는 부하가 있다.

"왕과 나라를 위해 일할 생각은 추호도 없고 오로지 자기의 인기 관리에만 몰두한다. 정의나 도덕 따위에는 관심조차 없다. 이해 관계에 따라 무리를 지어 다니며 개인의 이익만 좇는다. 이처럼 나라를 망치는 부하가 설치기 시작할 때 왕은 베개를 높이 베고 자지 못한다."

셋째, 쓸모 있는 부하가 있다.

"백성들의 마음을 사로잡을 줄 알면서 적군의 침략도 막을 줄 안다. 세상 사람들이 우러러 믿고 따르는 덕망이 있을 뿐더러 동료들의 신뢰까지 얻는다. 나라와 왕을 위해 일하면서 부하를 아낄 줄도 안다. 이처럼 쓸모 있는 부하가 힘을 갖출 때 왕의 명성이 높아진다."

넷째, 이상적인 부하가 있다.

"왕의 권위를 높일 줄 알고 백성들에 대한 동정심이 깊다. 올바른 정치로 사람들을 감동시키기 때문에 백성들이 기꺼이 따라온다. 아무리 어려운 상황에 직면하더라도 순발력 있게 대책을 마련한다. 어떠한 이변이 일어나더라도 대처할 수 있도록 완벽한 준비 태세를 갖추고 있다. 이처럼 이상적인 부하가 힘을 얻을 때, 왕은 백성들의 존경을 한 몸에 받을 수 있게 된다."

지도자로서의 성공과 실패는 부하에 의해 결정된다. 이 점을 명심하여 지도자로서의 마음가짐에 충실해야 한다.

순자는 지도자의 유형을 세 가지로 구분하면서, 그 유형에 따라 섬기는 요령이 각각 달라야 한다고 주장한다.

첫째, 이상적인 지도자가 있다.

"이상적인 왕을 섬길 때는 늘 신중하게 처신하고 명령에 따라 순발력 있게 일을 추진해야 한다. 독단적인 결정을 내리지 말고 상벌도 스스로 혼자 시행하지 않아야 한다. 그저 왕의 명령에 충실히 따르는 것이 최선이다."

둘째, 평범한 지도자가 있다.

"평범한 왕을 섬길 때는 오로지 성실하게 일한다. 건의할 경우에는 왕의 감정을 건드리지 않는다. 꿋꿋하고 단호한 태도로 평소의 신념에 따라 행동한다. 옳은 일은 옳다고 주장하고, 잘못된 일은 잘못되었다고 정직하게 말하는 것이 좋다."

셋째, 폭군 같은 지도자가 있다.

"살아 나가기 위한 방편으로 잠시나마 폭군 같은 왕을 섬길 경우도 없지 않다. 이처럼 불가피한 때는 오로지 왕의 장점만 보고 결점에는 눈을 감아라. 성공한 일에 대해 칭송하고 실패한 일에 대해서는 일체 말하지 않는다. 왕의 장점만을 내세우고 단점에는 침묵한다. 이 같은 처신은 아주 자연스럽게 느껴지도록 연출해야 한다. 일부러 그렇게 하는 것처럼 보여지면 곤란하다."

순자는 폭군을 섬기는 일은 성질이 사나운 말 위에 올라타는 것과 같다고 설명하면서, 그처럼 사나운 말을 잘 다루는 요령을 제시한다.

"어느 정도 타협을 존중하는 것은 필요하지만, 왕의 페이스에 말려들어서는 결코 안 된다. 대범하게 일을 추진하는 것은 좋으나, 자기의 신념만큼은 절대 굽히지 않아야 한다. 왕의 명령에 반대해서도 곤란하지만, 부정한 지시에 협력하지 않도록 신중하게 노력해야 한다."

폭군의 뜻에 반한다는 인상을 주지 않으면서 자기의 리듬을 지키라는 뜻이다. 폭군을 섬기는 일이 얼마나 어려운지 순자는 알고 있었던 것이다.

"폭군의 결점을 고칠 생각이 든다면 폭군의 불안한 심리 상태를 이용하라. 옳지 않은 방침을 바꿀 의사가 있다면 폭군의 걱정스런 심리 상태를 이용하라. 폭군의 마음가짐을 깨우치고 싶다면 폭군의 즐거운 심리 상태를 이용하라. 주변의 소인배(小人輩)를 몰아내려면 폭군의 분노를 이용하라. 이것이 폭군을 조종할 때 사용하는 비법의 핵심이다."

그토록 조심스러운 처신을 요구하는 것은 성악설에 근거하기 때문이다. 근본적으로 포악한 지도자를 모시려면 냉정하게 현실을 직시해야 한다는 뜻이기도 하다.

5 천하를 다스리는 요령

군대를 다루는 요령과 정치적인 술수는 서로 떼려야 뗄 수 없는 관계를 맺고 있다. 그런 관점에서 순자는 슬기로운 방법 몇 가지를 제시한다.

"민심을 휘어잡는 사람이야말로 진정한 장군이 될 수 있다. 가장 중요한 전략의 하나는 국민의 마음을 꽉 틀어쥐는 데 있다."

정치를 하든 적군과 전투를 벌이든 그 이전에 사람들의 신뢰를 얻어야 한다는 뜻이다. 자기 주변의 지지가 확고해야 확실한 승부를 걸 수 있다는 말이다.

"이웃의 칭찬을 받고자 행동하던 사람도 손해를 본다는 생각이 들면 즉시 그 행동을 중지하게 마련이다. 때문에 상벌을 내세우는 것만으로 부하들이 혼신의 노력을 다할 것이라고 기대해서는 안 된다. 상벌로 위협하거나 달래는 방식은 고리타분한 수준에 지나지 않는다. 예로부터 왕들은 상벌에만 의존하는 통치 방식을 수치로 여겼다. 스스로 덕을 기름으로써 백성의 모범이 되는 것은 물론이고, 예절과 의리에 근거한 사회적 규범을 확립함으로써 백성들을 감화시키기 위해 노력했다."

이와 같은 사고 방식은 다른 나라와의 외교 전략에도 충분히 적용될 수 있다. 그 같은 관점에서 순자는 다음의 세 가지 외교 전략을 제시하고 있다.

첫째, 덕(德)에 의한 외교 전략이 있다.

"내 나라에 덕이 있다는 사실이 널리 알려질 경우, 이웃 나라들이 스스로 무릎을 꿇게 된다. 흡수 합병한 뒤에도 상대방의 의지를 존중하기 때문에 변함 없는 신뢰를 얻을 수 있다. 새로운 법령을 내놓으면 한 사람도 빠지지 않고 지킨다. 따라서 영토가 확대되어 권위가 올라가고, 백성이 늘어남에 따라 군사력도 강화된다."

둘째, 힘에 의한 외교 전략이 있다.

"덕이 없는 나라는 무력(武力)을 쓰려고 한다. 이럴수록 이웃 나라를 공격하기 위해 막강한 군대가 절실히 필요하고 경비 지출도 지속적으로 늘어난다. 따라서 영토가 확대되어도 권위는 떨어지고, 백성이 늘어나도 군사력은 날로 약화된다."

셋째, 경제력(經濟力)에 의한 외교 전략이 있다.

"이웃의 가난한 나라들이 단지 빈곤하다는 이유만으로 굶주림을 면하기 위해 무릎을 꿇는다. 따라서 식량을 주어 먹여야 하고, 금품을 주어 잘 살도록 만들어야 한다. 그뿐인가. 유능한 관리를 파견하여 보살펴야 한다. 하지만 적어도 3년이 지나야 그 나라 백성들의 신뢰를 얻게 된다. 따라서 영토가 확장되어도 오히려 권위는 떨어지고, 백성이 늘어나기 때문에 점점 나라가 빈곤해진다."

이상의 세 가지 외교 전략을 소개한 뒤 순자는 다음과 같이 말한다.

"덕(德)에 의한 외교 전략을 펴 나갈 때 천하를 다스리는 사람이 된다. 무력(武力)을 앞세울 때 국력은 날로 쇠약해진다. 경제력(經濟力)을 앞세운 외교 전략을 펼 때 나라는 점점 가난해진다."

순자의 논리는 이상주의에 가까운 편이지만, 결코 무시할 수 없는 주장과 교훈들이 적지 않다.

순자는 말한다.

"장수가 되려면 여섯 가지의 마음가짐, 다섯 가지의 행동 지침이 필요하다."

여섯 가지의 마음가짐을 먼저 소개하자.

첫째, 명령은 권위를 유지하면서 엄격하게 포고(布告)*하라.

둘째, 상벌은 신념을 유지하면서 정확하게 시행하라.

셋째, 진지(陣地)와 창고는 견고함을 유지하면서 치밀하게 만들어라.

넷째, 부대의 이동은 신속함을 유지하면서 신중하게 실시하라.

다섯째, 적의 움직임이나 정세의 변화를 충분히 조사하고 검토하라.

여섯째, 전투가 시작되면 확신이 드는 계책만 실행에 옮겨라.

순자는 다음 과 같이 다섯 가지 행동 지침을 제시한다.

첫째, 해임(解任)*이 두려워서 자리를 지키려고 전전긍긍하지 말라.

둘째, 승리에만 집착하다가 패배할 수도 있다는 사실을 잊지 말라.

셋째, 내부의 위신 관리에 지나치게 매달리다가 적군의 동태를 파악하는 일에 소홀해서는 안 된다.

넷째, 유리한 점만을 생각하다가 불리한 점을 잊어서는 안 된다.

다섯째, 계획은 신중하게 수립하고 경비는 아껴 써라.

위와 같은 순자의 주문들은 요즘의 정치인과 경영자들에게도 반드시 필요하다.

* 포고(布告) : ①일반에게 널리 알림. ②국가의 결정 의사를 공식으로 일반에게 발표하는 일.
* 해임(解任) : 징계 처분의 한 가지로 신분을 박탈하는 일.

6 상황을 제대로 인식하라

단 한 번의 판단 착오로 사업에 실패하거나 인생을 망치는 사람들이 적지 않다. 순자의 인식론은 판단 착오를 없애려는 데서 출발한다. '인식론(認識論)'이란 인식이나 지식의 기원·구조·범위·방법 등을 연구하는 철학이다. 다시 말해, 인간은 어떤 이유로 판단을 그르치는가, 착오 없는 판단을 내리기 위해서 어떻게 대처해야만 하는가, 하는 문제를 다루는 것이 순자의 인식론이다.

순자는 판단 착오의 원인을 이렇게 말한다.

"인간이 판단을 그르치는 것은 마음 속에 미혹이 있기 때문이다."

미혹(迷惑)이란 마음이 흐려서 무엇에 홀려 있는 상태를 말한다. 다시 말해, 정신이 헷갈려 갈팡질팡 헤매기 때문에 판단 착오를 일으킨다는 것이다.

"술에 취한 사람이 넓은 개천을 건널 때는 좁은 도랑을 뛰어넘는 것으로 착각한다. 술기운이 마음을 어지럽히기 때문이다. 사물을 관찰할 때도 마찬가지다. 여러 갈래로 마음이 혼미해진 상태에서는 정확하게 헤아릴 수가 없다. 생각이 안정되지 않으면 옳음과 그름, 선(善)함과 악(惡)함을 구별할 수도 없다는 것이다."

'혼미(昏迷)'란 정신이 헷갈리고 흐리멍덩한 상태를 말한다. 생각과 뜻이 겉으로 나타나지 않고 외부의 자극에 대해서도 반응을 나타내지 않아 정신활동이 정지되어 있는 것처럼 보이는 상태가 '혼미'이다. 극단적인 경우 말을 걸어도 전혀 반응이 없으며, 일정한 자세를 오래 유지하기도 하고 자리에 누운 채 그대로 있기도 한다. 혼미가 풀린 뒤 그 때의 상황을 어느 정도 인식하기 때문에 일반적인 의식 장애와는 구별된다.

그렇다면 마음에 혼미가 생기는 이유는 무엇일까? 순자에 따르면 '어떤 한 가지의 일, 사물의 한 측면에만 사로잡히기 때문'이라고 한다.

"사물의 작은 한 측면에 미혹되어 전체를 파악하지 못하는 것이 인간의 약점이다. 편견을 바로잡을 수 있다면 올바른 판단이 가능해진다. 하지만 한쪽만 보고 그것이 전부라고 믿어 버릴 때 미혹은 점점 깊어질 따름이다. 마음의 폭을 넓히지 않을 경우 눈앞의 흰색과 검은색도 구별하지 못한다. 심지어 귓가의 장구 소리조차 들리지 않는다. 더구나 마음이 어지러우면 그 착각은 더더욱 심해진다."

순자는 다시 말한다.

"그릇된 방향으로 가고 있더라도 어떻게든 올바른 방향으로 가려는 욕구가 인간에게 있다. 단지 비뚤어진 생각이나 미혹 때문에 그릇된 길로 빠져들게 된다. 그런 상황에 빠져 있다면 자기의 방식을 고집하여 남의 비판에 귀를 기울이지 않는다. 결국 자기의 언행만이 옳다고 주장한다. 사물의 한 측면에 현혹되어 올바른 목표를 잃어버렸기 때문이다."

'현혹(眩惑)'이란 제정신을 못 차리고 홀린 상태를 말한다. 그렇다면 사물의 한 측면에만 현혹되지 않고 올바른 판단을 하려면 어떻게 처신해야 할까? 순자는 기본적으로 다음의 세 가지 관점에서 파악한다.

첫째, 머리 속에 잡념이 생기면 괜히 안절부절못하면서 번뇌에 빠진다. 그처럼 혼미한 상태에서는 올바른 판단을 내릴 수가 없다.

명경지수(明鏡止水)란 말이 있다. 직역(直譯)한다면 '맑은 거울과 고요한 물'이라는 뜻이지만, 의역할 경우 '맑고 고요한 마음의 상태'를 말한다. 착오 없는 판단을 내리기 위해서는 마음을 항상 고요한 상태로 관리해야 한다는 것이다.

둘째, 두세 가지의 일을 동시에 생각하고 있다면 아무리 시간이 걸려도 생각이 정리되지 않는다. 이것저것 많은 욕심을 부리는 사람은 아무것도 인식할 수 없다. 다른 일에 마음이 쏠려 있는 사람은 어떤 일에 전념할 수가 없다. 동시에 두 가지 일을 생각하고 있을 경우, 인식의 실타래가 엉키어 괜히 혼란스러워진다. 착오 없는 판단을 하기 위해서는 한가지 일에 마음을 집중시켜야 한다.

셋째, 잡념으로 마음이 들떠 있거나 주변이 시끄러워 흥분되어 있을 때는 지혜로운 생각이 떠오를 수가 없다. 따라서 분주한 일상을 보내는 형편일수록 때로는 조용한 환경을 찾아가 마음의 휴식을 취하는 편이 바람직하다.

사악(邪惡)한 생각이 없는 아주 깨끗한 마음을 '명경지수(明鏡止水)'라고 말할 수 있는데, 이 고사 성어를 탄생시킨 〈장자〉의 고사를 소개하기로 하자.

노(魯) 나라의 왕태라는 인물은 형벌을 받아 발뒤꿈치가 잘린 사람이었다. 그럼에도 불구하고 그 왕태는 학덕(學德)이 높아서 공자와 맞먹을 만큼 많은 제자들은 가르치고 있었다. 공자의 제자인 상계(常季)는 그 점이 늘 불만이었다.

"선생님, 저런 불구자가 어떤 이유로 많은 사람들의 흠모를 받고 있는 겁니까?"

상계가 공자에게 물었다.

"사람들은 흐르는 물로 거울을 삼지 않고 정지해 있는 물로 거울을 삼는다. 왕태의 마음은 정지한 물처럼 맑고 조용하기 때문에 사람들은 그를 거울로 삼기 위해 모여든다. 거울이 맑을 때는 먼지가 없으나 먼지가 쌓이면 거울은 흐려진다. 이와 마찬가지로 우리 인간도 오랫동안 현자(賢者)와 함께 어울리면 마음이 맑아지고 허물이 없어진다."

공자가 그렇게 대답했다. 〈장자〉에도 비슷한 말이 나온다.

"덕이 썩 높은 사람, 즉 지인(至人)의 마음가짐을 맑은 거울에 비유할 수 있다. 맑은 거울, 즉 명경(明鏡)은 사물의 오고 감에 내맡긴 채 자신의 뜻을 나타내지 않는다. 미인이 오면 미인을 비추고 추녀(醜女)*가 오면 추녀를 비춤으로써 어떤 여자라도 받아들인다. 하지만 그 자취를 절대로 남기는 일이 없다. 어떤 사물을 비추든 본래의 맑은 성질을 버리는 법이 없다. 그처럼 지인(至人)의 마음도 사물에 대하여 차별이 없고 집착도 없기 때문에 자유자재로 대처할 수 있다."

'자유자재(自由自在)'란 '자기 뜻대로 모든 것이 자유롭고 거침이 없음'을 말한다. 특히, 명경지수(明鏡止水)와 같은 마음을 유지하면서 자유자재로 살기 위해 정신 통일이 가능한 심신 수련의 기회를 가져 보는 것도 유익한 일이다.

* **추녀(醜女)** : 얼굴이 흉하게 생긴 여자. 못생긴 여자. 추부(醜婦). 〈반대말〉 미녀(美女).

CHAPTER 14
근사록 近思錄

〈근사록〉의 저자인 주자(朱子)는 중원(中原)의 문화로부터 멀리 떨어진 외딴 시골에서 태어나 자랐다. 14세 때 부친이 별세했고 19세 때 과거에 급제했으며 24세 때 관직을 받았다. 28세 때 퇴직한 뒤 20여 년 동안 나라의 연금을 받아 가면서 학문과 저술에 몰두했다. 대체로 40세 무렵에 주자학(朱子學)의 얼개가 확립되었다고 전해진다.

46세 때 친구 여조겸(呂祖謙)의 도움으로 〈근사록〉을 편찬했다. 주자학의 기초를 형성한 선비 4명의 저작물 중에서 그 정수(精髓)를 추려 편집한 책이 〈근사록〉이다. 4명의 선비 철학자들의 저술이 너무 난해하고 방대하여 초보자들이 다 읽을 수 없기 때문에, 주자의 주도 아래 일상 생활에 필요한 내용만을 간추려 읽기 쉽도록 분류한 것이다. 주자학의 뼈대가 그대로 담겨 있어 주자학의 입문서로 읽혀져 왔다.

〈근사록〉의 근사(近思)란 '가까이 생각한다' 는 뜻으로 〈논어〉에서 나온 말이다. 지나치게 높은 이상만을 추구하려 들지 말고, 지극히 일상적이며 흔하고 가까운 것을 중시하라는 의미이다. 일상적인 신변 문제에 의거하여 자기를 단련하라고 권하는 뜻에서 비롯된 말이 '근사' 이다.

1 수양을 먼저 쌓아라

앞에서도 언급했듯이 공자와 맹자가 주장한 가르침을 유교라고 한다. 유교의 기본 정신은 한 마디로 말해 '수기 치인(修己治人)'에 있다. 나를 먼저 수양하고 남을 다스린다는 뜻으로, 자기 수양에만 머물지 않고 적극적인 사회 참여를 요구한다는 의미로 쓰이기도 한다. '수양(修養)'이란 '몸과 마음을 단련하여 품성·지혜·도덕을 닦는 일'이다.

"선생님, 군자의 자격이란 어떤 것입니까?"

제자인 자로(子路)가 스승인 공자에게 물었다. '군자(君子)'란 '학문과 덕이 높고 행실이 바르며 품위를 갖춘 사람'으로서, 지도자가 될 만한 덕(德)을 몸에 지닌 이상적인 인간상을 말한다.

"자기를 수양하고 나서 주위 사람들을 편안하게 만드는 것이다."

공자가 그렇게 대답했다. 주위 사람을 '편안하게 만든다'는 것은 사람을 '다스린다'는 의미와 비슷하다.

하지만 세월이 흘러감에 따라 유학의 대원칙인 '수기 치인(修己治人)'의 본뜻이 날로 상실되기 시작한다. 유학이 학문을 위한 학문 연구로 전락하면서 사상으로서의 활력을 잃고 말았기 때문이다.

이러한 유학에 새로운 활력을 불어넣고 지도자에 관한 철학으로 다시 살려낸 것이 송(宋) 나라 시대에 일어난 유학 운동이었다. 따라서 이 학문을 송학(宋學) 또는 주자학(朱子學)이라고 부른다. 이 사상의 핵심을 이루는 것이 이(理)라는 이유로 이학(理學) 또는 성리학(性理學)이라고 부르기도 한다.

가장 먼저 이(理)란 무엇인지 고민해 보자. 이(理)란 우주·만물의 근거이며 만물을 존재하게 하는 근본 원리이다. 이(理)는 외계의 사물뿐만 아니라 인간 내부의 마음에도 본래 갖추어져 있다고 한다. '외계(外界)'란 사람이나 사물 등을 둘러싸고 있는 모든 것, 즉 환경을 말한다. 철학에서는 '인간의 인식과는 관계없이 독립하여 존재하는 모든 것'을 이르기도 한다.

이상적인 인간이 되려면 이(理)에 따라야 한다. 하지만 이(理)는 언제나 정(情)이나 욕심(慾心) 때문에 흐려질 위험성도 지니고 있다. 따라서 이(理)를 온전하게 유지하기 위해서는 끊임없이 유혹을 거부하려는 노력이 필요하다.

그 노력을 설명한 것이 '거경궁리'라는 말이다. '거경궁리(居敬窮理)'는 유학을 배울 때 학문을 수양하는 방법의 하나였다. 송(宋) 나라의 정이가 제창하여 주자가 완성시켰고, 한국의 조선 시대 이황(李滉)이 그 정신을 계승 발전시켰다.

사물의 도리를 하나하나 밝혀 내고 여기에 일관하는 천리(天理)*를 발견하려는 것이 '거경궁리'라고 한다. '거경(居敬)'이란 마음을 한 곳에 집중하고 전념하는 상태로 유지하는 것이다. '궁리(窮理)*'란 이(理)를 조심스럽게 상대하며 두려워한다는 뜻이다. 다시 말해, '거경'에 의해 인간으로서의 도덕성을 높이고, '궁리'에 의해 폭넓은 지식을 쌓는다. 때문에 거경은 수양 측면에, 궁리는 인식 측면에서 파악해야 한다.

유학자 정이는 다음과 같이 말한다.

"수양할 때는 경(敬)이 필요하고, 학문을 배울 때는 치지(致知)가 중요하다. 경(敬)이란 일상 생활에서 마음의 동요가 없게 하는 것이다."

사물의 도리를 깨달아서 알게 되는 것을 '치지(致知)'라고 한다.

주자는 이렇게 말한다.

"궁리할 때도 그 마음의 상태는 경(敬)이어야 한다."

주자는 앎과 삶의 연결을 주장한 것이다. 아무리 지식이 많아도 일상 생활에 활용하지 못하면 쓸모 없는 지식이 되고 만다는 뜻이다.

'궁리(窮理)'란 만물의 이치를 터득하는 것이다. 문득 갑작스레 만물의 이치를 깨닫는 것이 아니라 하나 하나 그 이(理)를 터득해 감으로써 마침내는 사물의 본질적인 이치(理致)*를 깨닫게 되고 마음의 이(理), 즉 성리(性理)*를 깨닫게 된다는 것이다.

* 천리(天理) : 천지 자연의 이치. 만물에 통하는 자연의 도리.
* 궁리(窮理) : ① (일을 처리하거나 밝히기 위하여) 깊이 생각함. ② (사리를) 깊이 연구함.
* 이치(理致) : 사물의 정당한 조리. 도리에 맞는 근본 뜻. 이(理).
* 성리(性理) : 사람의 성품과 자연의 이치.

2 평생 배워도 끝이 없다

학문을 익히며 공부하는 이유를 물어 보면 '개인을 위해 노력한다'고 대답하는 사람이 많다. 〈논어〉에서는 그 점에 대하여 다른 시각을 보인다.

"예전에는 나를 위해 배웠지만 요즘은 남을 위해 배운다."

옛날 사람들은 자기 완성을 목표로 학문을 익혔지만, 요즘 사람들은 자기 이름을 팔기 위해 학문을 익히고 있다는 뜻이다.

〈근사록〉에서는 〈논어〉의 이 구절을 다음과 같이 설명한다.

"옛날 사람들은 자기를 위해서 공부했다. 자기에게 이득이 되게 하려는 목적 때문에 공부를 했다. 하지만 요즘 사람들은 남을 위해서 공부한다. 남에게 알려지기를 바라기 때문이다."

참다운 학문이란 자기를 향상시키는 것이어야 한다. 이름을 팔기 위해 시작하는 학문은 바른 길이 아니다. 이상적 인간의 모습인 성인(聖人)의 수준을 목표로 자기를 수양해 가는 공부가 참다운 학문이다. 단순히 지식을 쌓기 위해 시작하는 학문이 아니라, 밖으로는 사물을 환히 꿰뚫어 보는 능력(통찰력)을 높이고, 안으로는 자기를 수양하기 위해 학문을 익히라는 뜻이다.

〈근사록〉에서 말한다.

"학문의 목적을 알고 싶다면 책을 읽어야 한다. 반드시 많은 책을 읽어야 바람직한 것은 아니다. 그 대강의 요점만 파악할 수만 있다면 그것으로 족하다. 많이 읽고도 그 책의 요점을 알지 못할 경우 한낱 서사에 지나지 않는다."

'서사(書士)' 란 남을 대신하여 글이나 글씨를 쓰거나 베껴 쓰는 일을 직업으로 삼는 사람이다. 책을 아무리 많이 읽어도 핵심 내용을 파악하지 못하면 아무 소용이 없다는 사실을 강조하기 위해 '서사' 를 인용한 것이다.

한 권의 책에 정신을 집중해야 그 책의 근본 취지를 파악할 수 있다. 그저 아무런 목적 없이 습관적으로 책장을 넘기면 독서의 효과가 없다.

"반드시 뜻을 깊이 음미하여 마음 속에새겨 넣어야 한다. 그런 다음 책의 내용대로 실천하기 위해 노력할 경우 스스로 지혜를 얻게 된다."

동서양의 고전은 현대 사회에도 통용되는 실천적인 교훈으로 가득 차 있다. 이 교훈적인 내용들을 꼼꼼히 읽고 나서 마음 속에 새기고 실행할 수 있다면, 그 책 안에 담겨 있는 깊은 의미가 저절로 터득된다.

〈근사록〉은 공부하는 마음가짐에 대하여 이렇게 언급한다.

"앞을 멀리 내다보고 큰 목표를 가져라. 하지만 능력을 헤아려 천천히 시작하라. 뜻을 너무 크게 품을 경우 지쳐 버리기 쉽고, 능력이 부족함에도 무거운 책임감으로 시작할 경우 반드시 일을 망치게 된다."

목표를 크게 세우고 먼 앞날까지 내다보며 공부를 시작하라는 말이다. 하지만 자신의 역량을 감안하여 한 걸음 한 걸음 착실하게 나아가라. 실력도 없으면서 원대한 목표를 세운 사람은 대체로 실패하기 쉽다.

〈근사록〉에는 다음과 같은 말이 나온다.

"배우는 과정에서 작은 뜻을 품더라도 마음이 들뜨지 않도록 주의하라. 품은 뜻이 작으면 이내 충족되기 쉽고, 충족되기 쉬울 경우 눈에 띄는 발전이 없다. 마음이 들떠 있는 사람은 아직 깨닫지 못한 지식을 이미 깨달았다고 오해하기 쉬우며, 아직 배우지 않은 지식도 이미 배웠다고 착각하기 쉽다."

〈근사록〉은 공부하는 사람이 경계해야 할 점을 다음과 같이 말한다.

첫째, 처음부터 목표를 너무 낮게 설정하지 않아야 한다.

둘째, 마음이 들떠 있으면 각오가 다져지지 않는다.

목표가 너무 낮을 경우 낮은 수준에서 만족하기 때문에 그 이상의 발전을 기대하기 어렵다는 말이다. 각오가 다져지지 않으면 아무리 열심히 공부해도 허사가 될 가능성이 높다는 뜻이다. 공부하는 사람의 가슴을 찌르는 충고임에 틀림이 없다.

〈근사록〉은 말한다.

"배우지 않으면 몸과 마음이 쉽게 늙고 쇠약해진다."

요즘도 실감나게 가슴에 닿는 말이다. 현직에서 열심히 일하며 공부하다가 갑자기 은퇴하자마자 심하게 늙어 버리거나 몸져눕는 사람들이 현실적으로 얼마나 많은가. 일하고 싶은 의욕과 배울 의지를 잃어버리는 순간의 급격한 상실감이 그처럼 사람을 무너뜨린다.

평생 배워도 끝이 없다. 늙고 쇠약해지지 않으려면 꾸준히 배우겠다는 의지를 포기하지 말아야 한다.

3 일상 생활도 수양의 과정이다

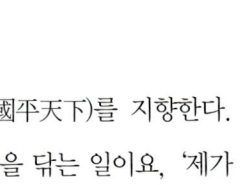

유학에서는 수신·제가·치국·평천하(修身齊家治國平天下)를 지향한다. '수신(修身)'이란 마음과 행실을 바르게 하도록 심신을 닦는 일이요, '제가(齊家)'란 집안을 잘 다스려 바로잡는 일이요, '치국(治國)'이란 나라를 다스리는 일이며, '평천하(平天下)'란 온 천하를 평온하게 진정시키는 일이다.

주자는 '수신·제가·치국·평천하를 이루려면 경(敬)을 중요하게 생각해야 한다'고 충고한다. 앞에서 '마음을 한 곳에서 집중시켜 몰두하는 상태로 유지하는 것을 경(敬)의 기본'이라고 말했다. 자기 자신의 수양, 즉 도덕성을 기르려면 경(敬)이란 글자에 주목해야 한다.

주자는 이렇게 말한다.

"경(敬)이란 무엇일까? 가만히 앉아서 귀는 아무것도 듣지 않고, 눈은 아무것도 보지 않고, 마음은 아무것도 생각하지 않는 상태만을 말하지 않는다. 예컨대, 모든 일에 신중하게 처신하여 멋대로 행동하지 않는 것이 '경(敬)

이다. 그게 가능해질 때, 저절로 몸도 마음도 차분히 가라앉아서 조심성을 유지하게 된다. 항상 이렇게 행동할 수 있다면 인간으로서의 품격이 날로 높아져 간다."

요컨대 경(敬)이란 마음의 내면(內面)만의 문제가 아니고, 그것이 저절로 밖으로 나타나서 용모·태도, 나아가서는 일상적인 거취·행동 등 외면(外面)의 상태에까지 영향을 미치게 되는 것이다. 뒤집어 말하면, 경(敬)을 지키기 위해서 그것들의 외면적인 조건을 결코 가볍게 다루어서는 안 된다는 뜻이 된다.

〈근사록〉의 '근사(近思)'란 '가까이 생각한다'는 뜻으로 〈논어〉에서 나온 말이다. 지나치게 높은 이상만을 추구하려 들지 말고, 지극히 일상적이며 흔하고 가까운 것을 중시하라는 의미이다. 일상적인 신변 문제에 의거하여 자신을 단련하라고 권하는 셈이다.

"말을 아껴 덕을 기르고, 가능한 한 음식을 적게 먹어 몸을 기른다. 아주 가까운 일 중에서 언어와 음식이 사람에게 가장 큰 영향을 미치기 때문이다."

너무 지껄이거나 지나치게 먹어서는 안 된다는 것이다.

"자기 육체에게 벌을 주고 자기 자신을 꾸짖을 줄 알아야 한다. 하지만 너무 오랫동안 그 자책(自責)*을 마음 속에 담아 두면 정신 건강에 좋지 않다."

어떤 과오를 저지른 사람은 망설이지 않고 먼저 반성하라. 공연히 다른 사람을 원망하거나 꾸짖지 말라. 잘못을 뉘우치고 단점을 고치면 그만이다. 잘못과 단점에 집착하여 우울해질 경우 정신적 육체적 건강 유지에 전혀 도움이 안 된다는 뜻이다.

* **자책(自責)** : 양심에 거리끼어 스스로 자기를 책망함.

〈근사록〉은 아홉 가지의 덕(德)을 소개한다. 사회 구성원으로서 또는 지도자로서 높은 수준을 지향하려면 그 자리에 걸맞은 덕을 길러야 하기 때문이다.

첫째, 포용력을 발휘하지만 엄격한 태도를 적절히 유지한다.

둘째, 유연한 성격이지만 소신을 꺾지 않는다.

셋째, 꾸밈없이 소탈하지만 과격하게 행동하지 않는다.

넷째, 다양한 능력을 자랑하지만 자기의 분수를 안다.

다섯째, 순박하고 인정이 두터운 성격이지만 줏대를 잃지 않는다.

여섯째, 솔직 담백하지만 남의 약점을 들추지 않는다.

일곱째, 대범하게 행동하지만 염치(廉恥)*를 안다.

여덟째, 어떤 일에든 적극적으로 대처하지만 만용(蠻勇)*을 부리지 않는다.

아홉째, 신념을 가지고 행동하지만 반드시 정도(正道)를 지킨다.

위 아홉 가지의 덕을 골고루 갖출 수 있다면 그보다 균형 잡힌 사람은 없을 것이다. 하지만 몇 가지만 갖추어도 대단한 미덕과 덕목(德目)*을 자랑하게 된다. 이들 덕을 기르기 위해서는 일상 생활을 통한 노력과 수양이 절대적으로 필요하다.

* **염치(廉恥)** : 결백하고 정직하며 부끄러움을 아는 마음. 〈작은말〉 얌치.
* **만용(蠻勇)** : 사리를 분별함이 없이 함부로 날뛰는 용맹.
  - **용맹(勇猛)** : 용감하고 사나움. 〈예〉 용맹스럽게 싸우다.
* **덕목(德目)** : 도덕의 내용을 분류한 명목. 삼강오륜(三綱五倫)의 각 항목, 플라톤의 지혜·용기·절제, 기독교의 삼주덕(三主德)인 신·망·애(信·望·愛) 따위.

4 윗사람의 마음가짐

예로부터 〈근사록〉은 사회 지도층 인사들이 즐겨 읽어 왔다. 인격 형성의 교과서로서 윗사람의 마음가짐이 수록되어 있기 때문이다.

"일반적으로 윗자리에 앉아 있기는 쉬워도 아랫자리에서 처신하기는 어렵다. 하지만, 아랫자리에서 자기 역할을 제대로 하지 못하던 사람은 윗자리에 앉아도 아랫사람들을 제대로 부리지 못한다. 아랫사람들의 깊은 속사정을 제대로 알지 못하기 때문이다. 이처럼 사람을 부리는 일은 아랫사람의 역할을 정확히 터득하고 깨달아야 비로소 성공할 수 있다."

상사가 부하에게 명령하는 일은 어렵지 않다. 진실로 어려운 것은 부하가 상사를 섬기는 일이다. 하지만 상사를 제대로 섬기지 못하던 사람은, 나중에 상사가 되어서도 부하를 제대로 부리지 못한다. 섬기는 쪽의 심리나 노고를 잘 모르기 때문이다. 일반적으로 부하들을 잘 부리는 상사는, 부하로 근무하면서 자기 상사를 섬길 때 땀흘려 일한 경험이 풍부한 편이다.

분명히 말하자. 윗사람이 아랫사람의 심리나 취향도 모르면서 조직이 잘 굴러가리라고 기대해서는 안 된다. 따라서, 자기 명령에 무조건 복종하지 않는다며 화를 내는 지도자는 윗사람으로서의 자격이 없다고 단정해도 좋다.

〈근사록〉은 윗사람의 마음가짐을 이렇게 말한다.

"이 세상을 살아가기 위해 먼저 해결해야 할 문제가 세 가지 있다. 첫째는 입지, 둘째는 책임, 셋째는 구현이다."

'입지(立志)'란 '뜻을 세운다'는 뜻으로, 큰 목표를 설정하여 확고한 방침을 수립하는 것이다. 조직의 책임자라면 경영 관리 이념을 뚜렷이 확립하고 그것을 실행에 옮기는 일에 앞장 서야 한다.

'책임(責任)'이란 '맡아서 해야 할 임무나 의무'라는 뜻으로, 부하들이 각자에게 주어진 책임을 완수할 수 있도록 윗자리에서 여러 가지로 배려하는 일이다.

'구현(求賢)'이란 특별한 인재를 뽑아서 기용하는 것을 말한다. 훌륭한 인재를 고를 줄 알아야 조직의 활력을 유지할 수 있고 냉혹한 경쟁에서 승리하게 된다.

〈근사록〉은 윗사람의 마음가짐에 관하여 다시 말한다.

"일에는 때가 있으니 마땅히 그 때를 기다려야 한다. 하지만 너무 오래 기다리지 말라. 지나치게 신중한 자세로 기다리다 보면 때를 놓칠 수도 있다."

조금 늦었다 싶은 때가 사실은 적절한 시기일 경우가 많기 때문에, 기다리는 기간과 신중한 자세도 균형이 유지되어야 한다는 뜻이다.

인간을 판단하는 요령에도 〈근사록〉은 관심을 보인다.

"인간의 감정은 대체로 가깝게 어울리거나 사랑하는 사람에게 기울어진다. 인정과 사랑에 눈이 어두워질 때는 모두 긍정적으로 생각한다. 미워하는 감정이 앞설 때는 모든 게 부정적으로 다가온다. 따라서 아내와 자식들의 말이 비록 부당하더라도 심정적으로 귀담아 듣게 마련이다. 미워하는 사람의 말은 비록 정당하더라도 부당한 것으로 단정해 버린다. 단순히 인정에 끌려 사람을 판단한다면, 그것이야말로 사사로운 정에 끌려 결심한 것이기 때문에 올바른 도리가 아니다."

인간의 판단은 상대방에 대한 좋고 나쁨의 감정에 따라 좌우된다. 때문에 사랑하는 처자식의 부당한 발언은 받아들이고, 싫어하는 상대방의 정당한 발언은 아무 근거 없이 무시해 버린다. 이처럼 사사로운 감정이 개입될 경우 올바른 판단을 내리기가 쉽지 않다.

인간의 감정에는 좋고 싫음이 언제나 도사리고 있다. 하지만 부하에 대하여는 그러한 감정을 최대한 억제할 줄 알아야 한다. 윗사람이 감정에 따라 움직일 경우, 그릇된 판단을 내리는 것은 물론 조직의 질서마저 깨지고 말 것이다.

"아이고! 바빠서 죽을 지경이네."
언제나 그렇게 투덜거리며 돌아다니는 부하가 한 명 있었다. 그 부하와 마주치는 사람들조차 덩달아 정신이 헷갈릴 지경이었다.
"도대체 매일 바쁜 이유가 뭐요?"
윗사람이 보다 못해 물었다.
"아니, 그게 그래요. 몇 가지 처리해야 할 문제들이 엉켜 버렸거든요."
그 부하는 횡설수설할 따름이었다.
"윗사람인 내게도 해결해야 할 문젯거리가 너무 많아요."
윗사람이 한 마디를 더 던졌다.
"하지만 그대처럼 헷갈리게 대처한 적은 단 한 번도 없다네."

많은 부하들을 거느린 윗사람은 구석구석 치밀하게 관심을 기울여야 할 때도 없지 않다. 하지만 그럴수록 대범하게 여유 넘치는 태도를 보여 주는 것이 바람직하다. 소인배처럼 안달복달한다고 해서 문제점들이 쉽게 해결되는 것은 아니기 때문이다.

5
바람직한 자기 관리

〈근사록〉은 경고한다.

"임금이 건강을 망치는 지름길은 대부분 향락에서 비롯된다."

'향락(享樂)'이란 즐거움을 누리는 것이다. 인생을 즐기려는 뜻은 좋으나 지나치게 쾌락에 빠지다 보면 건강을 잃기 쉽다는 경고이다.

인생을 재미있게 보내려면 즐거움을 추구해야 한다. 하지만 땀흘려 일하는 과정에서 틈틈이 즐길 줄 알아야 가장 이상적인 인생이 된다. 특히, 윗사람이 사사로운 쾌락에 젖다가는 조직을 무너뜨리다 못해 개인의 건강마저 망칠 수 있다. 일상의 재미를 좇는 것은 나쁘지 않으나 스스로 절제할 줄도 알아야 한다.

"어질고 덕행이 뛰어난 현자(賢者)가 몸가짐을 조심하는 이유는 언젠가 전성기가 올 것이라는 확신 때문이다. 하지만 전성기에 조심할 줄 모르고 스스로 만족하거나 교만해지면 여러 가지 혼란이 찾아온다."

'전성기(全盛期)'란 한창 왕성한 시기를 말한다. 현명한 사람은 모든 일이 순조롭게 돌아가는 전성기를 누릴 때일수록 더욱 마음을 가다듬고 조심스럽게 대처한다. 만사가 잘 풀린다는 이유로 긴장을 풀고 눈앞의 즐거움에 젖어 버리게 되면, 자신도 모르는 사이에 교만이 비집고 들어온다. 성공의 기쁨에 젖어 잘난 체하여 뽐내기 시작하면, 긴장감이 없어져 그 지도자가 몸담은 조직이 쉽게 무너진다. 예전처럼 미래에 대비하는 자세가 허물어질 때, 어느 새 몰락의 기미가 싹트기 시작한다. 하루 빨리 정신을 차리지 않을 경우 걷잡을 수 없이 무너질 수 있다.

전성기가 왔다고 판단될 경우 더욱더 신중하게 처신하면서 방심하는 일이 없어야 한다. 특히 요즘처럼 환경 변화가 빠른 시대에는 일시적으로 느슨해지는 현상도 경계할 필요가 있다. 작은 성공에 만족하여 조금이라도 적당히 편하게 살자는 생각에 빠진 사람은 머잖아 경쟁자들에게 자리를 넘겨주고 말 것이기 때문이다.

〈군사록〉에는 이런 말이 나온다.

"순(舜) 임금은 교언영색(巧言令色)을 두려워한다. 달콤한 속임수로 정신을 헷갈리게 하여 혼란에 빠트리기 때문이다."

'교언영색(巧言令色)'이란 '듣기 좋은 말과 보기에 아름다운 모습'이라는 뜻으로 〈논어〉에서 공자가 한 말이다. 공자는 '듣기에 좋은 말이나 보기만 예쁜 모습(교언영색, 巧言令色)에는 사랑이 들어 있지 않다'고 주장했다.

하지만 평범한 사람들에게는 그처럼 조심스러운 처신이 쉽지 않다. 평소엔 조심하다가도 엉겁결에 귀를 기울이거나 시선을 두게 되어 판단을 그르치는 경우가 많기 때문이다. 세상의 형편이 그럴수록 우리처럼 평범한 인간들은 더더욱 엄격하게 자기를 관리해야 할 것이다.

〈근사록〉은 말한다.

"욕망이 꿈틀거릴 경우엔 신념을 관철시키려는 의연한 태도가 없지만, 신념을 관철시키려는 의연한 태도가 유지될 때는 욕망 앞에서 무릎을 꿇지 않는다."

인간의 한없는 욕망은 신념을 관철시킬 수 있는 의연한 태도를 무너뜨린다. 욕망이 꿈틀거릴 경우 어느 새 비굴해져서 자기의 신념을 관철시킬 수가 없다. 그렇게 변하는 순간 지도자로서의 자격을 잃어버린다.

사람의 욕망은 문명의 발달을 도모하고 인간 사회의 진보를 촉진하는 원동력임에는 틀림이 없다. 하지만 지나치게 욕망에 치우치다 보면 스스로 통제할 수 있는 길을 잃어버리기 쉽다. 그런 점에서 욕망의 추구는 의연한 태도를 지키는 범위 안에서 제한적으로 이루어져야 한다.

〈근사록〉은 다음과 같이 경고한다.

"아무리 뜨거운 공동 관심사일지라도 사사로운 감정으로 대처하면 그것은 결국 개인적인 일에 불과할 뿐이다."

공적(公的)인 일을 추진할 때는 약간의 개인적인 관심도 개입되어서는 안 된다는 뜻이다. 윗사람에게는 그 정도로 엄격한 자기 통제가 필요한 것이다.

6 실의에 빠져도 침착해야 한다

어지러운 일상 생활을 지혜롭게 헤쳐 나가면서 미묘한 인간 관계에 슬기롭게 대처하는 방법은 의외로 쉽지 않다. 〈근사록〉에서는 크고 작은 신변 문제에 관하여도 친절하게 충고한다.

"모든 일에 이기심을 부려서는 안 된다. 한 가지 일을 처리할 때 자기 집안의 안정만을 도모하는 것은 이기심이 드러나기 때문이다."

'이기심(利己心)'이란 자기의 이익만을 꾀하는 마음이다. 자기의 이익이나 자기의 편의만 생각하는 것을 가리킨다. 사리사욕(私利私慾), 즉 개인의 이익과 욕심만 채우려는 사람이 많아질수록 사회 생활은 그만큼 삭막해진다.

개인적 야망을 품고 출발했다 하더라도, 일단 정치인이 되었을 때는 이기심을 버려야 그 자리를 오래 유지할 수 있다. 개인적인 이익을 추구하기 위해 회사를 세웠더라도, 일단 기업이 성장했을 때는 이기심을 버려야 그 기업을 오래 존속시킬 수 있다. 정치가이든 기업가이든 일단 자리를 잡게 되면, 개인 이익 추구를 위해서 어떠한 일을 해도 좋다는식의 사고 방식은 반드시 버려야 한다.

지도자의 지위를 유지하려면 어쩔 수 없는 자기 희생이 요청된다. 이기심만 추구하는 눈치가 보일 때, 주변 사람들은 지지와 신뢰를 보내지 않는다. 그처럼 우리네 세상은 냉정할 뿐만 아니라 민심마저 수시로 돌변한다.

〈근사록〉은 가장 어렵고 불우한 처지에 빠졌을 때의 대처 요령도 제시한다. 난관에 봉착했을 때의 대처 방식을 살펴보면, 그 사람의 재능과 깊은 마음을 알게 된다는 것이 〈근사록〉의 관점이다.

"때를 기다리는 군주는 편안한 몸과 마음으로 자신을 다독거린다. 큰 뜻을 가슴에 품은 군주는 모든 일을 평온한 상태에서 추진한다."

차분한 마음가짐으로 때를 기다리라는 뜻이다. 더구나 모든 일이 불우한 상태로 끝나더라도 어쩔 수 없다는 각오로 기다리는 자세가 옳다는 생각이다.

"말석을 차지하고 있다가 겨우겨우 진급했을 때, 갑자기 윗사람의 깊은 신임을 받기는 어렵다. 하루 빨리 신임을 받지 못하더라도, 편안한 마음가짐으로 자기를 지키는 것은 물론이고 신임을 얻기 위해 서두르는 일이 없어야 한다."

기다린 보람이 있어 윗사람에게 인정을 받아 승진했다고 하자. 그러나 처음 얼마 동안은 상사의 신임을 얻을 수가 없다. 그럴 때일수록 차분한 태도로 서서히 상사의 신뢰를 얻도록 하는 방법이 바람직하다. 초조한 마음 때문에 조급히 서두를 경우 오히려 효과를 거두기 어렵다.

〈근사록〉에는 비슷한 말이 나온다.

"근심과 재난이 닥쳐왔을 때는 온갖 수단과 방법을 동원하여 대책을 마련하라. 그런 다음에 아무렇지도 않은 것처럼 예사롭게 대처하라."

역경이나 위기에 빠졌을 때는 온갖 수단과 방법을 써서 대책을 강구해야 한다. 하지만 최선을 다하고 나서 태연한 마음으로 결과를 기다리라는 뜻이다. 인간으로서 온갖 노력과 도리를 다하고 하늘의 뜻을 기다려 보라는 사고방식이다. 그러기 위해서는 평소에 자기를 단련하고 연마하는 일에 소홀하지 말아야 할 것이다.

CHAPTER 15
논어 論語

〈논어〉는 춘추시대 말기의 사상가 공자(孔子)의 언행을 정리한 책으로 〈맹자〉〈대학〉〈중용〉과 더불어 사서(四書) 중의 하나다. 10권 20편으로 구성된 이 책은 약 500여 개의 짧은 문장으로 엮어져 있다. 공자가 세상을 떠나자 그의 제자들이 그 때까지 써 두었던 스승의 말을 편집하여 만들었다고 한다. 공자가 기회 있을 때마다 말한 것을 그대로 기록했기 때문에 나름대로 체계화된 이론은 없다.

공자는 노(魯) 나라의 가난한 집안에서 태어났다. 3세 때 아버지가 세상을 떠나자 창고지기를 비롯해 남의 가축을 돌보는 일을 하면서 학문에 힘썼기 때문에 정해진 스승은 없었다. 가난 속에서 학문을 몸에 익힌 뒤 정치에 뜻을 두었으나 대체로 불우한 인생을 살아야 했으며, 통치자들의 인정을 받지 못해 여러 나라를 떠돌아다녀야 했다.

공자의 의도는 자신의 이상주의(理想主義) 정치를 펼칠 군주를 찾는 것이었지만 어느 나라에 가든 채용되지 않았다. 때로는 정신병자로 오인되어 폭행을 당했고 심지어 굶주리기까지 했다. 69세에 노 나라로 돌아온 뒤 정계 진출에 대한 기대를 과감히 버리고 제자 교육에만 전념했다. 그의 제자는 3,000명에 이르렀다.

〈논어〉는 현실에 그 바탕을 두면서도 이상(理想)을 잃지 않고 당당하게 인생을 살아간 공자의 생생한 인간 기록이다. 인(仁)에 근거한 인간론, 인생론, 정치론, 지도자론 등이 골고루 담겨 있는 책이다.

1
《논어》의 두 가지 명언

공자는 말한다.

"배우고 익히면 즐겁다. 친구가 먼 곳에서 찾아오면 또한 즐겁다. 사람들이 알아주지 못하더라도 조급하게 굴지 않을 때 그 또한 군자의 태도일 것이다."

《논어》의 첫 편(篇)의 첫 장(章)에 나오는 말이다. 공자의 전반적인 모습을 한 마디로 강조하기 위해 맨 앞에 실은 것으로 알려져 있다.

공자는 말한다.

"배우기만 하고 생각하지 않으면 견식이 어둡고, 생각만 하고 배우지 않을 때 학문은 확고하지 못하다."

'견식(見識)'이란 식견(識見)과 같은 말이다. '식견'이란 '학식과 의견'이며 사물을 올바르게 판단할 수 있는 능력을 의미한다. 넓은 식견을 갖추고 싶다면 학문을 익힐 때 꾸준히 머리를 굴려 생각하라는 뜻이다.

어떤 고등학교에서는 '배우기만 하고 생각하지 않으면 좌경(左傾)이 되고, 생각하기만 하고 배우지 않으면 우경(右傾)이 된다'고 해석했다.

'우경(右傾)'이란 우익(右翼)으로 기울어지는 경향이요, '좌경(左傾)'이란 정치 사상 등이 좌익(左翼)으로 기울어지는 경향이다. '좌익(左翼)'이란 '좌측 날개'를 의미하며 사회주의나 공산주의적인 과격한 혁신 사상 또는 그러한 사상에 물들어 있는 사람을 말한다. 배우면서 생각하지 않고 남에게 끌려다니기만 할 경우, 마침내 균형 감각을 잃게 된다는 뜻이다.

370　넓은 세계로 눈을 돌려라

2 지도자의 기본 조건

제자인 자공(子貢)이 공자에게 '지도자의 조건'을 물었다.

"사(士)란 어떤 사람인가요?"

사회적으로 지도자의 위치에 있는 사람이 바로 '사(士)'이니, 지도자의 자격에 대하여 물은 것이다.

"자신의 행동에 부끄러움을 느끼면서, 어느 나라에 사신(使臣)으로 가든 임금의 명령을 욕되게 하지 않는 인물이다."

공자가 그렇게 대답했다. 주변 사람들을 의식하여 겸손하게 처신하다가 사신으로 파견되어 훌륭하게 외교 교섭을 해 낼 수 있는 인물이 바로 훌륭한 지도자라고 말한 것이다.

"한 단계를 낮추어 말씀해 주시겠습니까?"

자공이 다시 물었다.

"부모에게 효도하면서 형제간의 우애가 좋은 인물이다."

너무 평범한 대답 같아도 제자는 고개를 끄덕였다. 누구나 가능한 수준 같지만 그처럼 평범한 일을 막상 실행하기는 어렵다.

"한 단계 더 낮추면 어떤 인물이 될까요?"

다시 자공이 물었다.

"약속은 반드시 지키고 한번 시작한 일은 반드시 끝내는 고지식한 사람이다."

손을 댄 일은 반드시 끝장내야 직성이 풀리는 사람은 비교적 융통성이 없는 편이다. 하지만 약속을 지킬 줄 안다는 자체만으로도 지도자가 될 수 있다. 좀 더 훌륭한 지도자가 되고 싶다면 좀 더 차원 높게 처신해야 함은 물론이다.

"스승님, 요즘의 정치가들에 대한 평가를 해 주시겠습니까?"

자공은 내킨 김에 질문을 추가했다.

"구태여 말할 필요가 있겠는가?"

공자는 반문하듯 시큰둥하게 내뱉었다. 요즘의 정치꾼들처럼 별 볼일 없는 사람들이어서 언급할 가치도 없다는 투였다.

〈논어〉의 '자로(子路)' 편을 보면 '언필신(言必信) 행필과(行必果)'라는 말이 나온다. '말에는 반드시 믿음이 있어야 하고 행실은 반드시 훌륭한 결과를 맺어야 한다'는 뜻이다. 한 마디로 말해, 언행일치(言行一致)*의 중요성을 이야기한 것이다.

하지만 공자는 말과 행동이 일치한다고 해서 훌륭한 지도자라고 평가하지 않는다. 그 정도는 누구나 기본적으로 지켜야 하는 수준이라고 생각했기 때문이다.

그러한 관점에서 중국 고전들을 한번 읽는데 그치지 말고 이따금 곱씹듯 반복해서 읽어야 한다. 그래야 비로소 깊은 맛을 느낄 수 있는 내용이 많다. 특히, 인생의 전환기라고 느껴질 때마다 자신의 생활 방식을 깨닫고 반성한다는 측면에서 정독하는 것도 바람직하다.

* 언행일치(言行一致) : 말과 행동이 똑같음.

3
밑바닥을 체험한 사람의 충고

〈논어〉는 마음과 행실을 바르게 유지하도록 심신을 닦는 데 필요한 고전이긴 하지만, 보수적인 색채가 짙다는 이유로 거부감을 보이는 사람이 적지 않다. 마치 도덕 교과서를 너무 재미없다고 생각하는 경우와 비슷하다. 하지만 되새김질하듯 음미하며 읽는 사람에겐 더 없이 훌륭한 인생 지침서가 될 수 있을 것이다.

수많은 사람들이 공자를 완전무결한 성인(聖人)으로 상상하거나 단정해 왔다. 하지만 실제의 공자는 밑바닥 인생을 고루 체험하면서 갖가지 불행한 사태에 직면해야 했다. 3세 때 아버지를 여의고 어머니 품에서 성장했는데, 그 홀어머니마저 17세 때 세상을 떠나 버렸다. 워낙 찢어지게 가난한 집안에서 태어났기 때문에, 어릴 적부터 생계 유지를 위해 일터에 나가야 했다.

그래서 공자는 말한다.

"젊었을 때 어찌나 고생을 했던지 운명적으로 하찮은 일까지 배워 버렸다."

코흘리개 시절부터 밑바닥을 체험한 공자는 나이가 들어서도 불우한 세상을 살게 된다. 정계 진출을 꿈꾸면서 정치 분야에 끈질기게 접근했지만 정치 활동을 포기할 수밖에 없는 상황에 이른다. 비록 나중에는 3,000명의 제자를 가르친 학자가 되었으나, 노년의 나이에 이를 때까지 언제나 다른 사람들에게 밀려 변두리를 떠돌아야 했던 인물이 바로 공자였다.

심지어 〈논어〉에는 이런 말이 나온다.

"먹고 마시는 일에만 관심을 가지면서 머리도 쓰지 않고 빈둥빈둥 놀 바에야, 차라리 도박이라도 하는 편이 낫다."

소위 성인이라는 공자가 뱉은 말이니 얼마나 놀라운가. 완전한 깨달음을 얻은 성자(聖者)라기보다는, 세상 물정에 밝은 인품의 소유자가 바로 공자였던 것이다. 오죽 가난하게 살았으면 공자가 다음과 같은 말을 남겼을까.

"가난한 사람이 세상을 원망하지 않는 일은 어렵고, 돈 많은 부자가 교만(驕慢)*하게 처신하지 않는 일은 의외로 쉽다."

돈 좀 벌었다고 갑자기 이웃들을 깔보는 듯한 태도를 보이는 사람이 의외로 많다. 그 같은 상황에서 부자가 되고도 거만하게 굴지 않는 태도만으로도 훌륭한 사람이라고 말할 수 있을 것이다.

하지만 공자의 관점은 다르다. 부자가 겸손하게 처신하는 것은 아무래도 쉬운 일이며, 오히려 가난한 사람이 비뚤어지지 않는 것이 어려운 일이라고 주장한다. 헐벗은 인생의 쓰라림을 뼈저리게 겪은 사람이 아니고서는 하기 어려운 발언이다.

* 교만(驕慢) : 잘난 체하여 뽐내고 버릇이 없음. 거만. 〈준말〉교(驕). 〈반대말〉겸손.

공자와 자공이 마주 앉았다.

"평생 동안 신조로 삼을 만한 말씀을 한 마디만 들려주십시오."

자공이 지혜를 얻기 위해 머리를 조아렸다.

"스스로 원하지 않는 것을 다른 사람에게 베푸는 것처럼 위장하는 짓만큼은 하지 말라."

공자는 한참 고민하다가 입을 열었다. 그 발언 안에는 남의 마음을 깊이 헤아려야 한다는 간곡한 주문이 담겨 있다. 남들이 내게 그런 식으로 해 주지 말았으면 하고 간절히 원한다면, 그처럼 내가 원하지 않는 것을 남에게 요청하거나 강요하지 말라는 뜻이다. 이와 같이 남의 입장을 충분히 헤아릴 수 있는 마음가짐은 인간 관계에 있어 가장 기본적인 예의이다.

어느 날, 제자인 자로(子路)가 다음과 같은 질문을 던졌다.

"선생님께서 생각하시는 이상적인 삶의 방식은 어떠한 것입니까?"

"나보다 나이든 사람들을 편안하게 모시고, 신의로 친구들을 사귀고, 나보다 어린 사람들을 다정하게 배려하는 것이 나의 이상(理想)이라네."

공자가 대답했다. 대수롭지 않은 말 같지만, 깊이 곱씹어 보면 지극히 함축성 있는 대답이다. 인생의 고초를 폭넓게 맛본 사람만이 꺼낼 수 있는 말이다. 그런 점에서 〈논어〉의 말들은 짬짬이 곱씹어야 제 맛을 느낄 수 있다.

4 적극적이고 당당한 태도

갖가지 고생을 체험한 사람일수록 성격이 비뚤어지기 쉽다. 하지만 누구보다 밑이 찢어지게 가난한 세월을 살았던 공자는 남다른 면을 보였다. 조금도 약해지지 않았고 비굴해지지도 않았으며, 오히려 적극적인 자세로 정직하게 세상을 살았다. 그토록 꾸밈없고 대범한 성격이 공자의 대단한 장점이었다.

공자는 말한다.

"열다섯 살 때 배움에 뜻을 두고, 서른 살 때 뜻을 세우고, 마흔 살에 미혹(迷惑)하지 않고, 쉰 살에 천명(天命)을 알고, 예순 살에는 어떤 말을 들어도 저절로 알게 되고, 일흔 살에는 마음 내키는 대로 행동해도 법도를 넘어서지 않았다."

말년의 공자가 자기의 인생 체험을 그렇게 이야기했다. 예로부터 그와 같은 경지는 성인이 아니면 넘나들 수 없는 것이었다. 새겨 읽을 경우, 나이에 따라 바뀌어 가는 사람의 심신을 나타낸 말임을 알게 된다.

'미혹(迷惑)'이란 마음이 흐려서 무엇에 홀리거나 정신이 헷갈려 갈팡질팡 헤매는 상태를 말한다. 반대 개념은 불혹(不惑)이고 불혹지년(不惑之年)의 준말이다. 부질없이 망설이거나 무엇에 마음이 홀리거나 하지 않는 상태가 불혹이다. 불혹지년은 '마흔 살의 나이'를 이르는 말로 '사십이불혹(四十而不惑)'에서 비롯된 것이다.

'천명(天命)'이란 하늘의 명령이다. 천명을 안다는 것은 하늘의 사명을 스스로 깨닫는 일이라고 풀이하는 사람도 있다. 하지만, 어쩔 수 없는 운명을 깨닫는 일이라고 풀이하는 편이 쉰 살의 나이에 걸맞다.

예순이 되면 생각이 원만해져서 모든 말이든 저절로 알게 된다. 어떤 소리를 들어도 마음의 동요를 일으키지 않음을 말한 것이다.

일흔이 되면 원하는 대로 행동해도 법도를 넘어서지 않았다. 육체적인 쇠퇴가 법도를 넘어서지 못하게 하고 있다는 뜻이다. 그와 같은 고백을 통해 우리는 비로소 알게 된다. 공자는 정말이지 너무도 정직했고 꾸밈없이 말하던 사람이었음을.

공자는 젊은 시절부터 남보다 일찍이 깨달음을 얻은 사람이 결코 아니다. 어릴 적부터 인생의 목표를 설정하고 그 목표를 향하여 끊임없이 자신을 단련시켜 나간 인물이다. 그렇기 때문에 나이 들어서도 당당하게 거짓 없이 대처할 수 있었다. 공자는 나이가 들자 정치 활동에 대한 꿈을 접고 오로지 젊은 사람들의 교육에 정열을 바치기로 결심했다.

공자는 교육에 대하여 다음과 같이 말한다.

"스스로 최선의 노력을 하다가 장애물을 만나 몸부림치는 사람이 아니면 절대로 귀띔을 주지 않는다. 말하고 싶어도 표현하기 어려워 안타까워하는 사람이 아니면 절대로 일깨워 주지 않는다. 하나의 사례를 제시했음에도 즉시 유추(類推)* 하여 반응을 보이지 않는다면 그 이상의 지도는 포기하는 게 낫다."

교육의 진정한 효과 여부는 교육을 받는 사람의 가슴에 달려 있다는 주장이다. 피교육자가 스스로 개선하고 발전하려는 노력을 보일 때 가르칠 가치가 있다는 뜻이다. 그런 측면에서 평생 동안 공부하고 수련한 사람이 바로 공자였다.

* 유추(類推) : 어떠한 사실을 근거로 하여, 그것과 같은 조건 아래에 있는 다른 사실을 미루어 헤아리는 일.

74년 동안의 생애는 공자에게 불행의 연속이었다. 하지만 그는 좌절하지 않았고 꿋꿋하게 적극적인 자세로 살았다. 특히 자기 개발을 게을리 하지 않겠다는 각오가 공자의 생활 신조였다.

여러 나라를 돌아다니며 자신의 사상을 역설하던 때였다. 공자 일행은 적국의 병사들에게 포위되었고 어떤 들판에서 진퇴양난(進退兩難)의 곤경에 빠졌다. 식량도 떨어져 굶주림과 탈진으로 쓰러지기 일보 직전에까지 이르렀다.

"조금만 참아 보자."

공자는 조금도 당황하지 않고 일행을 격려했다.

"군자도 이처럼 위기에 몰리는 경우가 있나요?"

제자인 자로(子路)가 견디다 못해 점잖게 비아냥거렸다.

"군자라고 궁지에 몰리지 말라는 법이 없다. 하지만, 궁지에 빠졌다는 이유로 마음의 안정을 잃는 것은 소인배에게나 가능한 일이다."

'군자(君子)'란 학문과 덕이 높고 행실이 바르며 품위를 갖춘 사람을 일컫는다. '소인배(小人輩)'란 도량이 좁고 간사한 사람 또는 그러한 무리를 말한다. 군자는 그처럼 어려워진 경우에도 태연한 자세를 유지할 수 있지만, 소인배는 위기에 빠지자마자 마음의 평정을 잃고 당황하기 시작한다.

그토록 강인하게 느껴지던 공자도 따스한 인간미를 보일 때가 적지 않았다. 그는 바람직한 인간상에 대하여 다음과 같이 제자들에게 역설한다.

"인품이 온화하면서도 엄격하고, 위엄을 갖추고 있으면서도 위압감이 없고, 예의가 바르면서도 옹졸하다는 인상을 주지 않는다. 그러한 인품을 지니고 있어야 바람직한 인간상이다."

"멀리서 보면 접근하기 어려운 듯한 위엄이 풍긴다. 하지만 가깝게 접근해 보면 그 인품의 따스함이 가슴에 스며 온다. 그의 말을 깊게 음미할 때마다 그 말의 엄격함을 알게 된다."

더 이상 강조할 필요성이 없어진다. 너무나도 균형 잡힌, 온화한 인간상이 자연스럽게 머리 속에 떠오른다.

〈논어〉에서 말한다.

"공자는 어떤 경우든 신경질을 내는 일이 없었다."

공자는 어떠한 난관에서도 인생을 즐길 수 있는 비법을 터득하고 있었다. 아무리 불행이 반복되더라도 품위를 지키며 낙천적 태도를 유지할 수 있었던 것도 그 때문이다.

5 믿음이 가는 벗을 사귀어라

"선생님, 신(神)을 어떻게 섬겨야 하나요?"
자로가 공자에게 물었다.

"신을 섬기기 전에 먼저 사람을 섬겨야 한다네."

공자가 차분한 목소리로 대답했다. 차원 높은 신에게 관심을 갖기 이전에 인간을 먼저 생각하는 편이 더 유익하다는 의견이었다. 이웃 사람들에게 관심을 갖고 배려할 줄 아는 사람만이 신을 알 만한 자격이 있다는 뜻이기도 하다.

"선생님, 죽음이란 어떤 의미인가요?"

다시 자로가 물었다.

"삶의 의미도 아직 정확하게 깨닫지 못하고 있다네. 그런 사람이다 보니 죽음에 관하여 깨달을 방법이 없지."

공자의 관심은 오직 인생을 어떻게 살 것인가에 집중되어 있다. 눈앞의 현실에 대처하는 방법과 현실적인 일상 생활의 문제 해결에 더 관심을 기울이고 있다.

공자는 인간 관계에 대하여 여러 측면에서 고민한다. 그는 인간 관계의 기본적인 문제로서 신(信)을 중요하게 여긴다. '신(信)'이란 거짓말을 하지 않고 약속을 지킨다는 뜻으로, 성실(誠實)이란 개념과 비슷하다. 태도나 언행 등이 정성스럽고 참되고 착하고 거짓이 없는 것이 성실이기 때문이다.

공자는 말한다.

"신(信)이 없는 사람은 결코 인간이 아니다. 신(信)이 없는 사람은 평가할 가치조차 없는 인간이다."

어느 날, 자관(子貫)이 공자와 대화를 나누었다.

"스승님, 가장 중요한 정치적 과제가 무엇이라고 생각하십니까?"

자관이 물었다.

"식량을 모자라지 않게 하고, 언제 일어날지 모르는 전쟁에 충실히 대비하고, 사회 속의 신(信)을 확립하는 것이라네."

공자가 대답했다.

"그 세 가지 중에서 만약 한 가지만 포기해야만 할 경우, 스승님은 어느 것을 선택하시겠습니까?"

"물론 전쟁 준비일 테지."

"남은 두 가지 중에서 하나를 또 단념해야 한다면 어떤 것을 포기하겠습니까?"

"물론 식량이네. 인간은 언젠가 반드시 죽고 말아. 죽음은 피할 수 없는 운명이지만, 이 사회에서 신(信)이 없어질 경우 사는 보람도 없어질 게 분명하니까."

공자는 인간 생활의 가장 기본적인 문제로 '성실에 바탕을 둔 믿음'을 중요시한다. 서로 믿을 수 없을 정도로 진정한 의미의 성실이 없어질 때, 살아도 죽은 거나 마찬가지라는 사고 방식이 〈논어〉에 담겨 있다.

공자는 친구를 고르는 방법에 대하여도 친절하게 설명한다.

"나보다 못한 사람을 친구로 삼지 말라."

물론 '나보다 못한 사람'은 가난하다거나 권력이 없는 사람을 의미하는 건 아니다. 인격적으로 나보다 훌륭하다고 인정되는 사람을 선택하라는 뜻이다.

공자는 '사귀어서 도움이 되는 친구'와 '사귀어도 도움이 안 되는 친구'를 각각 세 종류씩 들고 있다. 도움이 되는 친구란 ● 강직한 인물 ●성실한 인물 ● 교양이 있는 인물 등 세 가지 유형이다. 도움이 안 되는 친구란 ● 쉬운 일만을 선택하는 사람 ● 남의 비위를 잘 맞추는 사람 ● 건성으로만 말을 잘하는 사람 등 세 가지 유형이다.

공자는 손윗사람을 사귈 때 해서는 안 될 행위를 세 가지로 구분한다.

첫째, 질문을 받지 않고도 입을 놀리는 행위.

둘째, 질문을 받아도 대답하지 않는 행위.

셋째, 상대방의 표정에 개의치 않고 떠들어대는 행위.

위 세 가지를 가능한 한 삼가는 처신만으로도 손윗사람과 상사의 신뢰를 얻게 될 것이고, 그러한 인간 관계는 매우 원만하게 발전될 수 있다는 뜻이다.

6 바람직한 인간의 모습

공자는 말한다.

"교언영색 선의인(巧言令色 鮮矣仁)."

발라 맞추는 말과 알랑거리는 태도에는 인(仁)이 적다는 말이다. 다시 말해, 말재주가 교묘하고 표정을 보기 좋게 꾸미는 사람 중에 어진 사람은 거의 없다는 뜻이다. 교언영색(巧言令色). 교묘할 교(巧), 말씀 언(言), 하여금 령(令), 빛 색(色)…. 발라 맞추는 말과 알랑거리는 태도라는 뜻으로, 남의 환심을 사기 위해 아첨하는 교묘한 말과 보기 좋게 꾸미는 표정을 이르는 말이다.

"교묘하게 말을 꾸며 가며 알랑방귀를 뀌고, 거짓 웃음으로 선량한 얼굴빛을 가장하고, 도가 지나치도록 공손하게 처신하는 것은 부끄러운 일이다. 원망을 숨기면서 상대방과 사귀는 것도 수치스러운 일이다."

미워하는 감정을 숨기고 상대방을 상대하는 일은 우리 사회 생활에서 현실적으로 피하기 어렵다. 그렇게 처신하는 것을 마음이 넓은 증거라고 보는 견해도 있으나, 공자는 그 같은 위선(僞善)*을 부끄러워했다.

공자는 앞의 개념을 뒤집어 이렇게 말한다.

"강의목눌(剛毅木訥)은 근인(近仁)이다."

강직하면서 의연하고 질박(質朴)*하고 어눌(語訥)*한 사람은 인(仁)에 가깝다. 의지가 굳고 용기가 있으며 꾸밈이 없고 말수가 적은 사람은 덕(德)을 갖춘 군자(君子)에 가깝다는 뜻이다. 다시 말해, '의지가 굳고 기력이 있어서 어떤 상황에서도 좌절하지 않는 경우'를 '강의목눌(剛毅木訥)'이라고 말한다.

* 위선(僞善) : 겉으로만 착한 체함, 또는 겉치레로 보이는 선행(善行).
* 질박(質朴) : 꾸밈이 없이 수수하다.
* 어눌(語訥) : 말을 유창하게 하지 못하고 떠듬떠듬하는 면이 있다.

공자의 제자 중에 번지(樊遲)라는 인물이 있었다. 번지는 머리가 약간 둔했던지 세 번이나 똑같은 질문을 던졌다. 그 때마다 공자의 대답은 각각 달랐다.

"인(仁)이란 무엇인가요?"

번지가 첫 번째 질문을 던졌다.

"사람을 사랑하는 것이다"

"인(仁)이란 무엇인가요?"

두 번째 질문을 던졌다.

"인간으로서 마땅히 해야 할 일이다. 비록 노력에 비해 그 실적이 적다는 것을 알더라도 감히 실천하는 것이 인(仁)이다."

"인(仁)이란 무엇인가요?"

세 번째 질문을 던졌다.

"일상 생활에 아주 조심성 있게 행동하는 것, 맡겨진 일을 소중하게 생각하는 것, 다른 사람들에게 가능한 한 성의를 다하는 것이 바로 인(仁)이다."

공자의 마지막 답변은 좀더 구체적이었다. 결국 '인(仁)'이란 자신은 물론 다른 사람에 대하여도 성실한 자세로 상대한다는 뜻이다.

제자인 자공(子貢)과 공자가 대화를 나누었다.

"선생님도 싫어하는 사람이 있나요?"

자공이 물었을 때 공자는 네 가지 유형을 들고 있다.

"첫째, 남의 단점을 들추기를 좋아하고 다른 사람의 실패를 즐거워하는 사람이다. 둘째, 남의 밑에 있으면서 윗사람을 비방하며 험담을 늘어놓는 사람이다. 셋째, 용감하기만 하고 무례한 사람, 즉 난폭함을 용기로 잘못 알고 있는 사람이다. 넷째, 과감하기만 하고 속이 꽉 막힌 사람, 즉 독단(獨斷)*을 훌륭한 결단(決斷)이라고 착각하는 사람이다."

공자는 한 술 더 뜬다.

"정열적이면서도 겉과 속이 다르다. 순정적이면서도 잔꾀를 부린다. 우직하면서도 교활하다. 이런 패거리에게는 개과천선(改過遷善)*의 기회도 없다."

한 마디로 말해, 체념해도 좋은 사람을 의미한다.

* 독단(獨斷) : ① 자기 혼자의 생각만으로 결정함, 또는 그런 일. ② 객관적 자료에 따른 논증도 없이 주관적 인식만으로 판단하는 일(철학). ③ 도그마.
* 개과천선(改過遷善) : 잘못을 고치어 착하게 됨.

7 군자의 조건

앞에서도 몇 차례 언급했듯이, 학문과 덕이 높고 행실이 바르며 품위를 갖춘 사람을 '군자(君子)'라고 한다. 공자의 교육 목표는 나랏일을 담당할 군자를 양성하는 것이었다. 그런 관점에서 공자는 군자를 이렇게 설명한다.

"군자는 민첩하게 일을 처리하고 신중하게 말을 한다. 군자는 말을 더디게 하지만 행동할 때는 민첩해진다."

다시 말해, 해야 할 일은 재빠르게 해치우고 발언에 대하여는 책임을 진다는 뜻이다. 공자는 실천하지 않고 번지르르하게 말만 앞세우는 사람을 유난히 미워했다. 말 잘하는 사람을 무시한 것은 결코 아니지만, 결정적일 때 필요한 말을 일목요연(一目瞭然)*하게 정리할 수 있다면 그것으로 족하다는 것이 공자의 입장이었다.

"군자는 자신감이 넘치지만 함부로 다투지 않는다."

유기적(有機的)* 관계에 있는 사람들과 긴밀하게 협조하지만, 대결하듯 파벌은 만들지 않는다는 의미이다.

"군자는 태연한 자세를 끝까지 유지하지만 사람을 업신여기지는 않는다. 군자는 안달복달하거나 마음을 졸이는 일이 없고 언제나 느긋한 자세를 취한다."

그처럼 현명한 주장을 펼치던 공자도 아무 보람 없이 물러났지만, 정치 개혁에 대한 정열은 어느 누구보다 뜨거웠다. 비록 실패하긴 했으나 이상적인 정치를 실현하기 위해 악전고투(惡戰苦鬪)*한 것이 공자의 일생이었다.

* 일목요연(一目瞭然) : 한 번 보고도 환히 알 수 있을 만큼 분명하다.
* 유기적(有機的) : ① (유기물처럼) 생명이나 생활력이 있는 (것). ② (유기체처럼) 각 부분과 전체가 필연적 관계를 지니는 (것).
* 악전고투(惡戰苦鬪) : ① 불리한 상황에서 우세한 적을 상대로 죽을힘을 다하여 싸움. ② '어려운 상황에서 고통을 이겨내며 모질게 노력함'을 비유하여 이르는 말.

〈논어〉에는 정치에 관한 문답이 적잖게 수록되어 있다. 그 중에는 정치인의 자세에 대하여 발언한 내용도 의외로 많다.

"정치 지도자들은 하던 일을 함부로 중도 포기해서는 안 된다. 어떤 일을 추진하든 언제나 성실해야 한다."

"정치 지도자는 부하가 능력을 발휘할 수 있도록 여건을 만들어 주어야 한다. 특히, 하찮은 실수나 실패는 꾸짖지 말고 인재의 발탁과 기용에 신경을 써야 한다."

"정치 지도자는 초조하게 생각하지 말아야 하고, 작은 이익에 사로잡혀 한눈을 팔아서는 더더욱 안 된다. 괜히 초조해지기 시작하면 일을 그르치게 되고, 작은 이익에 혼을 빼앗기면 큰 일을 이룰 수가 없다."

공자는 지도자의 자세에 다음과 같이 언급한다.

"군주가 올바른 태도를 변함 없이 유지할 경우 명령 없이도 모든 일이 신속하게 추진된다. 하지만 군주가 올바르지 못한 태도를 보일 때는 아무리 명령해도 따르는 사람이 없다."

정치인이나 어떤 조직의 지도자들이 설득력을 얻기 위해서는, 어질고 선량한 행동으로 사람들이 우러러 믿고 따를 수 있도록 만들어야 한다.

CHAPTER 16
삼십육계

〈삼십육계〉는 중국 사람들이 가장 능숙한 재주라고 자랑해 온 슬기로운 계략들을 모아 정리한 책이다. 엮은 사람이 누구인지 자세히 알려지지 않았으나 오래 전부터 '삼십육계' 라는 말만큼은 꾸준히 사용되어 왔다.

중국의 역사책 〈남제서(南齊書)〉에도 '단공삼십육지책(檀公三十六之策)' 이란 말이 나온다. 단공(檀公)이 싸울 때마다 도망을 잘 쳤기 때문에 탄생한 것이라고 한다.

〈삼십육계〉는 지극히 현실적인 지략과 유연하고 합리적인 사고 방식이 담겨 있어 읽어 볼 가치가 충분한 고전이다. 고대 중국에서는 그리 인기를 얻지 못했으나 최근 들어 새로운 내용들이 발견되거나 색다르게 해석되면서 각광을 받기 시작했다.

'삼십육계' 란 달아나는 것이 상책(上策)임을 나타내는 말이다. 단공이 말한 '36가지의 책략 중에 상대방이 너무 강하다는 이유로 대적하기 힘들 때는 달아나는 것이 가장 나은 계책' 이라는 말이 줄어서 '삼십육계' 가 되었다.

일반적으로 '비겁하게 달아난다' 는 뜻을 담아서 쓰고 있으나, 원래는 힘이 약할 때 일단 피했다가 힘을 기른 다음에 다시 싸우는 것이 옳다는 관점을 강조한 말이다. 무조건 도망가는 것이 아니라 이기기 위한 병법의 하나로서 뒷날을 기약하며 일단 후퇴 전술을 쓸 수도 있음을 의미한다. '삼십육계 줄행랑' 이라고 할 때의 '줄행랑' 은 '주행(走行)' 이 변해서 된 말이다.

제(齊) 나라의 명제(明帝)는 갖가지 음모와 포악한 행위를 저지른 끝에 황제의 자리를 강제로 빼앗았다. 반란과 보복이 두려웠던 명제는 2개월 동안 자신의 형제와 조카 14명을 죽였다. 황제의 자리에 오른 지 약 3년 뒤 병으로 눕게 되자, 명제는 후환(後患)이 두려워지기 시작했다. 결국 과거의 왕가 혈통을 이어받은 10여 명도 모두 죽여 버렸다.

건국 공신인 왕경칙(王敬則)마저 자신도 제거될 것이라 확신하고 스스로 10만 명의 군대를 일으켰다. 조정은 큰 두려움에 빠졌고 황태자인 보권도 달아나야 할지 그대로 있어야 할지 몰라서 허둥대고 있었다. 그 때 왕경칙이 말했다.

"단공의 36가지 계책 중에서 도망가는 것이 최고의 상책이다. 그대들에게는 도망가는 길만 있을 뿐이다."

'단공(檀公)'이란 송(宋) 나라 초기의 유명한 장수인 단도제(檀道濟)를 이른다. 그가 북쪽 위(魏) 나라와 싸울 때마다 도망을 잘 쳤다는 이유로 '단공삼십육지책(檀公三十六之策)'이라고 말한 것이다. 이 밖에 비슷한 말로 '삼십육계주위상계(三十六計走爲上計)'와 '삼십육계주위상책(三十六計走爲上策)'이 있다.

아득하게 길고 긴 역사를 지닌 중국에서는 기원전 700년 이전부터 광활한 대륙을 무대로 수많은 나라가 흥하고 망하는 일을 거듭했다. 그것은 힘과 힘이 대결하거나 지혜와 지혜가 총동원되어 충돌하던 전쟁의 역사였다. 그 역사 속에서 뛰어난 병법서들이 연이어 탄생하게 되는데, 그 병법서 중의 하나가 바로 〈삼십육계〉이다.

전형적인 중국식 병법의 기본은 '싸우지 않고 이긴다'는 것이다. 바꾸어 말하면 무력(武力)이 아니라 지략(智略)으로 승리하는 것, 즉 인간 심리를 절묘하게 이용하여 효율적으로 승리하는 것을 가장 바람직한 병법으로 삼아 왔다. 〈삼십육계〉는 그러한 심리적 책략을 36가지로 모아서 정리한 병법서이다. 오늘날에도 처세를 위한 교훈서, 경영 관리의 참고서로서 널리 읽히고 있다. 이 병법서에 수록된 책략의 하나 하나가 인간 심리의 낌새를 너무도 정확하게 알아차리는 요령을 제시하고 있기 때문이다.

제1계 만천과해(瞞天過海)
뒤통수를 때린다

'만천과해(瞞天過海)'란 '하늘을 속이고 바다를 건넌다'는 것으로 속임수를 써서 고비를 넘긴다는 뜻이다.

우리 인간에는 일반적인 특성이 있다. 평소에 흔하게 목격했기 때문에 눈에 익은 사물, 대수롭지 않다고 단정해 버린 상황에 대하여는 특별히 의심하거나 경계하지 않는다. 그 같은 인간의 심리적 허점을 거꾸로 이용할 경우, 지극히 유치한 계략에도 상대방은 쉽게 넘어간다.

방어 태세가 철통같이 빈틈없는 상황일수록 병사들의 투지가 약해지면서 상대편을 우습게 여기게 마련이다. 이러한 맹점을 반대쪽에서 절묘하게 이용할 때 의외로 쉽게 승리를 낚을 수 있게 된다.

삼국시대의 장수 태사자(太史慈)는 성곽을 포위한 적진(敵陣)을 무사히 뚫고 구원을 요청하러 가야 했다. 며칠 고민하던 그는 마침내 꾀 한 가지를 생각해 냈다.

태사자는 매일 아침 성밖에 나와 적군이 보는 앞에서 태연하게 활 쏘는 연습을 되풀이했다. 다시 성안으로 되돌아갈 때도 아주 자연스럽게 움직였다. 그 모습을 보고 처음엔 긴장하여 방어 태세를 유지하던 적군도 며칠이 지나자 별다른 반응을 보이지 않았다. 무기를 손에 들기는커녕 일어서려는 기미도 보이지 않게 되었다.

그제야 때가 무르익었음을 확신한 태사자는 입술을 깨물었다. 그 이튿날

아침이었다. 그는 평소처럼 성을 나오기 무섭게 재빠른 동작으로 말채찍을 휘두르며 적진을 뚫고 달렸다. 제1계 '만천과해'의 계책이 성공하는 순간이었다.

수(隨) 나라와 진(陳) 나라는 양쯔강을 사이에 두고 대치하고 있었다. 두 나라의 군사력은 하나같이 막강했고 막상막하(莫上莫下)*였다. 어쩔 수 없이 수 나라 군대의 장군 하약필(賀若弼)은 특별한 전략을 강구하고 나섰다. 그는 양쯔강 연안의 평야에 수많은 막사를 세우고 군대를 집결시켰다.

당연히 진 나라 군대에 비상경계령이 떨어졌고 모든 병력을 소집하여 방어에 나섰다. 하지만 수 나라 군대 진영을 자세히 관찰했더니, 모든 움직임이 수비 부대의 교대 행사에 지나지 않는 것 같았다. 수비 부대끼리 또는 후방 부대와 전방 부대가 서로 교대하면서 각각 맡은 자리를 바꾸는 게 고작이었다.

며칠이 지나도 단순한 자리 바꾸기 행사가 일정한 간격을 두고 진행되었다. 그 같은 행사가 습관처럼 반복되자, 진 나라 군대 쪽에서는 대수롭지 않다고 판단하기 시작했다. 심지어는 수 나라 군대가 수시로 이동해도 진 나라에서는 멀거니 쳐다보고만 있는 것이었다.

수 나라의 장군 하약필은 절호의 기회를 놓치지 않았다. 대군을 거느린 그는 가벼운 행사를 치르듯 순식간에 양쯔강을 건넜고, 예기치 못한 대규모 공격에 진 나라는 갈팡질팡하다가 의외로 쉽게 무너져 버렸다. 그 전략은 하찮은 병법에 불과한 것 같았지만 수 나라가 천하를 통일하는 결정적 계기가 되었다.

* **막상막하(莫上莫下)** : 낫고 못하고를 가리기 어려울 만큼 서로 차이가 거의 없음. 〈비슷한 말〉 난형난제(難兄難弟).

제2계 위위구조(圍魏救趙)
허점을 찔러라

 '위위구조(圍魏救趙)' 란 '위(魏) 나라를 포위하여 조(趙)나라를 구한다 '는 뜻이다. 하지만 군사 작전을 벌일 때는 그 의미가 약간 다르다. 적의 저항이 완강한 지역을 피하고 상대적으로 허술한 지역을 골라 공격하는 병법이다. 홍수가 나서 거친 물결이 밀려올 경우 그 물길을 여러 갈래로 분산키는 요령과 비슷한 전략이다. 강한 상대방의 날카로운 공격을 분산시킨 뒤 허점을 노려 찌르라는 것이다.

 전국시대 때의 일이다. 위 나라 대군에게 서울을 포위당한 조 나라가 이웃의 제(齊) 나라 앞으로 구원을 요청했다. 결국 조 나라의 구원 요청을 받아들여 제 나라의 장군 전기(田忌)가 무턱대고 공격을 서두르자 부하 장수 손빈(孫臏)이 간곡히 만류했다.

 "멱살을 잡고 싸우는 두 사람을 함부로 뜯어 말려선 안 되죠. 공격적으로 나오는 상대방의 허점을 찔러 기세를 꺾어야 합니다. 힘이 센 쪽의 뒤통수를 낚아채어 힘을 분산시켜야 약한 쪽이 승리할 수 있습니다."

 손빈은 이어서 구체적인 방법을 말했다.

 "위 나라 대군과 정면으로 싸우면 우리측 손실이 클 게 뻔합니다. 한 가지 좋은 방법이 있으니 들어 보시겠습니까?"

 "말해 봐라!"

 전기가 화를 벌컥 냈다.

 "아무리 생각해도 방어가 허술한 위 나라의 서울을 공격해야 합니다. 그렇게 되면 어쩔 수 없이 위 나라 군대는 자기 나라의 서울을 지키기 위해 조 나라 서울의 포위망을 풀고 서둘러 철수할 게 당연하죠. 그 순간을 기다렸다가 철수한 곳의 허점을 찌를 때 성공 가능성이 높아집니다."

"알았다."

전기 장군은 손빈의 계책을 받아들였고 즉시 위 나라의 서울로 진격했다. 손빈이 예측한 대로 위 나라 군대는 서둘러 조 나라를 벗어나기 시작했다. 그 순간을 노리던 제 나라 군대는 마침내 대승을 거두었고 조 나라를 위기에서 무사히 탈출시켰다고 한다.

그 전투를 통해 탄생한 고사 성어가 바로 '위위구조(圍魏救趙)'. 위 나라를 포위하여 조 나라를 구했다는 이 고사에서 비롯된 책략이다.

제3계 차도살인(借刀殺人)
남의 칼을 사용하라

앞의 상황을 바꾸어 생각해 보자. 제(齊) 나라가 구원 요청을 받고 조(趙) 나라에 부대를 보낸 것이 사실이다. 하지만 제 나라의 입장에서 조 나라가 못마땅한 존재라면, 구원 부대를 보내기보다는 거꾸로 위(魏) 나라의 막강한 힘을 앞세워 조 나라를 단숨에 멸망시켜 버린다고 가정 하자. 이 경우가 차

도살인에 해당하는 술수이다.

　원수인 상대방을 물리치고 싶을 때, 내가 직접 싸우지 않고 친구의 힘을 빌어 해치우는 방법이다. '차도살인(借刀殺人)'이란 '남의 칼을 빌려서 사람을 죽인다'는 뜻으로 '싸우지 않고 이긴다'는 전략의 하나이다. 막강한 전력의 상대방에게 무턱대고 덤비기보다는 다른 사람들의 세력을 키운 뒤 그들의 힘을 빌어 상대방을 거꾸러뜨리는 병법이다.

　촉(蜀) 나라의 제갈 공명이 오(吳) 나라와 연합하여 위(魏) 나라 조조의 군대를 물리친 뒤의 일이다. 그 뒤 촉 나라의 관우가 다시 위 나라를 포위했고 위 나라의 조조는 관우의 위협이 두려워 안절부절못하고 있었다. 이 때 사마 의가 조조에게 건의했다.

　"촉 나라의 유비와 오 나라의 손권은 가까운 사이 같아도 사실은 무척 껄끄러운 관계입니다. 촉 나라 관우의 승리를 손권이 좋아할 리가 없죠. 손권에게 사신을 보내 살살 꼬드겨 보세요. 관우의 뒤통수를 쳐버리면 그 보답으로 강남 지방을 떼어 주겠다고…. 손권이 협조하는 순간부터 위 나라 해방은 시간 문제일 따름이죠."

　조조는 사마 의의 건의대로 작전을 추진했고. 마침내 관우는 손권에게 체포되어 죽는 신세가 되었다. 소원을 성취한 조조는 자기 손을 쓰지 않고 남의 손으로 코를 푼 격이었다.

제4계 이일대로(以逸待勞)
지칠 때를 기다려라

나는 가만히 앉아 있고 상대방을 끊임없이 움직이게 하여 서서히 지치게 한 뒤 결정적인 공격의 기회를 모색하는 방법이다. 상대방이 피로해질 때까지 함부로 공격하지 않는 요령이 계략의 핵심이다. 전쟁의 주도권을 잡기 위해서 옛 중국 사람들은 그 같은 계략을 즐겨 이용했다고 한다.

'이일대로(以逸待勞)'란 '쉬면서 힘을 비축했다가 피로해진 적을 맞아 싸운다'는 뜻이다. 하지만 적이 곤란한 국면에 처해 있을 때 반드시 공격하라는 뜻은 결코 아니다. 이 전술의 핵심은 주도권을 장악하는 데 있으며 기회를 노리다가 행동하는 병법의 하나다.

상대방의 약점이 발견되는 순간 함부로 공격하지 말고 냉정함을 유지하며 때를 기다린다. 그 과정에서 아군의 전력을 키운 뒤, 상대의 약점을 이용하여 승리의 발판을 다지자는 생각이다.

손자는 말한다.

"적군보다 싸움터에 먼저 도착해 기다려야 아군 병사들이 힘을 비축할 시간을 갖게 된다. 하지만 적군보다 늦게 도착하여 다급하게 싸울 준비에 들어갈 경우 피로를 견디지 못한다. 따라서 훌륭한 장수는 적군에 말려들지 않고 오히려 적군을 조종한다."

내 건강 상태가 좋아야 남을 이길 수 있다는 논리에서 출발한다.

제5계 진화타겁(趁火打劫)
적의 위기가 기회다

'진화타겁(趁火打劫)'이란 '뜨거울 때 때리라'는 것으로 '남의 집에 불이 나서 그 집 주인이 정신을 차릴 수 없게 되는 순간, 화재 현장에 뛰어들어가 도둑질을 한다'는 뜻이다. 적군의 위기는 아군에게 곧 기회가 된다고 해석해도 무리가 없다.

제4계 '적이 지칠 때를 기다려라'는 계책과 반대되는 개념으로, 상대방이 결정적인 타격을 받고 있을 때를 노려 공격하는 병법이다. 적군의 세력이 강할 때는 적군이 피곤해지도록 만들면서 기다리고, 세력이 약화되었다고 판단되는 순간 단숨에 짓밟아 버리는 병법이다.

치사한 잔꾀에 불과하다고 생각될 터이지만 냉엄한 승부의 세계에서는 통할 수 있는 방법이다. 상대방의 약점을 노렸다가 무자비하게 쓰러뜨리는 작전은 스포츠, 전쟁, 사업 등의 분야에도 폭넓게 적용된다. 한 마디로 말해, 상대방이 틈을 보이는 순간 잽싸게 공격하여 단숨에 무너뜨리는 계략이다.

춘추시대 때의 일이다. 오(吳) 나라와 월(越) 나라는 서로 먼저 공격하려고 기회를 노리고 있었다. 때마침 오 나라는 천재지변을 당해 바다의 물고기와 논밭의 곡식이 모두 죽어 가고 있었다. 그뿐이 아니었다. 임금마저 나라를 비워 놓고 다른 나라에 가서 여러 제후들과 회의를 하는 중이었다. 월 나라에서는 그 틈을 노려 오 나라를 침공했고 마침내 대승을 거둘 수 있었다.

제6계 성동격서(聲東擊西)
반대쪽을 공격하라

적군이 공격 방향을 착각하고 있을 때, 그 혼란의 틈을 노려 공격하는 계략이다. 동쪽을 치겠다는 거짓 정보를 퍼뜨려 적군의 주력 부대를 동쪽으로 이동하게 만든 뒤, 방어 태세가 허술한 서쪽을 기습 공격하는 방법이다. 이 계략을 이용하면 적군의 병력을 분산시키는 데 대단한 효과가 있다.

상대방의 지휘관들이 흩어져 있어야 성공 가능성이 높을 뿐더러, 이 작전이 적중할 경우 적군에게 엄청난 손실을 입힐 수가 있다. 하지만 작전이 노출될 때는 거꾸로 참패할 위험성도 그만큼 높다.

오(吳) 나라 군대는 반란군의 장수 주아부(朱亞父)를 체포하기 위해 총력을 기울였다. 하지만 주아부의 반란군은 성을 굳게 지키며 도무지 싸울 기미를 보이지 않았다. 성을 포위한 오 나라의 군대가 동남쪽 방면에서 공격해 오자, 주아부는 그 반대쪽인 서북쪽을 강력하게 방어했다. 얼마 뒤 오 나라의 주력 부대가 서북쪽을 집중 공격했으나 결국 실패하고 말았다. 그 순간부터 주도권을 빼앗긴 쪽은 뜻밖에도 오 나라의 군대였다. 주아부의 반란군이 오 나라 군대의 '성동격서(聲東擊西)' 전략을 미리 알고 있었기 때문이다.

제7계 무중생유(無中生有)
헷갈리게 하라

'무중생유(無中生有)' 란 '무(無)에서 유(有)를 창조한다' 는 뜻이다. 없는 가운데서도 뭔가 만들 수 있다면 그만큼 승리 가능성이 높아진다. 지혜로운 사람은 터무니없는 무(無)에서도 터무니없는 날조를 통해 평지풍파(平地風波)*를 일으킴으로써 목적하는 바를 성취한다. '날조(捏造)' 란 사실이 아닌 것을 사실인 양 거짓으로 꾸미는 것을 말한다.

존재하지 않는 가상의 현실을 이용하여 상대를 유인하는 계략이 '무중생유' 이다. 하지만 끝까지 속임수를 쓰는 것이 아니고 시기가 성숙될 때 가짜 현실이 진짜로 변한다. 상대방이 뒤늦게 깨달았을 때는 이미 대책을 마련할 수 없는 사태가 온다.

당(唐) 나라 때의 일이다. 안록산(安祿山)이 반란을 일으켜 성을 포위했다. 성안에서는 화살이 다 떨어져 반란군의 공격을 막을 길이 없었다. 이 때 지휘관 장순(張巡)이 한 가지 묘책을 떠올렸다.

볏짚으로 만든 인형에 검은 옷을 입혀 진짜 병사처럼 꾸몄다. 캄캄한 밤이 돌아왔을 때, 이 인형들을 새끼줄에 묶어 성벽 밖으로 떨어뜨렸다. 그 순간이었다. 반란군 병사들은 기회를 놓치지 않겠다는 듯 화살을 마구잡이로 쏘아 댔다. 마침내 수만 개의 화살이 인형에 꽂히고 말았다. 날이 밝아 왔을 때 장순은 그 인형들을 흔들어 보이며 반란군을 조롱했다.

1차 작전에 성공한 장순은 밤이 깊어지자 이제는 볏짚 인형 대신 진짜 병사들을 새끼줄로 매달아 성벽 밑으로 내려보냈다. 이 때 반란군의 병사들은 인형이라고 단정하며 한 개의 화살도 쏘지 않았다. 아무런 방해 없이 땅으로 내려간 당 나라 수비병들은 반란군을 급습하여 간단히 무찔러 버렸다.

* 평지풍파(平地風波) : (평지에 풍파가 인다는 뜻으로) '뜻밖에 분쟁이 일어남'을 비유하여 이르는 말.

속임수로 먼저 상대방의 판단을 혼란시킨 뒤, 갑자기 속임수가 아닌 정공법으로 상대방을 물리친다. 진짜와 가짜가 어떤 것인지 절묘하게 엇바꾸어 적군을 쳐부수는 책략이 바로 '무중생유'이다. 인간의 심리를 절묘하게 읽고 그 심리를 역이용하려는 병법이다.

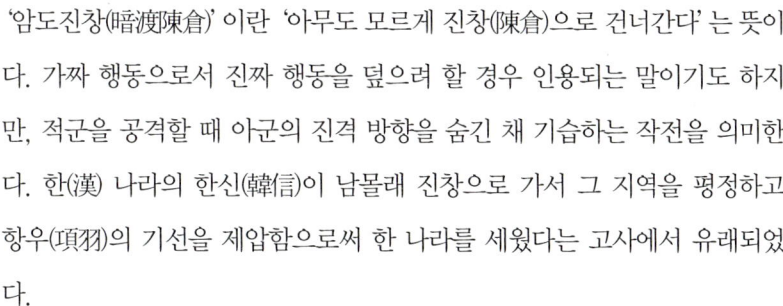

제8계 암도진창(暗渡陳倉)
뜻을 감추고 기습하라

'암도진창(暗渡陳倉)'이란 '아무도 모르게 진창(陳倉)으로 건너간다'는 뜻이다. 가짜 행동으로서 진짜 행동을 덮으려 할 경우 인용되는 말이기도 하지만, 적군을 공격할 때 아군의 진격 방향을 숨긴 채 기습하는 작전을 의미한다. 한(漢) 나라의 한신(韓信)이 남몰래 진창으로 가서 그 지역을 평정하고 항우(項羽)의 기선을 제압함으로써 한 나라를 세웠다는 고사에서 유래되었다.

"그대들은 수잔도(修棧道)로 가거라!"

한신은 몇몇 장수들에게 그렇게 떠벌리며 금방이라도 정면 돌파 작전을 펼칠 것처럼 큰소리쳤다. 하지만 그건 속임수에 불과했다. 한신은 곧장 수잔도를 향해 진격할 것처럼 위장했으나, 남들 모르게 우회적인 방법으로 전혀 예상하지 못했던 진창에서 병사들을 출동시켰다. 그 수법으로 초(楚) 나라를 공격했으니 대성공은 불을 보듯 뻔했다.

이 지점을 공격할 것처럼 보이다가 저 지점을 공격하는 작전으로, 제6계의 성동격서(聲東擊西)와 비슷한 발상에서 비롯된 계책이다.

1944년 6월, 노르망디 상륙 작전은 '암도진창'의 대표적인 실전 사례였다. 그 당시 노르망디 해안 상륙을 결정한 연합군은 독일군의 관심을 칼레 해안으로 모으기 위해 갖가지 속임수를 동원했다. 칼레 해안과 가까운 영국의 동부 해안에 미 3군사령부를 배치한 것처럼 꾸미고 거짓 무전(無電)을 수없이 보냈다.

그뿐이 아니었다. 중립국을 통해서는 칼레 해안의 상세한 지도를 모으는 데 총력을 기울였다. 게다가 그 쪽 지역에 폭격을 강화함으로써 작전 수행이 임박한 것처럼 위장했다. 원래 칼레 방면이 물자 수송이나 공군의 지원 측면에서 유력한 후보 지점이었기 때문에, 독일군은 이 위장 전술에 속아서 허를 찔렸고 노르망디 상륙 작전은 마침내 성공할 수 있었다.

제9계 격안관화(隔岸觀火)
우선 구경부터 하라

'격안관화(隔岸觀火)'란 조금도 관심거리가 못되는 사물을 비유하는 것으로 '기슭을 사이에 두고 불을 본다'는 뜻이다. '불'은 상대방의 집안싸움을 가리킨다.

내분(內紛), 즉 내부에서 일어난 분쟁 때문에 혼란스러운 상대방을 성급하게 공격하면 도리어 손해를 볼 가능성이 높다. 자기들끼리 다투다가도 이쪽에서 공격해 가면 갑자기 똘똘 뭉쳐 대처하게 마련이기 때문이다.

당장 공격하여 단결하는 사태를 초래하기보다는, 내분을 잠시 지켜보면서 그들 스스로 무너지는 날을 기다리는 것이 바람직하다는 계략이다.

아무리 기다려 봐도 큰 소득이 없을 경우 다른 계책을 마련해야 한다. 예컨대, 가까운 곳에서 분규를 일으켜 상대방의 주의를 그 곳으로 몰리게 한다. 그러면서 가만히 지켜보다가 적군이 분규에 휘말려 무력해지는 순간을 노린다. 시기가 무르익었다고 판단될 때, 당초의 목표 지점으로 방향을 바꾸어 공격함으로써 작전 성공의 가능성을 최대한 높인다.

제10계 소리장도(笑裏藏刀)
비수를 감추고 웃어라

'소리장도(笑裏藏刀)'란 '웃음 속에 칼을 감추고 있다'는 뜻이다. 겉으로는 웃으면서 속으로는 해칠 생각을 가지고 있음을 일컫는다. 밖으로는 평화를 내세워 믿게 함으로써 상대방의 판단력을 마비시키려는 의도가 숨어 있다.

적군 모르게 작전을 수립한 뒤 충분히 준비하면서 시기를 기다린다. 그러다가 기습 작전을 펼치면 적군이 아무리 임기응변으로 대처해도 소용이 없어진다. 이 계략은 정치·외교적인 위장 수단으로 가끔 쓰인다.

손자는 말한다.

"적군이 공손하게 처신하면서 실제로는 전쟁 준비에 박차를 가하는 것은 공격하겠다는 뜻이요, 구체적인 조건을 제시하지 않으면서 전쟁을 중지하고 평화 조약을 맺자고 나올 경우 그 이면에 어떤 음모가 분명히 숨어 있다."

송(宋) 나라 때의 일이다. 어느 날 조위(曹瑋)는 수천 명의 병사가 적군 쪽으로 도망갔다는 보고를 받았다.

"면목이 없습니다."

모든 부하 장수들이 비통한 분위기에 젖었다.

"걱정하지 마. 하나같이 내 명령에 따라 행동한 것뿐이네."

조위는 빙긋 웃으며 아무렇지도 않다는 듯 대꾸했다.

"내 말이 새어나가지 않도록 조심하게."

조위는 철저한 비밀 유지를 지시했다. 하지만 예나 지금이나 간첩은 있게 마련이고 결국 그 비밀은 유지될 수 없었다. 이 극비(?) 정보를 입수한 적군

쪽에서 도망쳐 온 송 나라 병사들을 의심했고 모조리 목을 베어 버렸다. 조위가 꾸민 임기응변의 '소리장도' 계략이 성공한 이유는 글자 그대로 웃음 속에 비수를 감추었기 때문이다.

제11계 이대도강(李代桃僵)
작은 희생을 각오하라

'이대도강(李代桃僵)'이란 '살구나무를 복숭아나무 대신 말라죽게 한다'는 뜻이다. 운세는 반드시 기울게 마련이니, 작은 것을 희생시켜 전체적인 이득을 얻어야 한다는 의미로 쓰인다. 일부에서 작은 손해를 보는 대신 전면적인 승리를 쟁취하려는 책략이다.

당장 나타나는 손실을 미래의 이익에 어떻게 연결시킬 것인가에 전반적인 성공 여부가 달려 있다. 하지만 무능한 지도자일수록 국부적인 손실에 집착하다가 결과적으로는 도리어 손실을 확대시키고 만다.

손자는 말한다.

"아는 것이 많고 사물의 이치에 밝은 사람일수록 반드시 이익과 손실의 양면에서 사태를 생각한다. 그렇게 대처할 경우 어려운 사태도 순조롭게 수습된다. 반대로 손실을 입었을 때는 상대적으로 받은 이익의 측면도 감안해야 한다. 그렇게 판단하기 시작하면 두고두고 걱정할 일이 없어진다."

전체적인 흐름으로 미루어 아군의 손실이 불가피한 전투라고 판단될 경우, 가장 형편없는 부대를 적군의 가장 강한 주력 부대와 맞대결을 벌이게 함으로써, 아군의 주력 부대가 다른 곳에서 승리할 수 있는 기회를 만드는 계략이다. 작은 희생을 감수하는 대신 큰 승리를 노린다는 것이 이 계략의 기본 정신이다.

제12계 순수견양(順手牽羊)
작은 승리도 챙겨라

'순수견양(順手牽羊)'이란 '닥치는 대로 양을 훔친다'는 뜻이다. 작은 틈이라도 보일 때 이를 놓치지 말고 이용해야 한다는 계책이다. 보잘것없는 이익이더라도 전력을 기울여 손에 넣어야 한다는 전략이다. 적군의 '작은 실수'가 아군에게는 '작은 승리'가 될 수 있기 때문이다.

대군이 이동할 때는 크고 작은 허점과 실수가 발견되게 마련이다. 그 기회를 잘 이용할 경우 전쟁을 치르지 않고도 승리할 수 있다. 현재의 상황이 불리하든 유리하든 전투에서 지고 있든 이기고 있든 언제든지 활용할 수 있는 전략이다.

상대방이 잠시라도 작은 빈틈을 보이는 순간에 공략함으로써, 무리하지 않고도 손에 들어오는 작은 이익을 망설이지 말고 덥석 삼키라는 의미가 된다. 작은 것을 소홀히 하지 않아야 하고 작은 성과부터 차근차근 쌓아 나가야 승리할 수 있다는 관점에서 비롯된 전략이다.

진(秦) 나라는 한때 이웃 나라인 한(韓) 나라, 위(魏) 나라와는 사이좋게 지내면서 멀리 떨어진 제(齊) 나라를 공격하곤 했다. 멀리 있는 나라와 싸우다 보니 땅을 빼앗지 못하고 힘만 소모하는 꼴이었다.

"폐하, 제 나라와는 우호 관계를 맺고 한 나라와 위 나라를 먹어 들어가야 전쟁다운 전쟁이 됩니다."

보다 못한 신하들이 너도나도 나섰다. 그 진언(進言)*도 제대로 먹히지 않자 신하인 범수(范雎)가 왕에게 다시 건의했다.

"폐하께서 이웃 나라를 공격하시면 한 치의 땅을 얻으셔도 폐하의 땅이 되며, 한 자의 땅을 얻으셔도 폐하의 땅이 되는 것입니다. 폐하, 멀리 떨어진 나라를 아무리 공격해 봐야 한 평의 땅도 얻지 못합니다. 통촉(洞燭)*하시옵소서."

범수의 주장은 아주 가까이 있는 것부터 철저히 챙겨야 승리한다는 뜻이다. 다시 말해, 양 한 마리라도 손에 닿는 대로 잡아야 이득이 된다는 의미이다. 하지만 눈앞의 이익에만 너무 신경을 쓰다가는 실패하기 쉽다. 따라서 확실한 목표가 세워져 있을 때는 나름대로 임기응변을 동원하여 대처해야 할 것이다.

* **진언(進言)** : 윗사람에게 자기의 의견을 말함, 또는 그런 말.
* **통촉(洞燭)** : (윗어른의 행동에 관하여 쓰는 말로) 사정이나 형편을 헤아려 살핌.

제13계 타초경사(打草驚蛇)
움직임을 관찰하라

'타초경사(打草驚蛇)'란 '풀을 두들겨서 뱀이 놀라 뛰쳐나오게 하라'는 뜻으로 상대의 동정을 조심스럽게 살피는 책략이다. 다시 말해, 뱀을 때리는 대신에 풀을 헤쳐 뱀을 꾀어낸다는 의미도 포함되어 있다. 그릇의 가장자리를 때리듯 변죽을 울려서 상대방의 정체를 파악하라는 말이다. 거물 도둑을 검거하기 위해 주변의 좀도둑부터 차례로 잡아들여 증거를 굳혀 가는 작전과 비슷하다고 할 수 있다.

하지만 열 길 물 속은 알아도 한 치의 사람 속은 알 수 없는 법이다. 사정이 그처럼 복잡하니, 말이라도 한 마디 건네 봐야 상대방의 마음을 약간이라도 읽을 수 있지 않겠는가.

손자는 말한다.

"지피지기면 백전백승이니라."

상대방을 알고 나를 아는 것만이 패배 없는 승리의 길이란 뜻이다. '지피지기(知彼知己)'란 '적의 형편과 나의 힘을 자세히 아는 것'이다. '백전백승(百戰百勝)'이란 '싸울 때마다 번번이 다 이기는 것'이다. 다시 말해, 적의 동향을 파악하지 않은 채 무턱대고 군대를 전쟁터에 보내는 것처럼 위험한 일은 없다는 의미가 된다.

적의 동정을 알기 위해 일반적으로 활용하는 방법은 적의 진영에 간첩을 들여보내는 책략이다. 이 책략은 비단 전쟁뿐만 아니라 외교적 교섭이나 상대방을 설득하는 경우에서도 가끔 쓰여진다.

제14계 차시환혼(借屍還魂)
쓸모 없는 사람을 이용하라

'차시환혼(借屍還魂)'이란 '주검을 빌어 혼을 불러들여라'는 뜻으로 '죽은 시체라도 이용하여 원수를 갚는다'는 말이다. 어찌 보면 무척 어리석은 짓 같지만 대단한 성과를 올릴 수가 있다.

쓰임새 있는 사람일수록 상황에 따라서 부리기 어려울 때가 있다. 이럴 경우는 쓸모 없는 사람을 당분간 이용해야 한다. 쓸모 없는 사람을 적절히 활용하면 부리기 쉽고, 나 이외의 다른 사람에게는 이용되지 않으니 얼마나 바람직한 일인가.

어떤 정치 세력이 망하고 새로운 정치 세력이 등장하는 전환기에는 망한 세력의 부하들이 경쟁하듯 나타난다. 이 때 옛 세력의 부하들에게 무력 행사에 대한 권한을 주어 공격과 방어를 맡기면 일이 의외로 쉽게 풀린다.

이 세상에는 아직도 얼마든지 이용 가치가 있으나 버림받은 사람이 적지 않다. 그러한 세태에 눈을 돌려 자기 방어나 세력 확대의 수단으로 이용하는 책략이 바로 '차시환혼'이다. 시체를 빌어서 혼을 불러들인다! 참으로 기발한 책략이라고 말하지 않을 수 없다.

위(魏)나라의 조조는 불우한 처지에 있던 당시의 황제를 가까운 곳에 맞아들여 세력 확대의 방편으로 이용했다. 그 당시의 황제는 실질적인 권리를 조금도 지니지 못한 허수아비였지만 조조는 그 이용 가치를 충분히 활용했다. 그토록 어지러운 세상에서 승리의 기회를 잡을 수 있었던 것은 누구나 별 볼 일이 없다고 생각하던 상대방의 이용 가치를 재빨리 알아챘기 때문이다.

제15계 조호이산(調虎離山)
위장 전술로 유인하라

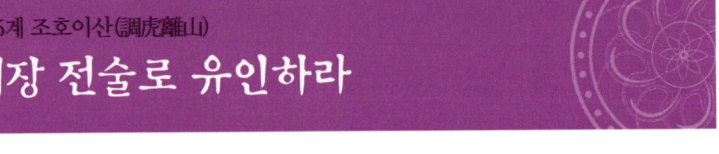

'조호이산(調虎離山)'이란 '호랑이를 달래어 산을 떠나게 하라'는 뜻이다. 산을 독차지하려면 어떤 방법을 써서라도 거추장스런 호랑이를 산 밖으로 유인해 내야 한다는 의미이다.

적군에게 불리한 날씨가 형성되기를 기다렸다가 위장 전술로 적군을 유인한다. 그 순간에 적군을 공격하면 위험할 수 있지만, 적군이 공격하도록 유도할 경우 아군이 오히려 유리해진다. 적군이 막강한 힘을 보유한 상황에서는 불리한 기후와 인위적인 책략을 조화시켜 유인해야 승리할 수 있다.

산중에 있을 때의 호랑이는 천하무적(天下無敵)일지 몰라도 평지에 내려오게 될 때 산중에서보다는 훨씬 물리치기 쉬워진다. 아무리 천하무적의 호랑이일지라도 시장 거리로 나오면 개에게도 놀림을 받을 수 있다. 그와 같은 관점에서 요새(要塞) 안에 버티고 있는 강적을 밖으로 유인하여 쳐부수는 것이 '조호이산'의 책략이다.

* 천하무적(天下無敵) : 세상에 대적할 만한 상대가 없음을 이르는 말.
- 천하(天下) : 온 세상. 하늘 밑. 한 나라, 또는 정권. 〈예〉천하를 얻다.
* 요새(要塞) : ① 국방상 중요한 지점에 마련해 놓은 군사적 방어 시설. ② 차지하기 어렵게 되어 있는 대상이나 목표.

1944년, 영미 연합군의 노르망디 상륙 작전이 펼쳐지던 당시였다. 독일군 후방에 투입된 미군 공수 부대가 작전 실패로 거의 완벽하게 포위되었다. 안절부절못하던 연합군 사령부에서는 300여 대의 비행기를 동원하여 전혀 엉뚱한 곳에 낙하산을 대량 투하(投下) 했다.

그 때였다. 독일군의 롬멜 원수는 연합군의 주력 부대가 그 지역에서 대규모 상륙 작전을 펼칠 것으로 예상했다. 따라서 미군들을 포위중이던 독일군 부대의 일부를 옮겼고 다른 독일군 부대마저 그 곳으로 긴급 투입했다.

결국 연합군은 롬멜의 판단 착오를 유도함으로써 독일군의 주력 부대를 옆으로 빼돌리는 데 성공했다. 그 계략 덕분에 연합군은 의외로 손쉽게 포위망을 뚫고 위험 지역을 벗어날 수 있었다. 뒤늦게 확인된 사실이지만, 대량 투하된 낙하산에는 연합군 대신 나무로 만든 인형이 매달려 있었다.

* **투하(投下)** : 높은 곳에서 아래로 떨어뜨림. 〈예〉 폭탄을 투하하다.

제16계 욕금고종(欲擒故縱)
느슨하게 풀어 줘라

'욕금고종(欲擒故縱)' 이란 '잡으려거든 잠시 놓아준다' 는 뜻이다. 아무리 연약한 짐승일지라도 막다른 골목으로 몰아넣으면 발악하게 마련이니, 잠시 지켜보다가 결정적인 순간에 처리하는 것이 상책이라는 계략이다. 달아날 구멍도 없이 적군을 추격할 경우 죽기 아니면 살기식의 반격을 초래한다. 따라서 가까스로 도망갈 수 있는 통로를 열어 주어야 한다. 비록 그들이 살아서 도망치더라도 마침내 기세가 떨어질 것이기 때문이다.

추격할 때는 바짝 붙어 몰아붙이지 말고 놓치지 않을 정도의 거리를 유지해야 한다. 그럴수록 그들의 체력은 떨어지고 투지가 없어지기 때문에 병력이 흩어지는 순간을 노려 붙잡아야 한다. 이 같은 계책을 적절히 사용할 수 있다면 피를 흘리지 않고 승리할 수 있다.

'궁지에 몰린 쥐가 고양이를 문다'는 격언이 있듯이, 퇴로를 완전히 차단하고 공격할 때 상대방도 필사적으로 반격해 온다. 오히려 도망갈 길을 열어 주어야 자연스럽게 세력이 약해져 쉽사리 정복된다. 잡으려고 마음먹었을 때 얼마 동안은 느슨하게 풀어 주라는 것, 적군에게 한 가닥의 희망을 주어가며 제압하라는 것이 '욕금고종'의 핵심이다.

제17계 포전인옥(抛磚引玉)
비슷한 것을 내밀어라

포전인옥(抛磚引玉)이란 '벽돌을 던져 옥을 끌어당긴다'는 뜻으로, 미끼를 던져 상대를 유혹하려는 책략이다. 다시 말해, '작은 미끼나 노력으로 큰 이익을 얻는다'는 의미로 해석할 수도 있다. 비슷한 물건이나 조건을 상대방에게 제시함으로써 상대를 유인하여 혼란에 빠뜨리려는 전략이다.

이 전략을 성공시키는 핵심 요령은 미끼를 미끼로 여기지 않게끔 혼란시키는 데 있다. 미끼에 걸려드는 상대편의 입장에서 말한다면, 걸려들지 않기 위해서는 미끼인지 아닌지 분별할 수 있는 정확한 판단력을 지녀야 한다.

기원전 700년, 초(楚) 나라가 교(絞) 나라를 침공했을 때의 일이다. 초 나라의 대신 굴하(屈瑕)가 무왕(武王)에게 이렇게 건의했다.

"비록 교 나라 영토는 작아도 그 군대의 병사들만큼은 보기보다 재빠르게 움직입니다. 행동이 빠를수록 계략은 부족한 편이죠. 땔나무를 짊어진 나무꾼을 산으로 보내 그들을 유혹하는 게 좋겠습니다."

그 건의대로 아무런 보호 조치 없이 나무꾼들을 산으로 올려 보냈다. 예상한 대로 교 나라 군대가 나무꾼들을 모조리 잡아갔다. 다시 이튿날에도 나무꾼으로 변장시킨 초 나라 병사들을 산으로 올려 보냈다.

그랬더니 더 많은 교 나라 병사들이 쏟아져 나와 나무꾼들을 추격했다. 나무꾼으로 위장한 초 나라 병사들은 산 속으로 도망치는 체하다가 매복(埋伏)*한 상태에서 역습을 노렸다. 다른 한편에서 대기하던 초 나라 주력 부대가 역습을 받고 쫓겨 내려오는 교 나라 병사들을 공격했다. 마침내 교 나라 군대는 풍비박산(風飛雹散)*되면서 항복하고 말았다.

그래서 순자는 말한다.

"눈앞의 이익에만 관심을 기울이고 언젠가 닥칠지 모를 손해를 무시하는 일이 없도록 하라."

눈앞에 보이는 이익이 있더라도 그 이면에 숨은 손해를 감안할 만큼 마음의 여유를 늘 지니고 있어야 '포전인옥' 의 계략이 넘어가지 않는다는 충고이다.

---

* 매복(埋伏) : ① 몰래 숨어 있음. ② 적군을 기습하기 위하여 요긴한 곳에 숨어서 기다리는 일. 〈예〉 매복하고 있던 경찰에 붙잡히다.
* 풍비박산(風飛雹散) : 사방으로 날아 흩어짐.

제18계 금적금왕(擒賊擒王)
우두머리를 먼저 잡아라

'금적금왕(擒賊擒王)'이란 '적을 잡기 위해 먼저 임금을 잡는다'는 뜻이다. '활로 사람을 잡으려거든 먼저 그의 말을 쏘고, 적을 잡으려거든 임금을 먼저 잡아라'는 두보(杜甫)의 시에서 비롯되었다.

모든 사물에는 급소(急所)*가 반드시 있게 마련이다. 해결하기 어려운 복잡한 일이 생겨 어디서부터 손을 써야 할지 감이 잡히지 않을 경우, 핵심을 잘 잡아간다면 의외로 간단히 해결되는 수가 있다. 따라서 급소를 먼저 파악한 뒤 그 곳에서부터 실마리를 풀어 나가야 한다. 어느 누구에게나 약점이 있는 만큼 그 약점을 이용하면 교섭이나 설득을 의외로 부드럽게 진전시킬 수 있다.

* 급소(急所) : 명 자리. 사물의 가장 중요한 부분. 드러나기만 하면 치명적인 타격이 될 만한 것.

당(唐)나라 숙종 시절, 장순이 안록산의 부하이자 반란군의 대장인 윤자기를 공격할 때의 일이다. 윤자기의 진영으로 직접 공격해 들어가자 적진은 큰 혼란에 휩싸였다. 장순의 군대는 그 혼란을 틈타 5,000여 명의 반란군을 죽였으나 어느 사람이 윤자기인지 알 도리가 없었다.

장순은 윤자기의 생사(生死)를 알아내기 위해 한 가지 계책을 꾸몄다. 마른나무로 깎은 화살을 쏘아 봤더니 반란군 쪽에서 환호성을 터뜨렸다.

"드디어 장순의 군대에 화살이 떨어졌다!"

그 나무 화살을 맞은 반란군의 병사가 소리치더니 대장에게 보고하러 달려가는 게 아닌가. 그제야 윤자기의 존재를 알게 된 장순이 외쳤다.

"저놈이 윤자기다!"

그 순간 부하 장수가 활시위를 당겼고 화살촉은 윤자기의 왼쪽 눈에 명중했다. 위기에 몰렸다고 판단한 윤자기는 다급하게 도망칠 수밖에 없었다. 그처럼 백만 대군을 공격하는 것보다 한 사람의 대장이나 왕을 잡는 게 훨씬 효과적일 때가 많다.

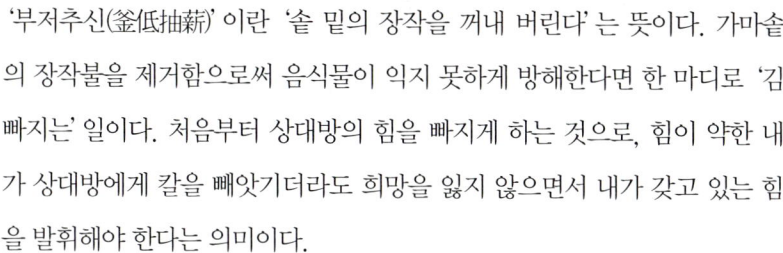

제19계 부저추신(釜底抽薪)
김빠지게 만들어라

'부저추신(釜低抽薪)'이란 '솥 밑의 장작을 꺼내 버린다'는 뜻이다. 가마솥의 장작불을 제거함으로써 음식물이 익지 못하게 방해한다면 한 마디로 '김 빠지는' 일이다. 처음부터 상대방의 힘을 빠지게 하는 것으로, 힘이 약한 내가 상대방에게 칼을 빼앗기더라도 희망을 잃지 않으면서 내가 갖고 있는 힘을 발휘해야 한다는 의미이다.

'가마 밑에서 장작을 빼내는 책략'은 구체적으로 적의 보급로를 차단하거나 적의 사기를 꺾어 버리는 방법 등 두 가지가 있다. 적군과 맞붙어 힘으로 승리할 가능성이 없거든 적군의 사기를 없애 가면서 김을 빼 버리는 방법도 중요한 책략이다.

캄캄한 밤중에 적군들이 기습 공격해 오자 너무 놀란 아군이 갈팡질팡한다. 하지만 대장은 태연하게 침상에 누워 있다. 대장이 그처럼 침착하게 누워 있다는 말을 듣고 아군은 드디어 안정을 되찾는다. 그러다가 진영이 안정되었다고 판단한 장군은 정예 부대를 선발하여 반격에 나선다. 이것이 바로 정면으로 맞서지 않고 적군의 기세를 약화시키는 '부저추신' 전략이다.

사기가 왕성할 때는 적군과 맞붙어 싸워도 좋지만 사기가 떨어지거든 달아나거나 잠시 여유를 부리며 기다리는 게 바람직하다. 그러다 보면 적군의 투지가 약화되기 시작한다. 그 순간부터 상대방의 강점을 약점으로 만들거나 상대방의 취약한 부분을 집중 공격하는 방법도 훌륭한 전략이다.

제20계 혼수모어(混水摸魚)
시야를 흐리게 하라

혼수모어(混水摸魚)란 '물을 휘저어 흙탕물을 만들어 놓고 고기를 더듬어 찾는다' 는 뜻이다. 적군의 시야를 가리어 상황 판단이 어렵게 만든 뒤 공격해야 승리의 가능성이 높아진다는 의미가 될 것이다. 적군의 내부에서 발생한 혼란을 이용하여 힘을 약화시키고 갈팡질팡하는 순간을 노리는 책략이다.

제2차 세계대전의 말기 때였다. 독일군에게 전세가 날로 불리해지자 히틀러는 하나의 책략을 사용했다. 프랑스 국경 근처 언덕에 수십만 명의 병사와

2천여 대의 전차(戰車)를 집결시켜 총반격을 시도했다. 그 때 영어를 유창하게 구사하는 장병 2천여 명을 선발하여 미군 군복을 입힌 뒤 미군의 후방으로 침투시켰다. 이른바 교란(攪亂)* 작전이었다. 이 작전은 그대로 적중했고, 미군의 지휘 계통을 큰 혼란에 빠뜨릴 수 있었다.

* **교란(攪亂)** : 뒤흔들어 어지럽게 함.

제21계 금선탈각(金蟬脫殼)
감쪽같이 사라져라

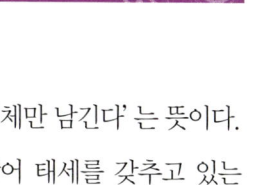

'금선탈각(金蟬脫殼)'이란 '매미가 허물을 벗듯이 형체만 남긴다'는 뜻이다. 진지(陣地)*의 원형을 그대로 보존하면서 튼튼히 방어 태세를 갖추고 있는 것처럼 위장하다가, 적군이 갈피를 잡지 못할 때 주력 부대를 아무도 모르게 다른 곳으로 이동시키는 전략이다.

마치 '매미가 살그머니 허물을 벗고 날아가는 모습과 비슷하다' 하여 '금선(金蟬)이 허물을 벗는다'는 식으로 이름 붙인 것이다. 예컨대, 자객(刺客)*이 어두울 때 침투하여 잠자고 있는 사람의 목을 내려치자, 사람의 목이 아니고 인형이나 베개만 자르는 경우처럼 상대를 감쪽같이 속이는 계략이다.

진지를 강화하여 끝까지 싸울 태세를 갖추는 것처럼 보이면서, 상대가 움직이지 못하는 순간을 노려 주력 부대를 은밀히 이동시키는 병법이다. 이 때는 아군의 다른 부대도 모르게 정예 부대를 전혀 엉뚱한 곳으로 옮겨 또 다른 적을 습격한다.

이 금선탈각의 계략은 무사히 철수해야 할 상황에도 적절히 응용한다. 제갈 공명이 오장원에서 전사하자 강유는 제갈 공명의 시신을 거두어 촉(蜀)나라로 철수하기 시작했다. 위(魏) 나라의 사마 의에게 추격을 당하자 양의에게 명령하여 말머리를 돌리고 북을 울려 사마 의와 맞서 싸우는 것처럼 보이게 했다. 이 때 사마 의는 분명히 어떤 계략이 있을 것이라고 짐작했지만 물러설 수밖에 없었다. 강유와 양의는 그 순간을 노려 진지를 거두고 순조롭게 철수할 수 있었다.

* 진지(陣地) : 전투 부대의 공격이나 방어를 위한 준비로 구축해 놓은 지역. 〈예〉 진지를 사수하다.
* 자객(刺客) : 어떤 음모에 가담하거나 남의 사주를 받고 사람을 몰래 찔러 죽이는 사람.

제22계 관문착적(關門捉賊)
문을 닫고 잡아라

'관문착적(關門捉賊)' 이란 '문을 닫아걸고 도적을 잡아라' 는 뜻으로 16계인 '욕금고종(欲擒故縱)' 의 '잡으려거든 놓아주어라' 와 반대되는 개념이다. 상황에 따라 적의 퇴로를 차단하는 술책으로서 사실상 포위 작전에 해당한다.

세력이 약한 적군을 만났을 때는 적극적으로 포위하여 섬멸(殲滅)*해야 한다. 뿔뿔이 흩어져 도망가는 적군을 너무 깊숙이 추격할 경우 불리해질 수도 있다. 그들이 유인 전술을 쓰지 않을까 의심스럽고 두렵기 때문이다. 특히 '문을 닫아걸라'는 것은 도망친 그들이 반격할까 두려워서가 아니라, 그들이 다른 적에게 잡혀 이용될까 우려되기 때문이다.

적군을 추격할 때는 복병(伏兵)*에 걸리지 않도록 주의하면서 완벽하게 포위하여 철저히 분쇄해야 한다. 그렇지 못할 경우, 적의 교란 작전에 휘말려 깊은 타격을 입게 될 뿐만 아니라 아군에게 심리적으로 나쁜 영향을 미친다.

징기즈칸은 적을 철저히 격파했고 중도에 포기한 사례가 없었다. 성곽을 비롯해 도시, 마을, 들판 등을 가리지 않고 완전히 초토화(焦土化)*시켰다. 적이 힘으로 저항해 오면 저항력이 완전히 없어질 때까지 철저히 쓸어 버렸던 것이다.

* 섬멸(殲滅) : 남김없이 무찔러 없앰. 〈예〉 적을 섬멸하다.
* 복병(伏兵) : ① 적이 쳐들어오기를 숨어 기다렸다가 갑자기 습격하는 군사, 또는 그 군사를 숨기는 일. ② '뜻밖의 장애가 되어 나타난 경쟁 상대'를 뜻하는 말. 〈예〉 예기치 않은 복병을 만나 당황하다.
* 초토화(焦土化) : 초토로 변하거나 초토로 만듦.
 - 초토(焦土) : 까맣게 탄 흙이나 땅. 불타 없어진 자리나 남은 재.

제23계 원교근공(遠交近攻)
가까운 곳을 먼저 쳐라

'원교근공(遠交近攻)'이란 '멀리 있는 나라와 손을 잡고 가까이 있는 나라를 공격하라'는 뜻이다. 이 전법은 예로부터 여러 나라가 대결하던 상황에서는 가장 유효한 책략으로 여겨졌다.

군사 목표가 지형적으로 제약을 받을 때는 가까이 있는 적을 먼저 공격하는 것이 유리하고 먼 곳의 적을 공격하는 것은 불리하다. 먼 곳에 군대를 파견하는 것은 고생한 데 비하여 실적이 적은 편이다. 그 같은 관점에서 멀리 있는 나라와 동맹 관계를 맺음으로써 가까이 있는 나라를 먼저 공격하는 전략이 애용되었다. 점차로 세력권을 확대하는 전략만이 적은 노력으로 많은 효과를 올릴 수 있었기 때문이다.

이 계책을 가장 멋지게 활용한 것이 진(秦) 나라의 시황제였다. 그는 한(韓)·조(趙)·위(魏)·초(楚)·연(燕) 나라 등 가까운 나라부터 차례로 공략했고, 마지막으로 제(齊) 나라를 멸망시킴으로써 천하 통일을 이룩할 수 있었다.

제24계 가도벌괵(假途伐虢)
남의 길을 빌려라

'가도벌괵(假途伐虢)'이란 '남의 길을 빌려서 괵(虢)을 친다'는 뜻이다. 춘추전국시대 때 우(虞)·괵(虢)·진(晉) 세 나라가 서로 인접해 있었다. 그 중에서 가장 강한 진 나라가 괵 나라를 치기 위해 우 나라의 땅을 밟고 진군했다. 결국 나중에는 괴 나라도 우 나라처럼 진 나라의 침공을 받아 멸망했다. 그래서 후세 사람들은 국력이 약한 두 나라를 눌러 패권을 차지하는 것을 '가도벌괵'이라고 불렀다.

두 강대국 사이에 약소국이 끼어 있다고 치자. 한 강대국이 다른 강대국을 공격할 때 중간에 끼어 있는 약소국의 길을 거쳐야 한다. 이 경우 약소국을 통과하면서 어떤 조건이나 사탕발림을 해야 한다. 그리고는 공격이 성공하면 돌아오는 길에 약소국마저 점령해 버린다.

강자가 약자를 삼키는 전쟁은 마음만 먹으면 그리 어려운 일이 아니다. 정작 중요한 문제는 어떻게 능률적으로 대의 명분을 훼손하지 않고 대처하는가에 달려 있다. 상대방이 도저히 혼자 버틸 수 없어 원조를 요청해 올 때가 기회이다. 이 때야말로 지체 없이 군사를 보내서 영향력을 확대한 뒤 기회가 되면 삼켜 버린다. 역사적으로도 강한 나라가 약한 나라를 도와 주는 척하다가 삼켜 버린 사례가 적지 않다.

'가도벌괵' 책략은 우리에게 크나큰 교훈을 던진다. 어떤 목표를 달성하기 위해서는 주변의 세력을 내게 협조하도록 만들어야 한다는 점이다. 이 책략을 쓰기가 곤란할 경우에는 주변 사람들이 적대감을 갖지 않도록 분위기를 조성해 나가야 한다.

제25계 투량환주(偸梁換柱)
허수아비로 만들어라

'투량환주(偸梁換柱)'란 '대들보를 빼내어 기둥으로 삼는다'는 뜻이다. 대들보는 건물에서 상당히 중요한 부분이나 상황에 따라 빼내어 기둥으로도 사용해야 한다는 논리이다. 다시 말해, 동맹군과 지원군을 속이거나 일부러 함정에 빠뜨려 혼란을 조성한 뒤 기회를 엿보다가 손아귀에 넣는다는 전략이다. 일반적인 상식과 윤리를 뛰어넘어 은혜를 원수로 갚는 짓이다. 역설적으로 말해, 지도자들은 이러한 전략에 말려들지 않도록 내부 관리를 철저히 해야 한다.

진(秦) 나라 시황제가 원교근공(遠交近攻) 책략을 구사하여 천하를 평정한 것은 앞에서도 언급한 바 있지만, 그는 마지막으로 제(齊) 나라를 멸망시킬 때 후승(后勝)이라는 제(齊) 나라의 실력자를 매수한 다음 계속 내부 간첩을 만들어 감으로써, 싸움을 시작하기도 전에 제 나라를 허수아비로 만들어 버렸다. 상대국의 대들보가 될 만한 주요 인물들을 차례로 농락해 가면서 이웃 나라를 삼켜 버린 것이다.

제26계 지상매괴(指桑罵槐)
간접적으로 압박하라

'지상매괴(指桑罵槐)'란 '뽕나무를 가리키며 홰(회화)나무*를 매도(罵倒)하라'는 뜻이다. A라는 사람을 비판하고 싶은데 맞대 놓고 비판할 수 없는 경우가 있다. 그 때는 A 대신 B를 꾸짖음으로써 간접적으로 A를 비판한다. 시어머니가 며느리 듣는 앞에서 며느리를 빗대어 시누이를 꾸짖는 것과 유사한 전략이다. 약한 상대를 먼저 때려눕힘으로써 강한 상대의 기를 꺾는 수법도 비슷한 개념으로 이해할 수 있다.

약한 자를 복종시키려면 겁을 먹도록 강력하게 경고해야 한다. 복종을 거부하는 사람들을 데리고 적과 싸워야 할 경우, 물질적으로 회유하는 방법은 역효과를 낼 가능성이 높다. 그럴 때는 쓸데없는 오해를 만들어 심하게 꾸짖음으로써 은근히 경고한다. 그 경고는 마침내 복종을 이끌어 낸다.

예컨대, 직장 내의 부장이 자기 밑의 과장을 꾸짖지 않고 전혀 관련 없는 다른 과장을 심하게 나무란다. 자기 밑의 과장이 들어 보라는 의도에서 꾸미는 계략이다. 상대방을 직접적으로 공격하거나 비난하지 않고 제삼자에게 화살을 돌려 자기가 뜻하는 바를 관철하는 방식이다. 간접적으로 경고하거나 압박하여 충성을 이끌어 내는 수법으로도 이용된다.

'지상매괴' 책략은 우호적인 관계를 유지하는 나라나 부하를 다루는 책략으로서 즐겨 이용되고 있다. 이웃 나라를 정면으로 비판하다가는 배반당할 염려가 있고, 부하의 면전에서 야단을 쳐 봤자 효과가 나지 않을 수가 있다. 그와 같은 때는 차라리 상대방이 알아차릴 수 있도록 간접적으로 비판하거나 꾸짖는 쪽이 훨씬 효과적이라는 말이다.

* 회화나무 : 콩과의 낙엽 교목. 목재는 건축이나 가구에 쓰고 꼬투리는 약으로 씀. 괴목(槐木). (준말)홰나무.
* 매도(罵倒) : 몹시 욕하며 몰아세움.

제27계 가치부전(假痴不癲)
어리석은 척하라

'가치부전(假痴不癲)' 이란 '어리석은 척 처신하라' 는 뜻이다. 제대로 알지도 못하고 무슨 일이든 할 줄도 모르는 것처럼 처신해야 한다는 의미이다. 일부러 빗나가게 주먹을 휘두른 뒤 몸을 잽싸게 피하면서 양발 차기로 상대의 무릎을 부러뜨리는 '허실(虛實)* 전법' 과 같은 계략이다.

함부로 지껄이며 경거망동(輕擧妄動)* 하기보다는 차라리 바보인 척하면서 행동을 삼가는 편이 훨씬 낫다. 마음속으로는 치밀한 계산을 하면서도 밖으로 나타내지 않아야 한다. 다시 말해, 바보 시늉을 하면서 상대가 방심하도록 유도하는 것이다.

소위 복지부동으로 기회를 엿본다는 책략이다. '복지부동(伏地不動)' 이란 '땅에 엎드려 움직이지 아니한다' 는 뜻으로 '마땅히 해야 할 일을 하지 않고 몸을 사림' 을 비유하여 이르는 말이다.

* 허실(虛實) : 거짓과 참. 허(虛)함과 실(實)함. 〈예〉 승리하려면 상대의 허실을 읽어라.
* 경거망동(輕擧妄動) : (깊이 생각하지도 않고) 경솔하게 함부로 행동함, 또는 그런 행동.

어떤 시장에서 장사를 무척 잘 하기로 소문난 건어물 장수가 있었다. 그는 사실 어리석지 않으면서 어리석게 보였으나 미친 짓은 결코 하지 않았다. 하지만 남보다 장사를 더 잘하는 비결은 오직 한 가지였는데, 어수룩한 척하며 마른 생선을 한두 마리 더 얹어 주는 것뿐이었다.

 예컨대, 새끼줄에 양미리*를 엮어도 한두 마리를 더 넣고, 조기 열 마리를 팔면서도 작은 것을 한 마리 더 집어 주었다.

 "셈이 서투네요. 한 마리가 더 왔거든요."

 그 때마다 건어물 장수를 안쓰럽게 여기며 다시 돌려주는 사람이 많았다.

 "손님의 손에 이미 넘어간 걸 어쩝니까. 그냥 가져가세요."

 일부러 아깝다는 표정을 지으면서도, 그 건어물 장수는 결코 돌려 받지 않았다. 생색을 내며 한두 마리 더 얹어 줄 때는 별로 고마워하지 않던 사람들이, 엉겁결에 더 받은 것을 확인할 때는 어딘가 반응이 달랐다. 셈을 잘못하여 한 마리가 더 왔을 경우, 그 상인에 대한 미안함과 더불어 뜻하지 않게 횡재했다는 생각을 갖게 되어 그 가게로 계속 몰리게 되는 것이다.

> * **양미리** : 양미릿과의 바닷물고기. 몸길이 15cm 가량. 몸은 가늘고 길며 배지느러미가 없음. 몸빛은 등이 갈색이고 배는 은백색임. 우리나라 동해와 일본 근해에서 많이 잡히며, 말려서 멸치 대신 쓰기도 함.

 조조의 뒤를 이어 위(魏) 나라를 호령하던 사마 의는 제갈 공명이나 조조에 버금가는 책략가였다. 사마 의도 한때는 병권(兵權)*을 조상(曹爽)에게 빼앗기고 밀려난 적이 있었다. 고향에 내려와 기회만 노리고 있자니까 그의 잠재력(潛在力)*에 불안을 느낀 조상이 동태를 살피기 위해 사람을 보냈다. 사자가 온다는 소식을 들은 사마 의는 중병을 앓고 있는 늙은이처럼 처신하며 세상일에 전혀 관심이 없는 척했다.

 재기 가능성이 없다고 확신한 조상은 사마 의에 대한 경계를 풀고 황제를 따라 사냥을 떠났다. 이 틈을 노린 사마 의는 군사 반란을 일으켜 병권을 되찾는 것은 물론 스스로 황제의 자리에 올랐다. 사마 의는 이 전략을 출발점으로 삼아 10여 년 뒤 위(魏) 나라를 뒤엎고 진(晉) 나라를 세우게 된다.

* 병권(兵權) : 군을 편제하여 통수할 수 있는 권능. 통수권. 〈예〉 병권을 장악하다.
* 잠재력(潛在力) : 겉으로 드러나지 않고 속에 숨어 있는 힘.

노자는 말한다.

"지도자는 슬기로운 계책을 깊이 숨기고 있다. 따라서 겉으로 보기에는 바보로 보일 수 있다. 그런 사람이 이상적인 지도자이다."

뛰어난 지도자들은 대부분 자신의 재능을 자랑하거나 함부로 나대지 않는다. 은인자중(隱忍自重)하다가 기회가 왔다고 판단되면 망설이지 않고 행동한다.

* 은인자중(隱忍自重) : 마음속으로 참으며 몸가짐을 신중히 함. 〈예〉 아무쪼록 은인 자중하소서.

제28계 상옥추제(上屋抽梯)
올려놓고 흔들어라

'상옥추제(上屋抽梯)'란 '지붕 위에 올려놓고 사다리를 치운다'는 뜻이다. 아군이 지리멸렬(支離滅裂)* 한 상황에 빠진 것처럼 위장하면서 적에게 좋은 조건을 만들어 주고 아군 쪽으로 깊숙이 들어오도록 유도한다. 그리고는 적군 부대의 앞뒤를 단절시켜 주력 부대를 함정에 빠뜨린다. 일부러 허점을 보임으로써 적을 끌어들이고 후속 부대와 단절시켜 무찌른다는 책략이다.

'상옥추제'는 제22계 관문착적(關門捉賊)과 엇비슷한 개념이다. 하지만 제22계는 아군 내부로 침투한 적의 퇴로를 철저히 차단하여 하나도 남김없이 쳐부수는 책략이다. 반면에 28계는 적군을 높고 위험한 곳에 오르도록 유인한 뒤 사다리를 철거하고 공격한다는 점이 다르다. 22계는 나무에 올라간 적을 잡는 계책이고, 28계는 나무에 올라가도록 유인하여 흔드는 계략이다.

* 지리멸렬(支離滅裂) : 이리저리 흩어지고 찢기어 갈피를 잡을 수 없음.

제29계 수상개화(樹上開花)
겁을 먹게 하라

'수상개화(樹上開花)'란 '나무 위에 꽃을 피운다'는 뜻이다. 꽃이 만발한 나무는 너무도 호화롭게 보이니 사람들의 눈을 어지럽게 만들 수 있다. 이와 같은 관점에서 착안하여 깃발이나 창·칼·북 등을 동원하는 등의 방법으로 대규모 병력이 모인 것처럼 혼동시키는 책략이다.

남의 병력을 빌어 진지를 구축하면 변변찮은 병력으로도 막강한 대군처럼 보이게 할 수 있고, 아군의 진지에 정예 부대를 배치하여 적을 압도할 수도 있다. 아군이 소수이거나 열세일 때 쓰는 책략으로, 적은 물론 동맹국을 상대로 주도권을 잡기 위한 수단으로 이용한다.

상대방에게 겁을 주기 위해 없으면서도 있는 것처럼 행세하고 약하면서도 강한 것처럼 보여야 할 때가 있다. 예컨대, 죽은 나무에 조화를 매달아 마치 살아 있는 나무처럼 보이는 술책도 필요하다는 것이다.

제30계 반객위주(反客爲主)
주인의 자리를 차지하라

'반객위주(反客爲主)'란 '주인과 손님의 위치를 바꾼다'는 뜻이다. 초대된 손님의 입장에서 겸손하게 처신하다가 차츰차츰 주인의 자리를 차지해 가는 전략을 의미한다. 이 상황은 마치 수레가 앞에 있고 말이 뒤에 있는 꼴이며, 손님이 앞에 있고 주인이 뒤에 있는 격이다.

사실적인 예를 들어 보자.

상대방의 빈틈이 생기거든 그 집 대문 안으로 한 발을 들여놓았다가 기회를 엿보기 시작한다. 처음엔 손님의 자격으로 수많은 경쟁자들과 자리를 다투다가 겨우겨우 말석(末席)*을 차지한다. 그 다음엔 다시 빈틈을 노려야 한다. 그러던 중에 다시 빈틈이 생길 때 한 발 더 들여놓는다. 조금 자리가 넓어지면 그 때는 야심을 품고 수뇌부(首腦部)*를 장악한다. 그 뒤엔 마침내 주인이 된다. 주인이 되고 나서는 힘을 유지하기 위해 남의 군대를 편입시킨다.

중국 전한(前漢)의 창시자이자 초대 황제인 유방의 책략은 전형적인 '반객위주'였다. 자기 세력이 항우의 상대가 되지 않았을 때는 자신을 한없이 낮추었다. 항우를 깍듯이 섬김으로써 신뢰를 받아 가며 차츰차츰 세력을 갉아먹었다. 그러다가 유방은 한판 승부를 펼쳤고 마침내 항우를 멸망시켰다.

'반객위주' 책략에 넘어가지 않으려면 담담한 마음으로 상대방을 관찰해야 한다. 조급하게 서두르다가는 실패하기 쉬운 책략이기 때문이다.

* **말석(末席)** : ① 모임 따위에서 지위가 낮은 사람이나 손아랫사람이 앉는 아랫자리. 〈반대말〉 상석(上席). ② 맨 끝의 자리. 〈반대말〉 수석(首席). ③ 낮은 지위.
* **수뇌부(首腦部)** : 어떠한 조직이나 집단 등에서 중요한 자리에 있는 간부들.

제31계 미인계(美人計)
미인계를 써라

'미인계(美人計)'란 '얼굴이 예쁜 여성을 앞세워 남을 꾀는 계략'이다. 막강한 군사력과 지혜로운 장수를 많이 보유한 나라와 전쟁을 벌일 경우 국가의 운명이 위태로워진다. 어쩔 수 없이 강대국의 왕을 섬겨야 한다. 이 때 아름다운 여자를 보내어 왕의 마음을 사로잡거나 혼란스럽게 만드는 것도 한 훌륭한 수법이다.

제1차 세계대전 당시 수많은 전투의 승패를 갈라놓은 여간첩 마타 하리는 세계 스파이 사상 가장 유명한 '미인계'였다. 그녀가 그처럼 헌신적으로 첩보 활동을 벌인 것은 애인인 독일군 장교를 위해서였다고 한다. 해방 직후 미 군정청 고문관의 첩이 되어 기밀을 빼내다 잡혀 처형된 여간첩 김수임도 애인 이강국의 부탁을 받고 행동한 경우였다. 두 여성 모두 '미인계' 책략의 희생자들이었다.

중국 춘추시대 때 월(越) 나라의 미인 서시(西施)도 미인계의 대표적인 인물로 꼽힌다. 춘추시대 말기에 오(吳) 나라 왕 부차(夫差)에게 패배한 월 나라 왕 구천(勾踐)은, 부차가 호색가(好色家)인 사실을 알고 미인계를 써서 복수하려고 계략을 꾸몄다. 가신(家臣) 중의 하나인 범려를 시켜 저라산(苧蘿山)에서 나무를 팔고 있던 미녀 서시를 데려다가 여러 가지 기예(技藝)를 가르친 뒤 오 나라에 보냈다. 부차가 신하들의 만류를 듣지 않고 서시를 사랑하는 바람에 오 나라 멸망의 한 요인이 되었다고 한다.

제32계 공성계(空城計)
성을 비운 것처럼 보여라

'공성계(空城計)'란 '성을 비운 것처럼 보인다'는 뜻이다. 현재 거느린 병사들이 적거나 진지가 비었을 때는 철저히 빈 것처럼 보이게 만드는 책략이다. 그럴 때면 도저히 믿을 수 없는 상황 앞에서 적군은 망설일 수밖에 없다. 아무리 머리를 굴려도 상대방과 싸울 능력이 없으니 상상하기 어려운 책략을 쓰는 것이다. 때로는 성을 비운 듯 방심하는 척하다가 쳐들어오는 적을 일망타진(一網打盡)하는 방법도 활용할 수 있다.

'공성계'는 철저히 비워 둠으로써 적을 혼란에 빠뜨리는 심리전의 극치이다. 허허실실 속임수가 최고조로 발휘된 전법이라고 할 수 있다. '허허실실(虛虛實實)'이란 적의 허(虛)를 찌르고 실(實)을 꾀하는 등, 서로 계략을 다하여 싸우는 것이다.

소설 〈삼국지연의〉에는 제갈 공명이 '공성계'로 사마 중달의 대군을 퇴각시킨 상황이 묘사되어 있다. 중달의 대군이 밀려왔을 때 공명은 성문을 모조리 열어 놓고 도사처럼 성루(城樓)*에 올라가 한가롭게 거문고를 타면서 적군이 오기를 기다렸다.

"꾀 많은 공명이 어딘가에 복병을 숨겨 놓았음에 틀림없어."

사마 중달은 넘겨짚을 수밖에 없었고 서둘러 군사를 철수시켰다. 이처럼 일부러 무방비 상태인 것처럼 보임으로써 적의 판단을 현혹시키는 작전이 '공성계'이다. 이 책략은 제29계 '수상계화(樹上開花)'의 정반대 심리를 찌른 것이다.

* 성루(城樓) : 성곽의 곳곳에 세운 다락집. 성각(城閣).

제33계 반간계(反間計)
이간시켜라

'이간(離間)'이란 '두 사람 사이에 서로 헐뜯게 하여 등을 돌리게 만드는 것'을 말한다. '반간(反間)'이란 '아군을 이간시키려는 적군의 책략을 역이용하여 적군을 거꾸로 이간시키는 것'이다. '반간계(反間計)'란 '아군에 침투하여 암약(暗躍)*하는 적군의 간첩에게 거짓 정보를 흘리는 혼란 작전'을 말한다. 다시 말해, 적의 첩자를 역이용하여 적의 판단을 현혹시키는 것이 반간계의 핵심이다.

적의 첩자에게 허위 정보를 흘려서 상대를 혼란시키려면 간첩을 매수하거나 전혀 눈치를 채지 못한 척 행동해야 한다. 그 어느 방법을 취하든 절묘하게 머리를 쥐어짜야 승리할 수 있다.

* **암약(暗躍)** : (남의 눈을 피하여) 몰래 활동함. 암중 비약(暗中飛躍).

제34계 고육계(苦肉計)
고통을 딛고 일어서라

'고육계(苦肉計)'란 '내 몸을 괴롭혀 남들이 믿게 한다'는 뜻이다. 어떤 사람이든 자기 몸을 상하게 하는 짓을 하지 않으니, 크게 다쳤다면 반드시 사실이라고 믿게 마련이다. 허위를 진실로 만들고 진실을 허위로 만들어 적이 믿을 수 있게 할 수 있다면, 이 같은 계책은 그만큼 성공률이 높아진다.

일반적으로 '고육지계(苦肉之計)'란 말이 더 폭넓게 쓰인다. 적을 감쪽같이 속이기 위해서, 또는 어려운 사태를 벗어나기 위한 수단으로 제 몸을 괴롭히면서까지 짜내는 계책을 말한다. 괴로운 나머지 어쩔 수 없이 쓰는 계책이며, '고육지책(苦肉之策)' 또는 '고육책(苦肉策)'이라고 말하기도 한다.

이미 패배한 상황이거나 지극히 불리한 환경과 맞닥뜨렸을 때 쓰는 계책이다. 패배를 반전시켜 승리로 이끌거나 불리한 조건을 역이용하여 유리하게 만들기는 매우 어렵다. 승부의 세계에서는 어쩌다 운이 없어 패색이 짙어지는 사례가 적지 않다. 하지만 그럴수록 끝까지 포기하지 않고 아주 작은 승리 가능성까지도 찾아보아야 한다. 그러한 관점에서, 이른바 기사회생(起死回生)*의 책략이 담겨 있는 것이다.

* **기사회생(起死回生)**: '중병으로 죽을 뻔하다가 다시 살아나거나, 죽음에 임박한 사람을 되살린다'는 뜻이다. 춘추시대 때의 일이다. 월(越) 나라가 오(吳) 나라 왕 합려에게 부상을 입혔음에도 그 아들 부차가 이를 용서했고, 오 나라가 승리했을 때는 오 나라의 합려가 은혜를 베풀었다. 그 때는 월 나라 왕 구천이 말했다. '오 나라 왕의 은혜는 월 나라의 죽은 사람을 일으켜서 백골에 살을 붙인 것과 같다.' 이 고사에서 비롯된 고사 성어가 바로 '기사회생'이다.

소설 '삼국지'에 나오는 적벽의 대전은 위(魏) 나라 조조를 상대로 오(吳) 나라 주유(周瑜)와 촉(蜀) 나라 유비의 연합군이 사투를 벌인 상륙 작전이었다. 이 전투의 승패를 결정지은 것이 오 나라의 노장(老將) 황개(黃蓋)의 '고육계'였다.

"조조의 대군을 도저히 이길 수 없으니 항복하는 게 좋을 것 같소."

작전 회의에서 황개가 비장한 어조로 말했다.

"저놈을 당장 처형하라!"

황개의 말이 채 끝나기도 전에 주유가 호통쳤다. 곧이어 황개는 수많은 사람들이 지켜보는 자리에서 곤장을 맞아야 했다. 살갗이 터져 유혈이 낭자(狼藉)*할 정도로 처절한 형벌이었다. 몸져누워 있던 황개는 심복 부하를 시켜 거짓 항복 편지를 조조에게 전했다. 편지를 읽어 본 조조는 조금도 의심하지 않았다. 오 나라 군부에 박혀 있다가 자초지종을 지켜본 간첩들이 보낸 보고서의 항복 이유와 너무도 일치했기 때문이다.

그 뒤 황개는 거짓으로 귀순할 뜻을 조조에게 전하고, 안개 자욱한 초저녁에 강가로 접근하여 위 나라의 배에 불을 질렀다. 그 때문에 위나라 군사는 대혼란에 빠지고 말았으며, 조조 자신도 겨우 목숨을 건져 도망칠 수 있었다.

그 당시 황개가 조조를 감쪽같이 속이기 위해 자기 몸에 상처를 내던 책략이 바로 '고육계'이다. 뒤늦게 이 사실을 알게 된 조조가 쓴 미소를 지으며 한 마디 뱉었다.

"황개, 그 사람. 자기 몸에 고통을 주는 고육지책을 쓰지 않고는 천하의 조조를 속일 방법이 없었겠지."

* 낭자(狼藉)하다 : (물건 따위가) 마구 흩어져 있어 어지럽다.

전국시대 정(鄭) 나라의 무공(武公)이 호(胡) 나라를 정벌할 때의 일이다. 먼저 자기 딸을 호 나라의 왕에게 시집을 보낸 뒤, 호 나라를 치자고 주장하는 부하를 죽여 안심시켰다. 그리고는 방비가 소홀해진 틈을 노린 기습 공격으로 호 나라를 멸망시켰다.

유방과 항우가 천하를 두고 싸울 때의 일이다. 유방은 제(齊) 나라를 공략하기 위해 부하를 보내 항복할 의사를 내비쳤다. 그 투항(投降)* 의사를 믿어 버린 제 나라는 방비를 소홀히 했다. 이 때를 노려 한신(韓信)이 제 나라를 침공했다.

제 나라 왕은 속았다는 사실에 분노하여 유방의 부하를 가마솥에 넣어 삶아 죽였다. 그 부하는 결국 유방의 '고육계'에 희생된 셈이었다. 사랑하는 아내나 자식들, 총애하는 부하를 희생시킨 사례도 얼마든지 있다. 승부를 걸기 위해 '고육계'를 써야 했던 그 당시 지도자들의 집념은 그토록 끈질겼다.

* **투항(投降)** : 적에게 항복함. 〈예〉 투항을 권고하다.

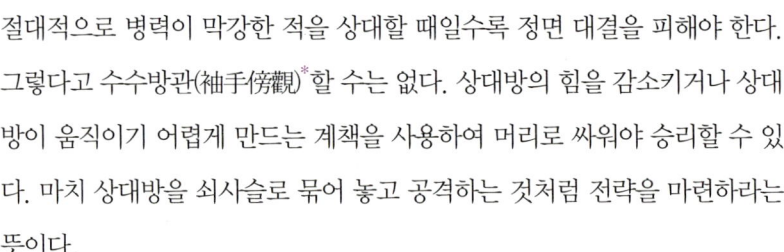

제35계 연환계(連環計)
움직이지 못하게 하라

절대적으로 병력이 막강한 적을 상대할 때일수록 정면 대결을 피해야 한다. 그렇다고 수수방관(袖手傍觀)*할 수는 없다. 상대방의 힘을 감소시키거나 상대방이 움직이기 어렵게 만드는 계책을 사용하여 머리로 싸워야 승리할 수 있다. 마치 상대방을 쇠사슬로 묶어 놓고 공격하는 것처럼 전략을 마련하라는 뜻이다.

이미 알고 있는 것처럼, 적벽 대전은 위(魏) 나라 조조를 상대로 오(吳) 나라 주유(周瑜)와 촉(蜀) 나라 유비의 연합군이 사투를 벌인 상륙 작전이었다. 그 당시 벌어진 전략의 하나가 '연환계(連環計)'였다

유비의 부하인 방통(龐統)은 한때 제갈 공명과 어깨를 나란히 할 만한 재주를 지닌 인물로 평가받았다. 다음과 같은 전략이 성공한 뒤부터였다고 한다. 촉 나라의 방통은 적벽 대전에서 위 나라의 조조에게 거짓으로 항복한다. 그리고는 조조와 함께 강변을 둘러본다. 오 나라를 공격하기 위해 양쯔 강에 띄운 위 나라의 배들을 살펴보고 나서 조조에게 말한다.

"촉 나라 병사들이 저 배 위로 투항해 올 때 흔들리면 곤란합니다. 그들은 육군이기 때문에 심한 배 멀미를 할 게 뻔합니다. 배의 흔들림을 방지하려면 서로 묶어 놓아야 합니다."

연합군이 위 나라를 기습하여 배들을 불태울 때 손쉽게 하기 위한 음모였다. 하지만 이 같은 음모를 알 길이 없던 조조는 고개를 끄덕였다. 머잖아 촉(蜀) 나라의 황개가 식량을 지닌 병사들과 함께 투항할 것임을 철석같이 믿었던 조조는 방통의 건의대로 할 수밖에 없었다. 육군의 배 멀미를 줄이기

위해 배와 배를 쇠사슬로 엮어 놓았다.

이윽고 밤이 되자 안개 속을 뚫고 양쯔강을 건너오는 배들이 보였다. 촉나라의 황개가 약속한 대로 식량과 병사들을 실은 배가 오는 것으로 착각한 조조는 뛸 듯이 기뻐했다. 하지만 난데없는 불화살이 비 오듯 쏟아졌고, 단단히 묶인 조조의 배들은 때마침 불어오는 동남풍에 속수무책(束手無策)으로 당해야 했다. 조조로서는 일생 일대의 가장 치욕적인 패배였다.

* **수수방관(袖手傍觀)** : (팔짱을 끼고 바라만 본다는 뜻으로) '응당 해야 할 일에 아무런 간여도 하지 않고 그대로 버려 둠'을 이르는 말. 〈예〉 수수방관할 수 없는 정치 문제.

송(宋) 나라 때, 북방의 금(金) 나라와 싸워 수많은 공을 세운 장군 필재우에 관한 이야기다. 술수가 뛰어나기로 유명했던 그는 적군과 마주치자마자 적군을 유인하기 위해 전진과 후퇴를 여러 번 반복했다. 적을 이리저리 몰고 다니며 하루 종일 골탕먹이다가 해질 무렵이 되자 본격적인 계략을 준비했다.

필재우가 지휘하는 병사들은 미리 준비한 볶은 콩을 땅바닥에 뿌린 뒤 공격하는 척하다가 후퇴해 버렸다. 그 때였다. 강력하게 밀고 오던 적군이 한순간 멈추어 버렸다. 하루 종일 굶주린 말들이 콩 냄새를 맡자마자 흩어진 콩을 핥아먹느라고 아무리 채찍질을 해도 움직이지 않았던 것이다. 심지어 그 콩에는 말이 좋아하는 향료까지 뿌려 놓았다고 한다.

필재우는 그 날 대군을 이끌고 지리멸렬해진 적군을 반격함으로써 대승을 거두었다. 굶주린 말과 볶은 콩을 서로 묶어 놓고 공격했으니 그게 바로 '연환계(連環計)'의 하나였던 것이다.

제36계 주위상(走爲上)
도망치는 게 상책이다

전투를 하던 중에 불리하다고 판단되면 도망치는 것이 상책이다. 병법 삼십육계(三十六計)의 마지막 제36계야말로 '줄행랑이 최고'라는 명언과 통한다. 적군에 비하여 현저한 열세일 경우, 아군 병사들이 모두 적군의 공격을 피해 달아나야 손실을 입지 않는다는 뜻이다. '삼십육계 줄행랑'이 정상적인 병법에 어긋난다고 생각하여 무리하게 맞붙어 싸울 경우 대패(大敗)를 면치 못할 것이기 때문이다.

손자는 말한다.

"병력이 열세하면 물러나고 승산이 없으면 싸우지 않아야 한다."

패색이 짙은 상황에서는 일단 후퇴하여 살아남아야 한다. 적에게 항복하여 목숨을 구걸하거나 평화 조약을 요청하는 것보다 백 번 낫다. 일단 물러나서 전력을 보강하여 언젠가 반드시 다시 일어서면 되기 때문이다. 그런 의미에서 용기 있게 후퇴할 줄 아는 장수야말로 참다운 지도자라고 말할 수 있겠다.

병법서 〈삼십육계〉의 밑바닥에는 '싸우지 않고 이겨야 한다'는 중국식 병법 사상이 알게 모르게 흐르고 있다. 그럼에도 불구하고 적에게 항복하거나 달아나지 않으려면 평소에 힘을 길러야 한다는 충고도 담겨 있다. 힘이 없는 사람에게는 아무리 절묘한 책략을 앞세워도 소용이 없다. 힘을 길렀을 때만이 비로소 〈삼십육계〉를 읽을 가치와 자격이 있는 것이다.

싸움으로 세월을 보내면서 인간 심리의 미묘한 속내를 읽는 일에 일생을 걸었던 중국 병법가들. 그들의 지혜를 집대성한 책이 바로 〈삼십육계(三十六計)〉이다. 그런 식으로 절묘하게 싸워서 상대방을 무너뜨리라는 주장보다 그렇게 당하지 말라는 방어적 메시지로 읽을 경우, 냉엄한 현실을 극복하는 데 필요한 인생 지침서로서 손색이 없다.

CHAPTER 17
육도 · 삼략
六韜 · 三略

〈육도(六韜)〉와 〈삼략(三略)〉은 하나같이 중국을 대표하는 병법서이다. 일반적으로 〈육도 · 삼략〉이라고 뭉뚱그려 부르는 경우가 많으나, 사실은 한 종류의 책이 아니라 〈육도〉와 〈삼략〉은 각각 독립된 책들이다. 따로 엮어진 두 종류의 책이 함께 다루어지는 이유는 모두 태공망(太公望)의 사상에서 비롯되었다고 생각하기 때문이다. 물론 태공망이 직접 쓴 책은 아니고 후세 사람들이 그의 이름을 빌어서 정리했다고 한다. 태공망이 활약하던 시기는 지금부터 약 3천 년 전이고 책이 편찬된 때는 약 2천 년 전으로 추정된다.

〈육도〉는 주(周) 나라의 문왕(文王) · 무왕(武王)과 태공망 사이의 문답 형식으로 엮어져 있다. 앞의 3편에는 주로 정치론(政治論)과 용병론(用兵論), 뒤의 3편에서는 구체적인 전략과 전술이 설명되어 있고 문도(文韜) · 무도(武韜) · 용도(龍韜) · 호도(虎韜) · 표도(豹韜) · 견도(犬韜) 등 모두 6편으로 구성되어 있다.

〈삼략〉은 상략(上略) · 중략(中略) · 하략(下略) 등 3편으로 짜여졌고, 비교적 짧은 문장으로 정치와 병법에 관한 내용이 요약되어 있다.

〈육도〉의 '도(韜)' 란 '활(弓)을 보관해 두는 자루' 를 의미한다. 하지만 더 발전하여 '감추어 둔다' 라는 뜻이 되었고, 다시 '전략 전술에 관한 오의' 라는 개념으로 한 단계 발전되었다. '오의(奧義)' 를 '매우 깊은 뜻' 으로 해석한다면 결국 '전략 전술에 대한 깊은 사상이 정리된 책' 이라고 정의할 수 있다.

앞의 3편은 주로 나라를 다스리는 요령과 위정자의 마음가짐, 여러 전투 상황에 대처하는 요령 등 지도자의 조건을 여러 측면에서 설명하기 때문에 요즘의 지도층 인사들이 읽어도 손색이 없는 내용들이다.

뒤의 3편은 주로 전술에 관하여 다룬다. 구체적인 상황을 제시한 뒤 유리하게 전투를 이끌어 나가기 위한 방법이 설명되어 있다. 이 부분은 오늘날의 전쟁 형태가 옛날의 그것과는 너무 다르기 때문에 읽어도 그리 도움이 되지 않는다.

〈삼략〉의 '략(略)' 이란 전략(戰略)이나 책략(策略)을 뜻하는 말이다. 상(上)·중(中)·하(下) 등 3편으로 나누어져 있다는 이유로 '삼략(三略)' 이라고 이름 붙였다.

〈삼략〉은 태공망이 남긴 병법서로 전해지고 있으나, 〈육도〉와 다르게 병법의 깊은 뜻이 비교적 짧은 문장과 답변으로 엮어진 점이 특징이다.

1
발탁된 낚시꾼

'태공망(太公望)'이란 어떤 뜻일까. 국어 사전에서는 '낚시질을 좋아하는 사람'이라고 정의한다. 중국 주(周) 나라의 재상인 태공망이 낚시질을 즐겼다는 데서 유래한 말이라고 설명되어 있다.

지금부터 약 3천 년 전, 태공망은 강가에서 낚시를 즐기다가 주 나라 문왕에게 발견되었고, 무왕 때는 군사(軍師)*로 활약하여 주(周) 왕조의 창립에 공헌한 인물이다. 태공망은 낚시꾼으로 더 잘 알려져 있지만, 그의 진면목은 유명한 군사(軍師) 또는 유명한 참모(參謀)*라는 데 있다.

* 군사(軍師) : ① 전진(戰陣)에서 주장(主將)을 따라다니며 작전이나 계략을 궁리해 내는 사람. ② 교묘한 책략과 수단을 잘 꾸며내는 사람.
* 참모(參謀) : ① 모의에 참여함, 또는 그 사람. 〈예〉 선거 참모. ② 군대에서, 각급 고급 지휘관의 지휘권 행사를 보좌하기 위해 특별히 임명되거나 파견된 장교.

"지휘 본부 안에서 마련한 계책이 천 리 밖의 승리를 결정짓는다."

어찌나 지혜로운 군사(軍師)였던지 많은 사람들이 그처럼 감탄하곤 했다. 한(漢) 나라 유방의 군사였던 장량(張良)은 그처럼 재능 넘치는 인물이었다고 한다.

장량이 젊었을 때의 일이다. 진(秦) 나라 시황제의 암살에 실패한 뒤 끈질긴 추격을 피하기 위해 이름을 고치고 낯선 시골에 숨어 있었다. 그러던 어느 날, 개울 옆을 지나다가 다리 위에 있던 남루한 옷차림의 노인 한 명을 만났다.

"젊은이, 저 신발 좀 집어다 주게."

노인은 일부러 신발을 다리 밑에 떨어뜨리고 부탁했다.

"미안하지만 이번에는 신발 좀 신겨 주게."

노인의 부탁을 거절할 수 없었던 장량은 어쩔 수 없이 시키는 대로 따랐다.

"보기보다 쓸 만한 젊은이구려."

노인이 미소를 지었다.

"닷새 뒤, 새벽에 이리로 나오게. 좋은 일이 있을 테니…"

돌아서던 노인이 심각한 표정으로 한 마디 덧붙였다.

장량은 뭔가 짚이는 게 있어 닷새 날이 밝기 전에 약속 장소로 나갔다. 아니나다를까, 그 노인은 이미 도착해 기다리고 있었다.

"버릇이 없군! 늙은이를 기다리게 해?"

노인이 화를 벌컥 냈다.

"닷새 뒤 새벽에 다시 나오게."

다시 노인이 한 마디 던지고 어두운 표정으로 자리를 떴다. 하지만 닷새 뒤에 나갔을 때도 노인은 먼저 나와 있었다. 오기가 생긴 장량은 이를 악물었다. 다시 닷새 뒤에는 아예 밤중에 다리 위로 나갔다. 한참 기다렸을 때 나타난 노인이 그제야 함박 웃음을 터뜨렸다.

"됐어. 이제 됐어. 자네, 참 기특하군."

노인은 흡족하다는 듯 미소를 머금더니 품속에서 책 한 권을 꺼냈다.

"이 책을 정독하게. 내가 시키는 대로 열심히 공부하면 틀림없이 지혜로운 군사(軍師)가 될 수 있을 거야. 10년 뒤에는 자네 이름을 빛낼 수 있단 말이네."

노인은 몇 마디 던지더니 대꾸할 틈도 주지 않고 사라져 버렸다.

그 날, 그 노인이 선물한 책이 태공망의 병법서 〈삼략〉이라고 전해진다.

물론 전설에 불과한 이야기지만, 많은 중국인들은 요즘도 무척 흥미로운 고사로 여기며 곱씹고 있다는 것이다.

2 정치란 과연 무엇일까

〈순자〉〈오자〉〈육도〉〈삼략〉 등 중국의 병법서들은 단순히 전략과 전술만을 다루지 않는다. 그 분량이 적든 크든 어김없이 정치 분야를 문제삼고 있다.

전투에서 승리하려면 반드시 전략과 전술을 알아야 한다. 하지만 전략과 전술을 아무리 열심히 공부하고 연구해도 나름대로 한계가 있게 마련이다.

무엇보다 나라의 정치가 불안정할 경우 전투에서의 승리는 기대하기 어렵다. 모든 국민들의 지지를 받을 만큼 멋진 정치를 펼치는 것만이 전쟁에서 승리하는 지름길이기 때문이다.

따라서 중국의 병법서 거의 전부가 정치 문제를 기본적인 관심사로 인식한다. 〈육도〉〈삼략〉도 예외가 아니어서 정치적인 내용을 중점적으로 다루고 있다.

"정치의 기본 취지란 과연 어떤 것이오?"

문왕이 태공망에게 물었다.

"백성을 사랑하는 일만으로 족합니다."

태공망은 간단히 잘라 말했다.

"백성을 사랑하는 방법은 구체적으로 어떤 것이오?"

그 질문에 태공망은 다음 네 가지를 들었다.

첫째, 백성들에게 도움이 되지 않는 일은 결코 추진하지 않는다.

둘째, 백성들에 대한 형벌은 가능한 한 아주 간단하게 실시한다.

셋째, 백성들에게 부과하는 세금은 가능한 한 가볍게 매긴다.

넷째, 어떤 일을 추진하든 낭비를 최대한 억제한다.

위 네 가지를 소개하고 나서 태공망은 다음과 같이 말한다.

"굶주리거나 고생하는 백성을 볼 때마다 가슴 아파한다. 형벌을 내릴 때는 내 몸에 상처를 주는 심정으로 매기고, 세금을 매길 때는 내가 부담하는 심정으로 매긴다. 이런 정신을 유지하는 길이 백성을 사랑하는 정치의 본질입니다."

태공망은 정치의 핵심을 다음과 같이 설명한다.

"백성의 심정을 살펴 가며 정책을 집행해야 합니다."

백성과 지도자의 마음이 서로 통할 수 있는 정치를 강조한 말이다.

"지도자의 조건을 말해 주시겠소?"

문왕이 다시 물었을 때, 태공망은 윗사람에게 요구되는 조건으로서 다음의 여섯 가지를 들고 있다.

첫째, 천하를 포용할 만큼 넓은 도량(度量)을 지녀야 한다.

둘째, 백성들의 신뢰를 받을 수 있도록 신의(信義)가 두터워야 한다.

셋째, 백성들이 스스로 따를 수 있도록 어진 마음을 지녀야 한다.

넷째, 백성들에게 베풀 줄 알아야 한다.

다섯째, 크고 작은 세력을 통합할 만큼 막강한 권력을 지녀야 한다.

여섯째, 소신대로 정책을 과감하게 집행할 수 있도록 신념(信念)이 강해야 한다.

앞의 네 가지는 모두 윗사람의 덕(德)을 강조하고 있는 셈이지만, 무엇보다 그 덕을 펼치기 위해서는 강한 권력과 굳은 신념이 필수적이다. 막강한 권력을 바탕으로 과감하게 추진할 수 있는 의지력이 부족할 때, 모래 위에 성을 쌓는 격이 되고 말 것이다.

태공망은 '윗사람에게는 결단력(決斷力)이 있어야 한다'고 주장한다. 결단을 내려야 할 때 착오 없이 정확하게 결심해야 지도자로서의 자격이 있다는 말이다. 그러한 관점에서 태공망은 결단에 실패하는 경우를 세 가지로 든다.

첫째, 훌륭한 의견이라고 확신하면서도 미적거린다.

둘째, 절호의 기회가 왔는데도 머뭇거린다. 의심이 많고 소심하여 모처럼 찾아온 기회를 놓치곤 한다.

셋째, 잘못을 알고도 재빨리 수정하지 않는다.

위 세 가지 지적들은 시대를 뛰어넘는 교훈으로 다가온다.

3 사람을 고를 줄 아는 능력

아무리 유능한 지도자라도 그 능력에는 한계가 있게 마련이다. 따라서 많은 인재들을 모은 뒤 그들의 능력을 최대한 빌릴 필요가 있다.

〈삼략〉에서 말한다.

"나라와 백성들이 안정을 유지하는 길은 인재의 확보에 달려 있다. 인재를 잃기 때문에 나라가 망하고 집안이 어지러워진다."

마땅한 인재를 뽑아 그들의 협력을 얻어야 바른 정치가 가능하다는 주장이다.

〈육도〉에는 다음과 같은 문답이 실려 있다.

"훌륭한 인재를 등용하려고 노력하는데도 별다른 성과가 없어요. 인재를 구하지 못해 나라가 멸망하는 사례가 많다는데, 그 까닭을 말씀해 주시겠소?"

문왕이 물었다.

"인재를 등용한다고 떠들면서도 실제로는 인재를 몰라보기 때문이죠. 말만 그럴듯하니 실속이 없다는 뜻입니다."

"그런 현상이 일어나는 이유가 뭐요?"

"오직 세상 사람들의 평판에만 의존하기 때문에 훌륭한 인재를 구하지 못합니다."

"좀더 자세히 설명해 주시죠."

"사람들의 평가에만 의존하여 인재를 채용할 경우, 패거리를 거느린 자는 등용되고 패거리에 끼지 못한 사람은 추천 받을 기회조차 없어집니다. 간사한 무리들은 자기 패거리를 만들어 유능한 인물의 기용을 저지하기 때문이죠. 따라서 죄 없는 충신들은 처형당하고 감언이설에 능통한 간신들은 높은 자리를 차지합니다. 사정이 그렇다 보니 날로 정치는 어지러워지고 마침내 나라가 멸망해 버리는 것이죠."

중국의 고대 역사를 살펴볼 때 태공망의 말은 결코 과장이 아니었다. 사람들의 추천과 평가만으로 인재를 선발한 나라들은 대부분 멸망했던 것이다.

〈육도〉에서는 인재 판단 요령을 여덟 가지로 제시한다.

첫째, 질문을 던진 뒤 얼마나 이해가 빠른지 알아본다.
둘째, 바짝 따라붙어 추격한 뒤 순간적인 반응을 관찰한다.
셋째, 간첩으로 파견한 뒤 얼마나 성실하게 활약하는지 관찰한다.
넷째, 비밀을 털어놓은 뒤 사람 됨됨이를 지켜본다.
다섯째, 돈 관리를 맡긴 뒤 얼마나 도덕성이 있는지 관찰한다.
여섯째, 아름다운 여인을 접근시킨 뒤 얼마나 심지(心志)*가 굳은지 관찰한다.
일곱째, 어려운 일을 맡긴 뒤 얼마나 용기가 있는지 알아본다.
여덟째, 술에 취하게 한 뒤 변화하는 태도를 관찰한다.

참으로 훌륭한 인재를 신중하게 뽑고 싶다면, 그처럼 예리하고 면밀한 관찰 요령은 필수적이다.

〈육도〉에서는 등용해서는 안 될 사람을 구체적으로 열거한다.

1. 지혜도 부족하고 계책을 마련할 줄도 모르면서 큰소리부터 치고 보는 사람.
2. 남들의 평가와 달리 실력이 없고 변덕이 심하면서 자기 입장만 고려하는 사람.

3. 짐짓 욕심이 없는 체하면서 내심 명예와 이익만을 생각하는 사람.

4. 견문(見聞)*이 넓어 말은 잘하지만 스스로 일하지 않으면서 남을 비난하는 사람.

5. 확고한 식견(識見)* 없이 부화뇌동(附和雷同)*하면서 눈앞의 이익에만 매달리는 사람.

6. 지나치게 취미 생활에 탐닉(耽溺)*함으로써 자기 직분을 제대로 지키지 못하는 사람.

7. 괴상한 종교나 마술 등으로 다른 이들을 현혹시키는 사람.

〈육도〉에서는 위 일곱 가지 경우 중에 하나라도 해당되는 사람은 중용(重用)하지 말라고 권유한다.

* 심지(心志) : 무엇을 하려고 하는 의지. 마음으로 뜻하는 바. 〈예〉 심지가 바르다.
* 견문(見聞) : ① 보고 들음. ② 보고 들어서 얻은 지식. 〈예〉 견문을 쌓다.
* 식견(識見) : 학식과 의견. 곧, 사물을 올바르게 판단할 수 있는 능력.〈예〉 식견이 높다.
* 부화뇌동(附和雷同) : 자주적인 의견이 없이 남의 의견이나 행동에 덩달아 따름.
* 탐닉(耽溺) : 어떤 일을 지나치게 즐겨 거기에 빠짐.

4 밀면 당기고 당기면 밀어라

태공망은 〈육도〉를 통해 다음과 같이 말한다.

"유능한 장수는 적군의 출동을 앉아서 기다리지 않는다. 언제나 예상되는 공격에 적절히 대비한다. 가장 멋지고 훌륭한 승리는 전쟁이 일어나지 않도록 사전에 막는 것이기 때문이다."

지혜가 넘치는 사람은 재난을 미리 방지할 줄 안다. 특히, 싸우지 않고 승리를 거두는 것만이 최상의 전법이라고 확신한다.

일단 전쟁이 일어나면 아무리 잘 싸우더라도 어느 정도의 피해는 각오해야 한다. 설사 이겼더라도 막대한 국력 낭비가 뒤따를 때 그 전쟁은 바람직하지 않다. 하지만 불가피한 전투에 다음과 같이 대응해야 한다.

"승산이 있다고 판단되면 즉시 적을 공격하라. 승산이 없다고 생각될 경우에는 일단 군대를 철수시켜야 한다."

태공망은 다시 강조한다.

"전투에 강한 장수는 유리한 기회 앞에서 머뭇거리지 않는다. 유리한 기회를 잃는 순간 재앙이 찾아오기 때문이다."

이와 반대로 공격의 기회도 아닌데 조급하게 공격할 경우 실패할 가능성이 높다. 다시 말해, 공격하든 후퇴하든 정확한 상황 판단으로 유연하게 대응해야 진짜 유능한 장수라는 뜻이다.

"유연함이 강한 것을 억제하고, 약함이 강한 것을 물리친다."

〈삼략〉은 그 명언을 다시 해설한다.

"단지 유연한 대처만 중요하게 여기고, 단지 약한 대응만을 금과옥조(金

科玉條)*로 삼아서는 아무런 의미가 없다. 유연함과 강함, 약함과 강함 등 네 가지를 겸비한 뒤에 그 때 그 때의 정세에 따라서 유연하게 대처해야 한다."

그렇다면 유연한 대응이란 어떤 의미일까. 공격할 때는 단숨에 해치우고 수비할 때는 빈틈없이 준비해야 한다는 말이다.

〈삼략〉은 전투할 때의 마음가짐으로 다음의 세 가지를 예로 든다.

첫째, 비밀리에 계략을 짜야 한다. 아군의 계책이 적에게 알려지면 처음부터 고전을 면하기 어렵다.

둘째, 모든 장병들은 하나가 되어야 한다. 그들의 일치 단결 없이는 승리를 기약할 수 없기 때문이다.

셋째, 적을 공격할 때는 신속해야 한다. 기회가 포착되는 순간 단숨에 해치워 버리라는 뜻이다.

다음은 실전에 돌입했을 때의 대처 요령이다.

"적군의 동향에 대하여 항상 주의를 게을리 하지 않는다. 적이 진격해 올 때는 방어 태세를 강화하고, 적의 세력이 강대할 때는 저자세를 유지하며 충돌을 피한다. 적이 지친 기색이 없을 때는 군대를 철수하고, 적이 교만을 부릴 때는 그 세력이 쇠퇴해지기를 기다린다. 적이 똘똘 뭉쳐 있다고 판단될 때는 이간질도 할 줄 알아야 한다. 우리편에서 거국일치(擧國一致)*의 태세를 갖출 경우 적의 야망은 결국 무너진다. 상대방의 태도를 지켜보다가 의표(意表)를 찌르면 적을 쳐부술 수 있기 때문이다. 유언비어를 퍼뜨려 동요시키면 적은 혼란 상태에 빠진다. 사방에 그물을 치고 짐승을 잡는 것처럼 적이 스스로 절체절명(絕體絕命)*의 궁지에 빠지도록 몰아가는 것이다."

유도 시합을 할 때처럼 '밀면 당기고 당기면 밀어라'는 금언(金言)을 연상시키는 전법이다. 한 마디로 말해, 기민하고도 유연하게 대응해야 승리를 거머쥘 수 있다는 주장이다.

* **금과옥조(金科玉條)** : ① (금과 옥 같은 법률이란 뜻으로) 소중히 여기고 꼭 지켜야 할 법률. ② 절대적인 것으로 여기어 지키는 규칙이나 교훈. 〈예〉 선생님의 가르침을 금과옥조로 알다.
* **거국일치(擧國一致)** : 온 국민이 한 마음 한 뜻으로 뭉침.
* **절체절명(絶體絶命)** : (몸도 목숨도 다 되었다는 뜻으로) 궁지(窮地)에 몰려 살아날 길이 없게 된 막다른 처지를 이르는 말. 〈예〉 절체절명의 위기.

5 전투 없이 승리하는 요령

중국식 병법의 지상 목표는 싸우지 않고 승리하는 것이다. 국력의 소모 없이 적을 물리칠 수 있다면 그보다 멋진 승리는 없을 것이다. 태공망은 〈육도〉를 통해 전투 없이 승리하는 방법을 열두 가지 항목으로 소개한다.

1. 상대국의 환심을 사도록 노력하면서 상대방의 뜻을 거스르지 않는다. 그런 자세를 유지할 때 상대국은 교만해져서 반드시 실책을 범하게 마련이다. 그 순간을 이용하여 상대국을 궁지로 몰아간다.

2. 상대국의 왕이 신뢰하는 신하에게 은밀히 접근하여 왕과 대립시킨다. 신하가 두 마음을 지니게 되면 적의 세력은 급격히 떨어지고, 충성스런 부하가 없어지면 반드시 적의 조직에 동요가 일어난다.

3. 매수 공작을 벌여 상대국 왕의 측근을 유혹한다. 그렇게 되면 반드시 상대방의 조직에 혼란이 일어나 빈틈이 생기게 마련이다.

4. 상대국의 왕에게 재물이나 미녀를 보낸 뒤 저자세로 나갈 경우 상대방은 자연스럽게 전의(戰意)를 잃어버린다.

5. 상대국의 왕과 충신 사이가 벌어지게 만든다. 충신이 외교 사절로 파견되어 왔을 때는 일부러 교섭을 지연시켜 다른 사람으로 바뀌도록 만든다. 다른 사람이 교체되어 오면 우호적인 태도를 취하여 교섭을 쉽게 마무리한다. 이 같은 이간질로 상대국의 힘을 악화시킨다.

6. 상대국의 신하를 회유(懷柔)*하여 이용한다. 유능한 신하가 다른 나라와 협력하여 내란(內亂)이 일어나는 순간 그 나라는 멸망하게 된다.

7. 상대국을 경제적으로 어렵게 만든다. 상대국 왕의 측근 신하들을 뇌물로 매수하여 농업 생산력을 떨어뜨리고 저장되는 곡물이 없어지도록 유도한다.

8. 상대방이 이쪽을 믿도록 만든다. 뇌물을 보내면서 상담을 제의하고 그 결과가 상대방의 이익이 되도록 적극 배려한다. 상대방이 이쪽을 신뢰하면서 우호적인 관계가 거듭되면 언젠가는 상대방을 이용할 수 있다. 한 나라의 왕이 다른 나라에 이용을 당할 경우 그 나라는 온전할 수 없게 된다.

9. 상대방을 추켜세움으로써 교만해지도록 만든다. 상대의 위세에 눌려 두려워하는 것처럼 보이면 상대는 기고만장(氣高萬丈)*해진다. 상대국의 왕에게 이 같은 방법을 쓰면 반드시 교만해져서 올바른 정치를 할 수 없게 된다.

10. 상대방이 이쪽을 완전히 믿도록 성의를 다하면서 기회를 노린다. 저자세를 취함으로써 일심동체(一心同體)*인 것처럼 여기게 만든다. 완전한 신뢰를 얻은 다음 은밀히 일을 추진할 기회가 포착되는 순간 손쉽게 멸망시킬 수 있다.

11. 상대국의 신하들이 파벌 싸움을 벌이게 하여 그 나라 왕을 고립시킨

다. 이 상황을 이용하여 상대국의 유능한 신하를 포섭(包攝)*한다. 포섭한 신하들을 앞세워 파벌을 만드는 데 성공할 경우 나라를 보존하기 어렵게 된다.

12. 온갖 방법을 동원하여 상대국의 왕을 현혹시킨다. 그 나라 신하가 왕을 배신하도록 만들거나 왕을 주색(酒色)*에 빠뜨린다. 유능한 사냥개와 잘 달리는 말을 보내어 사냥을 즐기게 하는 것도 바람직한 방법이다. 그러다가 시기를 포착하는 순간 단숨에 멸망시켜 버린다.

태공망은 위 열두 가지 책략을 사용한 뒤에 비로소 무력을 써야 한다는 것이다. 이와 같은 책략들을 낡은 사고 방식에서 비롯된 것이라고 넘겨 버리지 않았으면 좋겠다. 나라 사이의 외교 전략에서도 역사적으로 그러한 책략들이 얼마든지 응용되어 왔기 때문이다.

* 회유(懷柔) : 어루만져 달램. 잘 구슬려 따르게 함. 〈예〉 회유 정책.
* 기고 만장(氣高萬丈) : ① 일이 뜻대로 잘 되어 기세가 대단함. 〈예〉 승자의 기고만장한 태도. ② 펄펄 뛸 만큼 몹시 성이 남.
* 일심동체(一心同體) : 여러 사람이 한 사람처럼 뜻을 합하여 굳게 결합하는 일.
* 포섭(包攝) : 상대를 자기편으로 끌어넣음. 〈예〉 대중을 포섭하는 능력.
* 주색(酒色) : 술과 여자. 〈예〉 주색에 빠지다.

6 간부가 갖추어야 할 조건

태공망은 올바른 장수가 되기 위해서는 ● 예의를 터득하고 ● 노력을 아끼지 않으면서 ● 욕망을 억제해야 한다고 말한다.

"겨울에 따뜻한 털옷 따위를 입지 않고 병사들과 추위를 함께 나눈다 여름에는 부채 따위를 사용하지 않고 병사들과 더위를 함께 나눈다. 비가 올 때 병사들과 함께 옷을 적시는 그런 인물이어야 장수의 자격이 인정된다."

이처럼 자기를 통제할 줄 알아야 부하들의 처지를 충분히 이해할 수 있다.

"험난한 지역이나 진흙탕 길을 행군할 때 수레에서 내려 걸어가야 한다. 그렇게 처신해야 부하들의 고생을 충분히 파악할 수 있다."

태공망은 욕망을 억제하는 장수를 다음과 같이 설명한다.

"병사들이 모두 숙소에 들어간 뒤에야 비로소 숙소에 들어가고 모든 식사 준비가 완료된 뒤에야 비로소 식사를 한다. 부하들의 식사가 불가능한 때는 장수들도 식사를 하지 않는다. 이처럼 욕망을 억제하지 못할 때 부하들의 어려운 사정을 알 턱이 없다."

태공망은 '장수가 부하들과 고락을 함께 나눌 때만이 병사들의 단합이 가능해진다'고 주장한다.

"장수는 언제나 병사들과 일상 생활이나 운명을 같이 해야 한다. 그렇게 처신해야 비로소 병사들이 적을 두려워하지 않고 싸우게 된다."

어떤 장수가 모처럼 술 한 병을 선물로 받았다. 혼자 마시기에는 충분했지만 부하들과 함께 나누어 마시기에는 너무도 적은 양이었다. 그 장수는 고민하다가 술을 강물에 쏟아 부었다. 병사들과 함께 마시기 위해서였다. 겨우

한 병 분량의 술을 강물에 부었으니 술맛이 제대로 날 리가 없었다. 하지만 병사들은 그 장수와 나라를 위해 목숨을 바쳐도 좋다는 생각을 했다. 병사들의 가슴속에 그 장수의 따스한 마음이 스며들었기 때문이다.

장수와 부하들이 운명을 함께 나누고 있다는 연대감으로 똘똘 뭉칠 때 싸울 의욕이 절로 생긴다. 평소부터 장수가 병사들에게 은혜를 베풀어야 비로소 승리할 수 있는 계기가 만들어진다.

하지만 그것만으로는 아직 충분하지 않다. 태공망은 장수의 조건으로 용(勇)·지(智)·인(仁)·신(信)·충(忠) 등 다섯 가지 항목을 들고 있다.

'용(勇)'이란 용기와 결단력을 의미한다. 용기와 결단력을 갖춘 장수는 단호하게 행동하기 때문에 적이 함부로 업신여기지 못한다.

'지(智)'란 통찰력과 판단력을 의미한다. 통찰력과 판단력을 갖춘 장수는 확실한 판단 밑에 행동하기 때문에 적에게 허점을 보이지 않는다.

'인(仁)'이란 부하를 아끼는 마음을 의미한다. 인자한 마음으로 부하를 아낄 줄 아는 장수는 부하들의 단결을 유도할 수 있다.

'신(信)'이란 거짓말을 하지 않는 것을 의미한다. 진실만을 말하는 장수는 부하들의 신뢰감을 얻게 된다.

'충(忠)'이란 충실과 충성을 의미한다. 충실한 자세로 충성심을 발휘하는 장수는 윗사람의 신임을 얻기 때문에 언젠가 중요한 직위에 오를 수 있다.

태공망은 장수가 경계해야 할 조건을 10개 항목으로 제시한다.

첫째, 용기가 지나쳐서 죽음을 가볍게 여기는 장수는 결국 만용으로 치닫게 된다. '만용(蠻勇)'이란 사리를 분별하지 못하고 함부로 날뛰는 용맹이다.

둘째, 성미가 급하고 침착하지 못한 사람은 대체로 일을 그르치는 경우가 많다. 때문에 장수는 깊이 생각하여 결심한 뒤 신중하게 행동에 옮겨야 한다.

셋째, 탐욕스럽고 재산 모으기를 좋아하는 사람은 엉뚱한 것에 한눈을 팔게 된다. 따라서 금전욕이 강한 사람은 장수로서 적당하지 않다.

넷째, 지나치게 마음이 어진 사람은 남들이 싫어하는 일을 강력하게 추진하지 못한다. 이쪽 저쪽 모두 동정하다가는 아무런 결단도 내리지 못하기 때문이다.

다섯째, 지혜는 많으나 비겁한 사람은 장수 자격이 없다. 판단력만 정확할 뿐 결단을 내리지 못하는 인물도 장수가 되어서는 곤란하다.

여섯째, 지나치게 신의가 강하고 고지식한 사람은 남을 잘 믿는다. 거짓말을 하지 않는 것도 중요하지만, 남도 그러려니 하고 믿어 버리는 단순한 사람도 장수감으로는 부적격이다. 그처럼 고지식한 호인(好人)*은 적의 간교(奸巧)*한 술수나 모략에 쉽사리 걸려들고 만다.

일곱째, 청렴결백이 지나친 사람은 융통성이 없고 남을 사랑할 줄도 모른다. 청렴결백이 미덕임에는 틀림없지만, 그것에 너무 집착할 경우 도량이 좁고 융통성이 없다는 이유로 사람들이 모이지 않는다.

여덟째, 느슨한 성격의 소유자는 지혜가 많더라도 장수 자격이 없다. 판단력을 인정받더라도 정세의 변화에 기민하게 대응하지 못하는 사람도 역시 실격이다.

아홉째, 강직하고 의연하나 아집(我執)*이 강한 사람은 장수 자격이 없다. 자신만만하고 독선적이어서 부하를 믿지 못하는 사람도 역시 실격이다.

열째, 성격이 나약하여 스스로 나서지 못하고 남에게 맡기기를 좋아하는 사람도 장수 자격이 없다. 괜히 자신감이 없어 어떤 일이든 부하에게 맡겨 버리는 사람도 실격이라는 뜻이다.

군대의 지휘자나 어떤 조직의 간부가 되고 싶은 사람이라면, 한번쯤 음미하면서 스스로 되돌아볼 필요가 있는 내용들이다.

* 호인(好人) : 좋은 사람.
* 간교(奸巧) : 간사하고 교활함. 〈예〉 사기꾼이 간교를 피우다.
* 아집(我執) : 개체적인 자아를 실체인 것으로 믿고 집착하는 일. 자기 중심의 좁은 생각이나 소견 또는 그것에 사로잡힌 고집. 〈예〉 아집을 버리지 못하다.

CHAPTER 18

정관정요
貞觀政要

〈정관정요〉는 중국 당(唐) 나라 태종(太宗)과 그를 보좌한 신하들의 정치 문답을 기록한 책으로 '제왕학(帝王學)의 교과서'라고 알려져 있다. 당 태종 이세민(李世民)과 그의 충신들이 나누는 대화를 읽어보면, 군주와 신하들이 나라를 염려하고 백성들을 아끼는 마음이 실감나게 다가온다. 이들의 대화와 토론에는 ● 개인의 몸가짐 ● 법률의 제정 ● 관원(官員) 선발 ● 자녀 교육 ● 외교 정책 ● 조세(租稅) 정책 ● 전쟁 대처 요령 등 매우 다양한 내용이 풍부하게 담겨 있다.

당 나라 중종(中宗) 때 사관(史官) 오긍은 '측천무후(則天武后)'의 난폭한 전횡(專橫)의 정치로 어지러워진 나라의 운명 앞에서 안타까움을 억제하지 못했다. 그는 중종이 태종 이세민의 공적을 본받아 태평성대를 이룰 것을 바라는 마음에서 〈정관정요〉를 엮었다. 이 책은 중국 역사상 가장 위대한 군주로 인정받는 당 태종 이세민의 치적(治績)과 통치 철학을 집중적으로 소개한다.

1 존경받는 지도자

부패와 폭압(暴壓)* 정치를 일삼던 수양제(隋煬帝)를 몰아내고 부친 이연이 당 나라의 초대 황제가 되는 데 앞장 선 이세민. 그는 형제들 간의 치열한 권력 투쟁에서 승리하여 2대 황제 태종이 된 후 혼란스러운 나라를 바로잡고 부강한 나라로 만들기 위해 노력한 인물이다. 사심 없이 백성을 사랑하며 지극히 공정한 정치를 했다는 점에서 제왕의 모범으로 평가된다.

절대 권력으로 나라를 좌지우지하던 봉건 시대의 군주 이세민은 아랫사람들의 말에 귀를 기울이고 끊임없이 반성하던 왕이었다. 정책 하나도 쉽게 결정하지 않고 신하들에게 반드시 의견을 물었으며, 백성과 나라에 도움이 되는 길이 어떤 것인지 되묻는 이세민의 모습은 황제라기보다는 어진 아버지의 가슴을 닮아 있다.

신하들은 목숨을 걸고 날카로운 직언을 서슴지 않았다. 실패한 군주 진시황제와 수양제를 예로 들어가며 요순(堯舜) 임금처럼 훌륭한 황제가 되어야 한다고 신하들은 역설했다. 이세민도 한때는 신하들에게 면박을 당하거나 싫은 소리를 들을 경우 화를 냈지만 이내 자신의 잘못을 깨닫고 바른 정치를 펼치기 시작했다.

하지만 이세민이 죽은 뒤 당 나라는 불행해졌다. 올바른 정치로 태평성대를 이루었으나 집안 단속에 실패하고 후계자를 잘못 세우는 바람에 나라가 혼란에 빠져 버렸던 것이다.

* 폭압(暴壓) : 폭력으로 억압함, 또는 그 억압.

'창업(創業)'이란 나라를 세우는 것이요, '수성(守成)'이란 이미 세운 나라를 지켜 가는 것이다. 〈정관정요〉에서 말하는 제왕학(帝王學)을 한 마디로 요약한다면 '수성 시대에 대처해야 할 지도자의 마음가짐'이다.

"창업과 수성 두 가지 중에서 어느 것이 더 어려운가요?"

태종이 중신들에게 물었다.

"창업 초기에는 천하가 흐트러져 많은 영웅들이 각지에서 여러 세력권을 형성하고 있습니다. 천하 통일의 대업을 이루기 위해서는 이 영웅들과의 패권 다툼에서 반드시 승리해야 합니다. 그런 측면에서 창업(創業) 쪽이 어렵다고 생각합니다."

한 신하가 대답하자 다른 신하가 이어받아 반론을 제기했다.

"제 의견은 다릅니다. 본디 황제의 자리란 하늘이 내려 주고 백성들이 부여하는 것이어서 창업은 어렵지 않습니다. 하지만 일단 천하를 손에 넣으면 마음이 느슨해지고 갖가지 욕망을 억제할 수 없게 됩니다. 평온한 삶을 바라는 백성들에게 각종 징발(徵發)*이 그치지 않습니다. 굶주린 백성들이 고통을 받든 말든 제왕이 사치 생활을 즐기기 위해 날로 더 많은 세금을 부과해야 합니다. 이 같은 문제점 때문에 나라가 쇠퇴(衰退)*의 길을 걷게 됩니다. 따라서 저는 수성(守成)이 더 어렵다고 단정합니다."

태종은 두 신하의 말을 듣고 나서 다음과 같이 말했다.

"잘 알겠소. 한 신하는 내가 천하를 평정(平定)*할 때 나와 함께 온갖 어려움을 겪고 구사일생(九死一生)으로 살아남아 오늘을 맞이했소. 그대의 입장에서 본다면 창업(創業)이 어렵다는 게 무리가 아니오. 또 다른 신하는 천하의 안정을 꾀하려는 이 마당에 조금이라도 방심할 경우 반드시 멸망의 길로 치닫게 된다는 점 때문에 수성(守成)이 어렵다고 말한 것이오. 창업의 어려움은 이미 겪었으니 이제부터 우리 모두 힘을 합쳐 수성의 어려움을 극복해 나갑시다."

태종은 그 말에 책임을 졌다. 그 같은 마음가짐으로 수성 시대에 잘 대처함으로써 훌륭한 황제로 존경을 받을 수 있었던 것이다.

* **징발(徵發)** : ① 남의 물건을 강제적으로 거두어들임. 특히 군이 민간으로부터 군수 물자나 토지·시설 따위를 거두어들임. 〈예〉 토지를 징발하다. ② 어떤 일을 시키기 위하여 강제적으로 사람을 불러냄. 특히 군인으로 쓰기 위하여 강제적으로 불러냄. 〈예〉 전쟁이 일어나자 징발되었다.
* **쇠퇴(衰退·衰頹)** : 기세나 상태가 쇠하여 무너짐. 〈예〉 국력이 쇠퇴하다.
* **평정(平定)** : 난리를 평온하게 진정시킴. 〈예〉 반란을 평정하다.

2
아랫사람의 의견을 존중하라

태종이 신하들에게 말했다.

"옛날 어떤 선비가 '위급해진 나라가 망하려고 하나 일으켜 세우기 위해 힘쓰지 않고, 군주가 엎어지려고 하나 부축하지 않는다면, 어떻게 이런 사람으로 군주를 보좌할 수 있겠는가?'라고 한탄했소. 군주와 신하들이 충심으로 노력을 다하지 않고는 큰 뜻을 펼칠 수가 없다는 것이오. 그대들이 바른 말로 솔직하게 간(諫)하면 나라를 다스리는 데 참으로 도움이 될 수 있소이다. 그대들이 내 뜻을 거스른다고 하여 마음대로 벌을 주거나 질책(叱責)*하는 일은 결코 없을 것이오. 내가 얼마 전 조정(朝廷)*에서 정무(政務)*를 처리할 때, 나라의 법령에 맞지 않게 처리한 경우가 있었소. 하지만 그대들은 사소한 일로 생각하고 각자의 의견을 밝히지 않았어요. 그 때는 무척 섭섭했소이다."

태종은 잠시 호흡을 가다듬고 말을 이었다.

"무릇 큰 일은 작은 일에서부터 비롯되고, 작은 일을 논의하지 않으면 큰 일 또한 추진할 수 없으니, 나라가 기울거나 위태로워지는 현상은 작은 문제점에서 비롯되지 않은 것이 없소. 포악한 황제였던 수양제가 한 평범한 백성의 손에 살해되었을 때, 백성들 가운데 이 소식을 듣고 비통하게 생각한 사람은 아무도 없었소. 그대들은 나를 위해 항상 수양제의 몰락 원인을 잊지 마시오. 나는 항상 그대들을 위해 예전의 다른 나라 신하들이 말못할 사정으로 살해당한 이유를 잊지 않겠소. 이렇듯 군주와 신하가 서로 지켜 줄 경우 언제나 좋은 일만 이어질 것이오."

* 질책(叱責) : 꾸짖어 나무람. 〈예〉 질책을 당하다.
* 조정(朝廷) : 임금이 나라의 정치를 집행하던 곳. 왕정.
* 정무(政務) : 정치에 관한 사무. 행정 사무.

진시황제가 죽은 뒤 항우와 유방은 서로 천하를 차지하려고 싸움을 벌였다. 그처럼 길고 긴 전투 끝에 결국 유방이 항우를 누르고 천하를 통일했고 한(漢) 나라를 세웠다.

두 사람의 싸움은 처음부터 항우의 압도적인 우세였다. 하지만 유방은 끈질긴 투혼(鬪魂)*으로 열세를 만회하여 역전승을 거두었다. 그 원인에 대하여 유방은 다음과 같이 말했다.

"내 부하들 중에는 소하(蕭何), 장량(張良), 한신(韓信) 등 세 명의 유능한 인물이 있었다. 이 세 사람을 잘 다룬 것이 승리의 원인이다. 이에 비하여 항우에게는 범증(范增)이란 이름의 유능한 군사(軍師)가 있었지만 그 한 사람도 제대로 활용하지 못했다. 바로 이것이 항우가 전투에서 패배한 원인이다."

아랫사람을 잘 다룬다는 것은 수족(手足)*처럼 부린다는 뜻이 아니다. 그런 측면에서 유방은 언제나 세 사람의 의견에 귀를 기울이면서 일방적으로 지시를 내리는 일은 거의 없었다고 한다.

* 투혼(鬪魂) : 끝까지 투쟁하려는 기백. 〈예〉 투혼을 불태우다.
* 수족(手足) : 손발. '손발처럼 마음대로 부리는 사람' 을 비유하여 이르는 말.

부하의 의견을 성격적으로 구분한다면 두 가지 측면에서 파악할 수 있다. 첫째는 정책과 전략 전술에 관한 진언이요, 둘째는 왕이나 고관(高官)*들의 과실에 대한 간언이다. '진언(進言)' 이란 윗사람에게 자기의 의견을 말하는 것이요, '간언(諫言)' 이란 임금이나 윗사람에게 옳지 못한 일을 고치도록 말하는 것이다.

유방의 경우는 주로 정책과 전략 전술에 관한 진언에 귀를 기울인 셈인데, 지도자에게는 간언에 귀를 기울이는 일이 더더욱 어렵다. 자기의 결점이나 잘못을 남에게 지적당하고 좋아할 사람은 아무도 없다. 때문에, 남의 충고를 허심탄회(虛心坦懷)*하게 듣기 위해서는 대단한 인내심이 필요하다.

〈정관정요〉를 읽어보면 중국의 역대 황제들 중에서 당 나라의 태종만큼 신하들의 간언에 귀를 기울인 왕도 없다는 사실을 절감하게 된다. 아니, 어쩌면 태종은 오히려 적극적으로 간언을 기다린 왕이었다.

태종은 중신들을 모아 놓고 다음과 같이 말했다.

"예로부터 제멋대로 행동하는 왕들이 많았소. 기분이 좋을 때는 공적이 없는 사람에게도 상을 주고, 화가 치밀 때는 죄 없는 사람까지 태연하게 죽여 버렸소. 천하의 커다란 혼란은 하나같이 전횡(專橫)의 칼을 휘두르던 왕들 때문에 일어났던 것이지요. 나는 그 점을 늘 염려하고 있으니 위험한 상황이 오기 전에 미리미리 말해 주기 바라오. 그대들도 부하의 충언(忠言)*을 기꺼이 받아들이도록 노력하시오. 자신의 의견과 다르다고 해서 거부해서는 안 됩니다. 부하의 충언을 받아들이지 않는 사람이 어떻게 감히 윗사람에 대한 간언을 결심할 수 있을까요?"

더 나이가 들었을 때, 태종은 다음과 같이 물었다.

"요즘 들어 신하들 중에 의견을 말하는 이가 보이지 않는데 어찌된 일이오?"

"폐하께서는 신하들의 의견에 허심탄회하게 귀를 기울여 오셨습니다. 거슬리는 의견을 말하는 자가 있더라도 마땅히 그렇게 대처하셔야 합니다. 하지만 똑같이 침묵을 지킨다 해도 사람에 따라 그 이유가 다릅니다. 의지가 약한 자는 입을 열지 못합니다. 평소에 폐하를 가깝게 모신 적이 없는 자는 신임을 받지 못한다고 생각하여 함부로 말하지 않습니다. 자기 자리를 지키기에 급급한 자는 말을 잘못해 모처럼 얻은 지위를 잃지 않을까 염려하여 적극적으로 발언하지 않습니다."

어떤 신하가 대답했다. 아랫사람들의 심리를 예로 든 것에 불과하지만, 가만히 곱씹어 보면 왕의 맹점(盲點)*을 찌르는 말임을 알게 된다.

"그대의 주장은 참으로 옳소. 나도 늘 그 심리를 염두에 두어 반성하고 있소. 신하가 군주에게 옳지 못한 일에 대하여 지적하면서 고치도록 말할 때는 죽음을 각오하고 나서야 할 것이오. 그 때의 심정은 형장(刑場)*으로 끌려가는 순간의 심정과 다름이 없을 것이오. 감히 용기를 내어 입을 여는 신하가 적은 이유를 알 것 같소. 나는 앞으로 겸허한 태도로 간언을 받아들일 생각이니, 모쪼록 그대들도 아무 염려말고 서슴없이 의견을 말해 주기 바라오."

태종은 평생 동안 그 약속을 지켰다고 한다.

* 고관(高官) : 높은 벼슬자리, 또는 그런 지위에 있는 관리.
* 허심탄회(虛心坦懷) : 마음에 거리낌이 없이 솔직함. 〈예〉허심탄회하게 이야기를 주고받다.
* 충언(忠言) : 충직한 말. 바르게 타이르는 말. 충고(忠告). 〈예〉친구의 충언을 귀담아듣다.
* 맹점(盲點) : 시신경이 망막 안으로 들어가는 곳에 있는 희고 둥근 부분. 망막이 없어 빛을 느끼지 못함. 주의가 미치지 못하여 모르고 지나치기 쉬운 잘못된 점. 〈예〉법의 맹점을 이용하다.
* 형장(刑場) : 사형을 집행하는 곳. 사형장. 〈예〉형장의 이슬로 사라지다.

3
먼저 자신을 다스려라

태종은 자기를 엄격하게 경계하고 관리한 임금 중의 하나였다.

"군주는 모름지기 백성의 생활이 안정되도록 힘써야 하오. 백성을 착취(搾取)하여 사치 생활에 빠지는 것은 마치 자기 다리의 살을 도려내어 먹는 경우와 같소. 나라의 안정을 바란다면 먼저 자기 자세를 바르게 해야 할 것이오. 군주가 훌륭한 정치를 하는데 백성이 제멋대로 행동한다는 이야기는 듣지 못했소."

태종은 중신들 앞에서 결연한 표정으로 말을 이었다.

"군주의 파멸을 초래하는 것은 무엇보다 욕망이 원인이라고 생각합니다. 언제나 산해진미(山海珍味)를 즐기면서 주색잡기(酒色雜技)에게 빠진다면 욕망의 대상은 끝없이 확대되고 이에 필요한 비용도 한없이 늘어나게 마련이오. 올바른 정치에 관심을 두지 않을 때 백성은 고난에 빠질 따름이오. 게다가 군주가 도리에 맞지 않는 말을 한 마디라도 할 경우, 민심은 뿔뿔이 흩어져 반란을 꾀하는 자도 나올 것이오. 그렇기 때문에 나는 언제나 그처럼 어려운 상황을 염려하면서 내 욕망을 억누르기 위해 노력하고 있소."

태종의 말을 듣던 신하들은 하나같이 고개를 끄덕였다.

* 착취(搾取) : 즙 따위를 짜냄. 자본가나 지주가 근로자나 농민에 대하여 노동에 비해 싼 임금을 지급하고 그 이익의 대부분을 차지하는 일.
* 산해진미(山海珍味) : 산과 바다의 온갖 산물로 차린 음식.
* 주색잡기(酒色雜技) : 술과 여자와 여러 가지 노름.

초(楚) 나라에는 현인(賢人)으로 알려진 첨하(詹何)가 있었다.

"정치의 요점이란 무엇일까요?"

초 나라의 장왕(莊王)이 첨하를 불러 물었다.

"군주 자신이 바른 자세를 고집하는 것입니다."

첨하가 대답했다.

"구체적으로 말씀해 보세요."

장왕이 재촉했다.

"군주가 바른 자세를 유지하는데도 나라가 어지러워진 사례는 일찍이 없었습니다."

첨하는 비슷한 답변을 되풀이했다.

태종은 바른 마음가짐으로 정치를 하기 위해 솔선하여 노력했다. 하지만 아무리 노력해도 불만은 있게 마련인 모양이었다.

"나는 언제나 나의 자세를 바르게 유지하려고 노력해 왔소. 하지만 아무리 노력해도 옛날의 성인(聖人) 수준에는 미칠 수가 없소. 백성들의 비웃음이 들려 오지 않을까 걱정되어 견딜 수 없을 때가 많아요."

태종이 신하 앞에서 불안감을 호소했다. 그러자 한 신하가 다음과 같은 일화를 소개했다.

옛날 노(魯) 나라 시절의 일이다.
"건망증이 너무도 심한 사례를 말씀드릴까요?"
애공(哀公)이 공자(孔子)에게 농담을 건넸다.
"말씀해 보시지요."
공자가 거들었다.
"어찌나 건망증이 심했던지 자기 부인을 깜빡 잊고 그냥 버려 둔 채 이사를 갔답니다."
애공이 짓궂은 농담을 던진 뒤 미소를 머금었다.
"그보다 더 심한 경우도 있지요. 폭군으로 알려진 걸주(桀紂)는 부인을 잊어버린 데 그치지 않고 자기 자신조차 잊어버렸으니까요."
공자가 간단히 대꾸했다.

"폐하, 아무쪼록 이 고사만큼은 꿈속에서도 잊지 마십시오. 이것만 염두에 두시면 백성들은 물론이고 후세 사람들의 비웃음거리가 되는 일은 결코 없을 겁니다."
그 신하의 말에 태종이 고개를 끄덕였다고 한다.

4
첫날의 긴장을 그대로 유지하라

중요한 자리에 임명되었을 때는 누구나 새로운 결의를 다지며 긴장하게 마련이다. 하지만 그 긴장감을 그대로 유지하는 일은 쉽지 않다. 세월이 흘러 그 지위에 익숙해짐에 따라 긴장감도 날로 풀어지기 때문이다.

〈정관정요〉에 따르면, 처음의 긴장감을 그대로 유지하기 어려운 사람은 지도자로서 실격이라고 말한다.

"나라를 유지하는 일이 어려운가요, 아니면 쉬운가요?"

태종이 신하에게 물었다.

"지극히 어려운 일이라고 사료됩니다."

신하가 대답했다.

"우수한 인재를 등용하고 그들의 의견에 귀를 기울인다면 나라는 잘 굴러갈 것이오. 내 생각으로는 그토록 어렵지 않을 일 같은데 그대 의견은 어떻소?"

태종이 캐물었다.

"반드시 그렇지는 않습니다. 국가 경영이 위태로워질 때는 우수한 인재를 등용하고 그들의 의견에 귀를 기울입니다. 하지만 나라의 기반이 확고해지면 왠지 마음이 해이해지거든요. 그런 상황이 오면 신하들도 자기 한 몸이 중요하다는 생각이 들어, 군주가 잘못하더라도 감히 간(諫)하려 하지 않습니다. 결국 나라의 정세는 날로 내리막길을 걷게 되고 나중에는 멸망에 이르고 맙니다. 편안할 때 위태로움을 생각해야 하는 것도 그 때문입니다. 나라가 태평할 때야말로 마음을 다잡고 정치를 해야 합니다. 따라서 저는 나라를 유지하는 일이 어렵다고 말씀드린 겁니다."

하지만 그 신하의 말을 그대로 실행에 옮기는 것은 결코 쉬운 일이 아니다. 그처럼 국가 경영에 실패한 대표적 사례가 바로 당 나라 현종(玄宗)의 경우였다.

현종은 즉위(卽位)* 직후 긴장감을 유지하며 올바른 정치에 심혈을 기울였다. 그 결과 융성(隆盛)*한 시대를 이룩하는 데 성공했다. 하지만 어느 새 정치에 싫증을 느꼈고 미녀 양귀비(楊貴妃)에게 빠지는 바람에 나라를 멸망시키고 말았다. 현종과 같은 사례들은 중국 3,000년의 역사 속에서 무수히 발견되고 있다.

* 즉위(卽位) : 임금의 자리에 오름. 등극. 〈반대말〉 퇴위(退位).
* 융성(隆盛) : 매우 기운차게 일어나거나 대단히 번성함.

"나라를 다스릴 때의 마음가짐은 병을 치료할 때의 마음가짐과 같다고 생각하오. 병이 나아갈 때 더욱 신중하게 자기 몸을 보살펴야 하고, 자칫 방심하여 의사의 지시를 따르지 않을 경우 목숨을 잃게 되는 수도 있지요. 따라서 천하가 안정을 찾기 시작할 때 가장 신중히 처신해야 한다고 생각되오. 이제는 안심이라고 마음을 놓았다가는 반드시 나라를 망치고 말 것이오. 이제 천하의 안녕은 나 한 사람의 어깨에 달려 있소. 그렇기 때문에 나는 항상 신중한 처신을 신념으로 삼으면서, 비록 찬사를 듣더라도 아직 불충분하다고 생각하며 스스로 나를 경계하여 왔소. 하지만 나 한 사람의 노력만으로는 역부족이어서 그대들을 나의 눈과 귀로 의지해 왔던 것이오. 나와 그대들은 한 배를 탄 운명이니, 아무쪼록 힘을 합쳐 정치를 해 주었으면 하오. 앞으로 위험하다고 느껴지는 경우가 있다면 숨기지 말고 말해 주시오. 만약 군주와 신하 사이에 의혹이 생겨, 서로 마음을 터놓지 않게 된다면 나라를 다스리는 데 중대한 해독(害毒)*을 끼치게 될 것이오"

태종은 평생 동안 그러한 마음가짐으로 정치를 했다.

우리는 태종의 경우를 통해 어떤 교훈을 얻게 된다. 모든 일이 순조롭게 풀리고 있을 때일수록 더더욱 신중하게 처신해야 한다는 점이다.

* 해독(害毒) : 나쁜 영향을 끼치는 요소. 해와 독. 〈준말〉 독(毒).

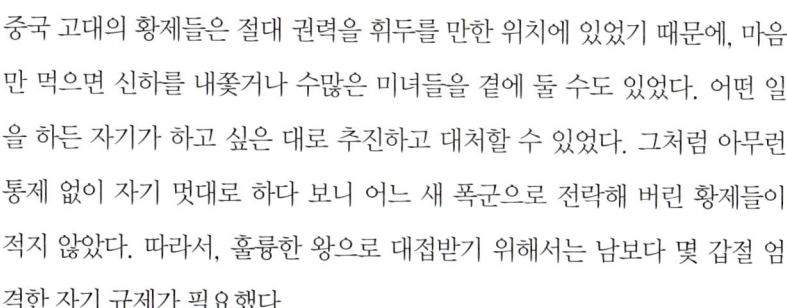

5 자기 관리를 철저히 하라

중국 고대의 황제들은 절대 권력을 휘두를 만한 위치에 있었기 때문에, 마음만 먹으면 신하를 내쫓거나 수많은 미녀들을 곁에 둘 수도 있었다. 어떤 일을 하든 자기가 하고 싶은 대로 추진하고 대처할 수 있었다. 그처럼 아무런 통제 없이 자기 멋대로 하다 보니 어느 새 폭군으로 전락해 버린 황제들이 적지 않았다. 따라서, 훌륭한 왕으로 대접받기 위해서는 남보다 몇 갑절 엄격한 자기 규제가 필요했다.

"폐하, 예로부터 늦은 여름에는 높은 전각에서 살라고 했습니다. 요즘 늦더위가 조금도 물러가지 않았는데 벌써 가을 장마가 시작될 조짐이 보입니다. 모든 궁전에 습기가 많아져서 옥체(玉體)*에 무척 해롭습니다. 하루 빨리 높은 전각을 짓고 서둘러 처소를 옮기셔야 합니다."

'전각(殿閣)'이란 임금이 거처하던 궁전과 누각을 말한다. 황제로서 높은 전각 하나 짓는 것쯤은 누워 떡 먹기였으나 태종은 다음과 같은 말로 거절했다.

"모두들 알고 있듯이 나는 신경통으로 고생하고 있소. 이 병에 습기가 좋지 않다는 점은 더 이상 강조할 필요가 없어요. 하지만 그대들의 청을 받아들여 높은 전각을 짓는다면 막대한 경비가 들 것이 뻔하오. 그 옛날 한(漢)나라의 문제(文帝)가 높은 전각을 지으려고 했다가 그 건축비가 백성들의 집 열 채를 짓는 경비와 맞먹는다는 말을 듣고 즉각 중지했다고 하지 않는가. 문제에 비해 덕(德)도 부족한 내가 비용만 많이 지출할 경우, 백성의 어버이가 되어야 할 황제의 자격이 없어질 것이오."

신하들이 몇 차례 더 간청했지만 태종은 끝까지 머리를 저었다고 한다. 평범한 군주로 만족하려고 했다면 그 같은 자기 관리가 필요 없었을지도 모른다. 하지만 수준 이상의 지도자가 되고자 노력했던 태종은 강한 의지력으로 철저하게 자기를 통제했던 것이다.

*옥체(玉體) : 남을 높이어 그의 몸을 이르는 말. 보체(寶體).

6 겸손한 태도와 신중한 언어

'겸허(謙虛)'란 아는 체하거나 잘난 체하지 않고, 겸손하며 삼가는 태도가 있는 경우를 말한다. 겸허한 태도는 누구에게나 요청되는 것이지만, 특히 지도자들에게는 필수 불가결한 요건이다. 태종은 겸허한 태도를 지키면서 엄격한 자기 경계를 게을리 하지 않은 황제였다.

어느 날 태종이 신하들에게 말했다.

"예로부터 황제란 사람들에게 업신여김을 당하지 않고 이 세상에 두려울 것이 없는 존재라고 말하는 사람이 있었소. 하지만 나는 세상 인심을 항상 두려워했으며 신하의 비판에 귀를 기울이면서 가능한 한 겸허하게 행동해 왔소. 황제가 겸허함을 잊고 교만한 태도를 취한다면, 혹시 잘못을 저질렀을 때 그 과오를 지적해 주는 사람이 한 명도 없을 것이오. 나는 한 마디 말을 하거나 한 가지 행동을 취하려 할 때마다 반드시 하늘의 뜻에 맞는가, 신하의 뜻에 따르고 있는가, 스스로에게 물어 가면서 늘 신중하게 처신하고 있소. 가능한 한 겸허하게 행동하면서 내 언행이 하늘의 뜻과 백성의 뜻에 일치하는지 언제나 곱씹어 보고 있소."

태종이 그렇게 말하자 옆에서 신하가 말을 보탰다.

"옛 사람들도 '처음에는 모두 잘하다가도 웬일인지 나중에 가서는 일을 망쳐 버린다'고 말했습니다. 바라옵건대, 폐하께서도 하늘을 두려워하고 백성을 두려워하여 항상 겸허하게 행동하시고 스스로 엄한 반성을 게을리 하지 말아 주십시오. 그렇게 하시면 우리나라는 길이 번영할 것이고, 국가의 비운을 당하여 눈물 흘리는 일은 결코 없을 것입니다."

어느 중국 고전에 '윤언(綸言)은 땀과 같다' 라는 말이 나온다.

'윤언' 이란 '하늘이 내려 준 황제의 말' 을 의미한다. '윤언이 땀과 같다' 는 말은 너무도 심오(深奧)한 뜻을 지닌다. 일단 몸 밖으로 나오면 다시 되돌아가지 못하는 게 땀이다. 이처럼 황제의 말도 일단 자기의 입 밖으로 나오면 결코 돌이킬 수 없기 때문에 아주 신중히 꺼내야 한다는 것이다. 태종이야말로 그 격언을 가장 깊이 깨달은 군주였다. 태종의 말을 들어 보자,

"사람들과 대화를 나누는 일은 매우 어렵소. 대화를 나눌 때 조금이라도 상대의 기분을 거슬리게 했다면, 상대는 그 상황을 기억하고 있다가 언젠가 반드시 보복하겠다는 마음을 굳힐 수도 있어요. 때문에 군주가 신하와 대화할 때는 사소한 실언(失言)이라도 허용되어서는 결코 안 됩니다. 비록 털끝만한 실언일지라도 국가 경영에 미치는 파급 효과가 매우 크기 때문에 일반 백성들의 실언과는 그 격이 비교가 되지 않소. 나는 이 점을 늘 명심하고 있소이다. 수양제가 새로 지은 궁전에 처음 행차했을 때였소. 정원이 아주 마음에 들었으나 한 가지 애석한 점은 반딧불이를 볼 수 없다는 것이었소. 등불 대신에 반딧불이를 조금 잡아 와서 연못에 띄우는 게 좋겠다고 말하자, 측근 관리가 며칠 뒤 수천 명을 동원하여 개똥벌레를 잡았고 500대의 마차에 실어서 보냈다는 거요. 아주 작은 말 한 마디도 이처럼 커다란 결과를 낳으니, 하물며 천하의 큰일이라도 되면 그 미치는 영향이 과연 어떠하겠소? 군주가 말을 조심해야 하는 것도 그 때문이오."

7. 나라를 다스리는 10가지 요령

〈정관정요〉에 나라를 다스리는 열 가지 요령이 나온다. 비록 중국 고대에 적용되던 통치 방법이지만, 오늘에 적절히 되살려도 부족함이 없는 교훈들이다. 간단하게 정리하면 다음과 같다.

1. 백성을 다스리는 임금은 개인적인 욕망을 억제하면서 자신을 경계해야 한다.
2. 대규모 토목 공사를 진행할 때는 가능한 일만 선택하고 공사 종료 시기를 정확히 알아야 하며, 백성들의 안락한 생활에 공사의 초점을 맞추어야 한다.
3. 높고 위태로운 일을 생각할 때는 겸손함과 온화함으로 자신을 경계해야 한다.
4. 자만에 빠지는 것이 두려울 때는 거대한 강과 바다가 사방의 모든 물줄기를 포용력 넘치게 받아들인다는 사실을 떠올려야 한다.
5. 유희와 사냥의 기쁨에 도취되었을 때는 고대 제왕과 제후들이 일 년에 세 차례만 즐겼다는 역사적 사실을 되살려야 한다.
6. 나태(懶怠)* 해지는 것이 두려울 때는 시종일관 신중하게 처신해야 한다.
7. 윗사람과 아랫사람 사이의 신뢰가 무너지는 상황이 우려될 때는 마음을 비우고 아랫사람들의 의견을 받아들여야 한다.
8. 간사한 무리의 득세(得勢)가 걱정될 때는 단정한 언행으로 간사함을 물

리쳐야 한다.

9. 상을 내릴 때는 아름다운 행위를 장려한다는 본래의 취지를 잊지 말아야 한다.

10. 처벌할 때는 일시적인 노여움 때문에 징벌(懲罰)*을 남용(濫用)*하는 일이 없어야 한다.

* 나태(懶怠) : 게으르고 느림. 〈비슷한말〉 해태(懈怠).
* 징벌(懲罰) : 앞날을 경계하는 뜻으로 벌을 줌. 또는 부정이나 부당한 행위에 대하여 응징하는 뜻으로 주는 벌. 〈예〉 징벌에 처하다.
* 남용(濫用) : 함부로 씀. 마구 씀.

위와 같이 정성 들여 정치를 하면 다음과 같은 효과가 나타난다고 〈정관정요〉는 지적한다.

- 지혜로운 사람은 온힘을 기울여 슬기로운 계책을 마련한다.
- 용감한 사람은 용맹을 떨쳐 나라를 지킨다.
- 덕망 있는 선비는 어진 정치를 하려고 노력한다.
- 성실한 사람은 진정으로 나라에 충성한다.
- 백성들은 앞다투어 나라에 충성할 뿐만 아니라, 일부러 설교하지 않아도 백성들은 저절로 교화된다.
- 군주는 안정된 지위와 평화를 누리며 장수한다.

8
윗사람과 아랫사람의 관계

당(唐)나라 태종과 함께 '정관(貞觀)의 치(治)'라는 이름의 태평성대(太平聖代)를 일구어 낸 위징(魏徵). 그는 태종에게 다음과 같이 말했다.

"폐하, 마음을 열고 폭넓게 의견을 들으면 총명해지지만, 꽁한 마음으로 듣기 좋은 말만 가려 들을 경우 미망에 사로잡힙니다."

'총명(聰明)'이란 기억력이 좋고 영리하고 재주가 있는 것을 말한다. '미망(迷妄)'이란 사리에 어두워 실제로는 없는 것을 있는 것처럼 생각하는 경우를 말한다. 백성과 신하들의 말을 겸허한 태도로 경청할 때, 통치자는 미망에 사로잡히지 않고 총명해진다는 사실을 강조한 것이다.

천하를 평정(平定)했다고 자부하던 진무제(晋武帝)는 사치스럽고 방종(放縱)*한 생활에 빠지면서 정치를 관심 밖으로 밀어냈다. 그 당시 진(晋) 왕조의 정승이었던 하증은 조정(朝廷)*에서 물러 나와 평범한 백성이 되어 있었다.

"내가 정승으로 활동하던 시절, 조정에 나갈 때마다 황제께서는 나라를 다스리는 원대한 계획은 말씀하지 않고 일상적인 잡담만 즐기셨다. 사정이 그러니 튼튼한 국가를 후세에 전할 수 있는 인물이 아니다. 따라서 집안 역시 화를 면하기 어려울 것이다."

하증이 아들 하소에게 말했다.

"내 손자들도 머잖아 혼란스러운 세상을 만나 위태로워질 것이다."

하증은 손자들을 의식하며 침울한 표정으로 중얼거렸다. 그 뒤 하증의 예언대로 참혹한 사태가 이어졌고 그 역시 억울한 죽음을 맞게 된다.

* 방종(放縱) : 아무 거리낌 없이 함부로 행동함.
* 조정(朝廷) : 임금이 나라의 정치를 집행하던 곳. 왕정.

"옛사람들은 역사를 기록하면서 하증을 선견지명(先見之明) 있는 인물이라고 찬양했소. 하지만 나는 다른 견해를 갖고 있어요."

태종이 말문을 열었다.

"폐하, 하증이 훌륭한 신하라는 사실은 누구나 인정합니다. 그런데…."

신하들이 고개를 갸웃거렸다.

"나는 그렇지 않다고 생각하오."

태종이 말허리를 잘랐다.

"하증이 자기 군주에게 충성하지 않은 죄악은 너무 크다고 생각합니다. 신하로 있을 때는 나라를 위해 충성을 다해야 하고, 물러난 뒤에는 스스로 수양할 기회를 만들어 허물을 고치려고 노력해야 하오. 군주가 덕(德)으로 정치를 하면 그 미덕을 도와 일을 처리하고, 군주에게 잘못이 있으면 반드시 바로잡아 군주를 구출해야 하오. 이것이 군주와 신하가 일심동체가 되어 나라를 다스리는 방법이오. 하증은 정승의 관직에까지 올라서 지위와 명망이 높았으니, 날카로운 직언과 간언으로 나라를 다스리는 이치를 강조하며 군주를 보필해야 했소. 하지만 하증은 조정에서 물러나온 뒤 자손들 앞에서만 그처럼 올바른 주장을 했을 뿐이고, 관직에 있을 때는 직언도 간언도 하지 못했소. 이와 같은 사람을 현명한 인물이라고 칭송하는 것은 잘못된 일이 아닐까요? 나라가 위급하여 의지하고 싶은 신하 한 명이 아쉬운 상황에서 어찌 이러한 사람을 정승으로 기용할 수 있겠소? 그대가 상소한 의견 때문에 내 자신의 허물을 비로소 깨닫게 됐소. 정말 고맙소."

태종은 스스로 잘못된 점을 신하 앞에서 시인할 줄 아는 겸손한 황제였다.

"군주와 신하 사이가 물고기와 물의 관계 같다는 진리는 오늘 분명히 드러났소. 그대처럼 깊은 물이 없을 경우 물고기에 불과한 군주는 버티기 어려울 것이오. 그대의 충언에 대한 답변이 너무 늦어 미안하오. 앞으로도 나를 두려워하지 말고 숨김없이 정치적 득실(得失)*에 관하여 지적해 주기 바라오. 나는 마음을 비우고 심지(心志)*를 바르게 한 뒤 그대의 훌륭한 상소를 진지하게 기다릴 것이오."

현명한 신하 앞에서 공손하게 의견을 구하는 황제의 모습을 통해 우리는 요즘의 정치적 현실을 돌아보게 된다. 태종 시절의 태평성대(太平聖代)*만큼은 아니더라도 국민들에게 희망을 안겨 주는 정치인들이 출현했으면 하는 마음 간절하다.

* **선견지명(先見之明)** : 닥쳐올 일을 미리 아는 슬기로움.
* **득실(得失)** : 얻음과 잃음. 이익과 손해. 이해(利害). 성공과 실패. 장점과 단점.
* **심지(心志)** : 무엇을 하려고 하는 의지. 마음으로 뜻하는 바. 〈예〉 심지가 굳다.
* **태평성대(太平聖代)** : 어진 임금이 다스리는, 아무 걱정이 없고 평안한 세상(시대).

고전으로 배우는 인생

1판 1쇄 인쇄 2025년 5월 1일
1판 1쇄 발행 2025년 5월 5일

편   엮 이강래
펴낸이 윤다시
펴낸곳 도서출판 예가

주   소 서울시 영등포구 영신로 45길 2
전   화 02-2633-5462   **팩   스** 02-2633-5463
이메일 yegabook@hanmail.net   **블로그** https://blog.naver.com/yegabook
등록번호 제 8-216호

ISBN 978-89-7567-664-2   13320

- 이 책은 저작권법에 의해 보호를 받는 저작물이므로 무단 복제·전재·발췌할 수 없습니다.
- 잘못된 책은 교환해 드립니다.
- 가격은 표지 뒷면에 있습니다.